中国古代司法文明史

（第三卷）

本卷主编 张晋藩

本卷作者 （按撰写篇章顺序）

李　鸣　张晋藩　张京凯

张晋藩 主编

中国古代
司法文明史

第三卷

人民出版社

目　录

上　篇　辽西夏金元时期的司法文明

下　篇　明代的司法文明

上　篇

辽西夏金元时期的司法文明

第一章 辽代司法文明

辽是中国北方一个古老的游牧民族——契丹族所建立的王朝。北魏时期，契丹部落就已闻名中原。"契丹"意为镔铁，寓意契丹族的坚定、强大和百折不挠。唐朝时期，契丹族在与中原政权的交往中逐步发展，日渐强大。神册元年（916），契丹贵族耶律阿保机统一各部落，建立契丹国，辽太宗大同元年（947）改国号为"大辽"，辽所辖疆域"东西三千里，……东至于海，西至金山，暨于流沙，北至胪朐河，南至白沟，幅员万里"①，最强盛时期曾建有五京、六府，有州、军、城 156，县 209，部族 52，属国 60。与五代、北宋、西夏对峙，历时 210 年，是自立君主、自置官属、自定法令的独立王国。辽以法制建设为当务之急，对汉法文化从善如流，增强了各民族之间的交流、融合，促进了奴隶制向封建制的逐渐转化。

辽代司法制度从内容到形式都呈现出适应于统治多民族共居社会的二元法制的独特性：一是官分南北，二是律用番汉，三是契丹习惯法适用于司法。这正如清末法学家沈家本所言："是辽代之政，不独官制区分南北面，刑法亦有殊焉。史谓因俗而治为得其宜。然一朝之制显分二途，唐、宋以前固未之见也"②。

---

① 《辽史》卷三七，《地理志一》。

② 沈家本：《历代刑法考·历代刑官考下·辽》。

辽司法体制具有鲜明的民族特点，同时又兼收并蓄和有效地吸收、融入了汉民族的司法经验。故在其立国史上，司法实践能始终有效地进行运转并发挥了积极的作用。

第一节　司法机构

辽代的司法机构是逐步建立与完备化的。在氏族部落的早期阶段，契丹本部族的一切纠纷和争端都由其部族首领（夷离堇）裁决。随着社会的发展，出现了一些专掌司法的机构和职官。

契丹最初官制因人设事，较为简单。据史书记载："官生于职，职沿于事，而名加之。后世沿名，不究其实。……契丹旧俗，事简职专，官制朴实，不以名乱之，其兴也勃焉"。① 神册六年（921）辽太祖诏正班爵，国家行政机关初具规模，虽有官分北南之名，其实所治皆北面之事，契丹、汉两套官制的区分尚不明确。辽太祖任用汉族人士帮助自己进行统治，如中原蓟州衙校康默记，"太祖侵蓟州得之，爱其才，隶麾下，一切蕃汉相涉事，属默记折衷之，悉合上意。时诸部新附，文法未备，默记推析律意，论决重轻，不差毫厘。罹禁网者，人人自以为不冤"②。知人善任弥补了立法未备的缺陷。

"天地之间，风气异宜，人生其间，各适其便。王者因三才高节制之。"辽太宗时，辽境内以长城为界，大致分为南北两个区域："长城以南，多雨多暑，其人耕稼以食，桑麻以衣，宫室以居，城郭以治；大漠之间，多寒多风，畜牧畋渔以食，皮毛以衣，转徙随时，车马为家。此天时地利所以限南北也。"③ 疆域广大，民族成分复杂，决定了契丹与汉人

---

① 《辽史》卷四五，《百官志一》。
② 《辽史》卷七四，《康默记传》。
③ 《辽史》卷三二，《营卫志中·行营条》。

之间生活方式（迁徙与定居）、生产方式（游牧与农耕）、社会形态（氏族部落制、奴隶制与封建制）以及风俗习惯、宗教信仰的不同，统治者为了更好地治理不同民族的事务，只能"兼制中国，官分南北"，"南北分治"，这有利于平衡不同类型的民族之间的关系。

辽从中央到地方有两套平行政权组织——北面官与南面官，分治契丹人与汉人。北面官处理契丹各部和其他游牧、渔猎部族事宜，长官由契丹贵族担任，办事机构设在皇帝御帐北面，是辽最高权力机关；南面官管理汉人、渤海人事务，长官由契丹贵族和汉人、渤海人上层人士担任，办事机构设在皇帝御帐南面，其权力低于北面官①。辽代其司法制度也实行南北分治，"以国制治契丹，以汉制待汉人。国制简朴，汉制则沿名之风固存也"②。辽圣宗时期，开始任用汉人执掌司法，试图缩小契丹与汉人司法制度的差异，消除民族隔阂。

一、中央司法机构

辽代的中央司法机构与官制一样，分置北面官和南面官，分治契丹人和汉人。辽朝北面中央司法机构是重心。

1. 北枢密院

北枢密院掌军国大政同时也兼理司法，是辽朝最高的司法行政机关。辽朝建国初期，契丹北枢密院，掌兵机、武铨、群牧之政，凡契丹军马皆属焉，有"北衙不理民"之说；契丹南枢密院，掌文铨、部族、丁赋之政，凡契丹人民皆属焉，有"南衙不主兵"之说。"故事，枢密使非国家重务，未尝亲决，凡狱讼惟夷离毕主之。"③枢密院不直接受理刑案，只对重大狱案进

---

① 《辽史》卷四五《百官志一》："辽国官制，分北南院。北面治宫帐、部族、属国之政，南面治汉人州县、租赋、军马之事，因俗而治，得其宜矣。"

② 《辽史》卷四五，《百官志一》。

③ 《辽史》卷六一，《刑法志上》。

行审议。后来，"萧合卓、萧朴相继为枢密使，专尚吏才，始自听讼。"① 辽代契丹北枢密院开始兼理司法职权。契丹北枢密院下设北、南枢密院中丞司，负责纠察百官。枢密院所属的掾史，掌管刑曹案簿。

2. 夷离毕院

夷离毕院，主刑政，是北面管理机构中的司法机关。辽早期的契丹部落有军事首领兼掌刑法的传统。契丹建国后，神册五年（920），置夷离毕院专掌本部族刑狱诉讼和司法审判，长官为夷离毕②，下设左右夷离毕、知左右夷离毕事、敞史、选底等。另设诸宫判官，掌诸斡鲁朵诉讼之事。辽北面官制有一定的汉化趋势，"凡辽朝官，北枢密视兵部，南枢密视吏部，北南二王视户部，夷离毕视刑部，宣徽视工部，敌烈麻都视礼部。北南府宰相总之。"③ 分掌六部职权，无六部之名而有六部之实。朝廷上下，事简职专。

3. 刑部

辽初，汉人枢密院，掌汉人兵马之政，下设吏、产、兵、刑、厅（工）五房，分管各部之事，兼有唐代尚书省的职能。辽中期以后，六部从汉人枢密院中独立出来，其中刑部，专掌刑狱。

4. 大理寺

辽圣宗统和十二年（994）十月，设大理寺审理汉人重大刑案，设有提点大理寺、大理寺卿、大理寺正、大理寺直等官员。景宗保宁三年（971）正月置登闻鼓院，设登闻鼓使；另置匦院，设知匦院使。

5. 御史台

为了加强对汉人官吏的监察，在南面官系统中仿照中原王朝的体制，于辽太宗会同元年（938）设御史台，以御史大夫、御史中丞为正副长官，以侍御史为属员。御史台为监察机关，同时也是审判机关，除纠弹官吏外，偏重于复审汉族官吏经办的刑狱，平反冤狱，而真正担任纠察百官之职的是北

---

① 《辽史》卷六一，《刑法志上》。
② 夷离毕，契丹语，即参知政事。
③ 《辽史》卷四五，《百官志一》。

面官中的中丞司。

二、地方司法机构

辽代地方机关分为南北两个系统，契丹人、奚人聚居区的行政体制为部族制，属北面官系统，地方部族在夷离毕的监督下，诸部族长官兼理司法，同时设秃里、楚古等官执掌司法①，由部族长官与秃里、楚古一道亲鞫狱讼。汉人、渤海人聚居区为州县制，属南面官系统，仿唐宋建制。州分别设节度、观察、团练、防御史和刺史，县有县令、县丞、县尉、主簿。州官、县令作为州县行政长官，同时兼理司法审判事务。汉人犯法，由所在州县官审理。兴宗时，在五京（上京、中京、东京、南京、西京）专设"警巡院"，其职责在于审理案件，维持治安，检核户口，清查资产。据史料记载：马人望，"迁警巡使。京城狱讼填委，人望处决，无一冤者"②。契丹人犯法，由警巡院使审理。各路统军使司和节度使司一级军事机构中，设判官、掌法官、军事判官、观察判官等掌法官，处理军队内的违法案件。这些判官可能也兼理地方一些司法事务。又设有详稳司处断属部间和属部内部的狱讼纠纷。辽代在五京留守司兼府尹下设推官，负责勘问刑狱。

辽代刑事案件的审判，先由基层地方或部族司法机关进行审理、判决，为初审，再报夷离毕院、大理寺或枢密院终审、裁决、备案。涉及皇族谋反等重大案件，直接由夷离毕院、枢密院审理，皇帝还要亲自过问。

辽王朝因俗而治所形成的"官分南北、番汉异法"，在一国之中针对不同族群设立不同的行政管理机构适用不同的法制，虽然避免了将契丹习惯法在汉族地区强制推行，以造成社会形态的倒退，但长期推行一国两制，不利于民族的交流与融合，也不利于国家法制的统一。

---

① 参见《辽史》卷一一六，《国语解》。
② 《辽史》卷一〇五，《能吏传·马人望传》。

第二节 诉讼制度

辽代诉讼程序和审判制度虽不如唐宋规定的严格，但也采取了较为慎重的做法，规定"不得造次举止""余所诉事，依法施行"。辽代的告诉方式基本分为自告和官告两类：

一、自告

自告即"民讼"，指由当事人或其亲属向官府告发的自诉案件。辽太祖五年（911）安端等谋反，其妻告之官府。《辽史·张俭传》载："家人诉冤"，也是指被错杀人的亲属向张俭及官府的告发。

统和二十四年（1006），辽圣宗采用唐律"同居相为隐"原则，"诏主非犯谋反大逆及流死罪者，其奴婢无得告首；若奴婢犯罪至死，听送有司，其主无得擅杀"。[1] 该法令以限制奴婢一般案件起诉权为前提条件，削弱奴隶主特权，禁止其任意杀害奴婢，即使奴婢有罪，也应交送官府处置。奴婢的生命权在法律上得到一定的保障。辽兴宗重熙十年（1041）秋七月壬戌，立法规定"诸敢以先朝已断事相告言者，罪之"。[2]

二、官告

官告即由官吏或各级国家机关以国家的名义纠举犯罪。此外，辽代对诉权又加以限制。严禁越级上诉、严禁匿名告、严禁诬告。清宁元年（1055）

---

① 《辽史》卷六一，《刑法志上》。
② 《辽史》卷一九，《兴宗二》。

十二月辛卯，道宗诏部署院，事有机密即奏，其投谤讪书，辄受及读者，并弃市。① 还有几种特殊告诉形式受到限制：主人犯罪奴婢不得告，这是对奴婢诉权的限制；但是到辽道宗清宁四年（1058）七月，诏令："制诸掌内藏库官盗两贯以上，许奴婢告"，奴婢可举告官吏内盗官银之罪；辽朝对部民告诉的限制等。

第三节　审理制度

契丹习惯法不但在辽代立法中有所体现，而且在司法领域受到采用，造成随意裁断，刑罚酷重，同罪异罚，轻重悬殊。辽代审判制度也有其特点，主要表现为：

一、用筹决事

在辽代契丹习惯法中，剖事决疑、问罪行罚、解决纠纷往往采取"用筹决事"的方式，筹，即牙筹，在司法中被赋予罗列事理数量的信物或凭证。辽王朝建立后，"用筹决事"仍在司法实践中被沿用。譬如，会同九年（946）十二月，契丹攻克汴梁后，"将军康祥执景广延来献，诏以牙筹数其罪，凡八。执送都，道自杀"②。此事，《资治通鉴》有更为详细的记载："先是契丹主至相州，即遣兵趣河阳捕景延广。延广苍猝无所逃伏，往见契丹主于封丘。契丹主诘之曰：'致两主失欢，皆汝所为也。十万横磨剑安在！'召乔荣，使相辩证，事凡十条。延广初不服，荣以纸所记语示之，乃服。每服一事，

---

① 《辽史》卷六一，《刑法志上》。
② 欧阳修：《新五代史》卷七三，《四夷附录第一》。

辄授一筹。至八筹，广延但以面伏地请死，乃锁之。"① 太宗在审理景广延导致辽、晋政权失和一案中，宣布起诉的十项罪状，被告不服，即逐条审理，被告每服认一项罪过，即以一枚牙筹为计，累计到八枚牙筹时，被告完全认罪。"以牙筹数其罪"的审理方式，使司法审判公开、重证据、让罪犯自认其罪，甘愿被罚。后来，"用筹决事"既可演变为"众证其罪"，如，初元八年（914）春正月，"于越率懒之子化哥屡蓄奸谋，上每优容之，而反覆不悛，召父老群臣正其罪，并其子戮之，分其财以给卫士"②。案情重大，辽太祖召集部落年长而有威望者与群臣通过证罪、议罪的程序确定率懒之子化哥的罪状及处理结果。"用筹决事"也可演变为"数落罪过"，即证明其犯罪事实确凿无疑而谴责犯罪。如，辽景宗乾亨元年（979）十月，因满城败绩，于是"诏数韩匡嗣五罪"③："'尔违众谋，深入敌境，尔罪一也；号令不肃，行伍不整，尔二罪也；弃我师旅，挺身鼠窜，尔三罪也；侦候失机，守御弗备，尔四罪也；捐弃旗鼓，损威辱国，尔五罪也。'促令诛之。皇后引诸内戚徐为开解，上重违其请，良久，威稍霁，乃杖而免之。"④满城失利，诏告天下，历数主帅韩匡嗣五大罪责，罪证确凿，无可辩驳，罪犯只得低头认罪，甘愿受罚。

二、刑讯取证

辽代审判注重证据，允许刑讯逼供。"契丹国制：人未伏者不即置死"⑤。辽代仍把口供作为判案的主要依据，获取口供是审讯的重要目的，刑讯逼供成了审讯的常用手段。受契丹习惯法影响，辽刑讯方式残酷野蛮，骇人听闻。"拷讯之具，有粗、细杖及鞭、烙法。粗杖之数二十，细杖之数三，自三十至于

---

① 《资治通鉴》卷二八五，《后晋纪六》。
② 《辽史》卷一，《太祖纪上》。
③ 《辽史》卷九，《景宗纪下》。
④ 《辽史》卷七四，《韩匡嗣传》。
⑤ 《宋史》卷二六二，《李穀传》。

六十。鞭、烙之数，凡烙三十者鞭三百，烙五十者鞭五百。被告诸事应伏而不服者，以此讯之。"① 凡刑讯，鞭刑与烙刑并施，手段过于残忍，所以在刑讯中毙命者甚多。故清末法学家沈家本说："辽代鞭烙法乃拷讯所用，辽刑多惨酷，此其一。法外拷囚，历代多有，辽代鞭烙之法酷矣，乃明著于法中亦古所未有也。"②

三、依法审断

司法审判依据法律。辽太祖时"定契丹及诸夷之法，汉人则断以律令"。辽太宗时"一等科之"。萧太后"一以汉法论"。辽圣宗时，规定"准法同科"。辽道宗时强调，"余所诉事，依法施行"。所有这些都说明辽代在审理、判决过程中，注重依法审理、依法判决的"罪刑法定"的倾向。这既保证案件审理的客观、公正，又维护了法律的权威。

四、重视司法效率

开泰三年（1014），辽圣宗诏南京管内毋淹刑狱，以妨农务。清宁二年（1056），辽道宗命各郡长吏按照各部条例，与下属官吏共同判决罪囚，不要致使冤死狱中，下诏说："先时诸路死刑皆待决于朝，故狱讼留滞；自今凡强盗得实者，听即决之。"③ 为了提高司法效率，皇帝有条件地允许地方官员分享死刑案件的终审权。

五、获取服辩

辽代对罪犯的判决，也向犯人和家属宣布，并取犯人的服辩，即犯人认

① 《辽史》卷六一，《刑法志上》。
② 沈家本：《历代刑法考·刑法分考十七》"辽拷讯之具"按语。
③ 《辽史》卷六二，《刑法志下》。

罪的意思表示。"每有疑讼，付之辨析必白"①。譬如，辽圣宗统和四年（986）冬十月，"北大王帐郎君曷葛只里言本府王蒲奴宁十七罪，诏横帐太保虆国底鞫之。蒲奴宁伏其罪十一，笞二十释之。曷葛只里亦伏诬告六事，命详酌罪之。知事勤德连坐，杖一百，免官。"② 铁证如山，罪犯认罪，方可行刑。如果犯人不服判决，允许当事人上诉。辽代受理上诉的机关，中央为夷离毕院、大理寺、钟院、登闻鼓院；有时也可直接上诉到枢密院。地方诸道、五京等地也可受理上诉案件。

六、州县覆按

辽代为了防止冤狱，除了听诣台诉外，还建立各地互核制度。辽道宗清宁四年（1058）二月丙午，"诏夷离毕，诸路鞫死罪，狱虽具，仍令别州县覆按，无冤，然后决之；称冤者，即具奏"③ 诸路死刑案件，由附近另路官吏复核后方可执行。无论在地方，还是中央，都实行行政长官与司法官员会同审理、依法律断案的制度，这对案件复审、公正判决是非常有利的。由此成为中国古代会审制度的雏形。中央的复案工作，由夷离毕院、御史台、大理寺受理审决、详复评议后，上报决遣。

七、盟誓了断

阿保机担任联盟首领以后，要仿照中原帝王建立世袭的权力，违背了契丹首领三年一选、以次相代的旧习，引起了守旧势力的反对，爆发"诸弟之

---

① 《贾师训墓志铭》。
② 《辽史》卷一一，《圣宗二》。
③ 《辽史》卷二一《道宗一》；《辽史》卷六二，《刑法志下》。记载：清宁四年，复诏左夷离毕曰：比诏外路死刑，听所在官司即决。然恐未能悉其情，或有枉者。自今虽已款伏，仍令附近官司覆问。无冤，然后决之；有冤者即具以闻。

乱"。辽太祖初元五年（911）五月，"皇弟刺葛、迭剌、寅底石、安端谋反。安端妻粘睦姑知之，以告，得实。上不忍加诛，乃与诸弟登山刑牲，告天地为誓而赦其罪。出刺葛为迭剌部夷离堇，封粘睦姑为晋国夫人。"①盟誓作为遵守法令的重要保证。

第四节　判决的执行

辽代刑法野蛮残酷。太祖初年，庶事草创，犯罪者量轻重决之。其后治诸弟逆党，权宜立法。以投崖②、车辖③、骑践、熟铁锥擿其口、枭磔、生瘗④、射鬼箭⑤、炮掷、支解⑥等契丹习惯法中的传统酷刑治罪。"归于重法，闲民使不为变耳"。契丹初元九年（915）二月，"申禁⑦鞭背"⑧。"诸鞫狱辄以私怨暴怒，去衣鞭背者，禁之"⑨。

辽兴宗重熙五年（1036），"《新定条制》成，诏有司凡朝日执之，仍颁行诸道。盖纂修太祖以来法令，参以古制，其刑有死、流、杖及三等之徒，而五凡、五百四十七条"。⑩兴宗以后，辽法定主刑有杖刑、徒刑、流刑、

① 《辽史》卷一，《太祖上》。
② 《历代小史》卷六一《辽志》："亲王从逆，不罣诸甸人，或投高崖杀之"。《辽史》卷一《太祖上》："七年六月，以夷离堇涅里衮附诸弟为叛，不忍显戮，命自投崖而死"。
③ 《辽史》卷六一《刑法志上》："淫乱不轨者，五车辖杀之"。沈家本《历代刑法考·刑法分考二》曰："辽代刑法严酷，多为历代所不经见，车辖尚是古法，特已废而复行，遂为辽代酷刑之一"。
④ 《辽史》卷一《太祖上》："七年六月，获逆党雅里、弥里，生瘗之铜河南轨下"。
⑤ 《辽史》卷一《太祖上》："七年六月，以养子涅里思附诸弟叛，以鬼箭射杀之"。
⑥ 沈家本《历代刑法考·刑法分考二》曰："肢解似与凌迟无别：然肢解在死后，凌迟在生前也"。
⑦ 《辽史》卷六一，《刑法志上》。
⑧ 《辽史》卷三，《世祖上》。
⑨ 《元史》卷一〇三，《刑法志二·职制下》。
⑩ 《辽史》卷六二，《刑法志下》。

死刑四种。其中，死刑分为绞、斩、凌迟三等；流刑根据罪行轻重，分为"置之边城部族之地""投诸境外""罚使绝域"等；徒刑分为终身监禁、徒五年和徒一年半三等，并且分别决杖 500、400、300，以沙袋决之。

一、正刑

1. 杖刑

辽有杖刑及木剑大棒、铁骨朵之法①。杖刑自五十至三百，凡杖五十以上者，以沙袋决之②，又有木剑、大棒、铁骨朵之法。木剑面平背隆，大臣犯重罪，欲宽宥则击之，木剑大棒之数三，自十五至三十；铁骨朵之数，或五或七。有重罪者，将决以沙袋，沙袋者，其制用熟皮缝之，长六寸，广二寸，柄一尺许，先于椎骨之上及四周击之。与唐、宋刑制不同，辽代有杖刑而无笞刑，杖五十以上者决以沙袋，亦不用杖。木剑、大棒、铁骨朵等，皆历代所无有，杖刑手段多样，其酷烈程度有所提升。

2. 徒刑

辽徒刑分终身、五年、一年半三等，凡徒刑者，皆附杖刑，一罪二刑，重复治罪③。终身者决杖五百，其次递减百，徒一年半者决杖三百。

3. 流刑

《辽史·刑法志》记载："刑量罪轻重，置之边城部族之地，远则投诸境外，又远则罚使绝域。"辽流刑分三等：一是安置到边城部族之地，如黄龙府、乌隗部；二是投送境外，指投送到辽政权直接统治区以外的各属部所在地，如于厥拔离弭河；三是罚出使绝域，如出使回鹘、黠戛斯、吐

---

① 木剑大棒：木剑面平背隆，辽太宗时大臣犯罪不至死，以木剑击背。铁骨朵：以熟铁打作 8 片虚合，用 3 尺长的柳木作柄，盗窃走私等罪，用铁骨朵拷打 5 至 7 下。

② 沙袋：用熟皮合缝，盛沙半升，加以木柄。犯罪者用沙袋击打，不得过 500 下。

③ 《金史》卷八九《梁肃传》："辽季之法，徒一年者杖一百，是一罪二刑也。刑罚之重，于斯为甚。"

蕃等。

4. 死刑

辽死刑有绞、斩、凌迟之属[1]。在执行死刑过程中，减轻刑罚酷重程度，"先是，南京三司销钱作器皿三斤，持钱出南京十贯，及盗遗火家物五贯者处死；至是，铜逾三斤，持钱及所盗物二十贯以上处死"[2]。辽圣宗时，五院部民有自坏铠甲者，其长佛奴杖杀之，上怒其用法太峻，诏夺官。吏以故不敢酷挞。[3] 穆宗应历十五年（965）二月，以获鸭，除鹰坊刺面、腰斩之刑[4]。统和十二年（994）七月庚午，诏"旧法，死囚尸市三日，至是一宿即听收瘗"[5]。开泰八年（1019），以窃盗赃满十贯，为首者处死，其法太重，故增至二十五贯，其首处死，从者决流。[6] 重熙年间（1032—1055），时有群牧人窃易官印以马与人者，法当死，帝曰，一马杀二人，不亦甚乎？减死论。[7] 减少了死刑在盗窃罪中的适用。

圣宗统和二十年（1002）"诏主非犯谋反大逆及流死罪者，其奴婢无得告首。若奴婢犯死罪至死，听送有司，其主无得擅杀"[8]。奴婢犯死罪，其主人不得擅自杀死，表明对死刑的慎重。

二、附加刑

除上述杖、徒、流、死刑之外，辽代的刑罚还有：

---

① 沈家本：《寄簃文存》卷一曰："查凌迟之刑，唐以前无此名目，始见于《辽史·刑法志》。辽时刑多惨毒，而凌迟列于正刑之内。"
② 《辽史》卷六二，《刑法志下》。
③ 《辽史》卷六二，《刑法志下》。
④ 《辽史》卷七，《穆宗下》。
⑤ 《辽史》卷六一，《刑法志上》。
⑥ 《辽史》卷六一，《刑法志上》。
⑦ 《辽史》卷六二，《刑法志下》。
⑧ 张志勇：《射鬼箭与辽代法律文化》，《阜新高专学报》1996 年第 5 期。

1. 赎刑

品官公事误犯，民年七十以上、十五以下犯罪者，听以赎论。赎铜之数，杖一百者，输钱千。辽兴宗重熙元年（1032）下诏："职事官公罪听赎，私罪各从本法；子弟及家人受赇，不知情者，止坐犯人"①。官员犯公罪可赎，犯私罪不可赎，旨在激励官吏积极有为，履行职责。

2. 籍没

籍没法，即登记并没收死刑犯所有家口和财产的处罚的法律规定。籍没，是作为死刑的一种附属刑存在的，主要适用于谋反、谋叛、谋害重臣等所谓的"反逆"之罪。它是契丹习惯法处罚手段的一种存留和延续。籍没法，"以其首恶家属没入瓦里"②。内外戚属及世官之家犯反逆等罪，没入瓦里，契丹一般罪犯则没为著帐户，成为为皇家服役的官奴，也有的被分赐给臣下为私奴。汉族居住区域掳掠的俘户以及契丹部落的私奴，建立投下州，予以管理。除此之外，"其余非常用而无定式者，不可殚纪。"③

3. 黥刺

黥刺法：犯盗窃者，初刺右臂，再刺左，三刺颈之右，四刺左，至于五则处死。辽圣宗统和二十九年（1011），"以旧法，宰相、节度使世选之家子孙犯罪，徒杖如齐民，惟免黥面，诏自今但犯罪当黥，即准法同科"④。"那母古犯窃盗者十有三次，皆以情不可恕，论弃市。因诏自今三犯盗窃者，黥额、徒三年；四则黥面、徒五年；至于五则处死"⑤。辽兴宗重熙二年（1033），有司奏："元年诏曰：犯重罪徒终身者，加以捶楚，而又黥面。是犯一罪而具三刑，宜免黥。其职事官及宰相、节度使世选之家子孙，犯奸罪至徒者，未审黥否？"上谕曰："犯罪而悔过自新者，亦有可用之人，一黥其面，终身为

---

① 《辽史》卷六二，《刑法志下》。
② 《辽史·国语解》："瓦里，官府名，宫帐、部族皆设之。凡宗室、外戚、大臣犯罪者，家属没入于此。"
③ 《辽史》卷六一，《刑法志上》。
④ 《辽史》卷六一，《刑法志上》。
⑤ 《辽史》卷六一，《刑法志上》。

辱，朕甚悯焉。"后犯终身徒者，止刺颈。奴婢犯逃，若盗其主物，主无得擅黥其面，刺臂及颈者听。犯盗窃者，初刺右臂，再刺左，三刺颈之右，四刺左，至于五则处死。①

4.连坐

先是，叛逆之家，兄弟不知情者亦连坐。辽圣宗统和十二年（994），阿没里谏曰："夫兄弟虽曰同胞，赋性各异，一行逆谋，虽不与知，辄坐以法，是刑及无罪也。自今，虽同居兄弟，不知情者免连坐。太后嘉纳，著为令。"②辽兴宗重熙元年（1032），下诏"职事官公罪听赎，私罪各从本法；子弟及家人受赇，不知情者，止坐犯人"③。官吏因公犯罪，从轻发落，子弟家人犯贿赂罪，不知情，只坐犯人。

三、赦免

辽代"赦"为司法之常态，辽太祖在位二十年，大赦二，曲赦三；辽太宗在位二十一年，大赦三，曲赦一，别赦一；辽世宗在位三年，大赦一，肆赦一；辽穆宗在位十八年，赦一，曲赦四；辽景宗在位十三年，大赦一，赦一；辽圣宗在位四十九年，大赦六，肆赦一，录囚一，曲赦一；辽兴宗在位二十五年，大赦八，肆赦三，德音五，曲赦六，录囚二，释徒二，别赦一；辽道宗在位四十六年，大赦九，肆赦二，赦七，曲赦六，赦徒六；辽天祚帝在位二十四年，大赦三，肆赦一。其中，辽兴宗好名又溺浮屠法，务行小惠，数降赦宥，以故释死囚及犯罪应加而特赦其罪者甚众。如，重熙七年（1038），录囚。非故杀者减科。辽道宗大安四年（1088），曲赦西京役徒。二月，曲赦春州役徒，终身者皆五岁免。五月，诏免役徒，终身者五岁免之。

① 《辽史》卷六二，《刑法志下》。
② 《辽史》卷七九，《耶律阿没里传》。
③ 《辽史》卷六二，《刑法志下》。

辽代的司法制度沿着由野蛮向文明的方向发展，这是一种不可逆转的趋势。但是辽朝司法走向文明过程中受到阻碍。司法不仅没有统一，反而又恢复旧法制，并涂上野蛮的色彩。并且辽最高统治者与契丹贵族，带头破坏法律，如辽穆宗"嗜杀不已"，"动则以细故杀人"，辽道宗"赏罚无章"，天祚帝"流为残忍"。这些野蛮的行为，违背了司法走向文明的趋势。

第五节　司法监察

辽代设置按察诸道刑狱使。辽圣宗开泰六年（1017）秋七月，"遣礼部尚书刘京、翰林学士吴叔达、知制诰仇正己、起居舍人程翥、吏部员外郎南承颜、礼部员外郎王景运分路按察刑狱"。① 由此可见，辽代按察使并非专设职官，而是由他官兼任，其职责为按察刑狱，较之此后各朝，其职责相对单一。

一、录囚

为了防止冤狱，录囚，从轻处罚罪犯。辽圣宗注重清理滞狱，申雪冤案，"往时，大理寺狱讼，凡关复奏者，以翰林学士、给事中、政事舍人详决"。② 至统和十二年（994）"始置少卿及正主之。犹虑其未尽，而亲为录囚"，杂犯死罪以下释之。③"数遣使诣诸道审决冤滞，如邢抱仆之属，所至，人自以为无冤"。"统和中，南京及易、平二州以狱空闻。至开泰五年，诸道皆狱空，有刑措之风焉"④。致使各地出现了"狱空"，司法清明，社会稳定。兴宗重熙五

---

① 《辽史》卷一五，《圣宗六》。
② 《辽史》卷六一，《刑法志上》。
③ 《辽史》卷六一，《刑法志上》。
④ 《辽史》卷六一，《刑法志上》。

年（1036）秋七月辛丑，录囚。"耶律把八诬其弟韩哥谋杀己，有司奏当反坐。临刑，其弟泣诉：'臣惟一兄，乞贷其死。'上悯而从之。"① 重熙七年（1038）十二月丁亥兴宗"虑囚"时，指示"非故杀者减科"。重熙年间，"时有群牧人窃易官印以马与人者，法当死，帝曰：'一马杀二人，不亦甚乎？'诏盗易官马者减死论"②。重熙十八年（1049），十二月正卯，录囚。"有弟从兄为强盗者，兄弟俱无子，特原其弟。"③"至于枉法受赇，诈敕走递，伪学御书，盗外国贡物者，例皆免死。"④

二、平反冤狱

辽统治者重视审理狱讼，平反冤狱，督促地方官秉公执法，司法体制不断完善。太祖初年下达诏令："朕自北征以来，四方狱讼，积滞颇多，今休战息民，君臣其副朕意，详决之，无或冤枉。"于是下令让北府宰相萧敌鲁等分往各道疏理裁决，有钦恤之意。辽太祖神册六年（921），仿宋制仍置钟院，以达民冤。⑤ 辽穆宗时，废钟院。迨至保宁三年（971），辽宗"以钟院废置，穷民有冤者无所诉，乃诏复之，仍命铸钟纪其上"⑥。辽圣宗留心听断，平反冤狱，统和元年（983）十二月，诏"敕诸刑辟已结正决遣而有冤者，听诣台诉"⑦。御史台鞫狱权偏重审理冤案。统和三年（985）"亦置登闻鼓院"⑧，令百姓有申冤之地。开泰八年（1019），圣宗"尝敕诸处刑狱有冤不能申雪者，听诣御史台陈述，委官覆问。往时大理寺狱讼，凡关覆奏者，

① 《辽史》卷一八，《兴宗一》。
② 《辽史》卷六二，《刑法志卜》。
③ 《辽史》卷二〇，《兴宗三》。
④ 《辽史》卷六二，《刑法志下》。
⑤ 《辽史》卷一一六，《国语解》："钟院，有怨者击钟，以达于上，尤怨鼓也。"
⑥ 《辽史》卷六二，《刑法志下》。
⑦ 《辽史》卷一〇，《圣宗一》。
⑧ 《辽史》卷八，《景宗上》。

以翰林学士、给事中、政事舍人详决；至是始置少卿及正主之。犹虑其未尽，而亲为录囚。数遣使诣诸道审决冤滞，如邢抱仆之属，所至，人自以为无冤"①。太平三年（1023），又置匦院，受理四方投书和吏民申雪冤滞之事。大康三年（1077），道宗遣使按五京诸道刑狱，大安二年（1086），道宗又遣使按察诸路刑狱。海陵正隆三年（1158）十月，诏尚书省："凡事理不当者，许诣登闻鼓院投状，类奏览讫，付御史台理问"②。平反冤狱，及时纠正了无罪有刑、轻罪重刑的错误。

景帝在位时恢复登闻鼓院，又宽减刑法，对百姓加以安抚。

三、监控地方司法

为了强化对地方司法的了解和控制，辽圣宗开泰七年（1018），"诏诸道，事无巨细，已断者，每三月一次条奏"③。为了矫正"贵贱异法，则怨必生"的现象，太平六年（1026）辽圣宗下令："自今贵戚以事被告，不以事之大小，并令所在官司按问，具申北、南院覆问得实以闻；其不按辄申，及受请托为奏言者，以本犯人罪罪之"④。取消了契丹贵族犯罪不受所在地方官府审理的司法特权，番汉悬殊的法律地位开始接近。

加强吏治，执法严明。耶律隆绪对各级官吏要求非常严格，对用法严酷、违法徇私的官吏严加控制，甚至"诏夺官"，并多次派遣代表到各地审决冤狱。历经多年的整顿吏治，使其统治达到了"纲纪修举，吏多奉职""诸道皆狱空，有刑措之风焉"。

---

① 《辽史》卷六一，《刑法志上》。
② 《金史》卷五，《海陵亮纪》。
③ 《辽史》卷一六，《圣宗七》。
④ 《辽史》卷六一，《刑法志上》。

第六节 监狱管理

辽建国后，在其统治地区建立了大量的非寻常的监狱，谓之"百尺牢"，辽穆宗即位之初，由于"惑女巫肖古之言"，于京师设置"百尺牢以处系囚"①。百尺牢，方圆百余尺，牢内男女老幼混杂拘禁，不分重罪轻罪，已决犯、未决犯皆因于其中，每牢可囚禁百余人。其牢官不固定，常"有诏，则选材望官为之"②。

第七节 司法特点

辽代法律，既有与中原王朝相同的特征，如法自君出，狱由君断，皇权至上，等级特权观念浓厚等；又有不同于中原王朝的特征，如信守盟誓，审制公开，众人参与证罪之义罪，灵活处置，酷刑治罪。

一、沿用唐宋，传承习惯

辽朝立法过程中，一方面学习汉法，即沿用唐宋法律；另一方面又把契丹氏族部落时期的一些简单的责罚规定和惯例纳入到法律中来，使之有别于唐律。从辽代法典编纂情况看，辽太祖时撰"决狱法"，以习惯法为主，参照唐律进行。太宗时沿袭习惯法，但也发生了某些变化。自圣宗到兴宗，出

---

① 《辽史》卷六一，《刑法志上》。
② 《辽史》卷四八，《百官志四》。

现了"一等科之""一以汉法论""准法同科"的现象，辽代法律开始向封建化、一元化方向发展。但是辽道宗大安五年（1089）十月，"复用旧法，余悉除之"。辽代立法从习惯法到习惯法与汉法合治，又到习惯法。因此，在处理刑事犯罪乃至家庭、婚姻和继承方面，仍以习惯法为主，习惯法发挥着十分重要的作用。

禁止擅杀奴婢。辽圣宗统和二十四年（1006），"诏主非犯谋反大逆及流死罪等，其奴婢无得告首。而奴婢犯罪至死，听送有司，其主无得擅杀。"[①] 此条法令规定，无论奴婢犯了什么应处死的罪行，其主人也无权将其杀害，奴婢的生命权在法律上得到一定的保障。这条法令得到实施，开泰六年（1017）二月，辽圣宗之女公主赛哥，擅自杀死无罪奴婢，因附马萧图玉不能处理好家庭事务，降公主郡主为县主，萧图玉罢使相。[②] 即使是皇亲国戚也不得擅自杀死无罪奴婢，若有违反，也要予以严厉处分。犯罪沦为奴婢。辽穆宗应历十二年（962），"国舅帐郎君萧延之奴海里强凌拽剌秃里年未及之女，以法无文，加之宫刑，仍付秃里以为奴。因著为令。"[③] 奴隶制得以延续。

二、一朝两制，南北二元

契丹族建立的辽，有着自己特殊的国情。其一，疆域广大，民族成分复杂。在其统治区域内的民族大致有两种类型，一是"耕稼以食，桑麻以衣，宫室以居，城廓以治"的以汉人和渤海国人为主的农耕民族；二是"其富以马，其强以兵""畜牧畋渔以食，皮毛以衣，转徙随时，车马为家"的契丹人、奚人为主的游牧民族，不同类型的民族，在历史发展过程中文明程度不同，生活方式也有差异，面对这样复杂的民族组合，如采取单一制的统治管理方式，既不适合国情，又难以有效地进行统治。其二，隋唐时

① 《辽史》卷六一，《刑法志上》。
② 《辽史》卷九三，《萧图玉传》。
③ 《辽史》卷六一，《刑法志上》。

期，尚处在部落联盟时期的契丹民族，在与中原政权的长期交往中，政治、经济、文化都受到很大影响。这为后来北、南分制，把中原统治管理方式融入于自身提供了可能。其三，辽政权建立后，与五代、宋、西夏长期对峙，加之入主中原的欲望，使其必须采取有效的管理方式以巩固国制，发展国力。采取一朝两制的管理方式，有利于平衡不同类型的民族关系。北、南分制，即契丹人与汉人"因俗而治"，是辽代统治的一大特色。辽朝统治机构中官分南北、番汉分治，即"以国制治契丹，以汉制待汉人"。此外，还有体现民族自身特点的族帐管理机构与捺钵制等等。历史证明，辽北、南分治的双轨制度是成功的。辽代在刑法的适用上，根据不同民族适用不同的法律，加以区别对待。神册六年（921）辽太祖诏大臣"定契丹及诸夷之法，汉人则断以律令"。太宗时"治渤海人依汉律，余无改焉""四姓相犯，皆用汉法；本类自相犯者，用本国法"。番汉分治，建立北、南两套司法机关体系。分别由契丹人、汉人担任司法官。但是其重心仍在北面，北枢密院掌握最高司法大权。辽圣宗时诏令，"北南院复问得实以闻"，即要求北、南枢密院合作办案。也要求契丹与汉人司法官员同决滞狱。辽圣宗统和年间，室防与韩德让、耶律斜轸，"同心辅政，整析蠹弊，知无不言，务在息民薄赋，以故法度修明，朝无异议。"可见，辽代的北、南枢密院在司法上渐趋融合的趋势；契丹人与汉人合作办案，反映了民族间日趋接近与结合的趋向。

三、刑罚残酷，一罪数刑

辽代保留和沿用了契丹部落习惯法中许多野蛮残酷的刑罚，且任意处分。辽代死刑有绞、斩、凌迟、射鬼箭、骑践、车裂、生瘗、投崖等；还有木剑大棒、铁骨朵、沙袋之法；有炮烙、铁疏、炮掷、钉割、分尸五京等酷刑，死刑达二十余种，可谓花样繁多，手段残忍。耶律迭剌、耶律盆都皆以附察割为乱，凌迟处死。金代的梁肃曾上书说："今取辽季之法，徒一年者杖一百，是一罪二刑也。刑罚之重，于斯为甚。"这也反映出辽代刑法是比较残酷的。辽代的刑法制度沿着由野蛮向文明的方向发展，这是一种不可逆转的趋势。但是辽朝法律走向文明中受到阻碍。法律不仅没有统一，反而又恢复旧法制，并涂上野蛮的色彩。并且辽最高统治者与契丹贵族，带头破坏法律，如辽穆宗"嗜杀不已"，"动则以细故杀人"，辽道宗"赏罚无章"，天祚帝"流为残忍"。这些野蛮的行为，违背了法律走向文明的趋势。

四、民族歧视，同罪异论

辽代法律对汉族和其他各族人民所实施的刑罚，带有浓厚的游牧民族部落奴隶制的色彩，具有民族歧视和压迫的现象。辽代有保持部落奴隶制、制造新奴隶的规定。如穆宗应历十二年（962），"国舅帐郎君延之奴海里强陵刺秃里年未及之女，以法无文，加之宫刑，仍付秃里以为奴"。李焘《续资治通鉴长编》载："先是蕃人殴汉人死者，偿以牛马；汉人则斩之，仍没其亲属以为奴婢。"可见，在辽代社会无论是官奴隶还是私人奴婢都是大量存在的。主人对奴隶的占有受到法律保护，主人对奴隶有权训教和惩罚。辽朝实行宫帐制和头下州县制，将汉族俘户掠到契丹故地，建立大大小小的寨堡，使汉族俘户成为各级契丹贵族的私属奴隶，并允许主人对奴婢决杖执行私刑。《栾城集》卷41载："契丹人及汉人相殴致死，其法轻重不均。"《东都事略》载苏辙说："北朝之改，宽契丹虐汉人，盖以旧矣。"欧阳修也说："往时北人杀汉人者罚，汉人杀北人则死。"从一个侧面反映出辽代法律民族压迫的特点。辽代同罪异论的现象较多，在法律的适用上表现出明显的等级性。辽代分为汉和契丹，在契丹内部又分为皇族和后族，在社会上区分嫡庶、贵贱。辽代统治者为了维护其阶级的利益实施贵贱异法。因犯罪人的身份、地位不同，定罪量刑的标准也不一致。贵族官僚犯罪，享有请、减、免、赎、"八议"的特权。正如辽圣宗耶律隆绪所承认的："大小民犯罪，必不能动有司以达于朝，惟内族／外戚多恃恩行贿，以图苟免，如是则法废矣。"辽兴宗时诏令婢先诉于主，然后再由主人申其所请诉。辽太宗会同四年（941），皇族舍利郎君谋毒通事解里等，已有二人中毒，命重杖之，及其妻流放到于厥拔离骃河，造药者被灭族。① 投毒重罪，贵族处流刑，平民灭族，对贵族与庶民的处罚轻重悬殊。"辽之世，同罪异论者盖多。"② 贵贱有别、同罪不同罚现象在辽代较为普遍。辽世宗天禄二年（948），天德、萧翰、刘哥及其弟盆都等谋反，天德伏诛，杖萧翰，刘哥流放边地，罚盆都出使黠戛斯国。四人罪行一样而量刑不同，司法有较大的随意性，这是契丹习惯法因事议制、任意裁断而造成的。

五、注重执行，整饬吏治

辽朝法律实施过程中，注重执行，并以整顿吏治为重点。辽圣宗时期（983—1030）的赵匡禹，廉恪，备察政能，"覃信惠，去烦苛，劝农桑，缮庐舍。考未三载，治洽一同。"辽道宗时的耶律俨任景州刺史后，因"绳胥徒，禁豪猾，抚老恤贫"，时间不长，"善政流播，郡人刻石颂德"。辽道宗大安二年（1086），改御史中丞，"诏按上京滞狱，多所平反。"③ 辽代监察官员的一个很重要的职责就是惩治不法官吏，以维护朝廷纲纪，保证政令畅通，维持社会秩序的稳定。

法律作为辽代统治者治国的重要手段，在巩固辽王朝统治、保持社会稳定、巩固北方统一、促进各民族经济文化交流、加速民族融合方面发挥了重要的作用。其因俗而治，一国两制；慎赏明罚，严格执行，整饬吏治方面有借鉴意义。但是，刑罚残酷，一罪数刑；民族歧视，同罪异罚；区分贵贱，维护特权；法律实施过程中有较大的随意性。如辽淳亲皇后称制，她非

① 《辽史》卷六一，《刑法志上》。
② 《辽史》卷六一，《刑法志上》。
③ 《辽史》卷九八，《耶律俨传》。

常讨厌耶律铎臻，把他囚禁起来，并发誓说："铁锁朽，当释汝"①，这未免是一种戏谈，后来太后不仅释放了他，还委以重任。正是由于这种司法的随意性，导致决情纵意，赏罚无章。辽兴宗重熙年间（1032—1054），有司抓获盗贼八人，然后就把这八人杀了，后来抓获了真正的盗贼，被杀的八人其家人诉冤，（张）俭三次乞求重新审理此案。皇上勃然大怒地说："卿欲朕偿命耶！"张俭回答说："八家老稚无告，少加存恤，使得收葬，足慰存没矣。"兴宗采纳了他的建议。② 这反映出辽代还存在误判、错判、草菅人命的现象等，我们要引以为戒。

---

① 《辽史》卷七五，《耶律铎臻传》。
② 《辽史》卷八〇，《张俭传》。

第二章　西夏司法文明

唐宋之际，党项羌拓跋氏以中原王朝节度使的身份，统辖夏、绥、银、宥、静五州，在保全自己势力的基础上，伺机崛起，成为称强西陲的地方政权。宋仁宗宝元元年（1038），党项羌首领元昊称帝，建立以党项羌为主体的独立王朝，史称"西夏"，其领土疆域"东尽黄河，西界玉门，南接萧关，北控大漠"①，西夏先后与辽、北宋和南宋、金鼎足而立，传位十世帝王，持续 190 年（1038—1227），最终被元蒙所灭。

西夏在吸取汉族文化特别是中原传统法律文化的基础上，结合党项羌民族的习惯，形成了比较完整的具有鲜明民族特色的司法文明，西夏仁宗乾祐二十一年（1190）骨勒茂才所撰的《番汉合时掌中珠》记载，西夏诉讼程序已初具规模："莫违条法，案检判凭，依法行遣，不敢不听，恤治民庶。人有高下，君子有礼，小人失道，失其道故，朝夕趋利，与人斗争。不敬尊长，恶言伤人，恃强凌弱，伤害他人。诸司告状，大人嗔怒，指挥扃分，接状只关，都案判凭。司吏行遣，医人看验，踪迹见有。知证分白，追干连人，不说实话，事务参差，枷在狱里，出与头子。令追知证，立使到来。仔细取问，与告者同。不肯招承，凌持打拷，大人指挥……伏罪入状，立便断止"。伤害案件大都由背道失礼、趋利争斗而起，案件一旦发生，被告人可赴官府告状，

---

① （清）吴广成：《西夏书事》卷一二。

都案即派人勘验现场，拘捕犯人，传唤知情人作证，犯人不招供，还可刑讯以得实情，直到审问明白，犯法者伏罪，然后根据法律条文和犯罪情节轻重定罪量刑、执行惩罚。整个司法过程依法而行，环环相扣，步骤完整，协调一致，有较强的可操作性，这只有在法制较为健全的社会方能兑现。

第一节　司法机构

一、中央司法机关

西夏建立之前，元昊着手"更祖宗成规，藐中朝建制"，"设官之制，多与宋同"[1]，"其官分文武班，曰中书，曰枢密，曰三司，曰御史台，曰开封府，曰翊卫司，曰官计司，曰受纳司，曰农田司，曰群牧司，曰飞龙院，曰磨勘司，曰文思院，曰蕃学，曰汉学。"[2]中央设中书省（掌进拟庶务，宣奉命令，属有侍郎、散骑常侍、谏议大夫、舍人、司谏等官）、枢密院（掌军国兵防边备，与中书对持文武二柄，属有枢密同知、副使、签书、承制等官）、三司（户部司、度支司、盐铁司。总国计，应贡赋之入，属有正使、副使、盐铁使、度支使等官）为国家最高行政、军事、财政机关，处理全国行政、军政、财政事务。此外，御史台，掌管纠察、弹劾官邪，肃正纲纪，为中央最高监察机关。属有御史大夫、御史中丞、殿中御史、监察御史等官。另有一府（中兴府，管理西夏都城兴庆府之事，属有六曹、左右军巡使、判官、左右厢公事干当等官）、六司（翊卫司，职掌统制、训练、宿卫、戍守及侍卫扈从诸事，官有马步都指挥、副都指挥及诸皿上将军、大将

---

① 《西夏书事》卷一八。

② 《宋史》卷四八五，《外国传一·夏国传上》。

军之号；官计司，职掌文武官吏注籍应选、人事调动和补阙；受纳司，职掌仓储保管及收支等事；农田司，职掌农田水利，粮食平粜，属有司农卿、少卿、丞、主簿等官；群牧司，职掌内外九牧国马饲养、繁殖和交换，属有制置使、副使、都监等官；磨勘司，职掌官吏选任、考课和升降）、两院（飞龙院，职掌防护宫城，警捕盗贼，以武干亲信者为之，或以内臣充职；文思院，职掌供御仪物乃服饰制造）。番学与汉学是西夏的教育机关。中央官吏，"自中书令、宰相、枢使、大夫、侍中、太尉以下，皆命番汉人为之"①，由党项羌人担任的官职，以番号命名，如宁令、谟宁令、丁卢、素赍、祖儒、吕则、枢铭等，以保证党项羌贵族在国家的权力地位。

元昊建西夏后，于宋宝元二年（1039），增设尚书省，置尚书令，总理国家一切庶务，执行宰相职能，同时，将中央机构增加为十六司（经略司、正统司、统军司、殿前司、皇城司、三司、内宿司、巡检司、陈告司、磨勘司、审刑司、农田司、门司、群牧司、受纳司、承旨司），管理政务。其中，陈告司，掌管受理全国案件的告诉；殿前司，军事管理机构，兼理军事审判；审刑司，掌管全国审判复核和司法行政事务，是规范的中央司法机构。

西夏仁孝时期，将政府机构按大小高低分为上、次、中、下、末五等司，陈告司、审刑司均属第三级的中等司。陈告司设六正、六承旨、六都案、十七案头；审刑司设二正、二承旨、二都案、二案头。"都案者，遣干练、晓文字、知律法、善解之人"。"当量其业，依本司所属……事务多少，当派遣晓业者"②；"案头者，属司吏中旧任职、晓文字、堪使人、晓事业、人有名者，依平级法量其业，奏报而遣为案头"③。西夏的诉讼和刑审直接由审刑司对皇帝和中央政府负责，很多刑事案件要奏请皇帝裁决，或分别报请中书、枢密审核、定案，皇帝、中书省、枢密院有民事、刑事审判的督察与复核权和司法的最终裁决权。御史台也治狱讼之事，兼管司法。

---

①　《宋史》卷四八五，《外国传一·夏国传上》。
②　《天盛改旧新定律令》卷一〇，《司序行文门》"诸司都案派法"。
③　《天盛改旧新定律令》卷一〇，《司序行文门》"案头派法"。

二、地方司法机关

1.中兴府

是京畿地区的行政机关，管理西夏都城兴庆府之事和京师的司法审判，京师的案件则由中兴府和御史审理。西夏法律规定："诸人有互相争讼陈告者，推问公事种种已出时，京师当告于中兴府、御史，余文当告于职管处，应取状"。①

2.经略司、监军司

监军司为地方军事机构，监军司之上设经略司，地方重大军政、司法事务一般都要报告经略司，经略司还有重要审判职能。

3.州县官衙

西夏地方行政建制为州（府、郡、军）、县二级。州设刺史、通判；县设县令等官，皆由西夏王朝委派。都城所在地称府。与州同级的还有郡，设于边防要地，兼理军事民政。各级地方政府行政机构与司法机构合一，州（府、郡、军）、县都有审理案件的职能，普通的刑事案件和民事诉讼由州（府、郡、军）、县官府审理，但属死罪与无期徒刑的大案，须报经略司备案复核，应当等待谕文批复，方可执行。

第二节　诉讼制度

一、诉讼方式

（一）自告

自告，即诉讼人因自己或自己的亲属遭受侵害，由被害方本人或亲属作

---

① 《天盛改旧新定律令》卷九，《越司曲断有罪担保门》"京师诸司习事有枉"。

为原告向司法机关提起的诉讼。司法机关受理此案后，将传唤原告、被告到庭诉辩，以澄清事实，再由司法官依法做出是非曲直、有无罪过的裁决。自诉受到法律的支持，西夏法律规定："诸人对负债人当催索，不还则告局分处，当以强力搜取问讯。"①

西夏法律在支持受害人自诉的同时，对自告案件做出明确限制。有些案件只有受害者本人有向司法机关提起诉讼的资格，当事人不自告，他人不得举告。如，"除殴打争斗相杀以外，伤时，夫妇自不告，则他人告举，不许取状问之。若违律取状问时，有官罚马一，庶人十三杖"②。再如，诸人女在未嫁，父母不允，不许随意抢亲速受礼。违律抢亲，女之父、兄弟告时，抢亲受礼者，有官罚马一，庶人十三杖。"父、兄弟不告，不许他人举报。违律告状取状者，一律有官罚马一，庶人十三杖"。③自告是一种权利，当事人可以放弃这种权利；旁人没有这种权利，则不能代为举告，官府也不受理。违法举告的庶人、违法受理的官吏将分别受到杖责和罚马的处罚。

（二）举告

举告，即被害人及其亲属以外的其他人向司法机关检举揭发犯罪者和犯罪活动的法律行为。除"亲亲有罪相为隐"外，对于一般人的犯罪行为，每个臣民都有不可推卸的举告责任，如果知而不告，则要承担刑事责任，如"诸人窃人妻，他人知觉不告，受贿者徒一年。未受贿者则有官罚马一，庶人十三杖"。④针对一些对社会危害性较严重的犯罪，则责令人们必须告发，知情隐瞒不告者，追究其连带责任。

一是对"谋逆"重罪，应及时举报。西夏法律规定："若谋逆语已入耳中时，依告处司地程远近计量，无论日期时节，已阻未至而未能举告，已发

① 《天盛改旧新定律令》卷三，《催索债利门》"不还债及赖债"。
② 《天盛改旧新定律令》卷一四，《误殴打争斗门》"相伤告他人"。
③ 《天盛改旧新定律令》卷八，《为婚门》"速受礼"。
④ 《天盛改旧新定律令》卷八，《夺妻门》"盗妻他人知"。

生，有可知证信见，举告未稽缓，另外报出时，与犯罪者同样入捕□中，则不列入本犯罪肇始，并亦因举告未稽缓，莫连罪。"①"谋逆语耳已听时，确已发不乐语，说此事不应为也，已劝不助，举告他人未听者已发生，有可信见虽是实，而按告处司与告者之间地程近远，依日期时节计量，告举明显未稽缓，其内中他人出举者，罪勿连。告举稽误时，不告举，则谋逆行为已行，判无期徒刑；尚未行，徒十二年。"②举告谋逆，迟缓延误，视谋逆犯罪已行、未行，分别处以无期徒刑、十二年徒刑。"谋逆"等大案要案，要迅速通告上级司法部门，西夏法律规定："在京师者，在何职管属司，及在边中者，其所属经略使、监军司等，何就近处当速告知，若报告稽缓及未告知，谋逆者行为已得未得，依理使与同谋相等判断。"③举告谋逆重罪，父子、夫妻之间也不相隐，隐瞒不告者，父母、妻子、子女负连带责任，"应易地而居，送边地守城，终身在军中。"④

二是对"逃亡罪"要予以告发。西夏法律规定："诸人未参与议逃，但知逃跑语言而不举告者，逃跑已行者徒六年，未起行者徒五年"。⑤"参与议逃时自反悔举告者，当释其罪。"⑥"逃者之亲父、亲兄弟、亲子等，原来未参议逃跑，而知闻不举告者，依闻知他人逃跑言不举告法判断。"⑦没有参与商议逃亡，但闻知逃亡话语，不告发，应依法惩处。

三是盗窃罪视其情节轻重，决定是否举告的相应法律责任。西夏法律规定："盗窃畜、物、肉等未参与分持，已知为盗屠而拿所食残肉时，是牛、骆驼、马，徒二年，是骡、驴，十三杖，是羊及别种肉，知为盗物，打十杖。又知盗未受贿不告举时，犯人应获死罪、长期徒刑者，未告举者十三杖，短

---

① 《天盛改旧新定律令》卷一，《谋逆门》"闻不告"。
② 《天盛改旧新定律令》卷一，《谋逆门》"劝举迟"。
③ 《天盛改旧新定律令》卷一，《谋逆门》"闻不告"。
④ 《天盛改旧新定律令》卷一，《谋逆门》"做行未得"。
⑤ 《天盛改旧新定律令》卷七，《番人叛逃门》"他人逃语知闻"。
⑥ 《天盛改旧新定律令》卷七，《番人叛逃门》"逃自反悔告"。
⑦ 《天盛改旧新定律令》卷七，《番人叛逃门》"父兄弟子等逃知闻"。

期徒刑十杖，因杖罪勿治罪。"①盗窃未受贿不告举，视盗窃犯罪的轻重论处，盗窃犯罪重者，不告举者处杖刑；盗窃犯罪轻者，不告举者不治罪。

四是纵火罪知晓不举，牵连治罪。西夏法律规定："相恨放火者，同谋以外之他人知晓而不告举，受贿者与分盗畜物相当，未受贿则死罪、长期徒刑十三杖，短期徒刑十杖。未知，罪勿治。"②不举告者，视纵火犯罪行大小决定其处罚轻重；不知情，不治罪。

五是成年人诈为僧道，寺庙僧道有举告的法律义务。西夏法律规定："有僧人、道士之实才以外诸人，不许私自为僧人、道士。倘若违律为僧人、道士貌，则年十五岁以下罪勿治，不许举报，自十五以上诸人当报。所报罪状依以下所定判断。……僧监、副、判、众主等，知觉本寺所属人为伪僧人、道士，因不告，不禁止，则当比犯罪者判断减二等。"③伪装僧人、道士，相关人士知情不报，比照犯罪者减等治罪。

六是军事犯罪，知而必告。西夏法律规定："诸大小军首领、末驱、舍监等其下□□□出卖自己辅主及官马、披、甲知不告者，若未受贿，庶人卖一至三，应徒一年；四至七，徒二年；八至十，徒三年；十一至十三，徒四年；十四至十五，徒五年；十六至十七，徒六年；十八至二十，徒十二年；二十以上一律当绞杀。"④盗卖武器装备，知情者应向首领举告。知情不报，没有受贿情节，按盗卖多少情节，处以各类徒刑，乃至绞刑。

七是阻止他人举告，有罪。西夏法律规定："诸人知实情将举，他人止之，其后又另人举实中，除自叛逃以上三种语分明之外，其余大小罪应举，受贿徇情而塞举口、隐罪者，塞举口者及止之者等，与知盗而分物同样判断，受贿则与枉法贪赃罪比较，从其重者判断。"⑤阻止他人据实举高，考察

---

① 《天盛改旧新定律令》卷三，《分持盗畜物门》"知盗食肉"。
② 《天盛改旧新定律令》卷一三，《举虚实门》"放火知觉不告"。
③ 《天盛改旧新定律令》卷一一，《为僧道修寺庙门》"诈为僧道"。
④ 《天盛改旧新定律令》卷六，《官披甲马门》"人卖马坚甲不告大小首领"。
⑤ 《天盛改旧新定律令》卷一三，《举虚实门》"举口塞"。

有无受贿情节，严加惩治。

八是自身罪推问中举告他人。西夏法律规定："诸人自身有罪，已为诉讼推问中，有另举他人之种种罪，告状而求以功抵罪者时，举报自叛逃以上三种事则允许取状问之"，[①] 举状为实，有重大立功表现，可以功罪相抵。

（三）自首

自首，即犯罪被发现之前，犯罪人主动向司法机关投案，坦白交代自己的犯罪事实和犯罪经过，并愿意承担法律责任的行为。西夏法律规定："盗窃中自共出首以外，盗窃以后一个月之内，各盗人心悔送状，自首求解罪时，其中杀伤人及侵凌物主家中妇人者，致死者，依命断毁坏家宅而不肯偿修罪分别判断，而后依偷盗、强盗等偿还物，盗人自己所拿多少数减罪。若告诸司，议合若全还给物主，及半送还半未能回送，催促同盗人全还者，罪当全解。半有半无，则依自己未足部分分等减罪，其法按以下所定而行。若超日期，则不须解罪减半，而依法判断。若在日期内将所盗物如数送交物主而议合者，不允诸人举告。"[②] 盗窃，无杀人、伤人情节，在限期内到官府自首，能全部退还赃物者，可解除罪过；能退还一半赃物者，可减轻罪过。

对自首的限制。不是所有的犯罪自首都能免罪、减罪。西夏法律规定："卖出敕禁品时，单独一人犯罪而举告自罪，及多人犯罪皆接状等，不允解罪，当依法判断。其中自相互举告时，告者之罪当全解。举告赏，他人所属已卖，则由他人举告赏应得三分中得一分，二分当交官。"[③] 出卖朝廷所列禁品，一人犯罪，自首自己所犯罪过，或多人犯罪，官府已接状受理，皆当依法判断，不允许解除其罪。犯罪者相互举告，举告者之罪应全部解除。西夏法律还规定："诸人互相检举中，独人举自罪，及多人为罪皆接状，举自罪等不许赦罪，当依法推问判断。若多人为罪中，皆不为接状，允许自相举，

---

① 《天盛改旧新定律令》卷一三，《举虚实门》"自身罪推问中举告他人"。

② 《天盛改旧新定律令》卷三，《自告偿还解罪减半议合门》"偿全还解罪半还减罪"。

③ 《天盛改旧新定律令》卷七，《敕禁门》"武器出入敌界过"。

一年期间告举，则当赦罪。其中盗者实无力偿盗物，则可入举人偿畜物中。为杂罪有已受贿者，当交官。逾一年举告，则当比前罪减二等。"①官府没有接状受理，犯罪者可自相告举，在一年期限内举告，当赦罪；超过一年举告，当减二等治罪。

（四）纠举

纠举，即官吏代表官府对犯罪活动提起诉讼。西夏法律规定："边中监军司五州地诸府、军、郡、县等地方中所派捕盗巡检者，阁门、神策当检时，臣僚、官吏、独诱类种种中，当按职门能任、人勇武强健及地方广狭、盗诈多少计量，管事者当依次转告，应告枢密遣之。"②"巡检人捕强盗、偷盗时，三日以内管事当派都巡检，令其于十日以内集问之时，当引导于所属司内。若彼逾所示日期，管事处派迟缓及管事人不令而延误等时，罪依以下所定判断。其中有已转捕相盗者，及为巡检、都巡检、勾管之人依次已遣，未往至于局分，半途送者缓慢等，派者勿论以延误日期。"③"为巡检勾管者捕何盗诈、遣送何司、是何局分等，一个月一番，属经略当报于经略，不属于经略者当分别报中书、枢密。有无释放、推问、判断，其间当磨勘"④。捕盗巡检当按诉讼期限对盗窃罪提起公诉，不得延缓时日，并接受上级部门的督察。

二、告诉限制

1. 亲亲为隐

西夏推行"亲亲有罪相为隐"的原则，亲属之间、主仆之间告诉有严格限制：其一，子女只可举告高曾祖、祖父母、父母犯谋逆（谋逆官家，触毁

① 《天盛改旧新定律令》卷一三，《举虚实门》"自罪举及罪共举"。
② 《天盛改旧新定律令》卷一三，《派大小巡检门》"边中派巡检"。
③ 《天盛改旧新定律令》卷一三，《派大小巡检门》"巡行捕盗日限"。
④ 《天盛改旧新定律令》卷一三，《派大小巡检门》"捕盗告遣磨勘"。

王座）、失孝德礼（图谋盗毁皇帝的宫殿、宗庙、地墓等）、叛逃（叛国投敌）、恶毒（亲祖父母、父母等被子、孙、媳所杀）等罪。其二，妻子、媳可举告公婆、丈夫等以及自己自九个月至一年丧服节上下的罪名有谋逆、失孝德礼、叛逃、内宫淫乱，杀祖父母、父母，诋毁君主，投放毒药，故意杀人，对母、姑、姐妹、女、媳等行为不轨。其三，使军、奴仆可举告头监的罪有：十恶中获死长期徒刑及其他罪中获不论官之死罪。凡举告之类别和罪名，当一一分明①。除此之外，犯其余种种罪时，节上下允许相隐罪，不予举告。违律举告时，根据犯罪情节和诉讼双方的亲疏关系，进行相应的处罚。

2. 婚姻纠纷，禁止他人举告

对于婚姻等民事纠纷，在一定期限内，夫妻之间及男女双方父、兄弟可自诉外，他人无权举告，"父、兄弟不告，不许他人举报。违律告状取状者，一律有官罚马一，庶人十三杖"。②婚姻纠纷，婚姻当事人可以自己举告，也可由起父亲、兄弟举告，他人不得提起诉讼，官府也不得受理。违法举告和受理者，官吏罚马，庶人受杖刑。

3. 已讼案件禁止私下了结

西夏法律规定："因他人夺妻，已告有司，事后不许和解，依法判断。未报则事前允许和解，不许他人举报。若违律时，有官罚马一，庶人十三杖"。③上诉已进入司法程序，只能依法裁决，不许再按个人意志私下和解，以维护官府的司法权威。西夏法律规定："诸人已为盗诈，畜物主、他人等已追捕，及已出首时，勿隐瞒，当告局分处，不准随意议合。假若违律议合时，按盗人罪法判断"④。盗窃、欺诈案件，已进入缉捕程序，或已出首官府，就不许私下议合。违律私下议合，按盗窃罪处罚。

---

① 《天盛改旧新定律令》卷一三，《许举不许举门》"子妻媳节亲使军"。

② 《天盛改旧新定律令》卷八，《为婚门》"速受礼"。

③ 《天盛改旧新定律令》卷八，《夺妻门》"夺妻和解"。

④ 《天盛改旧新定律令》卷三，《自告偿还解罪减半议合门》"盗合"。

4.已告案件未审理完毕不允许另告他处

西夏法律规定:"诸有公事而未问显明,此后不许越司另告他处而不告于局分。若违律时,告者、取状者等有官罚马一,庶人十三杖。当引送先所告处,立便问之已明时,先告者有不服,及问语已明而判断时不服,诸司有告者勿判断其语,当再问之"。① 维护司法管辖的权威。

5.禁止一事二告

西夏法律规定:"诸人重讼者,除先所告之外,不许状上增状。倘若违律,状上增状者及取状者等一律有官罚马一,庶人十三杖。其中因谋逆、失孝德礼、背叛等三种语有所增,则当依法寻问。"② 一般情况下,一状只许呈告一事,重新起诉时也不允许在原状上增加状告内容。但在案中对谋逆、失孝德礼、背叛等严重犯罪有所举告,则当依法讯问,分明处断。

三、举告虚实

为了及时破案,准确、严厉地处罚犯罪,维护社会秩序,西夏法律对一些犯罪的如实举告予以奖赏,即举实有举赏,举虚应承担法律责任,受到相应处罚。其具体规定如下:

(一) 举实赏功

秉实举告,应受到鼓励和表彰。举告盗窃等罪是实有赏,赏当由盗人出,盗人无有,则由盗窃相关责任人出,其人亦不能,则由业主从所得赔偿中出;如果业主所得赔偿少,不足按份给赏,及未得赔偿者,则当由官赐给。

1."十恶"举实有功

西夏法律规定:"诸人举十恶罪是实,应得何举赏者,视举人如何、言

① 《天盛改旧新定律令》卷九,《越司曲断有罪担保门》"司事执集时"。
② 《天盛改旧新定律令》卷一一,《草莫重讼门》"状上增状"。

状如何、全知不知情状等，依时节奏量实行。"① 举告"十恶"大罪，事关重大，应根据具体情况确定奖赏规格，及时行赏。有重赏，有的甚至可因举告而得官职。

2. 举告军事犯罪

军队装备应按时举行"季校"，短缺不全，首领能补偿而未使补偿时，根据具体情况，首领应治罪，告举者应得功。西夏法律规定了"得举告功法"：披、甲、马三种及各种杂物等力能补偿而未使补偿，其所属首领应革官、军、职，下属人举报时，其人勇健刚劲，善战有战功，有知识，为诸司载于典籍，则举告人应为首领。若其人不善战斗，体弱，求转院，当在本司院内调转。其他人举发者及不求转院者，所告军首领应获月徒刑，当赏告者十缗；应徒一年时，当赏二十缗；应徒二年时，当赏三十缗；应徒三年时，当赏五十缗；应革职、军时，当赏七十缗。其赏金应按高低由获罪行监、大小溜首领、舍监、未驱等出给。② "得举告功法"有三项内容：其一，举告者有功，可获得物质奖励，也可根据其才能授予军职，担任首领；其二，举告犯罪者罪恶愈大，举告者受赏愈多；其三，赏金的高低由犯罪官吏根据罪责大小承担。西夏法律规定："诸人属使军丁壮隐瞒不注册时，诸人当举发。隐者之罪：一至五人徒六个月，六至十人徒一年，十人以上一律徒二年。举发赏：一至五人五缗，六至十人十缗，十人以上一律十五缗，由头监给予。其新生子男应注册不注册，及丁而诈为幼小者，比使军、壮丁不注册院籍各种罪状之告赏当各减一等。"③ 隐瞒有罪，告举有功，有罪必罚，有功必赏。

3. 官吏犯罪举实有功

西夏法律规定："诸人告举，谓官畜、谷、钱物种种中有为虚杂时，三万缗以内举实之举赏依强盗持武器法。三万缗以上举实者，其举人中，人堪遣用，则应得某大小职位。人不堪得职位，则前述举赏上应如何赏等，依

① 《天盛改旧新定律令》卷一三，《举虚实门》"十恶举实功"。
② 《天盛改旧新定律令》卷五，《季校门》"能偿不偿首领罪及告功"。
③ 《天盛改旧新定律令》卷六，《抄分合除籍门》"使军及丁不注册及册上为幼小"。

时节，视所举情状及人况等，奏量实行。"①举告官吏贪污罪属实，若举告人可堪遣用，可谋取职位；不堪遣用，则据情给赏。

4. 杂罪举赏

对于其他犯罪举告的奖赏，也有明确的规定，以便于举赏的实施。西夏法律规定"诸人举他人，予举赏法一一分明以外，犯余种种杂罪时，获死罪赏五十缗，三种长期、无期等赏四十缗，自徒四年至徒六年赏三十缗，自徒一年至徒三年赏二十缗，月劳役十缗，杖罪五缗，当由犯罪者予之举赏"②。体现三项内容：其一，见罪应举，举罪有赏。其二，举罪愈重，奖赏愈多；举罪愈轻，奖赏愈少。其三，举罪奖赏资金由犯罪者提供。以作为对犯罪者的处罚。

（二）举虚问责

举告必须有真凭实据，禁止捕风捉影，妄加虚告。举告内容虚假，将无罪之人告为有罪之人，以此扰乱法治秩序，必须承担法律责任，按举虚罪名严惩。

1."谋逆、失孝德礼、背叛"等重罪举虚，将受到法律的严厉制裁

西夏法律规定："诸人自叛逃以上三种举言虚者，判断已至，则本人不论主从，不论官，依谋逆法判断，家门当连，节亲亲戚者因与谋逆者不同，故勿连。判断未至，则受未受问杖一样，举虚造意当剑斩之，家门当连，从犯不论官，当绞杀，家门勿连。"③叛逃以上罪举虚，事关重大，给无辜者带来严重的伤害，颠覆了人们对法律的信奉与依赖，故对为首的主犯处斩刑，从犯处绞刑。

2."十恶"及杂罪等举虚，被告人被逮捕审讯，举虚者一律以所举之罪惩治

举告者改口认虚，当减一等治罪。西夏法律规定："诸人十恶及余种种杂罪等举虚者，被告人已被缚制，则受未受问杖一律与所举罪相当。举人为

---

① 《天盛改旧新定律令》卷一三，《举虚实门》"官事中举实功"。
② 《天盛改旧新定律令》卷一三，《举虚实门》"杂罪举赏"。
③ 《天盛改旧新定律令》卷一三，《举虚实门》"叛逃以上举虚"。

二三人以上人数众多，当接状者承罪法：已举为虚，本罪不论主从，则各举人亦不论主从，家门勿连。若本罪可论主从，则首举者当为造意，其余以从犯论。若已举之，言告司内，已只关、知证，被告人虽被逼迫然未被缚制，此时举人自改口认虚，则比前述罪依次当减一等。其减法：谋逆罪、不论官获死罪连家门，减为无期徒刑，杂死罪减为徒十二年。若已告未敢只关，则有官罚马一，庶人十三杖。"①

3.举告虚实折抵

西夏法律规定："诸人举他人中，或举一人，或举自二人以上等，原罪轻重，或全实，或有虚有实，或虚实相等，其得功承罪法依以下所定实行。"②举告，如果半实半虚。实虚折抵，不赏不罚，如果实多虚少，则少赏不罚，如果实少虚多，则少罚不赏。

（三）严惩诬告

一般刑事案件诬告，也要反坐。西夏法律规定："因殴打争斗而告时语诬者，与所诬同罪判断"。③

四、诉讼程序

（一）案件类别

西夏对于在诉讼期间应予受理的案件，要进行分类审理，以便在定性的前提下，做到轻重缓急、准确无误。西夏将案件文书分为十类：密案、搜交案、磨勘案、军案、官案、家案、大庐令案、□案、刑案、谍案④。

密案：地边消息。

---

① 《天盛改旧新定律令》卷一三，《举虚实门》"十恶杂罪等虚"。
② 《天盛改旧新定律令》卷一三，《举虚实门》"举半实半虚"。
③ 《天盛改旧新定律令》卷一四，《误殴打争斗门》"告时言虚"。
④ 《天盛改旧新定律令》卷九，《事过问典迟门》"每案文字过法"。

搜交案：经略等□死□□诸人□。

磨勘案：四季判断 官敕……磨勘。

军案：军马始行，散逃，兵符，将佐大小检人家院牲畜，军争及军马解悟……回鹘□□投奔者……统军、军□、监军、习判遣……人马、甲胄，注册注销，军杂物□□接转，赏罚供给，领旗鼓号，罚马革官，远军未来，大小臣僚遣守护，诸人寻军，营垒……守护者□□堡城，城主、同判、城守遣，地边遣使人小监，西番、回鹘……诸人寻军立功，待命未来催促，军杂物库监、出纳遣转、防守，内外侍、帐门后宿□内宿、神策。帐门后宿……杂物……

官案：诸寺庙塔、阁门、臣僚、下臣、僧人、道士、案头、司吏、刻字、待牌、住续、印、大典、僧人坐、祭地神、案头司吏□别、皆子离、□印、遣居京都案、案头。

家案：内宫种种头项职，舟船□□为、神猛军、匠人、金匠、□□□□捕、养羊、诸盐池、边上卖路度、空羊食草、城之所用解悟军坚□、铸铁、皇城、三司、地边散买、铸钱、边境堡城断修造、分赐谷草、城中军杂物军粮供给、检畜者人马谷粮种种诸杂职摊派、牧场施请火印，梧桐池采纳、种麻种波、贺兰山等护林场、京师界七种郡县派水种地纳税利额、养草滩等护院、抽□税。

大庐令案：农田司属利额、诸边经略大都督府山内山后□、地界中□地水□地租散等纳额、官谷物中□中军粮以外供应皮□□分用□底地□□捕分用。

□案：契丹使承、执飞禽、群牧□、马院、行宫、官畜、内使、帐门□□、□□齐尸养□、设四季宴、官乐人、阴阳分食者、前宫侍、帐下宫侍、执奉桌汉使承处衣紫黑、门楼主。

刑案：敌界往来、诸司判断、地人入□□敌界敕禁畜物卖过……地边地中派遣劳役、地人畜……女使、遣监狱小监、溜首领派散饮食食物。

谍案：汉、契丹、西番、西州、大食等中使……写转传谍诏……

案件文书被大致分为刑事案件、行政案件、经济案件、军事案件、间谍案件、泄密案件、家庭案件、司法疑案、失礼案件诸类，案件分类，有利于案件的分类集中处理和区别对待。

（二）诉讼时效

为了保证诉讼的正常进行，便于及时、准确、妥善地处理案件，法律规定诉讼应遵守的时间范围。过了诉讼时效，司法机关将不再受理此案。西夏法律针对不同类型的案件规定的诉讼期限为：一个月、百日、六个月、一年、三年。

骑走他人牲畜的民事纠纷的诉讼期限为一个月。西夏法律规定："前述未识而骑他人畜时，畜未得到以前，追告及他人举报等，依法实行。畜主人畜已失后，属者在一个月中告则当问，超过日期及旁人举告，不允接状审问。若违律时，报举、接状者一律有官罚马一，庶人十三杖。"①过了诉讼期限，提起诉讼，不再受理：违律诉讼和受理者，皆依法惩处。

"不愿为婚强令予价"的民事纠纷，举告期为一百日。西夏法律规定："诸人为婚时已予应允，酒食已饮者，嫁资未转传则不算换为婚。嫁资多少已取，则取多少一律算实在为婚。其中为婚非乐意，则不许彼此强令食婚酒食，予大小聘资。若违律时，一百日期间告状当问。不愿为婚语是实，则非法强制者，有官罚马一，庶人十三杖，所取嫁资如数归还，婚姻改过。逾期不许取状寻问。"②

娶妻、出妻当问父母，剥夺父母主婚权，父母举告的期限为六个月。西夏法律规定："诸人索妻、媳，传媒者不问父母时，父母六个月期间告，则当改过……不许逾期告状及他人举报。违律告状、接状者，有官罚马一，庶人十三杖。"③西夏法律还规定："诸人出妻子法，妇人有七种恶中与人行淫一种，则父

---

① 《天盛改旧新定律令》卷三，《妄劫他人畜驮骑门》"驮骑告期限"。
② 《天盛改旧新定律令》卷八，《为婚门》"不愿为婚强令予价"。
③ 《天盛改旧新定律令》卷八，《为婚门》"不问父母寻妻子"。

母及丈夫等共议不议一律允许出，不许反告。此外：一，不生子女；二，不侍奉公婆；三，有主多言；四，盗窃；五，妒忌；六，恶疾。有此六种错，丈夫及公婆等共议出之，则可往乐处。……六个月期间谁未知者反告诉讼，则不须往乐处。"①

不给嫁妆，一年内丈夫可举告女方家长，举告期为一年。法律规定："诸人为婚迎媳，然后曰'我未得嫁妆'者，一年期间可告"。"为嫁妆次第：……一年期间予者，告则罪不治，所予超数当退还。倘若违律，追告不还及逾期告状寻问者等，一律有官罚马一，庶人十三杖。"②不许逾期告状，如："逾一年不许取状推究，若违律时，取状、告者等一律有官罚马一，庶人十三杖。"③

不枉法受贿，追告期为三年。西夏法律规定："枉法属一种者，及他人等何时告状一样皆当审问以外，不枉法受贿者，三年以内物属者追告，则当依法审问。已还，当给属者。若以审问得知，则当交官。不允属者自己未告而他人举告，以及三年过后物属者重追究。违律时接状、告者等，一律有官罚马一，庶人十三杖。"④

西夏关于诉讼时效的规定，是有规律可循的。诉讼时效的长短，依据案件的权重大小、情节缓急、处罚轻重而定。一般情况下，民事诉讼时效短，刑事案件时效长。在民事诉讼中，又以失礼诉讼时效短，造成民事损害诉讼时效长。

（三）案件受理

西夏普通的刑事案件和民事诉讼由地方官府受理，京师的案件则由中兴府和御史审理。西夏法律规定："诸人有互相争讼陈告者，推问公事种种已出时，京师当告于中兴府、御史，余文当告于职管处，应取状"⑤。

---

① 《天盛改旧新定律令》卷八，《为婚门》"出妻"。
② 《天盛改旧新定律令》卷八，《为婚门》。
③ 《天盛改旧新定律令》卷八，《行非礼门》"行非礼告日限"。
④ 《天盛改旧新定律令》卷二，《贪状罪法门》"因贪举告期限"。
⑤ 《天盛改旧新定律令》卷九，《越司曲断有罪担保门》"京师诸司习事有枉"。

第三节　传讯和拘捕

一、传讯

传讯即对轻微犯罪人及证人的传唤。传讯制度首先规定的是司法官吏要规范传讯，其次是对被传唤人抗拒传讯的处罚。

（一）传唤差人的派遣

差人的派遣在西夏遵循就近派遣有职人的原则。第一，应从近便的军首领、迁溜、校检、巡检、监军司人中派遣。若违律不从上述人中派遣，有官罚马一，庶人十三杖。第二，诸司派遣差人时，先由小监注册，然后报经承旨、习判等处，依路程远近，规定期限。被派遣差人持大人的谕文前往传讯。随意派人和胡乱传唤人时，有官罚马一，庶人十三杖。如果差人逾期延误传唤时，稽缓一至五日，七杖；六至十日，十三杖；十一至二十日，十五杖；二十日以上那一律十七杖。倘若小监、司吏等逾期延误不告时，罪当由司内量断。第三，"差人司内已派，不来而逃匿，寻而获之，稽缓自一日至二十日以内者，差人依往唤被告人稽缓法判断，二十日以上一律徒二年。"[①]

（二）对被传唤者的规定

被传唤者接到传讯通告时，应按照规定时间到官府指定的地点接受传唤。不得拒绝传呼，更不得殴打传讯差人。西夏法律规定："诸司头字上有上谕往唤人，任司位人不来唤处而打差人者判无期徒刑，唤虽来而打差人则徒五年，不来唤处亦不打差人则徒三年。是不任司位人，则比前述任司位之

---

① 《天盛改旧新定律令》卷一三，《遣差人门》"差人贪贿后逾期迟"。

罪状当减一等。无圣旨，诸司往唤被告人，不来唤处而打差人者徒二年，来唤处而打差人者徒一年，不来唤处不打差人则徒六个月。"上述处罚只适合于被传唤人无罪或比打差人罪小，如果被传唤人之罪比打差人罪重或与之相等，"则依推问虚供法判断"。① 接诸司传唤，被传唤人不肯前来，归于山岭险地，官方再派人传唤时来唤处，依原所犯罪事法判断。若被唤人"恃山岭险地，径直不肯来唤处者，于前述罪上有诸司谕文往唤则加二等，有圣旨则加三等，其中殴打唤者则当再加一等。又用强执武器，是诸司谕文则于前述原罪上加四等，是圣旨上谕则当加五等，伤、杀人则依第三卷上强盗伤杀人法判断"。② 另外，被传唤者因病或酒醉不能前来，"是实情则当分析，勿治罪。其中为虚者依法判断。"③

（三）对传讯差人的督察

传讯差人是执法人员，为了防止其徇情枉法，西夏法律规定："彼差人往唤有罪人，对有罪人及其他知情当事人等若强行无理取其主贿，或释放以取贿等时，以枉法贪赃罪判断。"④ 差人在被告人处没有挨打说自己被打，被告人说已来而不来，"与被告人打差人及不来等同样判断。"被告人来唤处，不许对其无理拷打逼凌，倘若违律，受贿少者徒六个月，受贿多则与枉法贪赃罪比较，从重者判断。若未受贿，只因无理拷打，徒三个月。

二、拘捕

拘捕，是发现犯罪行为、获取犯罪信息后对犯罪嫌疑人实行拘留和抓

---

① 《天盛改旧新定律令》卷一三，《遣差人门》"差人官唤处来不来"。
② 《天盛改旧新定律令》卷一三，《遣差人门》，"山险地不来唤处"。
③ 《天盛改旧新定律令》卷一三，《遣差人门》，"所唤人生病酒醉"。
④ 《天盛改旧新定律令》卷一三，《遣差人门》，"差人贪贿后逾期迟"。

捕。西夏拘捕权由官方行使，拘捕人犯只需长官指令而不履行任何法律手续。法律上只有对逮捕人的督促和限制，防止其奸伪、贪纵、暴掠以及无故杀伤人犯，人犯拘捕反抗逃亡格杀勿论。个人在特定情况下有协助官方缉捕的义务。

（一）缉捕人的责任

1. 捕盗人的法律责任

西夏法律上的逮捕人为官府的捕盗巡检。西夏法律规定，边中监军司五州地诸府、军、郡、县都要按地方广狭与发案率高低派遣相应数量的勇武强健、胜任职责的人充任捕盗巡检，巡检分为小巡检、都巡检以及巡检勾管。京师界巡检勾管从大都督府任职臣僚中派遣，边中则从监军、同判、习判胜任者中选任，一年完毕后迁转。① 巡检勾管的职责在于，"无论日夜当于重地方巡行，当敦促各小巡检，所属地方不许生盗诈住滞。若违律未巡行于属地而生住滞，及虽巡行而仍出住滞等时，当比小巡检之各种罪状减一等。"② 要强化对巡检勾管的监督考核，"为巡检勾管者捕何盗诈、遣送何司、是何局分等，一个月一番，属经略当报于经略，不属于经略者当分别报中书、枢密。有无释放、推问、判断，其间当磨勘。"③

2. 平民辅助捕盗的义务

为了及时、尽量、有效地将人犯缉捕到案，西夏法律把民众协助捕盗的义务，作为不可推卸的法律责任写入法条，法律明文规定，受害人、知情人、邻人在一定条件下都有拘捕罪犯的权利和义务。"诸人已盗，畜物主人已握踪迹，到他人家处寄放已搜取，畜物突出，则可捕捉盗人，与畜物一起当于局分处告发"。④ 邻里有协助拘捕罪犯、报告官府的义务，邻里若不履

---

① 《天盛改旧新定律令》卷一三，《派大小巡检门》，"为巡检勾管者派转"。

② 《天盛改旧新定律令》卷一三，《派大小巡检门》，"地方有住滞为勾管者之罪"。

③ 《天盛改旧新定律令》卷一三，《派大小巡检门》，"捕盗告遣磨勘"。

④ 《天盛改旧新定律令》卷三，《搜盗踪迹门》，"搜盗偿物不允"。

行这一义务，将受到法律的制裁。"家主中持拿盗窃者时，邻近家主当立即协助救护。若协助救护不及，不往报告时，城内城外一律所属大人、承旨、行巡、检视等徒一年，迁溜、校检、边管、盈能、溜首领、行监知觉，有位人等徒六个月，此外家主徒三个月。又已与盗相遇，赶及不往报告时，有官罚马一，庶人十三杖"。① 作为家主的族长家长有缉拿盗贼，维护乡里治安的职责，邻里家主有协助追捕的义务，当地基层行政、军事长官对缉拿盗贼负有连带责任。

3. 正当防卫

被捕者遇有官民拘捕时，应束手就擒，放弃抵抗和逃亡。若负隅顽抗或继续逃窜，拘捕人可将其击伤或处死，且不承担任何刑事责任。西夏法律规定："诸人已为盗诈时，畜物主人及喊捕者求别人帮助，于盗人逃后追赶，除先追者外，其他人见其盗追赶者，将盗人射、刺、杖、斫，盗人死伤时，追者不治罪。若盗人自还给，请捕，以入手后，贪人畜物，若以错置无理而杀时，使与第七卷上逃人还来唤处时，喊捕者被他人杀毁罪状相等判断。所杀盗窃犯应得短期徒刑者，当与杀人从犯罪相同。"② 盗贼顺从逮捕，拘捕者妄加伤害，应承担法律责任。"诸人举告逃跑造意报来，有心未识等，往唤捕，逃人持武器，抢行打斗逃奔等，捕者将所捕人杀伤，及若失误堕危险谷中，自投水中，自己杀伤等时，捕杀者不治罪。"③

（二）对缉捕人的惩戒

1. 缉捕懈怠

捕盗巡检应在自己管辖范围内巡行以便及时发现犯罪者并予以抓捕，如果捕盗巡检未巡行所属地方而懈怠，以致家主畜物被盗，盗人为他人捕获后，盗人应获死罪时，捕盗巡检徒二年；获长期徒刑时，捕盗巡检徒一年；

---

① 《天盛改旧新定律令》卷三，《追赶捕举告盗赏门》，"知盗不救助"。
② 《天盛改旧新定律令》卷三，《追赶捕举告盗赏门》，"因逃人以强力允许伤杀"。
③ 《天盛改旧新定律令》卷七，《番人叛逃门》，"往捕逃者以力杀伤"。

获六年至四年徒刑时，捕盗巡检徒六个月；获三年至一年徒刑时，捕盗巡检徒三个月；获月劳役时，捕盗巡检十三杖。杖罪者，捕盗巡检勿治罪。若盗人未被他人捕获，则按所失畜多少判断。捕盗巡检巡行而生住滞，则有官罚马一，庶人十三杖。但上述盗人为捕盗巡检本人捕获，则不治其懈怠之罪。① 此外，失主发现盗贼所在之处，报告给辖区内捕盗巡检，然捕盗巡检"不往搜寻，为懈怠时，当比前述未巡行而生住滞之各种罪状加一等"②。

2. 违法议和

西夏法律严禁拘捕人（畜物主）与被拘捕罪犯违法议和。畜物主及他人捕到盗窃者后，当告局分处，不准随意议和。假若违律议和时，按盗人罪法判断。其中"盗人应获死罪，议和者徒二年；盗人应获长期徒刑，议和者徒一年；盗人应获短期徒二至六年，议和者徒六个月；盗人应获徒一年至一个月，议和者十三杖；盗人应获杖罪，议和者七杖。若盗人亦盗他人畜物事已发，而议和者及说和者等与知盗分物之罪相等，畜物属者、说和者所得物皆当罚没交官，所偿还畜物主当取走。若议和以后，物主自举告，则当解罪。其中有额外取利者，当没官。说合者举告亦当解罪，所得利应交官"③。

3. 受贿徇情

诸人举告盗人，捕盗巡检"因受贿徇情而不捕、释放等者，断与盗人同。受贿多则以枉法贪赃论，与前述罪比较，从重者判断"④。同时，捕盗巡检"侵扰本地家主、食贿时，以枉法贪赃论"。⑤

4. 当捕不捕

大小巡检、迁溜、检校、边、管等对自己管辖范围内"盗窃牛、骆驼、

① 《天盛改旧新定律令》卷一三，《派大小巡检门》，"地方中入诈盗"。
② 《天盛改旧新定律令》卷一三，《派大小巡检门》，"盗他处在为懈怠"。
③ 《天盛改旧新定律令》卷三，《自告偿还解罪减半议合门》，"盗合"。
④ 《天盛改旧新定律令》卷一三，《派大小巡检门》，"受贿徇情放盗不捕"。
⑤ 《天盛改旧新定律令》卷一三，《派大小巡检门》，"巡检家主中贪食"。

马、骡、驴而杀者"有缉捕责任，如"若已杀本人见，及他人说者，有知证，确为真实"，如果没有贪赃而不捕，"杀牛、骆驼、马徒二年，杀骡、驴打十三杖。贪赃则与枉法贪赃罪比较，从其重者判断"。[1]

5.违法捕杀

为有效地将人犯缉捕归案，缉捕人有一定的格杀权，但对于并非逃跑、反抗人犯，不许任意杀伤，如果超过权限捕杀人犯，应承担相应法律责任。西夏法律规定："诸人对说欲逃者前往追捕时，其逃跑已起行，非去敌方投诚，不明是偷跑强逃，追捕人首先动手速将人捕杀时，造意徒八年，从犯徒六年，有官则应以官当。"[2]官府派遣追捕逃人时，逃人说自己回到召唤之处来时，缉捕人及他人不能因为"贪求畜物，或因有隙而无理杀害而乱取畜物"。[3]对逃跑造意者追捕，无理杀害的，当绞杀；对逃跑从犯追捕，无理杀伤的，当斩。丈夫对夺妻者，有追赶缉捕的权利，但不允许将人犯捕杀，"彼强持不予，继而逃时，若动手，手上有武器等而杀之者，有官罚马一，庶人十三杖。"如果已经捕获到手再行杀害人犯则处罚更重，"对夺妻者恶人打拷而杀，则徒六年。自执武器而杀时，徒十二年。前时有隙，心怀恶念而故意杀者无期、长期徒刑。"[4]

（三）对追捕人的赏赐

1.赏赐内容

西夏法律规定：拘捕人"捕获死罪一至三人，赏银三两、杂锦一匹、茶绢三中一段绢；四至六人，赏银五两、杂锦一匹、茶绢五中二段绢；七至十人，赏银七两、杂花锦一匹、茶绢七中三段绢；十一人以上，一律加一官，赏银十两、杂化锦一匹、茶绢个中四段绢。""捕获长期徒刑自一至七

[1] 《天盛改旧新定律令》卷二，《杀牛骆驼马门》，"杀畜摸赏及不捕告罪"。
[2] 《天盛改旧新定律令》卷七，《番人叛逃门》，"往捕逃者以力杀伤"。
[3] 《天盛改旧新定律令》卷七，《番人叛逃门》，"逃者自赐不允以意杀害"。
[4] 《天盛改旧新定律令》卷八，《夺妻门》，"恶人等伤杀"。

人，银三两、杂锦一匹、茶绢三中一段绢；八至十五人，赏银五两、杂锦一匹、茶绢五中二段绢；十六人以上，一律加一官、杂锦一匹、茶绢七中三段绢。"①"捕获短期劳役自一至七人，银一两、茶绢三中一段绢；八至十五人，银二两、锦一匹、茶绢五中二段绢；自十六至二十人，银三两、坨呢一匹、茶绢五中二段绢；二十人以上，一律赏银三两、杂锦一匹、茶绢五中二段绢。"①捕告奖赏当由犯罪者出给，如果犯罪者无力支付，则由获益者、官府给赏。

2.赏赐原则

奖赏体现两个原则：一是必须是捕盗巡检自己捕获人犯方可获得赏赐，如果捕盗中"由诸人捕之而纳于巡检，及有告举而捕之者等，勿以得官赏论"。二是"一年期间捕获死罪、长期徒刑、短期徒刑等人，不许以三等赏赐论而予之，当以其高等级之一等给予"。即一年只奖一次。倘若违律，"巡检将他人所捕，及有告举而谓我自捕盗"或者"局分人受贿徇情，论以三等赏赐共算，一齐皆予之等时，领者及分者局分人等一律依偷盗法判断，未受贿徇情，为过失，则依做错法判断。其中受贿者以枉法贪赃论，与前述罪比较，从重者判断。超领赏赐当交还"②。功罪抵法：犯十恶及犯战场逃叛军旅罪，于敌界卖敕禁时，不论有官庶人，造意获死，又杂罪中造意获死等，不许抵。犯以下其余罪者，当允许以功抵罪。捕获逃人一至五人，"庶人获死者为长期，长期者承徒六年，至六年当减二等，自二年以内当全抵。捕五人以上至十人时，死罪、长期徒刑减二等，短期至六年者当减三等。捕十人以上至十四人时，死罪、长期徒刑二种当减三等，至六年以下者当减四等，所剩劳役当依法承之"。③

---

① 《天盛改旧新定律令》卷一三，《派大小巡检门》，"捕犯盗及其他罪功赏"。

② 《天盛改旧新定律令》卷一三，《派大小巡检门》，"死长期日明等捕放年赏等次承"。

③ 《天盛改旧新定律令》卷一三，《功抵罪门》，"捕逃人功罪抵"。

第四节　勘验

勘验，即运用法医学知识对各种人身伤亡案件进行勘察和检验。勘验是查明案情的重要途径和方式，其结果可作为直接定罪量刑和免于刑罚的依据。

一、勘验内容

（一）死亡

暴力致人死亡，其手段和方法多种多样，必须经过勘验，查明认定。西夏法律规定："妄杀一门下无罪三人，及杀一门一二人使根断，或杀不同家门四人，及故意谋杀中或投毒药，或杀时砍肢节及手足，或烧或以枪刀剑刺杀，如此杀法不同有多种，难以一一指出，如此苦难令人不忍入目而杀害等，一律不论主从皆以剑斩。自己妻子、子女当连坐，入牧农主中。"①法条中涉及的死亡有殴死、刀剑杀死、木铁器致死、踢伤致死、自缢、被勒死、溺水死、溺井死、烧死、汤泼死、中毒死等等，致死犯罪方式多种多样，皆需要勘验加以确认定罪量刑。

（二）伤害

对他人身体有所伤害，必留下伤痕。西夏法律规定："诸人相恨故意行时，伤及杀二种罪情，按以下所定判断：故意伤人时，有意行、已议未往，及已往未动手、已动手未出伤痕者等，一律当算，此外伤时虽伤势轻重不同，但因伤势难分高低，其罪情当相同。已动手已出伤痕，则应算为伤。"②

---

① 《天盛改旧新定律令》卷一，《为不道门》，"使根断及以毒药杀"。

② 《天盛改旧新定律令》卷一，《为不道门》，"相恨生伤杀"。

相伤身体部位有所不同，但伤情大致分为重伤和轻伤两种，"诸人女、子、妻子、媳、使军、奴仆等与父母、丈夫、头监等言语不和而被打时，失误动手而伤眼、断耳鼻、伤手脚、断筋等，有官罚马一，庶人十三杖。若死则徒六个月。其中以刀剑伤眼、伤断耳、鼻、脚、手、断筋及致彼死等之罪，依以下条所定判断：使军、奴仆之眼、耳、鼻、脚、手指等中伤断一而非二时，徒五年。脚端、手端等中伤断一节、断筋等时，徒六年。二眼、二足、二手双双伤断、断筋等时，徒八年。致彼死则徒十年。妻子、女、子、媳等眼、耳、鼻、脚、手指等中，伤断一二节时，徒四年。脚端、手端等中伤断一节及断筋等时，徒五年。二眼、二足、二手双双伤断及断筋等时，徒六年。致彼死则徒八年。"[①] 另外，"诸人愤怒，拔弓箭、刀、剑相对，未动者徒一年，已动未著则徒三年，已著无伤则徒五年，已伤已致跛残则徒六年。并与第十四卷殴打争斗中成重伤罪情比，从其重者判断。其伤死时当绞杀"。[②] 危及他人人身安全案件发生后，勘验首先判别无伤、有伤；有伤，则判别伤害部位和伤情轻重，以此决定援引哪一法条和采用何种处罚，以促成罪行相当。

西夏《乾祐五年验伤单》是一份伤害案件的医人看验档案。医人康□……，准□□□□月十三日口嵬……自鼻内见有血迹，验是拳手伤，无妨……验已后稍有不同，依条承受□□。乾祐五年三月□日。[③] 这是一份伤害案件的医人验伤档案。文书开头要写明医人的姓名，然后才是被伤害人姓名、受伤害时间以及伤势情况，接下来是对该验伤结果的解释，如果有异议，可按有关规定向有关机构申诉。"医人看验"是重要的司法取证环节，更是衙署判案的重要证据。因此，负责勘验的医人不仅要仔细勘验伤势，而且要认真填写验伤单，以承担一定的法律责任。

---

① 《天盛改旧新定律令》卷八，《相伤门》，"伤死子妻使军"。
② 《天盛改旧新定律令》卷八，《相伤门》，"愤怒拔刀剑"。
③ 《俄藏黑水城文献》第六册，上海古籍出版社 2001 年版，第 296 页。

二、勘验方法

西夏的司法官吏在刑事案件中通过验、看、问、阅为主要方式，去伪存真，去粗取精，弄清楚案件的症结，给予准确定案与定罪量刑。

（一）验

这是一种通过检验来弄清真情的方法。西夏司法官吏经常使用验证的方法，让事实说话，很具有说服力。而且，这种检验公开进行，当事人亦在场，从而迅速结案。西夏法律规定："诸人丁壮目盲、耳聋、躄挛、病弱等者，本人当于大人面前验校，医人当看检，是实，则可使请只关、担保者，应入转弱中。"① 伤残病弱，经官方和医人当场检验，情况属实，认定为弱势群体成员。

（二）看

这是通过亲临现场实地观察来发现犯罪分子留下的蛛丝马迹，使其成为破案的依据。西夏法律规定："诸人上吊、断喉、自投水火中，或避自身有罪，或与他人妻淫乱已分离欲分离，心存死意而未鲜洁，以及待命中有执职位等当革，官职革去有苦役，则不须依待命减，可以官当。待命者入辅主中，一律不许出入内宫。若思另有异疑，无□□、疾病、癫狂、酒醉，不自主上吊、断喉、自投水中者，待命职位等不革，先昔内宫出入暂勿住留。后谓疾病已愈，则当于职管处来状，医人看视。疾病实愈，病根已绝，则依前法，可不可出入内宫中，依时节举奏实行。其中出入内宫时，先有疾病重犯不止，而后病根未绝，未为实愈，有所疑等，一律不许出入内宫。"② 冷静观察被考察者的言谈举止，作出准确

---

① 《天盛改旧新定律令》卷六，《抄分合除籍门》，"入弱者法"。
② 《天盛改旧新定律令》卷八，《烧伤杀门》，"打杀节上人"。

的判断。

（三）问

通过向犯罪嫌疑人或当事人提问来了解案情、弄清事实真相的方法。"前述人中，因犯十恶及杂罪中得死罪而已拘缚之人……有疾病、恶疮、孕子等当治之，一面分析寻问当事人。自长期徒刑以下至短期者，有疾病、恶疮、妇人孕子生产日已明，则遣人视之。妇人生产月日是否属实，当问所知，是实则当令只关，暂接担保，疾病恶疮愈，产子一个月后再当推问，若非实，为知证者因未得仔细视之，有官罚马一，庶人十三杖。受贿则与枉法贪赃罪比较，从其重者判断。"①

（四）阅

这是一种通过查阅律令和案卷来发现情况、弄清事实真相的办法。西夏为了保证认定犯罪人的各种情况，审判衙门除了专门负责讯问的案头、司吏等官吏外，"另当设一律案检。所有判断公事时，问处案人当告案，应有罪情，罪纸其后留白纸空头，经大人处判断□，当载律案检中，当查律令、罪法，以红字写于空头白纸上，律案检、案头、司吏当为实状，相接继，当予局分处，经判断实行。倘若问公事处案局分人核罪情及查律令有误时，受贿、相恶而增减者，当令与所增减比较，贿多则与枉法贪赃罪比较，从其重者判断。无意受贿，核检失误而致判断增罪，则减二等。已减罪，则减三等。尚未判断，依次则当再减一等"②。查阅律令和案卷，以律令作为准说，以犯罪属实为依据，准确定罪量刑。

西夏司法官吏通过验、看、问、阅等方法，处理了许许多多刑案，维护了西夏的司法公正。

---

① 《天盛改旧新定律令》卷九，《行狱杖门》，"系囚治病担保判断法"。
② 《天盛改旧新定律令》卷九，《事过问典迟门》，"律令查法误"。

三、勘验特点

（一）勘验程序法律化

西夏要求司法官严格施行勘验制度。如对犯罪人年龄、对疾病、对伤害范围、伤害程度的认定，等等。这些法制化的勘验程序，规范了司法官的行为，直接有利于司法勘验活动的正常开展，避免和减少了误判、错判，为刑案的审理提供了可靠的刑罚依据。另外，西夏官方机构中设有医人院，属上次中下末五等行政级别中的中等司，是全国最高法医勘验机构，机构中负责法医勘验的医人具有较高的社会地位。

（二）勘验人员刑事责任的法律化

西夏法律规范勘验人员的勘验行为，违反者要被追究法律责任。西夏法律规定："若推问毕而已为之判断时，当令视有疾病、恶疮者及孕子妇人，言是实，则疾病既愈及妇人已产之一个月然后判断。若违律先行判断者，其致死时徒三年，落胎儿则徒二年，未致者有官罚马一，庶人十三杖。"[①]勘验人员勘验责任的法律化，直接有助于增强他们的责任意识，打击违反勘验责任的官吏，保证勘验的依法进行，提高勘验的质量和水平。

（三）司法官吏广泛运用勘验进行取证

勘验是获取证据的重要途径，就法医勘验而言，勘验范围、勘验程序、勘验笔录都有明确的法律规定，其勘验程序和勘验技术都有许多超过前代之处。

1.勘验范围

凡杀伤公事及非理死者死前无近亲在旁两种非正常死亡的情况，必须经官勘验，以确定是否因犯罪而致死。奴婢、狱囚、仆人等社会底层人的死

---

① 《天盛改旧新定律令》卷九，《行狱杖门》，"系囚治病担保判断法"。

亡，除有证据证明是病死者外，也必须进行勘验。勘验即适用于尸体，也适用于活人身体，如伤害罪的勘验鉴定。对尸体的勘验要弄清是他杀还是自缢、投水、病死等死亡原因。西夏法律规定："诸人自己情愿于他处出工典押，彼人若入火中、狗咬、畜踏、著铁刃、染疾病而死者，限期内，人主人边近则当告之，人主人边远则当告司中及巡检、军首领、迁溜检校等之近处。邻居主知之而使押，罪勿治。限期已超而不告，则有官罚马一，庶人十三杖，典钱当计工依法取。"①

2. 勘验程序

勘验一般须经过报检、初检、复检三个程序。一旦发生杀伤案件，地邻等有义务向官府报检。官府接到报检后，召集死者家属等干连人在场，进行初检。初检后还要复检，是对初检的监督和检查。所以，复检官必须是与初检人员无关的上级司法官员或相邻州县的司法官员。

3. 勘验要求

检验必须作笔录。西夏法律有勘验笔录、验伏、检验格式等规定。验状填写完毕后，要及时申报主管机关，不得延误。检验格式的内容包括勘验工作的每一个环节，目的在于约束承办官吏尽心职事，防止拖延、推避及徇私舞弊。

（四）勘验结果直接影响定罪量刑

勘验结果表明犯罪轻重程度的不同，从而决定施用刑罚的不同。西夏法律规定："诸人殴打争斗，未相伤，无痕迹者，先下手十杖，后下手八杖。"②"诸有官无官人往共戏，彼此无心失误，致瞎目、折手足、折牙齿、裂唇、豁鼻等时，予之牛羊二，庶人十三杖，有官罚马一"。③"诸人斗殴中无死有伤，现痕迹，不合眇目、折手足种种，先下手殴人，则当依法承罪。

---

① 《天盛改旧新定律令》卷一一，《出典工门》，"出工人病死告法"。
② 《天盛改旧新定律令》卷一四，《误殴打争斗门》，"打斗时不出伤痕"。
③ 《天盛改旧新定律令》卷一四，《误殴打争斗门》，"戏要相伤"。

后下手者既出手争斗，则当比前罪减一等。"①"目、足、手原已废其一，后全部毁废所余者，与双双毁伤同罪判断。目、耳、鼻、足、手毁伤中，日限内废人死，则依斗殴相杀法判断，后平复不废，则依折毁牙齿等法判断。平复与前不同，则当比前实毁伤罪减一等。"②

第五节　审判制度

审判制度是西夏司法制度中重要的一环，它是在公堂上由诉讼当事人双方以及证人、司吏、法医等参加，取得被告人口供核实证据，用以查明案件事实，依据法律规定做出有罪或无罪判定，处以何种刑罚的过程。

一、审理

（一）证据的采信

西夏在审理案件中是不以口供为唯一定罪标准的。口供要与各种证据能够相印证才可定罪，这就使得证据在案件审讯中显得很重要。西夏审讯中可采信的证据主要有三种。

1. 证人证词

证人证词，是断案的切实依据。西夏文书有证人证词的真实记录："……依耶和西讹成告语：西讹成今年已过十……中，此十日日耶和舅舅方家处住，……成，自实己见，畜实已为皮上知……（铁）吉及耶西郭来子等是，无理将舅舅处牛……盗窃，并实已取走畜，不肯还等，且不服，另

---

① 《天盛改旧新定律令》卷一四，《误殴打争斗门》，"后下手者伤人"。
② 《天盛改旧新定律令》卷一四，《误殴打争斗门》，"自跌伤"。

不……顺，律令何寻问，分别找。"①此文书是一案件证人的证词记录，名叫依耶和西讹成的人，在其舅舅家亲眼所见铁吉和耶西郭来之子，盗窃其舅舅家的牛，并不归还的事实。对于是否能够成为证人，西夏是有规定的，即对于证人身份的确认。首先，证人应具备作证能力，在年龄、智力有无缺障、与当事人的关系上是有要求的。如节亲及使军、奴仆等中有能力为知证时，允许相互作证，其中对于不应举告的情状，同居中节亲亲戚至丧服及未至丧服、仆、奴婢及不同门节亲亲戚中有自九个月以上丧服内等，不许为知证。其次，证人要对自己的证言负责，西夏规定证人有意作伪证时，判断已至则与承罪者相当，判断未至则当减一等。再次，西夏对于证人是可以用刑的。西夏法律规定："因疑心未见而有告举者，推问时，谓所诉讼人腹心清净，未曾犯罪，不肯招承者，当三番拷问。受杖毕，无所说词，则举者当受拷杖。"②

2. 法律凭证

法律凭证多用于民事案件的审理中，有谕文、敕券、医人检验单、注册证明等。田地、房舍纠纷，强调以官方验证后出具的文书、谕文为凭据。西夏法律规定："诸人告状，索私人田地、房舍凭据者，当问其本人及田地、房舍接边者。当遣人视之，明其界限，置土堆，无参差，非军典争逃人，则当予之凭据。若有官方所予谕文，旧有凭据而失之等，亦依边等法，官家当再予凭据、谕文"③。并以此凭据作为解决田地房舍纠纷的证据，酌情裁断。"大小臣僚由官家予之诏书敕券者，若有他人持取亡失时，须推寻检视。此后予之诏书敕券时，中书内人当兴板簿而置言状，当注册，有已亡失，亦当对其察奏，依所出谕文实行。"④对于刑事犯罪，允许受害者去嫌疑犯家中搜查，收集证据，协助官府捉拿罪犯，如"诸人已盗，畜物主人已握踪迹，到他人家处寄放已搜取，畜物突出，则可捕捉盗人，与畜物一起当于局分

---

① 杜建录、史金波：《西夏社会文书研究》，上海古籍出版社 2010 年版，第 180—181 页。

② 《天盛改旧新定律令》卷一三，《许举不许举门》，"疑心未见问不渡"。

③ 《天盛改旧新定律令》卷二〇，《罪则不同门》。

④ 《天盛改旧新定律令》卷二〇，《罪则不同门》。

处告发"。如果被盗人在盗者家中争斗吵闹，随意抄拿畜物，偿还自己的损失，因而不举告盗贼，擅自了断，则要受到"有官罚马一，庶人十三杖"①的处罚。

3. 书证

书证是审讯中应用广泛而重要的证据之一。西夏的书证有书信、契约、当票等。在财物交易过程中，为体现自愿、公平、互利、诚信的原则，防止民事纠纷的产生，法律要求交易双方必须凭中合议，立契为据："诸人买卖及借债，以及其他类似与别人有各种事牵连时，各自自愿，可立文据。上有相关语，于买价、钱量及语情等当计量，自相等数至全部所定为多少，官私交取者当令明白，记于文书上。以后有悔语者时，罚交于官有名则当交官，交私人有名则当交私人取"②。契约一旦订立，即成为调整民事行为的法律依据，翻悔违约一方，即将受到法律的制裁，以维护受侵害一方的正当权益。西夏法律允许买卖私有土地，诸人卖自属私地，奉行自愿原则。明立文契是买卖土地必须履行的法定手续。土地买卖契约一般以单契的形式出现，这种单契仅限于卖方出给买方的收执，这就是所谓卖契。如：

天盛二十二年（1170）寡妇耶和氏宝引母子卖地房契（西夏丈汉译）：③

天盛庚寅二十二年，立文契人寡妇耶和氏宝引等，今有自属畜养牲口之闲置地一片，连同草屋三间，树两株，情愿卖与耶和女人。议定地价为全齿骆驼二，双峰骆驼一，代步骆驼一，共四匹。此后他人不得过问此地。若有过问者，宝引等管（支当）。若有人翻悔，依律今承罪。有不服者，罚麦三十斛入官。立契以后，随即依行。地界在司堂下，共有二十二亩。北接耶和回鹘盛界，东、南

---

① 《天盛改旧新定律令》卷三，《搜盗踪迹门》"搜盗偿物不允"。
② 《天盛改旧新定律令》卷三，《催索债利门》"有其他语"。
③ 张传玺主编：《中国历代契约会编考释》（上），北京大学出版社 1995 年版，第 594—595 页。

邻耶和写，西与梁嵬名山为界。

> 立文契人耶和氏宝引
>
> 共商契者子没罗哥张
>
> 共商契者［子］没罗□鞭
>
> 知见人耶和盛□（押）
>
> 梁狗人（押）
>
> □和乙盛（押）
>
> 没罗西铁（押）
>
> □□□（押）
>
> 八□（押）

在西夏人口与土地、牲畜一样作为物产可以买卖。人口买卖必须征得主人、家长的同意，订立契约，方可进行。西夏法律规定："诸人所属使军不问头监，不取契据，不许将子女、媳、姑、姐妹、妇人等自行卖与他人。若违律卖时，当比偷盗钱财罪减一等。买者知则科以从犯法，不知罪勿治"①。使军已问所属头监，乐意给予契据，则允许将子女、媳、姑、姐妹、妇人等卖予他人。

西夏典当业较为兴盛，法典专设《当铺门》，对典当有具体的法律规范。西夏可典物品十分广泛，除不动产可典当外，动产也成为经常典当的物品。典当在物主与典主自愿的条件下进行，典当要立契为凭。西夏法律规定："诸人将使军、奴仆、田地、房舍等典当、出卖于他处时，当为契约。"② 西夏的典当契约是一种附有回赎条件的特殊类型的买卖契约。典当契约的关系在约定的期限届满后的一段时间内，出典人可以随时以原价赎回典当标的物。如：

天庆十一年（1204）兀女浪粟典衣契：③

---

① 《天盛改旧新定律令》卷一二，《无理注销诈言门》"不问头监自意断"。

② 《天盛改旧新定律令》卷一一，《出典工门》"男人等卖问典为"。

③ 陈国灿：《西夏天庆间典当残契的复原》，《中国史研究》1980 年第 1 期。

[天庆十一年五月] 初三日立文人兀女浪粟今 [将] [自己]
□□袄子裘一领，于裴处 [典到大麦] [五] 斗加三利，小麦五斗
加四利。共本利大麦 [一石] [三] 斗五升。其典不充，限至来八
月 [一日不赎来时，一] 任出卖，不词。

立文人兀女[浪粟]（押）
知见人讹静[□□]（押）

西夏一般以契约的形式借贷财物，央求中人作保和抵押物品是借贷的基
本条件。如：

光定未年（1211）耶和小狗山借谷物契（西夏文汉译）：①

光定未年四月二十六日，立契者耶和小狗山今于嗟讹阿金刚茂
处借贷三石，本利共计为四石五斗，对换一黑色母驴、一全齿骆
驼、一幼驴等为典压。保典人梁氏月宝、室子男功山等担保。期
限同年八月一日当谷物聚齐交出。若不交时，愿将所典牲畜情愿
交出。

立文契者小狗山
商契保典人梁氏月宝
接商契保典人室子男功山
同商契□立福成盛
同商契康茂盛
知人嗟讹膈月犬

契约上写明借贷双方姓名、借贷日期、数量、利率、抵押物，并附保
证条款和违约补救措施，最后是借贷人、中人、见证人签名画押。契约要
求借贷人按约定期偿还借贷物，并支付利息。按期不能履行上述义务，借
贷人将失去抵押物而为债权人所有。这些契约在诉讼中均可作为法官断案
的证据。

---

① 张传玺主编：《中国历代契约会编考释》（上），北京大学出版社 1995 年版，第 652 页。

寄托保管契约即是一方将自己的财物交付他方保管的协议。寄托保管畜物分有偿保管和无偿保管两种，有偿保管具有经营性质，寄托畜物遗失，保管者承担全部责任，偿还全部畜物，但不进行刑事制裁。无偿保管，多系亲属，寄托畜物遗失，寄托双方都有责任，收寄者只赔付畜、物的一半，其另一半由物主承担。

违法取证，予以惩处。西夏法律规定："诸司有罪人已断公事者，由司内大人当面指挥。指挥语未暇予之，不许预先遣人取证据物。违律时，有官罚马一，庶人十三杖。证据物当予举报者，予物者罪勿治。"①

（二）审理

1. 回避

为了保证司法公正，西夏法律在程序上作出了司法官吏回避的规定："诸司所寻问之种种公事中，有谓坐司大人、承旨中有亲戚谓我冤枉而诉讼者，有宗姻亲戚至五服，及未至丧服姻亲中第三卷姻亲相盗而因亲减一等罪者，则诉讼人应转则转，应转司则当转司，于另无争讼处寻问。谓此以下又有亲戚者，不需转司，当依法寻问"。②法律准许诉讼人要求司法官吏回避而转司审理，但只准转司审理一次。

2. 秉公审断

西夏在处理违法案件时强调"休做人情，莫违条法"，还强调结案依靠儒家说教进行法制宣传。西夏对案件的审理有法定的程序，职司依律接状，勘验侦讯。司法官在审讯中，必须秉公执法，认真审断，不允许讲私情，干扰审断。西夏法律规定："节亲、宰相、大小臣僚、□□等不许因私意问□□习事。违律时，言多少一律徒一年，受贿则与枉法贪赃罪比较，从其重者判断。"③如果司法官接受贿赂，则与贪赃枉法罪比较，从重处罚。

---

① 《天盛改旧新定律令》卷九，《越司曲断有罪担保门》"断事未指挥先证物"。
② 《天盛改旧新定律令》卷九，《越司曲断有罪担保门》"当事人与问者大人有亲"。
③ 《天盛改旧新定律令》卷九，《事过问典迟门》"京师当审语变"。

西夏法律规定："因诸事局分另外人等受贿时，其中曲枉勤事，已决断及未决断，亦在文书判凭上或重者轻判，轻者重判，故意曲枉，实明显有可见，及行贿时说'请枉断勤事'，受贿者亦说'当为汝枉断'，话知证分白，当按枉法贪污论。"① 司法官受贿枉断，证据确凿，按枉法贪污罪论处。

3. 遵准时效

为了防止司法官吏延误案件的审理，刑事诉讼案件审断对各司有明确的时限："诸司问公事限期：死刑、长期徒刑等四十日，获劳役者二十日，其余大小公事十日期间问毕判断。若彼期间问判不毕时，局分中都案、案头、司吏、庶人十三杖，有官罚马一。当事人不全备，则勿计入前述日期中"②。死刑及长期徒刑不得超过四十天，有期徒刑服劳役者不得超过 20 天，其余案件必须在十天内审理完毕。刑事案件犯罪性质严重，对社会造成极大的危害，因此当于所定之日审断完毕，不许懈怠，以致延误判罪量刑。如遇特殊情况，在规定的期限内不能审结的，要以文书的形式将不能审结的缘由写清楚，予以上报。对于因懈怠造成延误期限，比较严重的依延误罪判断。延误一个月，司吏徒二年，案头徒一年，都案徒六个月，承旨、习判徒三个月，大人罚马一；延误二个月，司吏徒三年，案头徒二年，都案徒一年，承旨、习判等徒六个月，大人罚马二；延误三个月以上一律司吏徒四年，案头徒三年，都案徒二年，承旨、习判等徒一年，大人罚马三。无正当理由而又不能按期审理完毕办案人员，杖十三，有官者罚马一匹。

4. 告奏

官吏犯罪，一般司法机构无权审理判决，必须告奏，若"应奏不奏"，则依法惩处，西夏法律规定："有官位人犯罪时，有'及授'以上官者，应

---

① 《天盛改旧新定律令》卷二，《贪状罪法门》"枉法不枉受贿"。

② 《天盛改旧新定律令》卷九，《诸司判罪门》"问习事日期"。

获何罪，一律当奏告实行"①。"诸司所判断中，原罪虽应获死，然而若按应减，有官等减除后，不及死，而应得长期、短期徒刑，有能与官职当者，一律当告奏，若违律不奏而判断时，徒一年"②。

5. 拷讯

要取得犯人口供，司法官吏有权拷讯，但为了防止司法官吏专横，滥用"拷讯"，对拷讯作了具体的限制："知有罪人中公事明确而不说实话，则可三番拷之。一番拷可行三种，笞三十，□为，悬木上。彼三番已拷而不实，则当奏报。彼问杖者，当言于大人处并置司写，当求问杖数。若谕文□□上置，自专拷打□为等时，有官罚马一，庶人十三杖。诸局分大小与有罪人若因原有相恶而有置□□者，受贿徇情，不应拷而拷之，令其受杖数超于明定数等，一律笞三十以内者，有官罚马一，庶人十三杖，笞三十以上至笞六十徒三个月，笞六十以上至笞九十徒六个月，笞九十以上一律徒一年。于已受问杖番数以外，再令自一番至三番以上屡屡悬木上，已令受苦楚，则依次加一等。受贿则当以枉法贪赃论，从其重者判断。"③如果拷讯致死，则应视具体情节加以处罚。其一，"依法打拷而致死者，未有异意，限杖未超，则罪勿治。超过时，杖致死徒二年。若虽超而未亡，则有官罚马一，庶人十三杖。无杖痕而因染他疾病致死者，勿以杖致死论"。其二，"若怀他意，被告人自己诉讼，所诉是实，知证分白时，有意无理打拷死者，依有意杀法判断"。其三，"若他人说项，受贿徇情而无理打拷，令杖数超而死时，依枉法借故杀法判断"④。另外，诸司枷系当事人时，需经司内大人、承旨共同商议，承旨以下官吏无权在司中行大杖，违律时要受到相应处罚。

6. 应审不审

违法不受讼，是指司法官吏因互相推诿、懈怠住滞使本应受理的诉讼未

---

① 《天盛改旧新定律令》卷二，《罪情与官品当门》"及授犯罪"。
② 《天盛改旧新定律令》卷二，《不奏判断门》"有死罪时有官及减不奏告"。
③ 《天盛改旧新定律令》卷九，《行狱杖门》"无实话杖数令"。
④ 《天盛改旧新定律令》卷九，《行狱杖门》"习事处限杖使超"。

予受理。西夏法典名略中有"应审不审"的条目，可见西夏有司法官吏违法不受理诉讼案件应承担法律责任的规定。但其他法条也涉及这方面的内容。西夏法律规定："诸司知执圣旨头字者，应如何行……不许懈怠。若违律时，立便□□□□个月期间为懈怠者，依延误罪判断。一个月以上懈怠一番，司吏徒二年，案头徒一年，都案徒六个月，承旨、习判等徒三个月，大人罚马一。懈怠二番，司吏徒三年，案头徒二年，都案徒一年，承旨、习判等徒六个月，大人罚马二。三番以上，一律司吏徒四年，案头徒三年，都案徒二年，承旨、习判等徒一年，大人罚马三。再依□□□节使人遣人于日限期间以内往□□□逾日时分析头字，有……则依一番懈怠法……"[1] 西夏的司法官吏有司吏、案头、都案、承旨、司判等。司法官吏推诿、延缓案件的办理，则视延误时间长短、官职大小予以处罚。延误次数愈多、官职愈小，处罚愈重；延误次数愈少、官职愈大，处罚愈轻。

7. 违法受理

为了维护司法权威和逐级诉讼的司法管辖体系，西夏法律禁止司法官吏受理依法不予受理的诉讼案件，一经受理，即构成违法，要追究其法律责任。一是严禁受理"越司上告"案件。告诉有严格程序，必须由下而上，按司法管辖逐级告劾。西夏法律规定："诸有公事而未问显明，此后不许越司另告他处而不告于局分。若违律时，告者、取状者等有官罚马一，庶人十三杖。当引送先所告处，立便问之已明时，先告者有不服，及问语已明而判断时不服，诸司有告者勿判断其语，当再问之。若别司已问，与前语同而不枉，有罪人因无理陈告，于前有罪上徒五年以内者加一等。有自徒六年以上罪者，不需于现承罪上加之，而依为伪证法，获徒六年时笞六十，获三种长期、无期徒刑等笞八十，应获死罪笞一百。若有罪人谓不服，派儿子、兄弟令陈告者，由应当问者行问。当问本人，肯只关则重行推问陈诉，前已枉未枉罪依前所示法为之，儿子、兄弟罪勿治。若犯罪者

---

① 《天盛改旧新定律令》卷九，《事过问典迟门》"御旨迟缓"。

未放而有空名，则有官罚马一，庶人十三杖。若有罪人不肯，儿子、兄弟自告，则不许取状推问。违律时，取状、告者等一律有官罚马一，庶人十三杖。"①区别有理越诉和尤理越诉，后者加重处罚。第二，严禁受理非公室告案件。西夏法律将节亲亲属间相窃，节下不能讼节上，别人也不能代为举告，司法官吏亦不可将手里的案件称为"非公室告"。西夏法律规定："节亲亲戚不共有畜和物，不相商议而随意相盗窃时，曾、高祖、祖父母、父母等自子、孙、曾孙、玄孙等之畜产拿走，不治罪。所窃畜物有能力则当还，不能则不须还。若其畜物属者自□□用则上父母价何取□□□还回，自属现畜物当□□□□□远近五等□□□□□□□□□何已窃，比他人罪□□□□□□依以下所定判断。畜物□□□□者，自不告，不允他人举告。若□□时，告者、接状者等有官罚马一，庶人十三杖。"②

8. 泄露案情

西夏法律规定：诸局在审讯的过程中，所定未明，此时不许预先于他处宣说。违律于他处谈论时，预先谈论所告语者徒二年，说诸司判断语者徒六个月，所泄漏的案情不严重的处以七杖。

9. 允许直诉

西夏法律规定："前诉诸司人已枉，入状于瓯匦中时，瓯匦司人亦枉误，则当依文武次第报于中书、枢密。只关取文、司局分大小转承次第等，瓯匦司人当依法为之。中书、枢密人亦枉误，则可告御前而转司，另遣细问者奏量实行。其中无故越司而告御前并击鼓等时，徒三月，情由当问于局分。"③基层司法机构判案确有枉误，诉讼人可越级呈告，上级司法部门当酌情受理。

---

① 《天盛改旧新定律令》卷九，《越司曲断有罪担保门》"越司上告"。
② 《天盛改旧新定律令》卷三，《盗亲门》"宗姻服内相互为盗"。
③ 《天盛改旧新定律令》卷九，《越司曲断有罪担保门》"瓯匦习事有枉"。

二、判决

判决是西夏审理案件中的重要程序，是在审讯进行后，对案件的实施经过、被告人的情况、证据链条的确认等都已查清的情况下，对于案件性质、被告人是否犯罪、处以何种刑罚等做出裁决的制度规定。官吏中，承旨、司判、都案有判决权，案头、司吏无判决权。西夏的判决制度主要在于要求司法官吏能够按照法律规定对于被告人予以公平的处理。所以，司法官吏的秉公判断就成为审判制度的核心。

司法官应该严格依据犯罪事实断罪，审讯取证的过程具有很强的严密性和慎重性。另外，丢失畜物，盗窃嫌疑人不肯招承，又找不到赃物时，只得另寻举告等的规定。

司法官应该严格依据法律断罪。西夏法律规定："诸局分人谓已□种种文书，当求大恒历律令而出判凭时，若未能推究情节，或推究有误及述说有误，报经上司时有误，一律庶人十杖，有官罚钱五缗。其中受贿者当以枉法贪赃罪论"。[①] 法典还规定：京师各司问案时，如已审理，犯人获死罪或无期徒刑时，"审刑已审中，与□□不同时，当问有何异同曲杠，令明，……当奏报于中书、枢密所管事处，赐予谕文。"地边、地中监军司问案过程基本如京师，只是"报经略职管司等，当待谕文"。[②]

对于案件的审判及执行的文书，皆须收档注册备案。西夏法律规定："偏问、储典册勾管者当令明之，当行板簿而入册。若殿前司引送一册，殿前司人亦所敛行板簿一卷到来，其板簿上送为录册，注册处明而行之，当注册为正职、为典库□位之人中间当送殿前司磨勘。若违律应注册而不注册时，当依未录册上，不注册之人数比 一罪状之举赏加一等判断。"[③]

---

① 《天盛改旧新定律令》卷一一，《矫误门》"推究情节未满经时误"。
② 《天盛改旧新定律令》卷九，《事过问典迟门》。
③ 《天盛改旧新定律令》卷二○，《罪则不同门》。

三、上诉复审及死刑复奏程序

案件审理完毕，应对囚犯本人及其家属宣告判决的具体罪名，当事人及其亲属不服，可以逐级向上申诉，逐级上诉的程序比较复杂：在局分都案、案头、司吏办案过程中，有谓受枉误而争讼者，当告于所属司大人，"若所属司问者于大人、承旨有争论时，当入状于瓯匣中，瓯匣司人当问告者，如何枉误，有何争讼言语，当仔细明之"。① 瓯匣司人对不服从判决者，仔细询问上诉缘由，审察文字判写，有显见枉误，即予以纠正。如果"瓯匣司人亦枉误，则当依文武次第报于中书、枢密"，"中书、枢密人亦枉误，则可告御前而转司，另遣细问者奏量实行"。"其中无故越司而告御前并击鼓等时，徒三个月。"②

案件审理完毕，凡属重罚严惩的刑事案件，司法体制中的相关人员应当查验明确有无失误，无误则报刺史。刺史审核，发现可疑与误判案件则驳回重审，无误则列一张诉状单，将案件按季节依次上报，先由边境刺史、监军司、经略人，最后至中书、枢密等，检查有无失误，并与法律法令仔细核对校正，有失误则另行查检，无误则登记于册，奏告定案。"国境中诸司判断习事中，有无获死及劳役、革职、军、黜官、罚马等，司体中人当查检，明其有无失误。刺史人当察，有疑误则弃之，无则续一状单，依季节由边境刺史、监军司等报于其处经略，经略人亦再查其有无失误，核校无失误则与报状单接。本处有无判断及尔后不隶属于经略之各边境、京师司等，皆依文武次第分别当报中书、枢密。至来时，所属案中亦再与律令仔细核校，有失误则另行查检，无则增于板簿上，一等等奏闻而告晓之。若诸司人未依季节而报，而中书、枢密局分人未过问等，一律依延误公文判断"③。"诸司判断公事时，未合于所定律令，有缺失语，当举语情，当引送中书内定之，别情依法兴板簿注册。倘若中转处不引送中书，及中书局分人不过问等，当依延误公文法

---

① 《天盛改旧新定律令》卷九，《越司曲断有罪担保门》"京师诸司习事有枉"。

② 《天盛改旧新定律令》卷九，《越司曲断有罪担保门》"瓯匣习事有枉"。

③ 《天盛改旧新定律令》卷九，《诸司判罪门》"四季判断"。

承罪。"①在案件上报过程中，各级司法官吏失职未报，中书、枢密的中央官吏未过问追查，皆要按"延误公文"罪论处。案件的上报存案制度，强化了上级机关对下级机关审理案件的复核监察作用，以确保审案的准确无误和及时有效。

对判死刑、无期徒刑的案件等，必须经过上级司法机构复审，以示慎重。西夏法律规定："在京师各司问习事中，获死、无期□□，审刑已审中中，与□□不同时，当问有何异同曲枉，令明，则人□□□□□枷，问于其处，问其异枉，为之转司□何应，当奏报于中书、枢密所管事处，赐予谕文。"②"边中监军司府、军、郡、县问种种习事中，应获死、无期之人，于所属刺史审刑中，□有罪人谓其不服，则当明其枉□□语为何□。本人应枷于刺史处问之，报经略职管司等，当待谕文。"③京师各司及郡、县等基层司法机关无权决定死刑、无期徒刑的终审。"不系属于经略之啰庞岭监军司者，自杖罪至六年劳役于其处判断。获死罪、长期徒刑、黜官、革职、军等行文书，应奏报中书、枢密，回文来时方可判断。官□□□□者当送京师"④。如各级司法机关不将死刑复奏，擅自斩杀罪犯，则要追究其法律责任，并受到严惩，西夏法律规定："诸人原罪虽应获死，但若应赎，若至减罪应减等，依律法不应斩杀时，不奏而作斩杀判断者，局分大小是谁之罪，当与有意杀人罪情相同。"⑤"犯十恶者中依律虽应杀，但不奏擅自杀，及朝廷之有何疑虑未明，先擅自杀时，杀人者不论官，当绞杀"⑥，"诸人因杂罪依律应杀，不奏擅自判断，庶人当绞杀"⑦。无期及长期徒刑各不有名者，也应上奏，不可擅自判断。西夏法律规定："无期徒刑及三种长期徒刑等，诸司人判决有名以外，而后判决各不有名者，应奏不奏，擅自判

① 《天盛改旧新定律令》卷二〇，《罪则不同门》。
② 《天盛改旧新定律令》卷九，《事过问典迟门》"京师当审语变"。
③ 《天盛改旧新定律令》卷九，《事过问典迟门》"边中所审语变"。
④ 《天盛改旧新定律令》卷九，《事过问典迟门》"庞岭习事判法"。
⑤ 《天盛改旧新定律令》卷二，《不奏判断门》"获死逐减杀不杀"。
⑥ 《天盛改旧新定律令》卷二，《不奏判断门》"犯逆应杀不奏杀"。
⑦ 《天盛改旧新定律令》卷二，《不奏判断门》"杂罪应杀不奏杀"。

断时，不应赎及应赎未使赎等，已承黥杖者，一律当算，当依人数多寡，罪状高低，有一人徒三年，二人徒五年，三人以上一律徒六年。若有官以官品当。"① 长期徒刑以上刑罚必须复核，未经复核擅自行刑，要依法追究审判官吏的法律责任。

四、审判文书的核查

审判文书的上报核查，是西夏审判制度必经的一个程序，旨在减少冤假错案的发生和及时查处未秉公审案的司法官吏。西夏的判决审核制度主要包含了八个方面的规定，是比较细密和全面的。

1.审案文书当齐备

西夏法律规定诸司在案件审核完毕一个月期间，要将分散的案件材料整理出来进行核查。一个月期间未能整理好案件审理材料，一律局分司吏徒一年，相关责任人员徒三个月。因迟缓住滞寄名文书，二三种以上罪集于一人者，诸司当结合各案整理出一个完整的记录。

2.法律文书的校核

案头、司吏等校核文书人员要在所校核的文书上签名。文书校核人员所校文书格式不符或延误，则校文书者当承担法律责任。所校文书上有疑点要及时过问，未过问者比校者减一等处罚。有疑点而未核查出来的，则因未仔细搜寻而再减一等处罚。

3.对于判决书的要求

诸司所做出的判决书，承旨、习判、都案等当认真判写，要注明日期。若违律时，一律徒六个月，受贿则与枉法贪赃罪从重判断。

4.文书审核人员职责

对于文书的审核，西夏法律规定十分明确，《天盛律令》中有："诸司查

---

① 《天盛改旧新定律令》卷二，《不奏判断门》"无期不奏判断"。

律令者，二案头、五司吏等一共设七人，另当设一律案检。所有判断公事时，问处案人当告案，应有罪情，罪纸其后留白纸空头，经大人处判断□，当载律案检中，当查律令、罪法，以红字写于空头白纸上，律案检、案头、司吏当为实状，相接继，当予局分处，经判断实行。倘若问公事处局分人核罪情及查律令有误时，受贿、相恶而增减者，当令与所增减比较，贿多则与枉法贪赃罪比较，从其重者判断。无意受贿，核检失误而致判断增罪，则减二等。已减罪，则减三等。尚未判断，则依次当再减一等。"①

5. 上报文书迟缓

中书、枢密、诸司等都案文书住滞时，官大及品亦当入承罪人中，应枷系亦枷系，应笞杖者，行杖处所属大人当计，罚钱若干置案。其中诸司都案应承杖亦承杖。

6. 判写不明

对于判写书的基本要求是事实明了、运用法律准确。西夏规定上报诸司及京师的判决书要："言情种种，当令一一好好显明。若不明报时，大人、承旨、习判、都案、局分案头、司吏等所获何罪，视其未明之言情及言情轻重，酌量判断。"②

7. 判断有误

《天盛律令》规定："诸局分人谓已□种种文书，当求大恒历律令而出判凭时，若未能推究情节，或推究有误及述说有误，报经上司时有误，一律庶人十杖，有官罚钱五缗。其中受贿者当以枉法贪赃罪论。"③

8. 误写文书

诸人未受贿赂而误行文书，增有罪人之罪，则当比有罪人减二等，减之则减三等。判断未至，则依次当再减一等。

---

① 《天盛改旧新定律令》卷九，《事过问典迟门》。
② 《天盛改旧新定律令》卷一一，《矫误门》。
③ 《天盛改旧新定律令》卷一一，《矫误门》。

五、判决的执行

对于案件判决的执行是将法律裁定付诸实施的制度，是施于犯罪人本身的种种制裁。根据判决书的量刑，执行各种刑罚的方法和要求是不同的。

1. 刑事案件的判决执行

西夏刑制，有正刑、附加刑两大类，正刑是对犯罪行为适用的主要刑罚方式，分为笞刑、杖刑、徒刑、死刑四种。

（1）主刑

主刑，为基本刑罚，是对犯罪行为使用的主要刑罚方式。西夏的主刑为：笞、杖、徒、死四种。主刑中，笞刑、杖刑既可单独使用，又可以作为徒刑、死刑的附加刑使用。

①笞刑

在西夏法典中，笞又称为小杖、细杖，一般适用于犯罪情节较轻的罪行，也可折合杖刑，一杖代五细杖。"节亲主犯罪时，减免之法当明之。其中应受大杖者当转受细杖，应受七杖者笞三十，八杖笞四十，十杖笞五十，十三杖笞六十，应受十五杖者笞七十，十七杖笞八十，二十杖笞一百"①。笞刑分为笞十五，笞二十，笞三十，笞四十，笞五十，笞六十，笞七十，笞八十，笞九十，笞一百若干等。

②杖刑

杖，又称为大杖，西夏对杖的规格有明确规定："木枷大杖等上当置有官字烙印。杖以柏、柳、桑木为之，长三尺一寸。头宽一寸九分，头厚薄八分，杆粗细皆为八分，自杖腰至头表面应置筋皮若干，一共实为十两，当写新年月。"②杖刑作为主刑单独适用时一般分为七杖、八杖、十杖、十三杖四级。作为徒刑的附加刑适用时一般为十三杖、十五杖、十七杖、二十杖四等。杖刑一般只用于

---

① 《天盛改旧新定律令》卷二〇，《罪则不同门》。
② 《天盛改旧新定律令》卷九，《行狱杖门》"大杖木枷斤两尺寸"。

庶人，官吏犯罪一般不用刑杖，或将大杖转为笞刑，或以官品抵杖刑。

③徒刑

徒刑即劳役刑分为十二等：三个月、六个月、一年、二年、三年、四年、五年、六年、八年、十年、十二年、无期徒刑。其中三个月至六年为短期徒刑，八至十二年为长期徒刑。获徒刑同时加配杖刑。徒三个月至二年时，十三杖；徒三年至四年时，十五杖；徒五年至六年时，十七杖；徒八年至十二年、无期徒刑，二十杖。获徒刑的罪犯，大多被迁移至"地边城""苦役处"服刑，也有留在原籍隶属于农奴主作苦役。徒刑期满后，犯罪人不许回原居住处，依旧要限制在服刑地。对服徒刑者，应遣送。西夏法律规定：边中、京师畿内等诸司人判断公事时，犯罪人获重劳役的判罚，如何派遣，当上报中书、枢密。中书、枢密裁量遣送之处，当将犯罪人遣送至所示处。倘若诸司官吏未按照中书、枢密的谕文，擅自遣送他处时，有官罚马一，庶人十三杖。[①]

④死刑

即剥夺罪犯的生命。分为绞杀、剑斩二种。绞杀得以保全遗体，稍轻于身首异处的剑斩。

（2）附加刑

西夏的附加刑是补充主刑的治罪方法，它们可以独立使用，也可与主刑配合使用。西夏主要的附加刑有黥、戴铁枷、罚、没、革等五种。

①黥

"黥"是"刻肌肤"的耻辱刑。西夏法典规定，犯重罪，一般都要施黥刑，其方法为"徒一年至三、四年，手背黥四字。徒五、六年耳后黥六字。徒八年、十年等面上黥八字。徒十二年、无期徒刑等当黥十字。手背明显处，再后字于末及项上、头发显处，得长期徒刑者一律由面上、目下至头颜骨上、颊骨上，各种当刺黥样依以下分别而为"[②]。动用黥刑

---

① 《天盛改旧新定律令》卷二〇，《罪则不同门》。

② 《天盛改旧新定律令》卷二，《黥法门》"总字数著处"。

有严格限制：一是犯种种杂罪时，获一种短期劳役，无论高低一律勿黥；二是官人及其儿子、兄弟，僧人、道人中赐穿黄、黑、绯、紫等人犯罪，除十恶及杂罪中不论官者外，一律不加黥刑。对不严格施用黥刑的司法官吏，要予以严厉的处罚。"不黥刺时，局分大小中谁定不黥刺者，徒六年；耳后不黥刺时，徒三年；手背不黥刺时，则当徒一年。有同谋者则当依次减一等。"①

②戴铁枷

戴铁枷是徒刑的一种附加刑，适用于犯徒罪的牧、农、舟车夫和奴仆。短期徒刑当戴三斤重的铁枷，长期徒刑当戴五斤重的铁枷。罪犯在刑期内擅自去掉铁枷，要加重处罚。管理罪犯的官吏私下违法为罪犯在刑期未满时去掉铁枷，要承担刑事责任，受到法律的严厉制裁。

③罚

有罚马、罚钱、罚铁三种。罚马是一种财产刑，它的执行不涉及犯罪人的人身。西夏的罚马要求自驯旧马至有齿好马当交。罚马，一般用于官人犯罪以罚马抵杖刑或徒刑。一般是庶人十三杖，官人则罚马一匹，以马抵罪最多可用七匹马。不堪罚马可折算为罚钱、降官、罚杖。罚一马当折交二十缗钱。或者罚一马当折降官一级。不愿降官而愿受杖的，则因罚一马受十三杖，罚二马十五杖，罚三马十七杖，自罚四马以上一律二十杖。可见西夏对于财产刑，在执行中采取较为灵活的方法。罚钱对官人、庶民都适用。但有的犯罪，无论官员和庶人一律要受处罚。有的犯罪，庶人受杖，官人罚钱。当受罚者无力缴纳罚钱时，可用"笞、杖"折抵。罚铁，一般责令犯轻微罪行的官人缴纳一定数量的铁，以示惩罚。

④没

即将罪犯的财产和人没收入官的刑罚，其主要用于触犯"十恶"重罪者连坐处罚之时。

---

① 《天盛改旧新定律令》卷二，《黥法门》"应刺字不刺字"。

⑤革

即革除官人的官位、军衔和职权的刑罚。

2.民事案件的判决执行

（1）返还财产

返还财产是承担民事法律责任的主要方式之一。西夏在法律中将返还财产规定为承担民事责任的方式，规定"盗人将所盗物向他人售卖、还抵债、已典当等，应向所指处催促，当将物债还给物主。典利价钱、债等，当催促盗人交还，偿还物当算入分等之中"①。通过各自返还财产以承担侵权责任。

（2）作价赔偿

作价赔偿也是西夏立法规定的一种承担责任的方式，如果偷盗他人牛、马、骆驼等牲畜后屠宰，后又自首答应偿还，应作价赔偿。"按自首解罪法，有盗牛、骆驼、马而屠者，依价皆当偿还送回，亦当减屠罪中一等，与偿还物中何无有之罪比，从其重者判断"②。能作价赔偿，可减轻罪责。

（3）劳务或劳务折价补偿

对因贫困等原因导致无力偿还所侵害的财产权的，可以劳务抵偿。"犯有短期徒刑者做苦役期满，回归头监处时，当于畜物属者处做工。头监需用人则出钱赔偿，并依人工价计量自当离去"③。对于出工的价格折算法律有明确具体的办法，"前述因偿还盗价、付告赏，为官私人出工所示办法：年七十以上及十岁以下等，依老幼当减出工。十岁以上、七十以下者，当物主人处不需出工，亦应令于其他需用工处出工。价格：大男人七十缗，一日出价七十钱；小男及大妇等五十缗，一日五十钱；小妇三十缗，一日三十钱算偿还"④。

---

① 《天盛改旧新定律令》卷三，《自告偿还解罪减半议合门》"盗物指处入手不入分罪"。

② 《天盛改旧新定律令》卷三，《自告偿还解罪减半议合门》"还回屠减罪"。

③ 《天盛改旧新定律令》卷三，《盗赔偿返还门》"使军赔偿举赏不能办"。

④ 《天盛改旧新定律令》卷三，《盗赔偿返还门》"偿还举赏不能办出力"。

（4）"入"

即入官，充公。民事纠纷中对无主财产的一种处理办法。《唐律》中有对"入"的法律解释："入者，谓得阑遗之物，限满无人识认者，入官及应入私之类。"① 西夏法律规定："诸人捡得畜，律令限期已过，应充公。"②

第六节　司法监察

西夏加强了司法监察。西夏法律规定："诸司查律令者，二案头、五司吏等一共当设七人，另当设一律案检。所有判断公事时，问处案人当告案，应有罪情，罪纸其后留白纸空头，经大人处判断□，当载律案检中，当查律令、罪法，以红字写于空头白纸上，律案检、案头、司吏当为实状，相接继，当予局分处，经判断实行。倘若问公事处案局分人核罪情及查律令有误时，受贿、相恶而增减者，当令与所增减比较，贿多则与枉法贪赃罪比较，从其重者判断。无意受贿，核检失误而致判断增罪，则减二等。已减罪，则减三等。尚未判断，则依次当再减一等。"③ 除诸司设案头、司吏共七人查阅律令外，另专设律案检一员，仔细核对判决文书所引律令，所引律令有误，判罪轻重出入者，视有无受贿、相恶情节，予以惩处。"诸人未受贿赂而误行文书，增有罪人之罪，则当比有罪人减二等，减之则减三等。判断未至，则依次当再减一等。"④

1. 判写文书不合格

判决书是判决的法律依据，对于判写书的基本要求是事实明了、运用法

---

① 《唐律疏议》卷三〇，《断狱律》"输备赎没入物违法"。

② 《天盛改旧新定律令》卷一九，《畜利限门》"罚贪偿畜检注册导送"。

③ 《天盛改旧新定律令》卷九，《事过问典迟门》"律令查法误"。

④ 《天盛改旧新定律令》卷一一，《矫误门》"行文误为增减罪"。

律准确。在西夏文书中有一份名为《瓜州审案记录》的文书残卷，是夏惠宗天赐礼盛国庆二年（1070）瓜州地区有关民间牲畜、钱财纠纷的审案记录文书。判决书的制作有具体的规定："言情种种，当令一一好好显明。若不明报时，大人、承旨、习判、都案、局分案头、司吏等所获何罪，视其未明之言情及言情轻重，酌量判断。"①"诸司所判写文书者，承旨、习判、都案等当认真判写，于判写上落日期，大人、承旨、习判等认真当落，不许案头、司吏判写及都案失落日期。若违律时，一律徒六个月，受贿则与枉法贪赃罪从重判断。"②判案文书的撰写有一定的格式，文字处理要规范、及时、准确，若出现延误、滞留、误写刑案文书者，中书、枢密和各司的相关官吏都要承担罪名，受到法律的制裁。文书判断有误，"诸局分人谓已□种种文书，当求大恒历律令而出判凭时，若未能推究情节，或推究有误及述说有误，报经上司时有误，一律庶人十杖，有官罚钱五缗。其中受贿者当以枉法贪赃罪论。"误写文书，"诸人未受贿赂而误行文书，增有罪人之罪，则当比有罪人减二等，减之则减三等。判断未至，则依次当再减一等。"③撰写好的文书还要校对，以防虚夸或证据不足等，导致曲枉。案件审理完毕后要再次全面检查审案整个过程，确定无误后按季节依次上报。若有枉误争讼则可上告匦匣司，最终判断而告晓。若尤枉误，告者无确凿语，妄避罪日长，口语上有添补，则当使脱罪，引送前置文处，当总合，依律令实行。

2. 错误判决

西夏重视制定法典，也强调成文法的司法适用。司法官吏办案，既要依据事实，也要遵循法律。西夏对于司法官吏枉法判断的认定，主要看主观意识，以受贿为区别，予以具体处罚。

司法官吏在秉公办案过程中未收贿赂、未徇情，讯问诉讼人情节充足，然而未得实情，无理判断错误，即要承担法律责任，受到相应处罚。其一，

---

① 《天盛改旧新定律令》卷一一，《矫误门》。
② 《天盛改旧新定律令》卷九，《事过问典迟门》"职管人写判落日期"。
③ 《天盛改旧新定律令》卷一一，《矫误门》"行文误为增减罪"。

讯问已足，知情人皆已讯问而作证认同，被告人也称"服罪"，但还是出现了"实话未准而判断误者，有官罚马一，庶人十三杖"。其二，"问讯已足，实话已准，律令语法分明时，推寻误而增减罪情，犯十恶罪中以重为轻者，局分大小致误者与枉法罪相同。除此以外，获死罪、长期徒刑、短期徒刑而加之，则比枉法罪减二等，减之则减三等，判断未至则依次再减一等"。其三，"问讯已足，实话虽已准，然彼之罪于律令不明，轻重当判为何未得，应奏报时，其处判断未受贿徇情而加之，则比枉法罪减三等，减之则减五等。"①

司法官吏受贿而枉法判决，应承担相应的法律责任。其一，"本无罪而治罪，是杖罪而判劳役，有劳役者为长期徒刑，获长期徒刑而令承死罪等，枉者当承全罪。"受贿枉断改变了判罪的性质和类型，将无罪枉判为有罪，将轻罪杠判为重罪，以枉法定罪的全罪惩处司法官吏。其二，"有杖罪而加杖数，应获劳役而加年数，是三种长期、无期徒刑而依次加之等，枉法者当自承所加之罪。原本犯罪者自身所有罪行依法判断，勿使枉者承之。"受贿枉断改变了量刑的数量，将同一种处罚的数量增加或时间延长，只以枉法定罪加重后的刑罚惩处司法官吏，而不能让枉断者承担犯罪者所犯全部罪过。其三，"若不应革职，无理相怨而加罪以革其职，或虽应革职而减罪则不革职，与此次第加之而多黜其官，多加其黜，又不应黜而黜之等，于同等枉法罪状各加一等判断。"受贿枉断使官员革职黜官，枉断司法官吏按同等枉法罪加一等治罪。其四，"有重罪者减半，亦所减半多少，由枉罪者自承之"②，受贿枉断使犯重罪者量刑减少一半，错判司法官吏将承担这一半的刑事处罚。其五，"若被审与审者本人有隙者，有罪人死则依故意杀人法，不死则比有罪人减一等。"③

3. 故意曲枉判断

西夏法律规定："因诸事局分另外人等受贿时，其中曲枉勤事，已决断

---

① 《天盛改旧新定律令》卷九，《越司曲断有罪担保门》"问节充足判断未准"。
② 《天盛改旧新定律令》卷九，《越司曲断有罪担保门》"受贿习事枉"。
③ 《天盛改旧新定律令》卷九，《事过问典迟门》"长欲语变不听"。

及未决断，亦在文书判凭上或重者轻判，轻者重判，故意曲枉，实明显有可见，及行贿时说'请枉断勤事'，受贿者亦说'当为汝枉断'，话知证分白，当按枉法贪污论。直接审问时，因说'汝当有错'。已受贿，而于公事上未枉法决断，亦无显见枉法事，当为不枉法受贿。视钱量、罪情，按以下所定判断：枉法受贿者自一百钱至一缗，造意十三杖，从犯十杖。一缗以上至三缗，造意徒三个月，从犯十三杖。三缗以上至六缗，造意徒六个月，从犯徒三个月。六缗以上至九缗，造意徒一年，从犯徒六个月。九缗以上至十二缗，造意徒二年，从犯徒一年。十二缗以上至十五缗，造意徒三年，从犯徒二年。十五缗以上至十八缗，造意徒四年，从犯徒三年。十八缗以上至二十一缗，造意徒五年，从犯徒四年。二十一缗以上至二十五缗，造意徒六年，从犯徒五年。二十五缗以上至三十缗，造意徒八年，从犯徒六年。三十缗以上至三十五缗，造意徒十年，从犯徒八年。三十五缗以上至四十缗，造意徒十二年，从犯徒十年。四十缗以上一律造意绞杀，从犯徒十二年。"①

第七节　监狱管理

监狱管理制度是司法的有机组成部分，西夏对监狱管理作了非常周密的规定，达到了较高的水平。在黑水城出土的西夏遗书中，发现有用西夏文书写的《狱典》残篇，其中记道："无论何人昔日作恶多端，入狱需教以正道，使其明了罪恶性质及大小程度。"②

西夏监狱不是执行自由刑的场所，而是临时羁押囚犯的看守所，属于诉讼程序中的羁押机构，同诉讼活动有着紧密的联系。西夏边中诸司、都巡检

---

① 《天盛改旧新定律令》卷二，《贪状罪法门》"枉法不枉受贿"。
② [俄] 戈尔芭切娃、克恰诺夫：《西夏文写本和刊本》，莫斯科东方文献出版社1963年版。

等处和京师诸司设监狱。囚禁对象主要是当事人和罪犯。限制囚禁官吏贵族。西夏法律规定："节亲主犯种种罪时，除谋逆、失孝德礼、背叛、杀伤父母等依法判断外，其余犯十恶及不论官罪时，死命黥杖等当□□地当受，所应持处应持，□□处拘管□依犯杂罪之拘管法当拘管之。"①

设督监、小监负责管理狱囚，他们对牢狱中犯人的监守失误，致使囚犯脱逃，或受贿放逸罪犯都将受到法律的制裁。西夏法律规定："各地边城因十恶罪及其余服劳役等监管，应好好收监，不许受贿亡失放纵，倘若违律放纵亡失，因受贿而放出等时，亡失放出者依条下所示罪判断。受贿则与枉法贪赃罪比较，从重者判断。"②

在押犯被囚入狱，一般要戴铁索枷，有一定的制度："诸人因犯罪，判断时获服劳役，应戴铁枷时，短期徒刑当戴三斤，长期徒刑当戴五斤。"③戴铁枷者期限未满，不可擅自去掉铁枷，"被头监及主管处他人等去掉铁枷时，不足一年者十三杖，一年至三年者当徒三个月，四年至六年者当徒六个月，三种长期徒刑当徒一年。"④不许官吏如"节亲、宰相、诸司大人、承旨、大小臣僚、行监、溜首领等于家因私入牢狱，不许置木枷、铁索、行大杖，若违律时徒一年"⑤。

不许狱官任意认定有罪、任意传唤和无理打拷、恐吓诸囚及罪人。监禁者监守失误，致使囚犯自杀者，监守承罪。其一，监守告诉罪犯有何罪行，但没有对其恐吓，囚犯畏罪自杀时，告者，有官罚马一，庶人十三杖。其二，监守等枉逼拷打恐吓而致囚犯自杀，枉逼者当绞。因争斗恶语恐吓而自杀，徒十二年，戏言恐吓，徒五年。如果枉逼、恐吓者是使人、都监，则比前述之罪状各减一等。其三，犯人索刀、铁棍、绳索等毁身用具，监守予

---

① 《天盛改旧新定律令》卷二○，《罪则不同门》。

② 《天盛改旧新定律令》卷一一，《判罪逃跑门》"所监人亡失记名等之罪"。

③ 《天盛改旧新定律令》卷二，《戴铁枷门》"斤数及戴法"。

④ 《天盛改旧新定律令》卷二，《戴铁枷门》"日未满被服人除去"。

⑤ 《天盛改旧新定律令》卷九，《行狱杖门》"因私入牢狱行大杖"。

之，犯人自杀未死，监守徒一年，已死徒二年；去囚犯镣铐，使其搜寻器物自杀，论罪同。

劫持罪犯，从重治罪。诸人强力从狱中劫出谋逆死囚，造意不论官，一律斩杀，从犯庶人当绞杀。劫出长期徒刑犯，造意当绞杀，从犯十二年。劫出短期徒刑犯，造意徒八年，从犯徒六年。劫出杖罪犯，造意徒三年，从犯徒二年。囚未入手，杀伤监守时，杀一人造意不论官，以剑斩，从犯无期徒刑。杀二三人无论主从官庶，皆剑斩，造意者同居子女连坐，入牧农主中。

脱逃囚犯，监者治罪。都监、小监等受贿而放有罪人以及未受贿、无心失误而脱囚，限三个月以内寻得有罪人。逾期不得，则根据情况分别判断：其一，都监等受贿，放短期劳役至死罪犯时，放者枷禁，限期寻犯人之子、兄弟。寻得，依犯罪人从犯论；不得，则坐犯人之罪。放者承罪后得囚，可依法减罪。其二，局分大小于囚禁处虽不受贿，然是宗姻亲戚，欲使不获罪，或有说项寄语者徇情而放囚，亦与取贿放囚同等判断一年；失二年以下者，十三杖。都监、小监则失死罪及长期徒刑，徒一年；失短期徒刑者，十三杖。其三，无大人谕文判写，不许放囚，若违律放时，与有罪人相等。如果脱囚自投归、被捕或死亡，则减一等判断。有罪人越狱逃跑，当于前有罪上加一等，其中无期徒刑与死刑无所加，则无期徒刑笞八十，死刑笞一百。[1]

追逃。犯罪人为十恶罪或判处长期徒刑以上的刑罚潜逃的，追逃后对逃跑者当绞杀；犯十恶者之父兄、亲戚连坐的人，故意逃跑者，依旧当送附近有苦役处，为一年劳役；因为盗及他杂罪而获长期徒刑的逃跑者，追逃后当重增黥字，打二十杖，送先住处；其余获长期、短期徒刑期间逃跑者，未为他罪，则当分别受杖，送所住记名处，不另加他罪。

囚犯衣食，予以基本保障。犯罪嫌疑人入狱后，"囚无主人及囚中或获取食粮路远，或囚有主人未到来等，一律食粮每日得杂粮一升，当从官粮中

---

[1]　《天盛改旧新定律令》卷九，《行狱杖门》"系囚放逸失之犯逆家门为遣"。

出，另为注册。其中囚无主人以外，囚有主人及取食粮路远等，囚主人到来时，当依原用若干还之"。[1] 囚无主人，食粮由官方提供；囚由主人但路途遥远，食粮先有官方预支，待主人到米后，再予以偿还。另外，"狱囚中贫弱，无力为衣，则于冬季依官当借之衣物。其中有重罪应遣为苦役，则法当给"，[2] 贫弱囚徒由官方供给御寒衣物。"前述囚之各应用，当分别于邻近官之罚贿中支出。"[3] 这就基本解决了囚犯的温饱问题。

囚犯住处，应保持通风、干净卫生。西夏法律规定："枷禁囚处之牢狱当善为之，于空气流处为之天窗，冬季当置草席、蒲席，燃料除自备外，实无力者应给若干。若不供给，违律等时，局分大小一律有官罚马一，庶人十三杖。"[4] 牢房当开天窗，以保持空气流动清新，冬季应有草席、蒲席，取火燃料囚人自备，实在无力筹备者，由官方供给。

禁囚有病，依法当经治疗或保外就医。西夏法律规定："牢狱中有染疾病时，都监、小监等应报，遣人视之。不应担保则使往于牢狱净处，视其原罪多寡、病轻重等，应释其枷锁则释之。医人当视之，依其所宜服药就医。应担保则担保于司外医病，愈时当依法推问"；法律不但规定了医疗和程序、措施，还对医疗费用的支出加以保障。"牢狱内囚犯有罪不医，夺取囚之食粮、衣服等致囚死时"[5]，主管监狱的官吏，分别治罪。西夏法律规定，"囚犯十恶罪及杂罪中得死罪而已拘缚之人有疾病、恶疮、孕子等，不许担保。当使往牢狱净处，遣人侍奉，有疾病、恶疮、孕子等当治之，一面分析寻问当事人。自长期徒刑以下至短期者，有疾病、恶疮、妇人孕子生产日已明，则遣人视之。妇人生产月日是否属实，当问所知，是实则当令只关，暂接担保，疾病恶疮愈，产子一个月后再当推问，若非实，为知证者因未得仔细视

---

① 《天盛改旧新定律令》卷九，《行狱杖门》"囚犯病无食等救治法"。
② 《天盛改旧新定律令》卷九，《行狱杖门》"囚犯病无食等救治法"。
③ 《天盛改旧新定律令》卷九，《行狱杖门》"囚犯病无食等救治法"。
④ 《天盛改旧新定律令》卷九，《行狱杖门》"囚犯病无食等救治法"。
⑤ 《天盛改旧新定律令》卷九，《行狱杖门》"囚犯病无食等救治法"。

之，有官罚马一，庶人十三杖。受贿则与枉法贪赃罪比较，从其重者判断。"同时，若囚犯确有疾病、恶疮及孕子等，不允保外就医而违律先行判断者，"其致死时徒三年，落胎儿则徒二年，未致者有官罚马一，庶人十三杖。视者作伪未受贿，则与判断者相同。受贿则以枉法贪赃论，与前述罪比较，从其重者判断"。①

虐待囚犯，依法承罪。如果违反上述规定，"囚犯有病不医，夺取囚之食粮、衣物等致囚死时"，局分大小均要承罪，其中死一至五人，大人、承旨徒一年；五至十人，徒二年；十人以上至十五人，徒三年；十五至二十人，徒四年；二十人以上，一律徒五年。②此外，职管大人、承旨等拷打囚犯致死，徒四年，都案、案头、司吏等未过问者，徒二年。禁止侵凌拘禁妇女。西夏法律规定："他人妻子被诉讼而诸司枷禁之，局分大小都监、小监等侵凌时，徒十年。其中庶人侵凌有官人之妻，官低人侵凌官品大于己者之妻时，徒十二年。是仆隶及市场卖身价女，则徒六年。"③拘禁妇女，无论身份高低，一律不得侵凌，但社会地位低者侵凌社会地位高者之妻，处刑偏重。

第八节　司法特点

西夏司法具有典型的封建法制的特点。如极力维护皇权，维护封建社会等级秩序，强调中国封建社会礼法结合的传统，又体现党项羌族严刑峻法、轻罪重罚的习惯。西夏司法有如下基本特点：

1. 承袭唐宋封建法制司法的基本精神

西夏法制在封建化过程中，吸收了儒家礼孝的精神和中原法律文化的传

---

① 《天盛改旧新定律令》卷九，《行狱杖门》"系囚治病担保判断法"。

② 《天盛改旧新定律令》卷九，《行狱杖门》"囚犯病无食等救治法"。

③ 《天盛改旧新定律令》卷九，《越司曲断有罪担保门》"局分人与禁妇淫"。

统。严惩十恶、八议官当、依服制处罪、老幼重疾犯罪减免、亲亲相隐无一不是唐宋法律的翻版和延续。

2. 诉讼程序规范性和灵活性并存

西夏诉讼方式分为公诉和私诉，突出尚武的游牧民族特色。畜牧的保护和军事作战的条款十分丰富而且细致。《天盛律令》第二卷"杀牛骆驼马门"，详细地规定了屠宰牛、马、骆驼的惩罚；擅自宰杀自己的家畜一头处四年苦役、二头处五年苦役，三头处六年苦役；窃杀五服内亲属的牛马驼者加重刑罚，杀三头处八年苦役，宰杀他人的牛马驼，最高处十年苦役。抢劫、窃盗官、私畜物的规定是被作为强盗、窃盗罪的主要内容。这种严禁滥杀大牲畜，还是适应畜牧民族生活生产以及军事作战的需要。《天盛律令》第4—6卷规定了大量军法内容，诸如防守、巡查、敌人进犯、武器装备、发兵遣将、军人编伍、后备军等等。具体规定派遣守营而不往者依延误时间长短分别处徒、杖刑；弃守大城的主官、将领一律处斩。军法如此周密，表明军事战争对于西夏不仅频繁发生而且至关重要。

西夏的审判制度层次分明、环环紧扣。对于审与判虽有所分，但又交错联系。西夏审判制度中体现出了德与威并重，严与宽相济的理念，其中也不乏有许多灵活的规定。西夏严谨的审判制度从另一个方面也说明了西夏的政治法律制度已趋于规范化。

第三章　金代司法文明

　　金人，亦称女真人，居住在东北地区，其中直属契丹的称"熟女真"，不直属契丹的称"生女真"，11世纪，生女真逐渐崛起壮大，在首领完颜阿骨打的率领下，起兵抗辽，摆脱了辽的压迫和勒索。金国是女真族完颜阿骨打于公元1115年在中国东北部会宁府（今黑龙江阿城县的白城）建立的一个以女真贵族为核心，联合契丹、汉等上层人士共同进行统治的多民族国家。金太祖、太宗时期，先后于1125年灭辽和1127年灭北宋，将统治区域扩大到黄河以北，创建了立国的基业，治下居民除女真人外，还有汉人、契丹人、渤海人等。金熙宗即位，全面推行政治、经济改革，仿汉定礼仪、立法度，实行汉官制，力图消除部落组织的残余，限制女真旧贵族的权势。海陵王、世宗、章宗时，进一步加强中央集权，促进民族大融合，完成了法制的封建化，使金政权的统治达到鼎盛。卫绍王、宣宗、哀宗末帝时期，由于南宋和蒙古的南北夹击，金王朝逐渐走向衰落，1234年被蒙古灭亡。金朝传九帝，历时120年。金朝入主中原的进程，正处于中华大地民族斗争和民族融合的高潮时期。它与两宋及辽、西夏互相对峙又频繁交往的历史氛围，使金国法制的建构大多仿效辽法、宋法，同时也根据当时民族格局，保留了一些女真族习惯法，形成了具有多元化特色的较为完备的法律制度和司法文明，这既对金朝社会安定、经济发展以及社会矛盾的缓和起到积极的作用，也使唐以后一度出现的法制混乱重新归于系统、稳定，从而丰富了中华法系的司法文化。

第一节　司法机关

金立国之初，以部落联盟时代的勃极烈制作为巩固皇权统治的基础。"勃极烈"，女真语为"尊官"，即部落首领。勃极烈制即传统部落联盟议事会制度，它以合议制形式决定部落联盟的大政方针。建国后，勃极烈皆为皇族成员，成为皇帝的辅政重臣，掌握金朝中枢的政治、军事大权。在地方上实行女真传统的猛安谋克制，猛安谋克原为原始氏族制下的集体狩猎组织，后演变为军事组织，"猛安者千夫长也，谋克者百夫长也"。[①]按军事建制收编民众，"三百户为谋克，十谋克为猛安，一郡县置吏之法"[②]。由各级军事长官兼管地方行政和司法，遇有大案疑案，则由诸勃极烈及其有关大臣共同详议，予以裁决。

金太祖占领原辽统治的燕云地区后，在这一地区仍沿用辽北、南面官制度，金太宗入主中原后，在这一地区保留宋朝官制，从而形成了以勃极烈制为主，宋、辽官制并存的局面，司法体制也与此一致。天眷元年（1138），金熙宗改制：废除勃极烈制，全面推行汉官制度，建立了仿唐宋的司法体制，同时又具有民族特色。中央司法机关有刑部、大理寺、御史台。御史台卜设"登闻鼓院""登闻检院"。各民族人士都可以任职，并设有译史翻译不同民族的语言，以免因语言而误判狱案。世宗曾表彰原王大兴说："有女真人诉事，以女真语问之，汉人诉事，汉语问之"，故能"见事甚明，予夺皆不失当"。地方制度参用宋朝制度，分设路、府、州、县，以行政长官兼理司法。在州府设推官、知法等属官，协助长官处理司法事务。此外，金章宗大定二十九年（1189），仿效宋朝制度，在各路设提刑司"掌审察刑狱、照刷案牍"[③]等事，作为中央的司法派出机关，执掌司法。以提刑使为长官，

---

① 《金史》卷四四，《兵志》。
② 《金史》卷一二八，《循吏传》。
③ 《金史》卷五七，《百官志三》。

其下有副使、签判、提刑、知事、知法等属官。

一、中央司法机关

金朝中央司法机关多仿唐宋之制，有大理寺、刑部和御史台。

（一）刑部

刑部为中央最高司法行政机关，除负责司法政令外，还职掌复核案件、社会治安、平反冤狱、狱政管理等事务。金太宗"天会改制"，于天会四年（1126）仿唐制始设刑部，但其机构编制的规模比唐代缩小了许多。唐代刑部尚书、侍郎以下，设刑部本司、都官司、比部司、司门司等四司，以郎中、员外郎为长官，分掌各项司法行政事务。下属有主事、令史、书令史、掌固等。刑部定额为一百九十一人。金刑部设尚书一员，正三品；侍郎一员，正四品；郎中一员，从五品，统管部务；员外郎二员，从六品，"一员掌律令格式、审定刑名、关津讥察、赦诏勘鞫、追征给没等事。一员掌监户、官户、配隶、诉良贱、城门启闭、官吏改正、功赏捕亡等事"[1]。另设主事二员，从七品；令史五十一人，译史五人，通事二人，刑部定额人员六十五人，仅为唐刑部定员的三分之一。

（二）御史台

金太宗天会四年（1126）始置御史台。御史台又称"宪台"，为中央最高监察机关，"掌纠察朝仪，弹劾官邪，勘鞫官府公事。凡内外刑狱所属理断不当，有陈诉者付台治之"，拥有行政监察和审判监督权。御史台以御史大夫一员为正职，从二品；御史中丞一员为副职，从三品。侍御史二员，从五品；治书侍御史二员，从六品；四人同"掌奏事，判台事"。[2] 殿中侍御史

---

① 《金史》卷五五，《百官志一》。

② 《金史》卷五五，《百官志一》。

二员，正七品，"每遇朝对立于龙墀之下，专劾朝者仪矩，凡百僚假告事具奏日进呈"。监察御史十二员，正七品，"掌纠察内外非违、刷磨诸司察帐并监祭礼及出使之事"①。典事二员，从七品，掌文书。架阁库管勾一员，检法四员，从八品，掌勾结稽簿籍。狱丞一员，从九品，看守台狱。令史二十八员，译史四员，通事三员，共编制定员六十三人。

登闻检院，初隶御史台，负责向皇帝报告尚书省、御史台理断不当的案情。登闻鼓院，初时亦隶御史台，负责向皇帝报告御史台及登闻检院理断不当的案情。两院各设知院、同知院事。金章宗明昌二年（1191），登闻检院、登闻鼓院从御史台分出，自成独立机构。谏院是负责向皇帝进谏的机构，有左右谏议大夫、左右司谏、左右拾遗、左右补阙。审官院负责奏驳任命官员中的失误，设知院、同知院事。

金世宗时，御使台的地位和权力有所加强，监察御史除整顿吏治，纠察、弹劾违法官吏外，还要奉诏分路出使，巡察地方，"刺举善恶以闻"②。金章宗时，监察御史分路巡视地方形成定制。监察御史每两年一次分路巡察，出巡时，须由女真人和汉人各一名同往。

（三）大理寺

海陵王天德二年（1150）始设大理寺。大理寺为中央最高审判机关，直接审理或复审全国各地奏报的重大案件和疑难案件。长官为大理寺卿，正四品；副长官为大理寺少卿，从五品；大理寺正，正六品；大理寺丞，从六品。"掌审断天下奏案、详谳疑狱"。下设司直四员，正七品；评事三员，正八品；七人同"掌参议疑狱、披详法状。"知法十一员，从八品，"掌检断刑名事"③。明法二员，从八品。大理寺卿由女真人担任，其余官员由女真人、契丹人、汉人按法定比例充任。"自少卿至评事，汉人通设六员，

---

① 《金史》卷五五，《百官志一》。
② 《金史》卷六，《世宗纪上》。
③ 《金史》卷五六，《百官志二》。

女真、契丹各四员"①，以体现女真为统治主体的多民族国家机构的特点。金代于刑部、御史台设立二十五年后才设立大理寺，从而形成了"三法司"建制。

二、地方司法机关

金立国之初，战事频繁，局势不稳，地方司法事务，多由当地军事统帅和行政长官酌情处理，尚未建立正常的地方司法体系。金熙宗曾下诏曰："诸州郡军旅之事，决于帅府。民讼钱谷，行台尚书省治之。"② 军事裁决与臣民狱讼分而治之。

（一）路、府、州、县

金朝统治稳定后，地方行政仿照辽、宋制度，建立路、府、州、县四级体制，皆以地方各级行政机关兼理司法审判事务，州以上官署还设有专职司法官员，协助行政长官处理司法事务，如各路总管府和诸府设推官一员，正七品，掌判刑案之事。知法三员，其中女真人一员，汉人二员，从八品，"掌律令格式、审断刑名"③。县有县尉四员，正八品，"专巡捕盗贼"④。与县相仿的镇、城、堡、塞，各设知镇、知城、知堡、知塞，都是从七品小官。关津路口则设巡检，负责稽查奸伪盗贼。

（二）猛安、谋克

猛安、谋克为女真族的部落与军事组织，该组织亦民亦军，兵农合一。"猛安者千夫长也，谋克者百夫长也"⑤。猛安谋克有女真族独立的专门的司

---

① 《金史》卷五六，《百官志二》。
② 《金史》卷七七，《宗弼传》。
③ 《金史》卷五七，《百官志三》。
④ 《金史》卷五七，《百官志三》。
⑤ 《金史》卷四四，《兵志》。

法机构，如"秃里一员，从七品，掌部落词讼，防察违背等事"。边境地区，金设立西北路招讨司和东北路招讨司，"招怀降附，征讨携离"，管理归附的部民。①"诸部有狱讼，招讨司例遣胥吏按问。"大定时（1161—1189），金世宗采纳西北路招讨使移剌道的建议，设勘事官专理狱讼，"招讨司设勘事官自此始"②。金宣宗以后，猛安、谋克逐渐瓦解。

（三）提刑司

金初没有建立常设地方监察机构，地方行政司法监督事务，由中央派遣御史台官员前往各地办理，由此受人员数额、时间、地域的限制，对地方监察的成效并不显著。大定十七年（1177），"陈言者乞设提刑司，以纠诸路刑狱之失"，尚书省审议后认为"久恐滋弊"，未予采纳。金世宗"乃命距京师数千里外怀冤上诉者，集其事以待选官就问"③。大定二十九年（1189），章宗即位后，各路创设提刑司，作为常设的中央司法派出机构，执掌一路的司法审判事务。提刑司置提刑使，并"设女真、契丹、汉儿知法各一人"④，分九路专司提刑劝农采访之职，并定《提刑司所掌三十二条》。明昌三年（1192），又定《提刑司条制》⑤，作为掌管狱讼及举刺官吏的专门法规。明昌六年（1195）五月乙巳，"诏诸路猛安谋克农隙讲武，本路提刑司察其惰者罚之"⑥，按察使开始督促武备。提刑司是皇帝委派监察地方官吏的监察机构，"专纠察黜陟，当时号为外台"⑦。提刑司以提刑使为长官，正三品，其下有副使、签事、判官、提刑、知事、知法等属官。诸路提刑司的设置，削减了路兵马都总管的司法审判权，

① 《金史》卷五七，《百官志三》。
② 《金史》卷八八，《移剌道传》。
③ 《金史》卷四五，《刑志》。
④ 《金史》卷九，《章宗纪一》。
⑤ 《金史》卷九，《章宗纪一》。
⑥ 《金史》卷一○，《章宗纪二》。
⑦ 《金史》卷九八，《完颜匡传》。

军事统治的色彩有所淡化。

（四）按察使司

金章宗承安四年（1199）夏四月癸亥，"改提刑司为按察使司"①，提刑司主管刑狱，按察使主管监察，其侧重点各不相同。按察司的设立进一步扩大了地方监察机构的规模和职权范围。按察使司设按察使一员，正三品。副使一员，正四品。签按察使司事一员，正五品。判官二员，从六品。知事一员，正八品。知法二员，从八品。属使五十五人，其中书史四人，书吏十人，抄事一人，公使四十人。按察使"掌审察刑狱，照刷案牍，纠察滥官污吏豪猾之人，私盐酒曲并应禁之事，兼劝农桑，与副使、签事更出巡案"②。泰和元年（1201）六月己亥，金法律规定："猛安谋克户每田四十亩树桑一亩，毁树木者有禁，鬻地土者有刑……按察司以时劝督，有故慢者量决罚之。"③ 从此，劝课农桑也成为按察司的职责之一。泰和五年（1205）二月己丑朔，鉴于各路按察使"以因循为事，莫思举刺，郡县以贪黩相尚，莫能畏戢"，金法律特别规定，"自今若纠察得实，民无怨滞，能使一路镇静者为称职。其或烦紊使民不得伸诉者，是为旷废"。④ 这就为按察使的考评规定了具体标准，实质上强化了按察使的监察职能。泰和八年（1208）十一月丁酉朔，章宗敕令"诸路按察使并兼转运使"⑤，称为按察转运使，将司法权与财政权统统揽于手中。金宣宗贞祐三年（1215），诏罢按察司，从此，金朝不再设立专职地方监察机关，改由朝廷派监察御史行使地方监察权。

金承辽制，在诸京置"警巡院"，以治理城区狱讼、治安为务。诸京警巡院置警巡使一员，"正六品，掌平理狱讼、警察别部，总判院事"⑥。其属

① 《金史》卷一一，《章宗纪三》。
② 《金史》卷五七，《百官三》。
③ 《金史》卷一一，《章宗纪三》。
④ 《金史》卷一二，《章宗纪四》。
⑤ 《金史》卷一二，《章宗纪四》。
⑥ 《金史》卷五七，《百官三》。

员有副使一员，从七品，掌警巡之事。判官二员正九品，掌桧稽失，签判院事。司吏若干名。

金是女真人建立的少数民族政权，其统一过程也是其封建化过程。与中原发达的汉人主政王朝相比，其在社会发展程度上存在明显差距。其落后性在官制上的表现就是缺乏系统性，往往随事置官，废置无常。其地方官制则更加复杂，以按察使为例，提刑使本掌刑狱，而又把提刑使改为按察使，有时兼转运使，有时兼安抚使，有时兼劝农使。这样，就看不出钱谷、刑狱、民政、监察之权有什么明确的界限。金按察使作为一种新创设的职官，其名称变化无常，其职能增减无序，在地方官制中亦是时设时废，废置无常，显示出按察使作为一种职官的不稳定性，而这种不稳定性正是其不成熟、不正规的具体表现。

三、宗教司法机关

金朝在世俗司法体制外，还设有专门受理僧道诉讼的宗教裁判官。帝王公卿贵族信佛道十分普遍，京城高僧被奉为国师，受皇帝尊敬。元帅府僧官称僧录、僧正，"皆择其道行高者，限三年为任，任满，则又择别人。张官府，设人从。僧尼有讼者，皆理而决遣之，并服紫袈裟"。各州官的僧官叫都纲，"亦以三年为任，有师号者赐紫，无者如常僧服"。县里僧官叫维那，"僧尼有讼者，杖以下决遣之，杖以上者并申解僧录、都纲司"[1]。

第二节　诉讼制度

金朝诉讼制度，基本沿袭辽宋旧制，但受女真习惯法的影响，制定了一

---

① （宋）宇文懋昭：《大金国志》卷三六，《浮图》。

些颇具少数民族政权统治特色的新规定。金代案件起诉的方式分为告诉、投案自首和官吏纠举三种。

一、起诉

金朝案件起诉的方式，分为告诉、犯罪人自首和官司纠举。

（一）告诉

告诉，诉讼案件当事人及其家属，以及其他知情人向官府告发而引起的诉讼。为了让民众少兴讼，禁民不得收制书，恐滋告讦之弊，章宗大定二十九年（1189），言事者乞许民藏之。平章张汝霖曰："昔子产铸刑书，叔向讥之者，盖不欲预使民测其轻重也。今著不刊之典，使民晓然知之，犹江河之易避而难犯，足以辅治，不禁为便"。以众议多不欲，诏姑令仍旧禁之。① 金律对告诉权的限制较为宽松。

其一，金朝不再适用华夏历代王朝规定的亲属相容隐原则，听任亲属之间互相告发。自汉以降，华夏历代王朝的法律基于儒家伦常观念，均规定有亲属相为隐的诉讼原则，凡一定范围的亲属，犯罪非谋反、谋大逆、谋叛时，得互相容隐，告者反而有罪。金律则不然，听任亲属之间互相告发的行为。如金世宗大定二十三年（1183），"大兴府民赵无事带酒乱言，父千捕告，法当死。上曰：'为父不恤其子而告捕之，其正如此，人所甚难。可特减死一等'"。② 唐律规定："诸告缌麻、小功卑幼，虽得实，杖八十；大功以上，递减一等。"③ 若依唐宋法律规定，赵千告发儿子的行为，乃为告期亲卑幼，构成犯罪，应杖六十。但在金朝，却受到世宗皇帝的赞许，特减其子赵无事死罪一等。

其二，金朝对中原王朝自古以来禁止奴婢告主和卑幼告尊长的原则弃置

---

① 《金史》卷四五，《刑志》。
② 《金史》卷四五，《刑志》。
③ 《唐律疏议》卷二四，《斗讼》"告缌麻卑幼"。

不行，听任乃至纵容奴婢告主。奴婢告主事件屡有发生，许多奴婢的主人因此而丢官免职、入狱治罪。如金太宗时，卫州汲县人陈光的家奴"谋良不可"，便诬告陈光与贼杀人，致使陈光"系狱，榜掠不胜，因自诬服"，后因其子陈颜自请代父赴死的孝行感动太守徐某，"不敢决，适帅臣至郡，以其状白，帅曰：'此真孝子也。'"才获赦免。① 再如，芮王完颜亨的家奴六斤与侍妾私通，事泄遭训斥，遂怀恨在心，"遂诬亨欲因间刺海陵"，使完颜亨被捕下狱，不久惨死狱中。② 在金人眼里，"奴诬主人以罪，求为良耳，何足怪哉"③。

其三，不禁妾告正室。天德四年（1152），平章政事徒单恭之妾忽挞，告正室、太祖长公主兀鲁"语涉怨望"④，海陵王杀兀鲁而杖其夫。

出现金与中原历代封建王朝在告诉限制上的差异，原因主要有两种，一是女真游牧部族人际关系相对独立和平等，血缘亲情和家庭等级观念较为淡漠；二是金统治者面对巩固政权、迅速瓦解奴隶制的严峻形势，以社会的发展和政治稳定为谋求的最高利益，伦理亲情、主仆道义都退居次要位置，绝对服从政治斗争的需要。

金朝采取悬赏的方式，对知情人主动告发某些犯罪，给予奖赏。如金世宗大定十二年（1172），"尚书省奏，盗有发冢者。上曰：'功臣坟墓亦有被发者，盖无告捕之赏，故人无所畏。自今告得实者量与给赏"⑤。金制："盗群牧马者死，告者给钱三百贯。"⑥

金朝推行保伍连坐法，凡危害性较大的犯罪，强制邻里告奸，邻里隐瞒不告者，追究连带责任。如泰和六年（1206），金章宗"以旧定保伍法，有司灭裂不行，其令结保，有匿奸细、盗贼者连坐"。宰臣谓旧以五家为保，

---

① 《金史》卷一二七，《孝友传·陈颜传》。
② 《金史》卷七七，《完颜亨传》。
③ 《金史》卷一二五，《文艺传上·韩昉传》。
④ 《金史》卷七七，《完颜亨传》。
⑤ 《金史》卷四五，《刑志》。
⑥ 《金史》卷六，《世宗雍纪上》。

恐人易为计构而难察觉，遂令从唐制，五家为邻、五邻为保，以相检察①。

金朝法律允许人们控告犯罪，但禁止诬告，并给予告诉失实及诬告者一定的处罚。如海陵王时，左宣徽使许霖之子许知彰与应国公完颜和尚发生矛盾，其母妃命家奴捽入凌辱之，使人曳许霖至第殴之。第二天，许霖诉于朝廷，下诏令众大臣杂治。妃杖一百，杀家奴为首者，余决杖有差。处罚，但许霖"尝跪于妃前，失大臣体，及所诉有妄，笞二十"②。又如，芮王完颜亨被家奴梁遵诬告与符公弼谋反，经朝廷"考验无状"③，梁遵反坐被诛杀。再如，大定二年（1162），速频军士术里古等诬告同判大宗正事完颜谋衍之子斜哥"寄书其父谋反，并以其书上之"，金世宗览书曰："此诬也，止讯告者"④，审讯原告术里古等，果然实属诬告，诛杀术里古。金昌宗明昌二年（1191）四月，"制诸部内灾伤，主司应言而不言及妄言者杖七十。检视不以实者罪如之，因而有伤人命者以违制论，致枉有征免者坐赃论，妄告者户长坐诈不以实罪，计赃重从诈匿不输法。"十一月，"制投匿名书者，徒四年"⑤。

（二）自首

自首，即违法犯罪事实暴露前，犯罪人主动向司法机关告知自己违法犯罪经过，表示愿意承担法律责任的行为。自首，可以分化瓦解罪犯，消除犯罪者的抗拒意识，也为侦破案件和审判创造了有利条件。因此，犯罪自首减免处罚的原则广泛运用于司法实践中。如，大定十年（1170），"尚书省奏，河中府张锦自言复父仇，法当死。上曰：'彼复父仇，又自言之，烈士也。以减死论"⑥。金朝已禁止血亲复仇，金世宗减免张锦死罪，一是考虑其替父复仇为女真习惯法许可，二是其有自首的情节。在司法中调和习惯法与国家制

① 《金史》卷四六，《食货志一》。
② 《金史》卷七六，《完颜襄传》。
③ 《金史》卷七七，《完颜亨传》。
④ 《金史》卷六，《世宗纪上》。
⑤ 《金史》卷九，《章宗纪一》。
⑥ 《金史》卷四五，《刑志》。

定法的冲突。金世宗大定十九年（1179）十月，"知情服内成亲者，虽自首，仍依律坐之。"①

（三）纠举

官司纠举，即监察官对各级行政官员犯罪案件的检举弹劾。金朝对负有纠举职责的官吏规定了严格的法律责任。大定十二年（1172）二月，金世宗诏："自今官长不法，其僚佐不能纠正又不言上者，并坐之"②。以促使各级官吏认真履行纠举、监督上级官长的职责。大定十九年（1179）三月又规定："纠弹之官知有犯法而不举者，减犯人罪一等科之，关亲者许回避"③，督促纠弹官认真履行职责。如果监察官及有关部门的行政官员因纠举失职而故意庇护罪犯，要受到严厉的处罚。如大定二十三年（1183），武器署丞奕和直长骨赧接受草畔子财，犯了贿赂罪，奕杖八十，骨赧笞二十，监察御史梁襄等人因失于纠察，罚扣一月俸禄。金世宗认为，"监察，人君之耳目。事由朕发，何以监察为。④"告诫监察御史要忠实职守，为君主提供官吏犯罪的可靠情报，为维护君权发挥作用。再如，大定二十六年（1186），监察御史陶钧携带妓女游北苑，歌饮池岛间，迫近殿廷，被提控官石玠发觉。陶钧让其友阎恕向石玠求情，从而得到缓解。不久事情败露，法司奏报皇帝，依法应判二年半徒刑。世宗下诏：陶钧以"耳目之官，携妓入禁苑，无上下之分，杖六十。玠、恕皆坐之"⑤，监察官身份地位特殊，其失职违法的严重后果不堪设想，更应该严加辖制，以儆效尤。承安二年（1197）正月乙酉，金章宗"敕职官犯赃私不得诉于同官"。⑥剥夺贪官污吏科举同僚官吏的权利。

---

① 《金史》卷七，《世宗纪中》。
② 《金史》卷七，《世宗纪中》。
③ 《金史》卷七，《世宗纪中》。
④ 《金史》卷四五，《刑志》。
⑤ 《金史》卷四五，《刑志》。
⑥ 《金史》卷一〇，《章宗纪二》。

二、限制诉讼

(一) 直诉

金朝诉讼仿效宋制，凡起诉应逐级而上，不得越诉。有重大冤情的人犯或其家属，向登闻检院或登闻鼓院申诉，也可向皇帝直诉。

(二) 农忙止讼

尽管金朝是游牧民族建立的王朝，也受中原农耕法律文化的影响，主张"农忙止讼"，诉讼不得有碍农时。天会二年(1124)五月癸未，金太宗下诏："新降之民，诉讼者众，今方农时，或失田业，可俟农隙听决。"①

(三) 狱空

金朝，"狱空"逐渐制度化，朝廷对此十分重视，常常对实现狱空的官吏进行褒奖。如，金世宗大定七年(1167)五月丙午，"大兴府狱空，诏锡宴劳之。凡州郡有狱空者，皆赐钱为锡宴费，大兴府锡宴钱三百贯，其余有差"②。

第三节　审判制度

一、断狱依律据情

断狱以律文为准，也要合情合理。大定九年（1169)，因御史台奏狱事，金世宗指责司法官员说："近闻法官或各执所见，或观望宰执之意，自今制

---

① 《金史》卷三，《太宗纪》。
② 《金史》卷八八，《唐括安礼传》。

无正条者皆以律文为准"。① 但当时因"所行制条，皆臣下所奏行者，天下事多，人力有限，岂能一一尽之"②，现行法律尚有不完备之处。因此，一方面对不适宜形势的制条随时更改，使法律逐渐完善，以防止奸吏营私舞弊；另一方面，允许官吏酌情裁断。大定十七年（1177），金世宗对宰臣说："今观大理寺所断，虽制有正条，理不能行者别具情见，朕惟取其所长。夫为人之理，他人之善者从之，则可谓善矣"。③ 面对"形势之家，亲识诉讼，请属道达，官吏往往屈法徇情"，金世宗则要求"宜一切禁止"，严厉执法，绝不宽宥。④ 审断狱案，首先是依法，不能以情乱法。例如，大定十三年（1173）五月，尚书省奏，邓州民范三殴杀人，当死，而亲老无侍。金世宗曰："在丑不争谓之孝，孝然后能养。斯人以一朝之忿忘其身，而有事亲之心乎？可论如法，其亲，官与养济"⑤。其次才是法情兼顾，合法合情。例如，大定二十三年（1183），"尚书省奏，益都民范德年七十六，为刘祐殴杀。祐法当死，以祐父母年俱七十余，家无侍丁，上请。上曰：'范德与祐父母年相若，自当如父母相待，致殴杀之，难议末减，其论如法'"。⑥ 金章宗要求司法官员"遵绳奉法，竭力赴功"，做到"无枉挠以循情，无依违而避势，一归于正，用范乃民"⑦。金代末期，鉴于不依法断案的司法混乱，金宣宗元光二年（1223）十二月，遗诏"国家已有定制，有司往往以情破法，使人罔遭刑宪，今后有本条而不遵者，以故入人罪罪之"⑧。

调适法、情关系，禁止屈法徇情，主张法下见情。在司法时，如果委屈法律而迁就私情，就是以私情乱公法，这种以情毁法的现象应严厉禁止。大

---

① 《金史》卷四五，《刑志》。
② 《金史》卷四五，《刑志》。
③ 《金史》卷七，《世宗纪中》。
④ 《金史》卷六，《世宗纪上》。
⑤ 《金史》卷七，《世宗纪中》。
⑥ 《金史》卷四五，《刑志》。
⑦ 《金史》卷一二，《章宗纪四》。
⑧ 《金史》卷一七，《哀宗纪上》。

定二十三年（1183），金世宗"以法寺断狱，以汉字译女直字，会法又复各出情见，妄生穿凿，徒致稽缓，遂诏罢情见"。① 金章宗在健全、完善金朝法制的基础上，要求官吏"遵绳奉法，竭力赴功"，做到"无枉挠以循情，无依违而避势，一归于正，用范乃民"。② 明昌五年（1194），"时奏狱而法官有独出情见者，上曰：'或言法官不当出情见，故论者纷纷不已。朕谓情见非出于法外，但折衷以从法尔'。平章守贞曰：'是制自大定二十三年罢之。然律有起请诸条，是古亦许情见矣'。上曰：'科条有限，而人情无穷，情见亦岂可无也'"③。有科条依科条，科条不及，可"情见"。

二、刑讯取证

金朝审案取证允许刑讯逼供，由此，屈打成招、抱怨终生者不乏其人。如海陵王时，某地以"党人相结欲反"为由，收捕田赠等下狱，"且远捕四方党与，每得一人，先漆其面赴讯，使不相识，榜掠万状"④，田赠等皆死狱中。兀术之子、广宁府尹完颜亨被家奴六斤诬告而入狱。"与其家奴并加榜掠，皆不伏"。海陵王遂派人将其残杀于囚所。"亨比至死，不胜楚痛，声达于外。"海陵闻亨死，佯为泣下，遣人谕其母曰："尔子所犯法，当考掠，不意饮水致死"⑤。又如，金世宗大定七年（1167），"左藏库夜有盗杀都监郭良臣盗金珠，求盗不得。命点检司治之，执其可疑者八人鞠之，掠三人死，五人诬伏。上疑之，命同知大兴府事移剌道杂治。既而亲军百夫长阿思钵鬻金于市，事觉，伏诛。上闻之曰：'箠楚之下，何求不得，奈何鞫狱者不以情求之乎？'赐死者钱人二百贯，不死者五十贯"⑥，以抚慰刑讯中冤死者的家

---

① 《金史》卷四五，《刑志》。

② 《金史》卷一二，《章宗纪四》。

③ 《金史》卷四五，《刑志》。

④ （金）刘祁：《归潜志》卷一〇。

⑤ 《金史》卷七七，《完颜亨传》。

⑥ 《金史》卷四五，《刑志》。

属和诬服者，还亡羊补牢，禁止护卫亲军百夫长，五十夫长非值日不得带刀入宫。再如，金世宗时，"老妪与男妇憩道旁，妇与所私相从亡去，或告妪曰：'向见年少妇人自水边小径去矣。'妪告伍长踪迹之。有男子私杀牛，手持血刃，望见伍长，意其捕己，即走避之。妪与伍长疑是杀其妇也，捕送县，不胜楚毒，遂诬服。问尸安在？诡曰：'弃之水中矣。'求之水中，果获一尸，已半腐。县吏以为是男子真杀若妇矣，即具狱上。永功疑之曰：'妇死几何日，而尸遽半腐哉。'顷之，妪得其妇于所私者。永功曰：'是男子偶以杀人就狱，其拷掠足以称杀牛之科矣。'遂释之而去。"①

三、地方司法权重

金代州县司法权力较重，各类诉讼案件，"州县官各许专决"②，州县官借此舍法而任意，操纵地方司法，草菅人命。有金一代，州官审理狱讼而自行杖杀人犯的案例，俯拾即是。如大定年间（1161—1189），磁州"并山，素多盗，既获而款伏者，审录官或不时至，系者多以杖杀，或死狱中。久约恻州然曰：'民虽为盗而不死于法可乎？'乃尽请谳之而后行。"③杨伯仁任滨州（今山东滨州）刺史时，"郡俗有遣奴出亡，捕之以规赏者，伯仁至，责其主而杖杀其奴，如是者数辈，其弊遂止。"④淄州"剧盗刘奇久为民患，一日捕获，方讯鞫，闻赦将至"，负责审理此案的同知军州事石抹元"亟命杖杀之，阖郡称快"⑤。滥施刑讯逼供，苦打成招，造成冤狱者，亦不乏其例。为了加强对地方司法的监督，朝廷每年派遣审录官查案，为民伸冤滞，"而所遣多不尽心，但文具而已"。金世宗诏曰："审录之官，非止理问重刑，凡

---

① 《金史》卷八五，《世宗诸子传·永功传》。
② （宋）宇文懋昭：《大金国志》卷三六，《科条》。另见（明）李栻辑：《历代小史》卷六二，《金志》。
③ 《金史》卷九六，《黄久约传》。
④ 《金史》卷一二五，《文艺传上·杨伯仁传》。
⑤ 《金史》卷一二八，《循吏传·石抹元传》。

诉讼案牍，皆当阅实是非，因徒不应因系则当释放，官吏之罪即以状闻，失纠察者严加惩断，不以赎论。"①监察御史也有考察地方司法的权力，但不允许取代地方官吏直接受理诉讼，"辄受讼牒，为不称职，笞之五十"②。

移推。完颜纲任刑部员外郎，言："诸犯死罪除名移推相去二百里，并犯徒罪连逮二十人以上者并令就问，曾经所属按察司审谳者移推别路，官亦依上就问。凡告移推之人皆已经本路按察司审讫，即当移推别路。按察司部分广阔，如上京路移推临潢路，最近亦往复二三千里，北京留守司移推西北路招讨司，最近亦须数月。乞依旧制，令移推官司追取其人归问。"金章宗从之。③

承安五年（1200）十二月，翰林修撰杨庭秀向朝廷奏报地方司法黑暗："州县官往往以权势自居，喜怒自任，听讼之际，鲜克加审。但使译人往来传词，罪之轻重，成于其口，货赂公行，冤者至有三、二十年不能正者"。鉴于此，金章宗敕令订立《州县官听讼条约》，"违者按察司纠之"，"且谓宰臣曰：'长贰官委幕职及司吏推问狱囚，命申御史台闻奏之制，当复举行也。'又命编前后条制，书之于册，以备将来考验"④，从而将州县官的司法活动纳入依法管理的范畴。这不仅使州县官在履行司法审判职责时有章可循，也为监察机关纠举州县官违法渎职提供了依据。泰和五年（1205）二月，"定鞫勘官受饮宴者罪"⑤，防止地方豪强与官吏、司狱官与政务官串通勾结，扰乱司法。

金末宣宗南渡后，地方司法秩序陷入混乱。正大二年（1225）四月，金哀宗以大旱诏谏官陈规审理冤滞，临发陈现奏报："今河南一路便宜、行院、帅府、从宜凡二十处，陕西行尚书省二、帅府五，皆得以便宜杀人，冤狱在此不在州县"。又曰："雨水不时则责审理，然则职綮理者当何如？⑥"金哀宗善其言而不能有所为。

①　《宋史》卷四五，《刑志》。
②　《金史》卷七，《世宗纪中》。
③　《金史》卷九八，《完颜纲传》。
④　《金史》卷四五，《刑志》。
⑤　《金史》卷一二，《章宗纪四》。
⑥　《金史》卷一○九，《陈规传》。

四、大理寺断案

（一）大理寺断案程序

金大理寺断案有法定程序：大定十七年（1177），金世宗下诏：凡是尚书省送达大理寺的案卷，只须经过一次审理，就可以报奏皇帝。一般案件均经三道审理程序："初送法寺如法裁断，再送司直披详，又送阖寺参详，反复三次，妄生情见，不得结绝。"①即选送大理寺有关官吏依法裁断，再交司直和评事考察审阅，最后送大理寺全体主管官员详慎审定。再三斟酌，反复推定，以避免枉断人罪，滥杀无辜。但大理寺审定官员太多，以致凭想象节外生枝，难以结案。如大定七年（1167），尚辇局官吏石抹阿里哥与钉铰匠陈外儿"共盗宫中造车银钉叶"，大理寺在合议量刑时，因对共犯中首从的认定产生分歧。大理寺卿梁肃"以阿里哥监临，当首坐"，其他寺官"以陈外儿为首，抵死"，二者相持不下，最后不得不由金世宗亲自裁定："罪疑惟轻，各免死，徒五年，除名"②。

（二）大理寺审判案件的程限

金大理寺断狱，"在法，决死囚不过七日，徒刑五日，杖罪三日"③，然而，对案件的反复审议常因大理寺官员"所见不一，至于再三批送，其议定奏者书奏牍亦不下旬日，以致事多滞留"，世宗曾对此提出质疑："比闻大理寺断狱，虽无疑者亦经旬月，何耶？"并指出："法有程限，而辄违之，弛慢也。"遂敕令简化大理寺断狱程序，一般案件，"自今可止一次送寺，阖寺披详，苟有情见，即具以闻，毋使滞留也"。并诏令尚书省，"凡法寺断重轻罪各有期限，法官但犯皆的决，岂敢有违。但以卿等所见不一，至于再三批送，其议定奏者书奏牍亦不下旬日，以致事多滞留，自今当勿复

---

① 《金史》卷四五，《刑志》。
② 《金史》卷八九，《梁肃传》。
③ 《金史》卷四五，《刑志》。

尔"①。以图提高办案效率，使司法的社会效果明显地显现出来。

金律要求依律断案，但大理寺裁判案件，用汉文翻译成女真文字，这时法律上出现了可各自随意解释的漏洞，执法人凭想象穿凿附会，拖延时间，于是金世宗诏谕禁止一切对法律的任意解释和篡改。

五、判决的执行

（一）笞杖刑的执行

金用唐律，故笞杖亦遵于唐。金代，笞刑五等：一十，赎铜二斤；二十，赎铜四斤；三十，赎铜六斤；四十，赎铜八斤；五十，赎铜十斤。杖刑五等：六十，赎铜十二斤；七十，赎铜十四斤；八十，赎铜十六斤；九十，赎铜十八斤；一百，赎铜二十斤。

"的决"。笞杖刑虽较轻，但属于身体刑，并带有耻辱刑的性质。故有一定身份地位者，往往通过以钱财赎刑等途径规避体罚的实际执行。为此，金律对于某些贵族官僚犯罪案件，在判处笞杖刑时，特别附加了"的决"的规定，要求必须实际执行，不得赎免。如，大理寺受理的案件须在法定期限内审结，违者有罚，"法官但犯皆的决"②；"职官犯故违圣旨，徒年、杖数并的决。"③不过，金世宗对贵族官僚颇为优容，职官犯罪大多可以赎免，附加"的决"之例，尚不多见。"大定间，监察坐罪大抵收赎，或至夺俸，重则外降而已，间有的决者皆有为而然。"④金章宗明昌四年（1193），拱卫直指挥使纥石烈执中，因"监酒官移剌保迎谒后时，饮以酒，酒味薄"，将移剌保殴伤，被"的决五十"。⑤承安五年（1200），始诏定进

---

① 《金史》卷四五，《刑志》。
② 《金史》卷四五，《刑志》。
③ 《金史》卷一〇七，《张行信传》。
④ 《金史》卷一〇七，《张行信传》。
⑤ 《金史》卷一三二，《逆臣传·纥石烈执中传》。

纳官有犯决断法，泰和六年（1206），金章宗针对地方官吏查缉私盐不力，致使各地私煮盗贩者成党，国家盐课收入大量流失，敕令加重地方官的缉私责任。"诸统军、招讨司，京府州军官，所部有犯者，两次则夺半月俸，一岁五次则奏裁"，特别是专司缉私职责的"巡捕官但犯则的决，令按察司、御史察之"①。

到金末宣宗时，国势日蹙，喜用刑罚，对职官犯罪的处罚日渐加重，通常都规定"的决"。时任参知政事的张行信曾提到："今法，职官论罪，多从的决"；并上疏宣宗，对当时"监察御史多被的决"的状况表示异议，认为"近日无问事之大小、情之轻重，一概的决，以为大定故实、先朝明训"②，太过分了。贞祐四年（1216）诏定："若人使入国，私通言语，说知本国事情，宿卫、近侍官、承应人出入亲王、公主、宰执之家，灾伤阙食，体究不实，致伤人命，转运军储，而有私载，及考试举人关防不严者，并的杖"；监察官"若任内有漏察之事应的决者，依格虽为称职，止从平常。平常者从降罚"③。金哀帝正大元年（1224）十二月，依从张行信言改除的决法，复依旧制，但仅十年后，金遂亡。

金代法杖仍有一定的规格。金章宗明昌四年（1193）五月，"上以法不适平，常行杖样，多不能用。遂定分寸，铸铜为杖式，颁之天下。且曰：'若以笞杖太轻，恐情理有难恕者，讯杖可再议之'"。颁行的《铜杖式》，明确限定了法杖的尺寸、厚薄，并向地方官署颁发了标准式样。承安五年（1200）五月，"刑部员外郎马复言：'外官尚苛刻者不遵《铜杖式》，辄用大杖，多致人死。'诏令按察司纠劾黜之"。泰和元年（1201）正月，"尚书省奏，以见行《铜杖式》轻细，奸宄不畏，遂命有司量所犯用大杖，且禁不得过五分。"金代还规定："虽主决奴婢，亦论以违制。"④ 剥夺了家主私自对奴婢用

---

① 《金史》卷四九，《食货志四》。

② 《金史》卷一〇七，《张行信传》。

③ 《金史》卷一〇六，《术虎高琪传》。

④ 以上引文均参见《金史》卷四五，《刑志》。

刑的权力。

施刑的部位，金初罪无轻重悉答背，金熙宗时改为臀、背分决，海陵王又"以脊近心腹"，禁止杖背，虽主决奴婢，亦论违制。但实际上，地方官往往不遵法式，任情立威，随意使用大杖，"甚者置刃于杖，虐于肉刑"①，多致人死。大定年间（1161—1189），贾铉上书曰："亲民之官，任情立威，所用决杖，分径长短不如法式，甚者以铁刃置于杖端，因而致死。间者阴阳愆戾，和气不通，未必不由此也。愿下州郡申明旧章，检量封记，按察官其检察不如法者，具以名闻。内庭敕断，亦依已定程式"②得到朝廷的认可。贞祐三年（1215）三月己丑，金宣宗"禁州县置刃于杖以决罪人"③。

（二）徒刑的执行

金代，徒刑七等。一年，赎铜四十斤，决杖六十，加杖一百二十；一年半，赎铜六十斤，决杖六十，加杖一百四十；二年，赎铜八十斤，决杖七十，加杖一百八十；二年半，赎铜一百斤，决杖七十，加杖一百八十；三年，赎铜一百二十斤，决杖八十，加杖二百；四年，赎铜一百六十斤，决杖九十，加杖二百；五年，赎铜一百八十斤，决杖一百，加杖二百。"杖无大小，止以荆决臀。"④决杖之后，即将徒囚投入强制劳作。管理徒囚的官署叫作院或都作院。作院设作院使和作院副使各一员，"掌监造军器，兼管徒囚，判院事"，设牢长掌"监管囚徒及差设牢子"⑤。牢长和牢子是具体管理徒囚居作的人员。地方徒囚"拘役之处，逐州有之，曰都作院"⑥。"随府节镇（都）作院使副，并以军器（库）

① 《金史》卷四五，《刑志》。
② 《金史》卷九九，《贾铉传》。
③ 《金史》卷一四，《宣宗纪上》。
④ 《大金国志》卷三六，《科条》。
⑤ 《金史》卷五七，《百官志三》。
⑥ 《大金国志》卷三六，《科条》。

使副兼之"①。可见，金代徒囚有相当一部分从事兵器制作。"所徒之人，或使之磨甲，或使之土工，无所不可。脚腕以铁为镣，镣锁之。罪轻者用一，罪重者二之，朝纵暮收，年限满日则逐便，不得依旧为百姓。"②明昌五年（1194），徒不决杖。③

此外，金朝对某些特殊身份的徒罪犯人，如妇女及"家无兼丁"者，实行以杖代徒，即用决杖代替徒刑居作。大定二十五年（1185）二月，金世宗"以妇人在囚，输作不便，而杖不分决，与杀无异，遂命免死输作者，决杖二百而免输作，以臀、背分决。"④

（三）流刑的执行

金代，流刑三等。二千里，赎铜一百六十斤，配役一年；二千五百里，赎铜一百八十斤，配役一年；三千里，赎铜二百斤，配役一年。

（四）死刑的执行

金代，死刑二等，绞、斩，赎铜二百四十斤。金代死刑判决的执行，仍实行秋冬行刑等适时行刑制度。大定十三年（1173），金世宗"诏：立春后、立秋前，及大祭祀，月朔、望、上下弦，二十四气，雨未晴，夜未明，休暇并禁屠宰日，皆不听决死刑，唯强盗则不待秋后"⑤。大定十五年（1175），"诏有司曰：朕惟人命至重，而在制窃盗赃至五十贯者处死，自今可令至八十贯者处死"。⑥ 死刑执行程序上，仍沿用华夏王朝传统的复奏制度。即死刑判决核准后，须反复奏闻皇帝才能执行，以此限制适用死刑。如承安元年（1196），金章宗敕尚书省："刑狱虽已奏行，

---

① 《金史》卷五七，《百官志三》。

② 《大金国志》卷三六，《科条》。

③ 《金史》卷四五，《刑志》。

④ 《金史》卷四五，《刑志》。

⑤ 《金史》卷四五，《刑志》。

⑥ 《金史》卷四五，《刑志》。

其间恐有疑枉，其再议以闻。人命至重，不可不慎也。"①

金世宗大定二十一年（1181），"尚书省奏巩州民马俊妻安姐与管卓奸，俊以斧击杀之，罪当死。上曰：'可减死一等，以戒败风俗者'"②。大定二十三年（1183）尚书省上奏：益都百姓范德年已七十六岁，被刘祐殴杀。"祐法当死，以祐父母年俱七十余，家无侍丁，上请。"要求存留养亲，但皇帝批谕："范德与祐父母年相若，自当如父母相待，至殴杀之，难议末减，其论如法。"③此案并无采用"存留养亲"的规定。

（五）其他刑罚的执行

1. 刺字

金太宗天会七年（1129）诏："凡窃盗，但得物徒三年，十贯以上徒五年，刺字充下军，三十贯以上徒终身，仍以赃满尽命刺字于面，五十贯以上死。"④

2. 赎刑

据《金史》记载："金初，法制简易，无轻重贵贱之别，刑、赎并行。""金国旧俗，轻罪笞以柳葼，杀人及盗劫者，击其脑杀之，没其家赀，以十之四入官，其六偿主，并以家人为奴婢，其亲属欲以马牛杂物赎者，从之。或重罪亦听其赎，然恐无辨于齐民，则劓、刵以为别。"⑤

3. 连坐

金章宗明昌六年（1195）八月乙亥，"敕宫中承应人出职后三年内犯赃罪者，元举官连坐，不在去官之限，著为令。"⑥

---

① 《金史》卷一〇，《章宗纪二》。
② 《金史》卷四五，《刑志》。
③ 《金史》卷四五，《刑志》。
④ 《金史》卷四五，《刑志》。
⑤ 《金史》卷四五，《刑志》。
⑥ 《金史》卷一〇，《章宗纪二》。

（六）赦免

元光元年（1222）八月，改元，大赦。金宣宗谕旨宰臣："赦书已颁，时刻之间人命所系。其令将命者速往，计期而至"①。元光二年（1223）十二月，哀宗即皇帝位，诏大赦。略曰："朕述先帝之遗意，有便于时欲行而未及者，悉奉而行之。国家已有定制，有司往往以情破法，使人罔遭刑宪，今后有本条而不遵者，以故入人罪罪之"②。

六、平反冤狱

针对当时官吏不循法度，徇情枉法，以致冤狱增多的状况，金章宗曾多次下诏审决冤狱。明昌三年（1192）四月，遣御史中丞吴鼎枢等审决中都冤狱，外路委提刑司处决，并对参知政事衡、万公说："前诏所谓罢不急之役，省无名之费，议冗官，决滞狱四事，其速行之"③。承安元年（1196）三月，"敕尚书省，刑狱虽已奏行，期间恐有疑枉，其再议以闻。人命至重，不可不慎也。④。泰和五年（1205）二月，谕按察司："近制以镇静而知大体为称职，苛细而圈于大体者为不称。由是各路按察以因循为事，莫思举刺，郡县以贪黩相尚，莫能畏戢。自今若纠察得实，民无冤滞，能使一路镇静者为称职。其或烦紊使民不得伸诉者，是为旷废。"⑤他把能否伸民冤，使地方社会秩序安定，作为衡量各路按察官员是否称职的标准。哀宗正大元年（1224）五月戊申，"诏刑部，登闻检、鼓院，毋锁闭防护，听有冤者陈诉"。⑥

---

① 《金史》卷一六，《宣宗纪下》。

② 《金史》卷一七，《哀宗纪上》。

③ 《金史》卷九，《章宗纪一》。

④ 《金史》卷一〇，《章宗纪二》。

⑤ 《金史》卷一二，《章宗纪四》。

⑥ 《金史》卷一七，《哀宗纪上》。

第四节　司法监察

官吏纠举，指监察官及其他官吏对犯罪案件的弹劾、检举。金代进一步强化了中央和地方监察机关纠举和弹劾官吏违法犯罪案件的职能。

中央监察机关御史台，又称"宪台"，是"察官吏非违，正下民冤枉"①的法纪监察机关。其组织机构大体仿效唐制，而规模较小，仍以御史大夫和御史中丞为长官。御史大夫"从二品，掌纠察朝仪、弹劾官邪、勘鞫官府公事。凡内外刑狱所属理断不当，有陈诉者付台治之"。②御史中丞从三品，协助御史大夫执行其职务。随着金王朝中央集权的加强，朝廷对监察机关的建设越来越重视。御史台的职权不断明确和扩大。正隆五年（1160），海陵王敕令御史大夫萧玉："朕将行幸南京，官吏多不法受赇，卿宜专纠劾，细务非所责也。"③大定二年（1162）八月金世宗"敕御史台检察六部文移，稽而不行，行而失当，皆举劾之"；后又诏御史台："卿等所劾，惟诸局行移稽缓，及缓于赴局者耳，此细事也。自三公以下，官僚善恶邪正，当审察之。若止理细务而略其大者，将治卿等罪矣。"④纠弹之官知有犯法而不举者，减犯人罪一等科之，关亲者许回避；又谓宰臣："监察专任纠弹。宗州节度使阿思懑初之官，途中侵扰百姓，到官举动皆违法度。完颜守能为招讨使，贪冒狼籍。凡达官贵人，皆未尝举劾。斡睹只群牧副使（从六品职，掌检校群牧畜养蕃息之事）仆散那也取部人球杖两枝，即便弹奏。自今，监察御史职事修举，然后迁除。不举职者，大则降罚，小则决责，仍不得去职。"⑤

---

① 《金史》卷九四，《内族襄传》。

② 《金史》卷五五，《百官志一》。

③ 《金史》卷七六，《太宗诸子传·萧玉传》。

④ 《金史》卷六，《世宗纪上》。

⑤ 《金史》卷七三，《完颜守能传》。

金章宗承安四年（1199），改提刑使为按察使，集一路司法与监察权于一身。泰和八年（1208）定制："事有失纠察者，以怠慢治罪"。① 金宣宗贞祐三年（1215），"上谓宰臣，自今监察官犯罪，其事关军国利害者，并笞决之"。② 贞祐四年（1216），金宣宗采纳尚书右丞相术虎高琪建议，敕定："凡监察有失纠弹者从本法。若人使入国，私通言语，说知本国事情、宿卫、近侍官、承应人出入亲王、公主、宰执之家，灾伤阙食，体究不实，致伤人命，转运军储，而有私载，及考试举人关防不严者，并的杖。在京犯至两次者，台官减监察一等论赎，余止坐专差者。任满日议定升降，若任内有漏察之事应的决者，依格虽为称职，止从平常，平常者从降罚"。③ 兴定元年（1217），宣宗修订"监察御史失察法"；兴定五年（1221）又"更定监察御史违犯的决法"，使御史失职违法的责任制度化。

有金一代，监察官因违法失职而受到处罚的案件，不乏其例。例如，金世宗大定年间（1161—1189），御史大夫（从二品）张汝霖"坐失纠举，降授棣州防御使（从四品）"。④ 监察御史董师中漏察大名总管，明昌二年（1191）章宗下诏，"检视不以实者杖七十，因而有伤人命者以违制论，致枉有征免者坐赃论"⑤。

承安二年（1197），章宗"敕御史台纠察谄佞趋走有实迹者"⑥。由此可见，监察机关在金代备受朝廷的宠信和倚重，被视为"天子耳目"，赋予行政监察和法律监督的重任，是统治者控制各级官吏和整饬吏治的主要工具。因此，金朝廷十分重视监察机关的管理及其自身的建设，发布了一系列监察法规、法令和诏制，建立起一套颇为严密的考核、赏罚制度，形成对监察机关严格管理、监督的机制。其中明确规定了监察官在执行职务中的法律

---

① 《金史》卷五四，《选举志四》。

② 《金史》卷四五，《刑志》。

③ 《金史》卷一〇六，《术虎高琪传》。

④ 《金史》卷八，《世宗纪下》。

⑤ 《金史》卷九，《章宗志一》。

⑥ 《金史》卷一〇，《章宗志二》。

责任。如天德三年（1150），海陵王谓御史大夫赵资福曰："汝等多徇私情，未闻有所弹劾，朕甚不取，自今百官有不法者，必当举劾，无惮权贵"。① 金世宗大定十九年（1179）制纠忽剌不公事，及忽剌以罪诛，世宗怒曰："监察出使郡县，职在弹纠，忽剌亲贵尤当用意，乃徇不以闻，削官一阶"。② 监察御史梁襄等，坐失纠察武器署丞奕、直长骨受赃案，被罚俸一月。世宗斥责梁襄等："监察，人君之耳目，事由朕发，何以监察为！"③

另一方面，由于朝廷的恩宠和法律的保障，在金代也不乏忠于职守，不畏权势的监察官。如海陵王视为"忠直之臣"的御史大夫高桢，长期主持御史台政务，"弹劾无所避，每进对，必以区别流品，进善退恶为言"。尽管"当路者忌之"，④ 每欲中伤陷害，但也无可奈何。金宣宗时，甚至出现了敢于弹劾皇子的监察御史。兴定初年，程震任监察御史，"弹劾无所挠"。时皇子完颜守纯封荆王，任宰相，因纵容家奴侵扰百姓，被程震"以法劾之"。程震上奏宣宗的弹劾状指出："荆王以陛下之子，任天下之重，不能上赞君父，同济艰难，顾乃专恃权势，蔑弃典礼，开纳货赂，进退官吏。纵令奴隶侵渔细民，名为和市，其实胁取。诸所不法不可枚举。陛下不能正家，而欲正天下，难矣。"将皇子违法乱纪的危害性，提到齐家治国的高度，使宣宗深为震动。于是，宣宗下诏切责皇子不法，并令"出内府银以偿物直，杖大奴尤不法者数人"。⑤ 通过补偿百姓物质损失，惩罚不法恶奴，以挽回不良影响。

金朝前期没有建立常设性的地方监察机关。地方行政监察和法律监督事务，通常由中央派遣御史台官员前往各地办理。由于人手和地域的限制，地方监察工作难以开展。金世宗大定十七年（1177）"陈言者乞设提刑司，以

---

① 《金史》卷五，《海陵亮纪》。
② 《金史》卷九五，《董师中传》。
③ 《金史》卷四五，《刑志》。
④ 《金史》卷八四，《高桢传》。
⑤ 《金史》卷一一〇，《程震传》。

纠诸路刑狱之失"。尚书省审议后认为"久恐滋弊"，未予采纳。① 直到大定二十九年（1189），金章宗诏曰："朕初即位，忧劳万民，每念刑狱未平，农桑未勉，吏或不循法度，以隳吾治。朝廷遣使廉问，事难周悉。惟提刑劝农采访之官，自古有之。今分九路专设是职，尔其尽心，往懋乃事。"② 正式创设提刑司。不久，金章宗又"制提刑司设女直、契丹、汉儿知法各一人"，③ 提刑司的组织机构初具规模。金代提刑司大体仿效宋制，设于路一级官署，具有中央派出机构的性质。但并非各路均置，而是若干路合设一提刑司，计有九个提刑司。

提刑司"专纠察黜陟，当时号为外台"，④ 其职权颇为广泛。金章宗大定二十九年（1189）初定"提刑司所掌三十二条"，明昌三年（1192）又定"提刑司条制"，⑤ 其具体内容虽然史佚其详，但从其他史料可知，纠举、查究地方官吏渎职违法行为乃是其主要职权之一。如承安二年（1197）金章宗诏："比以军需，随路赋调。司县不度缓急，促期征敛，使民费及数倍，胥吏又乘之以侵暴。其令提刑司究察之"。⑥

承安四年（1199），金章宗改提刑司为按察使司，进一步扩大地方监察机关的机构和职权。按察使司设按察使一员，掌"审察刑狱、照刷案牍、纠察滥官污吏豪猾之人、私盐酒曲并应禁之事，兼劝农桑，与副使、签事更出巡案"⑦。如承安五年（1200），刑部员外郎马复奏："外官尚苛刻者不遵《铜杖式》，辄用大杖，多致人死。"章宗"诏令按察司纠劾黜之"⑧ 等。

按察司官员渎职违法，亦须负法律责任。金章宗泰和四年（1204）八月

---

① 《金史》卷四五，《刑志》。
② 《金史》卷七三，《宗雄传》。
③ 《金史》卷九，《章宗纪一》。
④ 《金史》卷九八，《完颜匡传》。
⑤ 《金史》卷九，《章宗纪二》。
⑥ 《金史》卷一〇，《章宗纪二》。
⑦ 《金史》卷五七，《百官志三》。
⑧ 《金史》卷四五，《刑志》。

诏："诸按察司体访不实，辄加纠劾者，从故出入人罪论，仍勒停。若事涉私曲，各从本法。"[1] 泰和八年（1208），诸路按察使司改称按察转运司，成为地方上权力最重的官署，既是执法机关，又握有财政经济大权。贞祐三年（1215）金宣宗诏罢按察转运司。从此，金朝没有再设立专职地方监察机关。地方监察事务，由朝廷派遣监察御史办理。

金代重视地方监察机构的建置，赋予其纠劾、检控官吏渎职犯罪的重任，在深层次上，主要是少数民族统治者置身广袤的中华大地，面对具有较高文明程度的华夏各族人民，深感力不从心，基于强化地方监控的需要而为之；当然，也有肃清官场，惩治奸邪贪秽，以维护地方安定的目的。

此外，金朝对负有纠举职责的官吏规定了严格的法律责任。金世宗"尝诏宰臣，朝廷每岁再遣审录官，本以为民伸冤滞也，而所遣多不尽心，但文具而已。审录之官，非止理问重刑，凡诉讼案牍，皆当阅实是非，囚徒不应囚系则当释放，官吏之罪即以状闻，失纠察者严加惩断，不以赎论"[2]。又诏令："自今官长不法，其僚佐不能纠正又不言上者，并坐之"，[3] 以促使各级官吏认真履行纠举、监督上级官长的职责。

在封建时代，皇帝对可能危及皇权，觊觎皇位的诸王防范甚严。金朝在各亲王府设置傅、府尉、长史等属官，职司管理王府事务，监视亲王及其家人的活动，纠举其违法犯罪行为等。大定十二年（1172），金世宗召见诸王府长史谕之曰："朕选汝等，正欲劝导诸王，使之为善。如诸王所为有所未善，当力陈之，尚或不从，则具某日行某事以奏。若阿意不言，朕惟汝罪。"[4] 明昌元年（1190）金章宗又敕定"亲王家人有犯，其长史府掾失察、故纵罪"，[5] 以防止亲王府属官与亲王及其家人相勾结，共谋不轨。明昌六

---

[1] 《金史》卷一二，《章宗纪四》。
[2] 《金史》卷四五，《刑志》。
[3] 《金史》卷七，《世宗纪中》。
[4] 《金史》卷七，《世宗纪中》。
[5] 《金史》卷九，《章宗纪一》。

年（1195），金章宗处死世宗长子、镐王永中及其二子案，就是由镐王府属官傅、府尉等纠举永中第四子阿离合懑"因防禁严密，语涉不道"[1] 而提起诉讼的。在审理过程中，进而牵涉到永中及其第二子神徒门，发现他们亦有"不逊""怨谤"之词。章宗遂据此赐永中死，将阿离合懑和神徒门弃市。

另一方面，金代监察官及有关官吏因纠举失职、违法，而受到处罚的事例，亦屡见不鲜。

第五节　监狱管理

金初的监狱，仍用女真旧俗，场所比较简陋，"其狱则掘地深广数丈为之"[2]，金太宗时，宗翰专权，下令"诸州郡置地牢，深三丈，分三隔，死囚居其下，流徒居其中，笞杖居其上。外起夹城，重堑以围之"[3]。金代监狱主要用于临时拘押人犯，被监管人员多数是为未决人犯或已决而待执行的罪犯。

金入主中原建立比较稳定的政权后，在中央和地方普遍设置了较为正规的监狱。金沿袭唐宋之制，中央监狱设于御史台，称台狱，由验法四员、狱丞二员掌管。如金世宗时，将陵县（今山东德州市）主簿高德温"大收税户米，逮御史狱。"[4] 地方监狱设于京城诸府、诸节镇及州县，各置司狱一员，"提控狱囚"。司狱之下设司吏一人、公使二人、典狱二人，典狱掌管"防守狱囚门禁启闭之事"，其下又有狱子具体执行"防守罪囚"[5] 事务。节镇亦设

---

① 《金史》卷八五，《世宗诸子传·永中传》。
② 《金史》卷四五，《刑志》。
③ 《大金国志》卷七，《太宗纪五》。
④ 《金史》卷八三，《张汝霖传》。
⑤ 《金史》卷五七，《百官志三》。

置监狱，这是金有异于宋之处。

金世宗时，为了大力改善狱政，加强管理，大定十一年（1171），诏令各级司狱官："应司狱廨舍须近狱安置，囚禁之事常亲提控，其狱卒必选年深而信实者轮直"①。大定二十七年（1187）二月，命罪人在禁有病，听亲属入视。其治理期间，狱治较为清明。

金监狱管理立法也日渐完善。金章宗泰和元年（1201），朝廷将建国以来的狱政管理法令加以整理，汇编成《狱官令》106 条，列入《泰和律令》予以颁行。此外，金朝沿袭华夏统治者"录囚"之制，随时派遣审录官巡视各地监狱，讯察狱囚，决遣淹滞，施行宽赦，借以标榜仁政。如金世宗大定十二年（1172）制："禁审录官以宴饮废公务"②；大定十七年（1177）诏："朝廷每岁再遣审录官，本以为民伸冤滞也，而所遣多不尽心，但文具而已。审录之官，非止理问重刑，凡诉讼案牍，皆当阅实事非，囚徒不应囚系则当释放，官吏之罪即以状闻，失纠察者严加惩断，不以赎论。"③金章宗泰和四年（1204）七月，"上以诸路枷多不如法，平章政事守贞曰：'枷尺寸有制，提刑两月一巡察，必不敢违法也'。金章宗"定枷制，两月一巡察"④。"以久旱……遣使审系囚，理冤狱"⑤。贞祐四年（1216）六月，金宣宗敕令"参知政事李革审决京师冤狱"⑥。兴定二年（1218）十月，"诏诸郡录囚官，凡坐军期者皆奏谳"⑦。兴定四年（1220）五月，敕"有司阅狱，杂犯死罪以下皆释之"⑧。

但金朝对外连年征战，对内实行民族压迫和民族歧视政策，致使法律束之高阁，多成具文，这在狱政方面表现得尤为突出。地方州县司法官吏

---

① 《金史》卷四五，《刑志》。

② 《金史》卷七，《世宗中》。

③ 《金史》卷四五，《刑志》。

④ 《金史》卷四五，《刑志》。

⑤ 《金史》卷一二，《章宗纪四》。

⑥ 《金史》卷一四，《宣宗纪上》。

⑦ 《金史》卷一五，《宣宗纪中》。

⑧ 《金史》卷一六，《宣宗纪下》。

及狱吏皂卒，任意凌虐在押人犯，驱使所因之人从事繁重劳役，"所徒之人或……磨甲，或使之土工，无所不可。脚腕以铁为镣，镣锁之，罪轻者用一，罪重二之，朝纵暮收，年限满日则逐便，不得依旧为百姓"[1]。又有"许州都统韩常用严，好杀人，遣介送囚于汴，或道亡，监吏自度失囚恐得罪，欲尽杀诸囚以灭口"[2]。磁州捕盗入狱后，"审录官或不时至，系者多以杖杀，或死于狱中"[3]。至于金末，政治更加黑暗，"君臣好用筐箧故习，由是以深文傅致为能吏，以惨酷办事为长才。""百司奸赃真犯，此可决也，而微过亦然。风纪之臣，失纠皆决。考满，校其受决多寡以为殿最。"[4]金朝狱政黑暗由此可知。

第六节　司法特点

"必行汉法乃可长久"[5]，金朝得以维系120年，法制汉化是其重要原因。但金朝在法制汉化过程中，女真习惯法与唐宋法的冲突与调适有失允衡。立法上，金朝"分别蕃汉人，且不变家政，不得士大夫之心，此所以不能长久"[6]。这首先表现在女真习惯法的先天不足和对唐宋法制的不适应，封建专制使皇帝权力迅速上升，部落民主制成分消失殆尽，猛安谋克军"舍戎狄鞍马之长，而从事中州浮靡之习"。政治信誉的下降与军事实力减退对于入主中原的少数民族政权都是致命的。在司法方面，金国中期的几位明智皇帝曾发挥积极作用，调和国家制定法与女真习惯法的冲突，遵法循情，力求公

① 《大金国志》卷三六，《科条》。

② 《金史》卷一二八，《循吏传·高昌福传》。

③ 《金史》卷九六，《黄久约传》。

④ 《金史》卷四五，《刑志》。

⑤ 《元史》卷一五八，《许衡传》。

⑥ 刘祁：《归潜志》卷一二，《辩亡》。

允，"世宗临御，法司奏谳，或去律援经，或揆义制法。近古人君听断，言几于道，鲜有及之者。章宗、宣宗尝亲民事，当宁裁决，宽猛出入虽时或过中，迹其矜恕之多，犹有祖风焉"①。逢圣君则可，但到了金国晚期，昏君当道，司法混乱，一发不可收拾。其三，尤其是民族关系的法律调整，尤为幼稚。在处理女真族与汉民族的关系问题上，没有能够找到一条合适的道路。金朝在控制了江淮及大散关以北的广阔的汉族传统聚居区之后，为统治中原，将百万以上的女真人徙置于黄河下游人口稠密地方，是以牺牲汉人利益的办法去救济女真人。然而此举既没有解决农耕经济形式下女真人日益贫困的问题，反而导致汉人刻骨的痛恨。他们不仅抢占汉人最富庶的耕地，为了日益增大的生活和军事开支，又不断加重汉人的赋役。女真人与汉人的矛盾十分突出，恰如史籍所言："盗贼满野，向之倚国威以重者，人视之以为血仇骨怨，必报而后已"。②失去汉人的支持，金朝要想在中原立足，的确难以实现。

---

① 《金史》卷四五，《刑志》。
② （金）元好问：《遗山文集》卷一六，《平章事张文贞公神道碑》。

第四章　元代司法文明（上）

蒙古族是我国北方一个有悠久历史的民族，在唐朝被称为"蒙兀室韦"，是室韦族的一支，原居额尔古纳河流域。8世纪以后，西迁至今支鲁伦河和鄂尔浑河流域一带。最初的蒙古有捏古斯和乞颜两个氏族小部落，后来逐渐繁衍生息为若干个强大部落，这些部落之间连年战事不断。乞颜部的后人铁木真通过兼并战争，结束了蒙古高原群雄割据的混乱局面，1206年蒙古贵族在斡难河源举行忽里勒台（集会），推举铁木真为"成吉思汗"，统一蒙古各部，建立了奴隶制部落联盟的"大蒙古国"。成吉思汗和他的继承者们继而南下和西征，先后消灭了金、西夏、花剌子模（今中亚各国）、黑衣大食（今阿拉伯）、土耳其等国，征服了罗斯（俄罗斯前身），大蒙古国横跨欧亚，征服世界，成为所向披靡的强大帝国。1260年，成吉思汗的孙子忽必烈登上蒙古汗位，1271年废除蒙古国号，定新国号为元，1279年灭南宋，结束了自五代以来长达300多年的南北对峙、几个政权犬牙交错的分裂局面，形成了多民族统一的国家，促进了各民族的融合和交流。元朝开创了中国历史上疆域最为广阔的时代，其疆域"北逾阴山，西极流沙，东尽辽左，南越海表""自封建变为郡县，有天下者，汉、隋、唐、宋为盛，然幅员之广，咸不逮元"[1]，一度将中

---

[1] 《元史》卷五八《地理志一》。

华文明推向新的高潮。

元朝（1271—1368 年）是中国历史上一个特定的阶段。相较以往的封建统治，作为第一个由少数民族建立的统一的封建中央集权国家，元朝在体制建设方面带有浓厚的游牧民族特色和独特政治创新的时代特点。元朝法制在汉化过程中，深受蒙古族固有文化传统的影响，保留了奴隶制残余和民族压迫的特色。元代司法制度受此支配，具有了与中国历代封建王朝司法制度不尽相同的特点，也具有自身的严谨、完整的体系和多元化的时代特征。多重管辖的司法体制，法律适用上的不平等，"其去整齐划一之规远矣"[1]，而圆署、约会、称冤、检尸、判决等诉讼审判制度也有很多突破惯例的独树一帜之处，故沈家本称"古制之变自元始，明遂因之"[2]。

第一节 司法机构

成吉思汗建立蒙古国初期，"统有其众，部落野处，非有城郭之制，国俗淳厚，非有庶事之繁，惟以万户统军旅，以断事官治政刑，任用者不过一二亲贵重臣耳。"[3] 曾命断事官失吉忽秃忽编制"大扎撒"，强调依"大扎撒"断刑狱，但始终没有形成系统的司法制度。无论是朝廷大断事官、行尚书省断事官，还是万户、世侯及州县官，"生杀任情"，草菅人命，中央与地方司法权力任意发挥，没有明确的规范约束可言。"草创之初，固未暇为经久之规矣。"[4]

元王朝建立以后，主张"祖述变通""仿行汉制"，借鉴唐宋法制，从此

---

[1] 柯劭忞：《新元史》卷一○二，《刑法志上》。

[2] （清）沈家本撰，邓经元、骈宇骞点校：《历代刑法考·狱考》，中华书局 1985 年版，第1185 页。

[3] 《元史》卷八五，《百官志一》。

[4] 《元史》卷八五，《百官志一》。

法律制度才逐渐趋于完备，司法机关与职官的设置也相继纳入法制轨道。元武宗至大元年（1308）六月规定："刑法如权衡一般，不可偏了。……因着法度不均平的上头，管民官无所遵守。如今内外但是犯着法度的人，都经由有司归问，依体例决断"①。树立了各级官府依法办案的司法权威。但受历史和民族因素影响，元司法机构体系比唐宋有了较大变化，突出体现了民族性色彩和多元化特征。元朝不设大理寺，以刑部为最高司法行政机关。另设大宗正府，主要审理蒙古宗室、王公贵族及京师地区蒙古、色目人的犯罪或诉讼案件；专门设立了宗教审判机关宣政院，负责审理宗教僧侣案件，确认了僧侣在司法审判上享有特权；设枢密院，兼掌军事审判职能。这实际是对刑部职权的一些限制。至于军户案件，往往由管军官奥鲁审断。设道教所，主理道教案件。设中政院，兼理宫内案件。地方司法机构分路府州县四级，对刑狱案件可以从地方州县依次向上级司法机关申诉，直至皇帝。总之，元代司法机关建制重叠繁杂，职掌混乱，且互不统摄，刑狱处分权较为分散，形成了军、政、教各类机构兼理司法的多元化特征。究其原因，元朝统治者既想建立一套统一的司法体系，以维护国家的整体利益，又要赋予统治民族、军人、僧侣一定的法律特权，依靠他们统治全国，两者兼顾，杂乱抵牾，在所难免。同时，这种带有民族压迫主义色彩的司法制度，也给元的后期统治带来了很大的不利影响。元代司法审判机构的多元，是元代在法律适用上采用属人法的必然结果。

一、中央司法机构

元朝在继承唐代司法制度的基础上，为了维护蒙古民族，特别是蒙古王公贵族的特权，司法体制发生了较大变化，中央废除了唐宋以来以审判活动为主要职责的大理寺，由大宗正府、刑部、御史台、宣教院、枢密院各自行

---

① 《元典章》卷三九，《刑部一·刑制·刑法》"犯法度人有司决断"。

使专职或兼职的司法审判职权，这些机构的受案范围不同，形成了蒙古人、色目人、汉人、南人互不相统摄的多元司法管辖体系。

（一）大宗正府

设立于元世祖至元二年（1265）管理贵族事务的大宗正府[①]，是元朝首创的最具民族特色的司法机构，它取代唐宋的大理寺，是最重要的中央司法审判机关。大宗正府以亲王为府长，秩从一品，与中书省、枢密院并列，府内设断事官——达鲁花赤。宗正府正职由蒙古贵族担任，副职由色目人和汉族官僚地主充当。元朝大宗正府最初源于大蒙古时期的"札鲁忽赤"制度。在蒙古语里，札鲁忽赤意为"断事官"，其职责是掌管属民的分配、审断刑狱和词讼等刑政之事。元朝建立以前，大宗正府司法权力很大，其职责有二：一是专门审理蒙古人、色目人，尤其是上层蒙古人的刑名词讼案件；二是有时也全面掌握国家刑狱，兼理汉人犯奸、盗、诈伪、蛊毒厌魅、诱掠、逃驱等大案重罪，且不受御史台监督。元朝建立后，其审判权被极大削弱。至元九年（1272）改为只掌蒙古人词讼。泰定帝致和元年（1328）后，又改为只负责审理上都、大都所属下的蒙古人并怯薛（侍卫）军站色目与汉人相犯的诉讼案件，其余地方路府州县汉人、蒙古、色目词讼的审断，悉归地方有司和刑部掌管。元顺帝元统二年（1334）三月诏曰："蒙古、色目犯奸盗诈伪之罪者，隶宗正府。汉人、南人犯者，属有司。"[②] 至此，大宗正府的司法审判权有所缩小。元代中期后，大宗正

---

① 《元史》卷八七《百官志三》"大宗正府"："大宗正府，秩从一品。国初未有官制，首置断事官，曰札鲁忽赤，会决庶务。凡诸王驸马投下蒙古、色目人等，应犯 切公事，及汉人奸盗诈伪、蛊毒厌魅、诱掠逃驱、轻重罪囚，及边远出征官员、每岁从驾分司上都存留住冬诸事，悉掌之。……（至元）九年，降从一品银印，止理蒙古公事。……皇庆元年，省二员，以汉人刑名归刑部。泰定元年，复命兼理，置札鲁忽赤四十二员，令史改为掾史。致和元年，以上都、大都所属蒙古人并怯薛军站色目与汉人相犯者，归宗正府处断，其余路府州县汉人、蒙古、色目词讼，悉归有司刑部掌管"。

② 《元史》卷三八，《顺帝纪一》。

府审判权被削弱还表现在它审理的重罪案受监察御史的检刷。"诸大宗正府，现断人命重事，必以汉字立案牍，以公文移宪台，然后监察御史审覆之"。① 御史台对宗正府亦有部分监察权，这说明在人命重案上，大宗正府的审判权受到约束。大宗正府科断案件，推行民族歧视和民族压迫原则，为使蒙古人尤其居统治地位的蒙古人享有司法特权，法律规定蒙古人犯法，必须由蒙古官吏审理，同时必须选择蒙古官吏施刑，即所谓"择蒙古官断之，行杖亦如之"②。元代大宗正府的设置是沿袭和保留了蒙古传统法的因素，以便有利于维护蒙古民族的特权。

（二）刑部

刑部，是元朝沿袭隋唐旧制而设置的中央最高司法行政机构和审判机构。元朝刑部机构职掌，前后变化甚大。元初，在中书省下设左右司办事机构，其中右司设郎中2员，正五品，员外郎2员，正六品，都事2员，正七品。右司下设兵、刑、工三房，其中刑房主管法令、弭盗、功赏、禁治、枉勘、斗讼六事。元世祖至元七年（1270），始别置刑部，第二年又改为兵刑部，直至至元十三年（1276）又复置刑部。至元二十三年（1286）在原有官职之上又增设职官和属吏的数额，直至元成宗大德四年（1300）刑部才形成正规的建制。刑部以尚书为正职长官，正三品，侍郎为副职长官，正四品，下有郎中、员外郎等，官员以蒙古人为主，汉人、南人只能担任副职。元代刑部的主要职责为"掌天下刑名法律之政令。凡大辟之按覆，系囚之详谳，孥收产没之籍，捕获功赏之式，冤讼疑罪之辨，狱具之制度，律令之拟议，悉以任之"。③ 元代刑部除了掌管司法行政外，还要负责死刑的复核、已捕罪犯的复审、冤察疑察时常判以及律令的拟议等事。刑部不但负责审理，还设有监狱，且自元以后，刑部置狱成为常制。刑部

---

① 《元史》卷一〇三，《刑法志二》。
② 《元史》卷一〇二，《刑法志一》。
③ 《元史》卷八五，《百官志一》。

职掌如此繁重，主要原因是元代不设大理寺，以往大理寺的审判职权划归刑部执掌，刑部司法权有所扩大。但在司法实践中，刑部的审判权常常被大宗正府、宣政院、枢密院等侵夺和牵制。蒙古贵族、僧侣、军官的犯罪案件，刑部均不得审理。因此，元朝刑部的权力实际上受到了很大的限制。

（三）御史台

元世祖至元五年（1268），元朝沿袭唐宋之制，始设御史台，继设各道提刑按察司。御史台是元朝的中央监察机关，素有"天子耳目之官"① 之称，主管监察兼理司法审判。"诸台官职掌，饬官箴，稽吏课，内秩群祀，外察行人，与闻军国奏议，理达民庶冤辞，凡有司刑名、赋役、铨选、会计、调度、征收、营缮、鞫勘、审谳、勾稽，及庶官廉贪，厉禁张弛，编民茕独流移，强暴兼并，悉纠举之。"② 御史台以御史大夫为正职长官，秩从一品，其地位与中书令、枢密使比肩。元代"总政务者曰中书省，秉兵柄者曰枢密院，司黜陟者曰御史台"③，在中央组织机构中形成了行政权（中书省）、军事权（枢密院）、监察权（御史台）三权鼎足分治的格局。御史台设殿中司，职掌朝廷礼仪制度；设察院，为天子耳目；设肃政廉访司，分驻各地，督察地方官府违法行为，同时还受理基层官民不服判决而依理陈告的案件，强有力地干预地方司法。将全国划分为二十二道监察区，在御史台下设派出机构行御史台（外台），"统制各道宪司，而总诸内台"④。"诸行台官，主察行省宣慰司已下诸军民官吏之作奸犯科者，穷民之流离失业者，豪强家之夺民利者，按察官之不称职任者，余视内台立法同"⑤。

---

① 《元典章》卷五《台纲一·内台》"台察咨禀等事"。《元史》卷一二六《廉希宪传》："立台察，古制也，内则弹劾奸邪，外则察视非常，访求民瘼，裨益国政，无大于此。若去之，使上下专恣贪暴，事岂可集耶！"
② 《元史》卷一〇二，《刑法志一》。
③ 《元史》卷八五，《百官志一》。
④ 《元史》卷八六，《百官志二》。
⑤ 《元史》卷一〇二，《刑法志一》。

临近"腹里"地区又划分为八道监察区，直接隶属于御史台（内台），从而形成了一整套庞大的司法监察体系。由于废大理寺，唐宋原大理寺与刑部之间的监督制约权全部归御史台，御史台监察司法权得以扩大和加强。元御史台在审判方面的职权有：（1）久拖不审的"淹滞"案件，虽审但"称冤"的案件，可"从台察告""称冤赴台陈告"，"诸御史台所辖各道宪司，民有冤滞赴诉于台者，咸著于籍，岁终则会以考其各道之殿最，而黜陟之"①。（2）被控告官吏可以赴御史台自陈冤抑，如属实则罪被告，不实则加等治罪。（3）官吏有过（或罪），六品以下由廉访司论罪，五品以上申御史台闻奏，御史台或纠弹或量情断治。（4）皇帝直接诏敕御史台定罪。如"凡军官私设军士者，（御史台）视数多寡定其罪"②。

提刑按察司与肃政廉访司。元初，设立提刑按察司，元世祖至元六年（1269）以提刑按察司劝农事。至元二十八年（1291）改按察司为肃正廉访司。每道廉访使2员，正三品，副使2员，正四品，佥事4员，两广、海南止两员，正五品。经历1员，从七品，知事1员，正八品，照磨兼管勾1员，正九品。书吏16人，译史、通事各1人，奏差5人，典吏2人。"元置廉访司，专治刑狱，颇得刑政分离之意。其属官无狱臣，是其时司未置狱，尚为行政之官。"③肃政廉访司的司法职能：一是提刑按察司提调、监临各路要恪尽职守，"非奉朝命不得擅自离职"；二是肃正廉访司官员在巡按期间有权接受词状，参与司法审判活动；三是有权受理"随路京府州军司狱"案件；四是肃正廉访司"所至之处……若有不孝不悌，乱常败俗，豪猾凶党，及公吏人等紊烦官司、侵凌细民者，皆纠而绳之"；五是"按察使官体察得实，躬亲究问"，即该官亲自参与鞫问当事人的审理活动；六是有权"详审"向肃正廉访使称冤的诉讼案件；七是肃正廉访司有权惩治那些勒索百姓、索取财物的官员。④

---

① 《元史》卷一〇二，《刑法志一》。
② 《元史》卷一〇，《世祖纪七》。
③ 沈家本：《历代刑法考·历代刑官考下·元》，中华书局1985你那般，第2003页。
④ 《元典章》卷六，《台纲二·体察》"察司体察等例"及"改立廉访司"。

（四）枢密院

元世祖中统四年（1263），沿袭唐、宋之制，设立枢密院。枢密院为元朝在中央设置的最高军事机构。在元军政合一、兵民共管的体制下，枢密院除主管军政国事外，还设有专门的断事官，掌管断理狱讼之事。"枢密院断事官，秩正三品，掌处决军府之狱讼。至元元年（1264），始置断事官二员，……后定置断事官八员"。[①] 枢密院断事官审理军府之狱讼，即专门负责审理重大军事案件和校尉军官案件。元仁宗延祐五年（1318）诏敕曰："军官犯罪，行省咨枢密院议拟，毋擅决遣。"[②] 枢密院除了掌决军府狱讼外，有时还要参与军民之间、军政之间的诉讼案件的讨论和拟议，即"相约会问"（"约会"）。"枢密院官人每奏过，与俺文书：'蒙古军人自其间里相告的勾当有呵，院官人每问者。其余军民相犯，不拣什么勾当有呵，约会者问者。……'"[③] 枢密院在设置之初，"掌理全国兵马事机"，但凭借军事暴力建立起来的元朝，奉行"武功迭兴，文治多缺"[④] 的传统统治方法，所以军人之家（军户）的狱讼，凡事关蒙古军者或一般军户的刑民案件，必须由地方官与管军官"相约会问"，大案要案则归枢密院理断，从而使各级军官也有权插手司法审判。

（五）宣政院

元朝还专门设立最高宗教审判机关——宣政院。元世祖至元元年（1264），元朝始设总制院，至元二十五年（1288）改为宣政院。宣政院是元朝初期设立的主管全国宗教事务和西藏地区政教事务的管理机关，其主管由佛教帝师兼领，秩从一品，其官员是僧俗并用。元代僧侣具有强大的势力和尊贵的地位，僧侣的重大刑事案件由地方长官审理后报宣政院，其

---

① 《元史》卷八六，《百官志二》。
② 《元史》卷二六，《仁宗纪三》。
③ 《元典章》卷五三，《刑部十五·诉讼·约会》"军民词讼约会"。
④ 《元史》卷四，《世祖纪一》。

他刑事案件由寺院主持僧审理，地方官吏不得过问。僧俗之间纠纷，则由地方长官约会寺院住持僧一起审理。宣政院直接参与僧侣的狱讼以及僧俗刑民案件的"归问"和"主持审理"等活动。由于统治者借助宗教权威推行民族压迫的政策，竟然允许僧侣插手司法审判活动，所以宣政院实际上也变成了僧侣诉讼案件审判的最高宗教审判机关。这在我国历史上首次形成了宗教与世俗权力共存的特殊司法制度。大德六年（1302），元成宗诏："自今僧官、僧人犯罪，御史台与内外宣政院同鞫。宣政院官徇情不公者，听御史台治之。"① 大德八年（1304），元成宗诏："凡僧奸盗杀人者，听有司专决"②，余事仍归宣政院究治。直至至大四年（1311）方命"僧人诉讼，悉归有司"。随即，"罢宣政院理问僧人词讼"，若"僧俗辨讼，有司及主僧同问"③。宣政院干预司法的一个重要手段就是"西僧岁作佛事，或恣意纵囚"。④ 宣政院利用每年做佛事之机，滥释罪囚，有时一次释重囚达38 人。宣政院之所以滥释罪囚，其中有很大的功利目的，如重囚向宣政院或寺院捐钱，重囚实际上是通过花钱买命。而宣政院的滥释严重干扰了元代法律的公正执行，以致引起许多朝臣不满。元成宗元贞时期（1295—1297）的中书右丞答刺罕就曾指出："僧人修佛事毕，必释重囚，有杀人及妻妾杀夫者，皆指名释之。生者苟免，死者含冤，于福何有？"⑤ 元英宗也曾斥责做佛事滥释囚徒之事。后由于宣政院干预司法致使狱政日见混乱，其妨碍中央集权，被取消了其审判权。

此外，还设有中政院和道教所，分别掌管所属事务有关案件。中政院负责审理内廷官吏的案件，道教所负责审理与道教有关的案件。

从元朝中央司法机构的设置看，不仅各机构交错重叠，而且军事、行

---

① 《元史》卷二〇，《成宗纪三》。
② 《元史》卷二一，《成宗纪四》。
③ 《元史》卷二四，《仁宗纪一》。
④ 《元史》卷一〇二，《刑法志一》。
⑤ 《元史》卷二一，《成宗纪四》。

政、宗教等各部门兼理司法，又"不相统摄"，造成元朝司法机构的多元建制，严重影响了司法权的统一行使，致使司法权威受到抵消和削弱。

二、地方司法机关

元代推行地方司法机关与地方行政机构合一的体制，分为行省、路、府（州）、县四级。

（一）行省

元代因辖境辽阔，为了便于管理，将全国十一个行政区按中央制度，分别设行中书省（行省）、行枢密院（行院）、行御史台（行台）。行省最初带有中央派出机构的性质，直到元世祖至元二十八年（1291）后才逐渐稳定成为地方最高行政机关和司法审判机关。行省最高长官为丞相，从一品，法律规定由蒙古贵族充任，权力很大，"掌国庶务，统郡县，镇边鄙，与都省为表里……凡钱粮、兵甲、屯种、漕运、军国重事，无不领之"[①]。副职为平章政事。属吏有左右丞、参知政事等。行省除了执掌其行政事务外，也兼理或参与司法审判活动。

行院，即行枢密院，是中央枢密院的地方派出机构，其主要职责是督促军事。

行台，即行御史台，地方最高监察机关，执掌对地方的监察权。行台之下设诸道提刑按察司，是元地方的基层监察组织，元律规定："提刑按察司，比至任终以来，行御史台考按，得使一道官政肃清、民无冤滞为称职，以苛细生事、阔于大体、官史贪暴、民多冤抑、所按不实为不称职。皆视其实迹，咨台呈省"[②]。后提刑按察司改称为肃政廉访司。

---

① 《元史》卷九一，《百官志七》。
② 《元典章》卷五，《台纲一·行台》"行台体察等例"。

行省制是元代在地方行政机构上的一大创举。行省在地方司法中发挥了承上、启下的作用。首先，它有义务过问和审理朝廷交办的某些狱案；其次，负责辖区内官民疑难狱案的审谳及部分刑狱的断遣；第三，行省在审理以上狱案时，需要较严格地执行朝廷的相应规则典制。

（二）路、府（州）、县

元朝行省之下的建制是路、府、州、县四种区划，其蒙古管事官称达鲁花赤，拥有凌驾于地方行政机关之上的权力。

路，通常按所辖户数分为上下两等，上路正三品，下路从三品。元世祖至元二年（1265）二月诏令规定："以蒙古人充各路达鲁花赤，汉人充总管，回回人充同知，永为定制。"[1]各路设总管府，总管一人为长官，下设判官用以佐理总管和治理刑狱，在总管之上置蒙古官达鲁花赤一人为监临官，该官职位、权力都高于路各级官员，操纵"直接鞫勘罪囚"的司法审判权。至元二十四年（1287）又添设推官一职，"专掌推鞫刑狱，平反冤滞，董理州县刑名之事"[2]。

府，元代的府比较杂乱，有的附属于路，有的直隶行省。有的管辖州县，有的不统州县。府置蒙古官达鲁花赤一人为监临官，知府一人为长官，秩正四品，下有同知、判官、推官、知事及提控案牍等官。其中，推官、判官是专职司法官吏，他们不仅要负责审讯罪囚，还要及时把狱讼中的问题向有关上级反映申报。

州，有上、中、下州之别，一般是根据户数多寡而分。州置蒙古官达鲁花赤一人为监临官，知州一人为长官，州同知、州判官是专职司法官吏，司法吏员有司史和典史。边远地区不设州而设军，其建置与州同。

县，也依户数多寡而分上、中、下县。县置蒙古官达鲁花赤一人为监临

---

① 《元史》卷六，《世祖纪三》。

② 《元史》卷一〇三，《刑法志二》。

官，县尹一人为长官，民刑案件由县尹审断。其专职司法官吏是县丞、典史、承史等。

（三）其他

县以下基层社会组织有村、社组织，村、社长由蒙古人监督，挑选当地德高望重、识农事者充任。村、社长负责催办赋税、治安管理、民间调解及基层教化等各项事务，有调处民事案件和轻微刑事案件的权力，但村社并不是基层司法机关。

另外，在路府州县管官民司法系统以外，元还有"投下"官司法系统。凡诸王贵族投下分地部民，蒙古诸千户部民，蒙古军、探马赤军军士以及站户、匠户、盐户、鹰房打捕户、僧、道，也里可温等诸色户计，都设有专门官署分掌其狱讼。在司法实践中，蒙古人犯罪常由其所属的千户或蒙古法官审断。

在地方司法审判机构的设置上，元代有三个特点：其一，元代路府州县主管行政的长官均兼任司法审判，亲自审理裁决狱讼，而以蒙古人充任的监临官达鲁花赤凌驾于总管、知府、知州和县尹之上，直接干预和控制地方司法，从而将地方各级司法实权完全操纵在蒙古贵族手中，但这些人大多是既缺乏法律知识，又无办案经验的世族纨绔，审判中独断专横、恣意轻重、枉断人罪的现象在所难免。其二，元代只在路府两级设判官佐理司法，设推官"专掌推鞫刑狱"，州县两级没有专职司法审判官吏，这不利于及时稳妥准确审断狱讼案件。其三，地方管官民司法系统与诸色户计和投下集团各司其刑，司法多级多元状态势必造成由司法权被零乱分割而引起的司法混乱，使司法功效消退变形，不利于社会的安定。故沈家本曰："元代多设专官，其制为胜于古，至今遵行之。"[1]

---

[1]　沈家本：《历代刑法考·狱考》，中华书局 1985 年版，第 1184—1185 页。

三、司法管辖

蒙古立国之初，成吉思汗实行分封制，将土地与土地上的民众分封给诸王功臣为领地，"凡诸王及后妃公主，皆有食采分地"①，他们既有土地，又有属民，"凡事干其域者，各遣断事官自司"②，同中央分享司法权力。

忽必烈即位后，地方割据势力日益膨胀，构成对元蒙中央统治的严重威胁，他毅然采取固本轻末的方略，剥夺王公贵族在封地的司法审判权，把生杀予夺的权力收归朝廷。巩固中央集权。中统二年（1261）九月丙子，世祖"谕诸王、驸马，凡民间词讼无得私自断决，皆听朝廷处置"③。元世祖至元二十八年（1291）六月颁布的《至元新格》内一款"罪名府县断隶"表明，元代从中央到地方的司法机构的司法权限各有明确的限定："诸杖罪五十七以下，司、县断决；八十七以下，散府、州军断决；一百七以下，宣慰司、总管府断决；配流、死罪，依例勘审完备，申关刑部待报。申扎鲁花赤者亦同"。④ 审判权大小排列的顺序大体是：轻罪由府州县审断，重罪由各路审断，重罪由廉访司或刑部审断，死罪均奏闻皇帝"圣裁"。

县和录事司，是元朝基层的地方官府，一切民间狱讼首先向其陈告和由其进行初步审理。"圆署制"是元代推行地方官吏集体对行政和司法负责的主要措施。至元十四年（1277），法律规定："京府州县官员，每日早聚圆坐，参议词讼，理会公事。除合给假日外，毋得废务……诸官府凡有保明官吏，推问刑狱，科征差税，应支钱谷，必须圆签文字，有故者非"⑤。县衙鞫问狱案，按"圆坐参议"惯例，由达鲁花赤、县尹、县丞、主簿、县尉等长次正官和首领官典史共同参与和负责鞫问，即"职官同问"，证据确凿，圆署用

---

① 《元史》卷九五，《食货志三》。
② （元）苏天爵：《元文类》卷五九，《神道碑·平章政事忙兀公神道碑》。
③ 《元史》卷四，《世祖纪一》。
④ 《元典章》卷三九，《刑部一·刑制·刑法》"罪名府县断隶"。
⑤ 《元典章》卷一三，《吏部七·公规一·署押》"圆座署事"。

刑文书，施用五十七下以内的笞刑。禁止私下委付"公吏人等推勘"①。故《县政要式》记载："推原立法本意，司县者亲民之官，日与小民相亲，情伪易见，不能欺蔽，责任不可不专。不专则怠惰推递，纷乱繁冗，久不能决。故罪有五十七以下，司县决之。小民所争讼，不过婚姻、债负、良贱、土田、房舍、牛畜、斗殴而已，所犯若无重罪，司县皆当取决，不合申州、申府、申总府、申提刑司。"②民事纠纷和笞罪五十七以下的轻微刑事案件由县、司审断，杖罪六十七以上的刑事案件则须呈报州复审。

元代司县一级对重罪案没有审理权，更不用说是拟判权。它们的主要功能是对这些案件进行事实调查。调查案件事实是它们的重要职责。《元典章》上有《重刑司县略问》："省府公议得：应有重刑，司县略问是实，即合解赴各路州府推问追勘结案。司县别无惨酷牢狱，又无囚粮，有合追会公事，关涉近上衙门，又难追摄，有合摘断罪人，亦不敢擅便与决⋯⋯遍下司县，今后将应干重刑略问是实，申解各路府州追会结案"。③这里明确规定了司县在元代重刑案中的功能和地位。元朝很多司县官员由于对刑事案件不亲自调查，后来出现问题，受到处罚的很多。《大元检尸记》上的案例几乎是由于司县官员对重罪案调查不清导致冤屈而受罚。兹录二例为证：

例一

大德六年（1302）三月，中书所委官呈：庐江路含山县梅张保患疔肿而死，梅开先妄告赵马儿踢死。初检官含山县达鲁花赤众家奴、覆检官历阳县尉侯泽并不亲临监视，止听从仵作行人刘兴、王永兴定验梅张保作脚踢身死，屈令赵马儿虚招。及赵文通称冤，委官缉问得梅张保却系患疔肿身死，其上其事。中书下刑部议，各官所犯，罪经释免，合解见任，别行求仕，记过刑书。都省准拟。

---

① 《元典章》卷六，《台纲二·体察》"察司体察等例"。
② （元）胡祗遹：《紫山大全集》卷二三，《县政要式》。
③ 《元典章》卷三九，《刑部一·刑制·刑名》"重刑司县略问"。

例二

元贞元年（1295）九月，御史台呈：衡山县王庚二打死陈大十七，县丞王立不亲临检验，转令司吏蔡朝用代之。本吏受财，以重伤为轻伤，妄作中风而死。据王立所犯，拟笞三十七，解见任。都省准拟。①

府、州处理狱案也实行长次正官（达鲁花赤、知府、知州、同知、判官）及首领官（知事、提控案牍、吏目等）的"圆问同署"，众官吏共同介入断狱平冤之事。若有官吏坚持己见，"独不署"案牍，狱案就难以完具。府州一方面接受属县某些案件的禀告并予以审查，另一方面司法管辖内的某些案件需送路总管府复审，接受其辖制和监督。

路总管府及直隶府（州），采取推官专掌刑狱和长贰正官审覆圆署相结合的方式，决断狱讼。"委令随路推官专管刑狱，其余一切府事并不签押，亦无余事差占。凡遇刑名词讼，推官先行穷问，须要狱成，与其余府官再行审责，完签案牍文字。或有淹禁，责在推官"②。这种专职司法官与行政长官同理狱讼的制度，使二者取长补短，各尽其职，互为牵制，彼此监督。这既可防止行政长官的专断，也可避免司法官吏失职越权之罪，但使司法官无法独立裁断狱案，狱案的扯皮和积滞在所难免。

肃政廉访司。肃政廉访司是元代设在地方的专门监察机构。起初始名为"提刑按察司"，"国初，立提刑按察司四道：曰山东东西道，曰河东陕西道，曰山北东西道，曰河北河南道"③，元世祖至元六年（1269）的《察司体察等例》中规定提刑按察司的司法职责为："所在重刑，每上下半年亲行参照文案，察之以情，当面审视。若无异词，行移本路总管府结案，申部待报，仍具审过起数、复审文状申台。其有番异，及别有疑似者，即听推鞫。若事关人众卒难归结者，移委邻近不干碍官司，再行磨问实情。若有可疑，亦听复

---

① 黄时鉴：《元代法律资料辑存》，浙江古籍出版社1998年版，第102页。

② 《元典章》卷四〇，《刑部二》·刑狱·鞫狱》"推官专管刑狱"。

③ 《元史》卷八六，《百官志二》

行推问，无致冤枉。其余罪囚，亦亲录问，若有冤滞，随即改正疏放。统军司、转运司并其余衙门罪囚，亦仰一体施行。"①后来由于出现提刑按察司官员收贿和办事不公，至元二十八年（1291），改称"肃政廉访司"；至元三十年（1293），"增海北海难道，其后遂定为二十二道"。②肃政廉访司一是对路府州县官府经办的案件审查，无使案件堆积拖延，元律规定："诸系囚听讼事理，当该官司自始初勾问，及中间施行，至末后归结，另[须]置簿朱销。其肃政廉访司专以照刷，无致淹滞。"③二是对路府拟判的案件进行审查，若有事实不清，拟判不当的，可以亲自提审和改判，对轻刑可以自行断决。这一职责在元成宗大德八年（1304）得到重申："诸处罪囚，仰肃政廉访司分明审录，轻者决之，[冤者辩之，]滞者纠之。有禁系累年疑而不能决者，另具始末及其疑状申御史台，呈省详谳。"④由此可知，元代肃政廉访司在刑事案件的审理，特别是重案的审理中拥有重要的地位，它对重刑有审查、复审权，对轻刑有判决权。

行省在地方司法中，承上启下，一是朝廷交办的狱案，一是行省管辖区内路府州县上报的疑难案件和部分刑狱的断遣，均由行省理问所官员依照法令格例拟定罪名，"轻刑"自行了断，"重刑"结案后咨请朝廷审查批准。"理问所，理问二员，正四品；副理问二员，从五品；知事一员，提控案牍一员"。⑤元成宗大德七年（1303）五月，《重刑结案》规定："今后重刑，各路追勘一切完备，牒呈廉访司仔细参详始末文案，尽情疏驳。如无不尽不实者，再三复审无冤，开写备细审状回牒本路，抄连元牒，依式结案。行省专委文咨省官并首领官吏，用心参照，须要驳问一切完备，别无可疑情节，拟罪咨省。其余轻罪，依例处决。果无例者，本省先须详议定罪名，咨省可

---

① 《元典章》卷六，《台纲二·体察》"察司体察等例"。
② 《元史》卷八六，《百官志二》。
③ 《元典章》卷五三，《刑部十五·诉讼·听讼》"至元新格"。
④ 《元典章》卷三，《圣政二·理冤滞》。
⑤ 《元史》卷九一，《百官志七》。

否。首领官吏各于咨文后标写姓名，不许脱本抄连备咨"①。

刑部。刑部在元代是最主要的司法机构，特别是对刑事案件审核时其为主要的审决部门。一、审查上报案件的事实和拟判，认为事实清楚，拟判得当者，同意，上报中书省核定。二、对拟判不当者，进行改判，上报中书省核准。三、对没有例可循和法令可依的疑难案件进行拟判，上报中书省核准。在元初设有专门的官员"法司"负责此工作。这是刑部的一个重要功能。它往往为此创造新例和制定新法规，成为法律不停适应社会发展需要的机制。

中书省（或尚书省）。中书省在元代是总理庶政的最高机构，总政务是其主要职责。"中书省管的勾当，出纳上命，进退百官，总挈纲维。六部诸衙门分掌庶务，路府州县亲临裁决"②。但它也负责对刑事案件的一般核准权。"大辟狱具，尚书省议定，令中书省裁酌以闻"③。在中书省右司中设有刑房之科，下有六个部门："一曰法令，二曰弭盗，三曰功赏，四曰禁治，五曰枉勘，六曰斗讼。"④元代中书省不审理具体案件，它仅对拟判进行核定，其主要核定的对象是刑部审拟过的案件，并且在一般情况下都是通过，但有些时候也进行改判。

元代皇帝在重视司法官吏作用的同时，还亲自审断狱案，并将死刑核准权牢牢把握在自己的手中。元世祖中统元年（1260）五月，明确下诏："凡有犯刑至死者，如州、府审问狱成，便行处断，则死者不可复生，断者不可复续。案牍繁冗，须臾决断，万一差误，人命至重，悔将何及？朕实哀矜。今后凡有死刑，仰所在官司推问得实，具事情始末及断定招款，申宣抚司再行审复无疑，呈省闻奏，待报处决。钦此。"⑤虽然元代死刑的核准权在皇帝

① 《元典章》卷四〇，《刑部二·刑狱·断狱》"重刑结案"。

② 《元典章》卷四，《朝纲一·政纪》"省部减繁格例"。

③ 《元史》卷二三，《武宗纪二》。

④ 《元史》卷八五，《百官志一》。

⑤ 《元典章》卷三，《圣政二·理冤滞》。

手中，但其他刑种的核准权却由中书省。

由于元朝各级司法机关的职责所涉及的范围比较复杂，故司法权限交错重叠的现象就不可避免，加上军事、宗教、行政、民族诸方面的权势介入或兼理司法审判，致使元代司法审判管辖出现了一些不同于以往各代的变化。

元朝统治者为了实行以蒙古贵族为主宰的民族压迫政策，根据民族的不同，将全国居民分为地位不平等的四个等级，第一等为蒙古人，地位最高；第二等为色目人（西夏、回回、西域人）地位仅次于蒙古人；第三等为汉人（北方汉人、契丹人、女真人、高丽人）；第四等为南人（南方汉人和南方各族人），地位最低。根据民族的不同和社会身份的不同，推行民族歧视和民族压迫，形成专门管辖和不同的司法对待，即刑罚适用的不平等。元世祖至元九年（1272），蒙古统治者颁布了"禁汉人聚众与蒙古人斗殴"① 的禁令，后又规定："诸蒙古人与汉人争，殴汉人，汉人勿还报，许诉于有司"②，违者严行断罚。但蒙古人、汉人犯法，分属于不同司法机关管辖，元代法律规定："诸蒙古人居官犯法，论罪既定，必择蒙古官断之，行杖亦如之。诸四怯薛及诸王、驸马、蒙古、色目之人，犯奸盗诈伪，从大宗正府治之。"③蒙古军人、军户"其斗讼、婚田、良贱、钱债、财产、宗从继绝及科差不公自相告言者"④，归本管军官理问。汉人、南人的诉讼案件，则由一般司法机关断决。这样一来，蒙古官军者犯法，要选择蒙古官吏来断罪、行杖，必然造成官官相护，重罪轻判的结果。同时，元代法律明文规定，"诸蒙古人因争及乘醉殴死汉人者，断罚出征，并全征烧埋银"，"诸蒙古人斫伤他人奴，知罪愿休和者听。"⑤蒙古人打死汉人，只需杖五十七下，征烧埋银。但是"汉人殴死蒙古人"，不仅要被处死，并"断付正犯人家产，余人并征烧埋银"。⑥

---

① 《元史》卷七，《世祖纪四》。

② 《元史》卷一〇五，《刑法志四》。

③ 《元史》卷一〇二，《刑法志一》。

④ 《元史》卷一〇二，《刑法志一》。

⑤ 《元史》卷一〇五，《刑法志四》。

⑥ 《元典章》卷四二，《刑部四·诸杀一》。

凡盗窃犯（已得财者）均要刺字，而"其蒙古人有犯及妇人犯者，不在刺字之例"[1]。倘若"审囚官强愎自用，辄将蒙古人刺字者，杖七十七，除名，将已刺字去之"[2]。"诸正蒙古人，除犯死罪，监禁依常法，有司毋得拷掠，仍日给饮食。犯真奸盗者，解束带佩囊，散收。余犯轻重者，以理对证，有司勿执拘之，逃逸者监收。"[3] 可见，元律明文规定同罪异判，因族而定。

元政府按照"教诸色人户各依本俗行者"[4] 的方针，允许诸色人户各依本俗行理本族事务，特定民族、宗教人士享有一定司法特权。譬如，回回人之间的诉讼，元初，由元政府任命的回回法官"哈的"大师依本俗回回法处断。

元世祖至元二十七年（1290）秋七月，"江淮省平章沙不丁，以仓库官盗欺钱粮，请依宋法黥而断其腕。帝曰：'此回回法也。'不允。"[5] 后来，一度归都护府受理。至仁宗时，为了加强法律的统一适用，元仁宗皇庆元年（1312）下诏："诸哈的大师，止令掌教念经，回回人应有刑名、户婚、钱粮、词讼，并从有司问之"[6]。哈的大师的职掌也被限制在"掌教念经"[7] 等纯属宗教活动的范围内，元廷企图收回哈的大师处断回回人刑、民等公事的权力。但实际上，回回人相互间的争讼大都仍按旧制由哈的大师按传统的回回习惯法处理，而不经过地方官府，故延祐七年（1320）二月，元仁宗下敕曰："诸色人户……结绝不得的，……教有司官人每断"[8]，只有无法解决的案件才向官府陈告。

---

① 《元典章》卷四九，《刑部十一·诸盗一·强窃盗》"强切盗贼通例"。

② 《元史》卷一〇三，《刑法志二》。

③ 《元史》卷一〇三，《刑法志二》。

④ 《大元圣政典章新集至治条例》（以下简称《元典章新集》），《刑部·诉讼·约会》"回回诸色户结绝不得的有司归断"。

⑤ 《元史》卷一六，《世祖纪十三》。

⑥ 《元史》卷一〇二，《刑法志一》。

⑦ 《通制条格》卷二九《僧道·词讼》提到："哈的大师每，只教他每掌教念经者。回回人应有的刑名、户婚、钱粮、词讼、大小公事，哈的每休问者，教有司官依体例问者"。

⑧ 《元典章新集》，《刑部·诉讼·约会》"回回诸色户结绝不得的有司归断"。

元朝尊奉宗教，故僧侣一般都拥有特权地位，并受到国家法律的特别保护。元初法律规定："殴西番僧者截其手，詈之者断其舌"①。元成宗以前，僧侣犯罪或发生纠纷，一律由宣政院或寺院处理，一般司法机关无权过问。元成宗大德元年（1297）规定："僧道犯奸盗重罪者，听有司鞫问"②。大德六年（1302）又规定："自今僧官、僧人犯罪，御史台与内外宣政院同鞫。宣政院官徇情不公者，听御史台治之"③。大德八年（1304）下诏强调："凡僧奸盗杀人者，听有司专决"④。"诸僧人但犯奸盗、诈伪、致伤人命及诸重罪，有司归问"⑤，一般刑事犯罪则由宣政院与御史台会同审理。一般轻罪或僧侣"自相争告，从各寺院住持本管头目归问"⑥。至于不同教派之间，"诸僧、道、儒人有争，有司勿问，止令三家所掌会问"⑦，儒、道、佛不同教派信徒之间发生纠纷，即由各宗教派别共同议决，官府不得插手过问。

在蒙古军和军户的地方设立由枢密院统辖的奥鲁（"老小营"），元世祖至元十年（1273）六月，法律规定："军人所犯重刑，合令总府归断完备，结案申部。其余杂犯事理，从诸军奥鲁总管府归结"。⑧ 至元十二年（1275）二月，立法重申："蒙古军人自行相犯婚姻、良贱、债负、斗殴词讼，和奸杂犯，不系官兵捕捉者，合从本奥鲁就便归断。其余干碍人命重刑、利害公事、强切盗贼、印造伪钞之类，即系钦奉圣旨定立罪赏、管民官应捕事理，合令有司约会，归问完备，从有司结案……蒙古军人自行相犯，若有蒙古奥鲁人员，合与京兆、南京一体施行；若无管领奥鲁头目，止从官司归问。俱

---

① 《元史》卷二三，《武宗纪二》。
② 《元史》卷一九，《成宗纪二》。
③ 《元史》卷二○，《成宗纪三》。
④ 《元史》卷二一，《成宗纪四》。
⑤ 《元史》卷一○二，《刑法志一》。
⑥ 《元史》卷一○二，《刑法志一》。
⑦ 《元史》卷一○二，《刑法志一》。
⑧ 《元典章》卷三九，《刑部一·刑制·刑名》"军户重刑总府归结"。

呈中书省照详"①。奥鲁在元代本是一种军户的管理官，同时成为一种管理军户的机构，蒙古军人间的民事诉讼由奥鲁审理，其他刑事案件诉讼却归"有司"审理。此外，提到奥鲁审理词讼的还有"大都奥鲁提领所，提领一员。掌理人匠词讼"；"上都奥鲁提领所，提领一员，同提领一员。掌理人匠词讼"②，从事纺织、建筑、造纸、金玉器等各种行业的工匠之间的词讼，也归奥鲁审理。元世祖至元三十一年（1294）秋七月，扎鲁花赤言"诸王之下有罪者，不闻于朝，辄自决遣"，诏禁治之。③

由此可知，元朝有关专门司法管辖的规定，是为了维护各个特权阶层的特殊利益，明显反映出法律屈从宗教，法律维护民族不平等和军事专制的固有特征。成宗大德五年（1301）七月，"中书省臣言：'旧制，京师州县捕盗，止从兵马司，有司不与，遂致淹滞。自今轻罪乞令有司决遣，重者从宗正府听断，庶不留狱，且民不冤。'从之。"④

第二节　刑事诉讼

诉讼，是国家司法机关依照法定程序，解决纠纷、处理案件的专门活动。元代以前的法律，没有规定"诉讼"的专篇，元律以"诉讼"独立成篇。"以诉讼名篇者，殆自元法始（见《大元通制》）"⑤。《元典章》"刑部卷""诉讼"篇在"书状""听讼""告事""问事""元告""被告""首告""诬告""称冤""越诉""代诉""折证""约会""停务""告拦""禁例"等十六细目下，

---

① 《元典章》卷三九，《刑部一·刑制·刑名》"蒙古人自相犯重刑有司约会"。
② 《元史》卷八九，《百官志五》。
③ 《元史》卷一八，《成宗纪一》。
④ 《元史》卷二〇，《成宗纪三》。
⑤ 徐朝阳：《中国诉讼法溯源》，商务印书馆1933年版，第3页。

有六十二条文。除此之外，《元典章》"刑部卷""刑狱"篇在"狱具""察狱""系狱""鞫狱""断狱""提牢"等六项细目下有四十五条文。元代诉讼法规既有对唐宋律的移植，又有对蒙古族固有习惯法的继受，其内容对以往法制有修正、充实，更有创新。这表明在元代程序法与实体法、刑事诉讼与民事诉讼明显分离，并形成了一套较为严格、便于实施的诉讼制度。

一、刑事诉讼的提起

元代刑事诉讼当事人包括原告和被告，"元告（原告），谓始讼人者"①，即在刑事或民事案件中提起诉讼的人。在民众向官府递交的诉状中，原告自称是"告状人"，如黑城出土的诉讼文书有"告状人吾七玉至罗，右玉至罗年三十岁，无病"②的叙述。在人命案中被害人家属在一般情况下会以原告的身份参与诉讼，也称"苦主"。

元代刑事诉讼的原告一般限于成年男性当事人，他们有行使刑诉的完全权利。"凡欲陈词，年七十已上、十五以下、笃废疾，法内不合加刑，令以次少壮人陈告。若实无代替，诉身自告。妇人若有身孕，声说分明。告人明记月日，指称端的去处，不得朦瞳陈诉其间。陈理简当，官吏易察。俗言长词短状"③，年龄七十以上、十五岁以下，患有"笃、废、疾"者，应当由其他"少壮人丁"代诉；由于妇人"代夫出讼，有违理法"，通常不允许女性告状，但"若果寡居无依，及虽有子男，别因他故妨碍，事须论述者"，女性才可自行告状。特别禁止富户"令佃客、干人"代为诉讼。但在职和退休、退职官员不用亲自出面参加诉讼，可以享受委托"子孙弟侄或家人"代诉的特殊待遇。

---

① （元）徐元瑞撰，杨讷点校：《吏学指南》，浙江古籍出版社 1988 年版，第 99 页。
② 李逸友：《黑城出土文书（汉文文书卷）》，科学出版社 1991 年版，第 153 页。
③ 日本元禄十二年（1699）翻刻元泰定帝二年（1325）《事林广记》辛集卷一〇《词状新式·写状法式》，载黄时鉴：《元代法律资料辑存》，浙江古籍出版社 1988 年版，第 215 页。

无论刑事案件或是民事案件，法律规定当事人必须向所在司县告状，如果越级诉讼则处以鞭笞五十七下处罚。因此一切词讼首先都要从司县开始。司指录事司，掌管城市居民诉讼事务。司、县是平行的行政机构。县以下的负责地方治安的巡尉司、巡检司等，不能接受词讼。军队、驿站等非行政系统的机构也不能受理刑事案件。

告状必须由下而上，无论是民事案件或是刑事案件，首先必须也只能向县或录事司衙门提出，因此案件的初步审理由县或录事司进行。在县、司衙门正官才能主持审讯。具体说，在县衙门中是达鲁花赤、县尹、县丞、县簿，在录事司则是达鲁花赤、录事、判官主持审理。县尉则专职巡捕盗贼，不参与案件审理。县以下的巡检司巡检，职责相同，都不参与案件审理。这是为了将治安与司法两种职能区分开，防止治安官员营私舞弊。

县衙门一般设六案，也称六房，分别掌管吏、户、礼、兵、刑、工。但由于各房事务繁简不等，吏员数目有限，所以常将吏、户、礼三房合在一起，兵、刑、工三房合在一起。民事案件主要由户房审理，有时礼、刑房也要参与审理。刑事案件主要由刑房审理。

（一）书状的基本要求

元朝，确认了刑事诉讼权，"诸民间杂犯，赴有司陈首者听"[1]。但原告正式向官方起诉时，"人等口传言语，不许奉行"[2]，必须提交文字材料，元代称之为"词状"。诉状要依据法定的规范格式——《词状新式》书写，《告状新式》罗列有十四种诉状模式，其中《应被人殴伤告状式》《应被窃盗告状式》《应被强盗告状式》等五种为典型的刑事诉讼词状。状式起首有固定格式[3]，今引用如下：

---

① 《元史》卷一〇五，《刑法志四》。
② 《元典章》卷五三，《刑部十五·诉讼·听讼》"词状不许口传言语"。
③ 《事林广记》辛集卷之一〇，《告状新式》，载黄时鉴：《元代法律资料辑存》，浙江古籍出版社1988年版，第230—231、234—235页。

其一

应被人殴伤告状式

告状人，姓某

右某，年几岁，除在身被打有伤外，余无病，系某里某都籍民。伏为状告，某年某月某日，出往某处干事，回归至某处，迎见甲人，带酒不醉，手持棍棒喝问：某从何处去来？索要买酒请伊。当某回称：正索钞，未有。不谓甲恃酒发恶，用所执木棍，将某身上行打数下。得乙人近前解劝，方免重伤。见有某在身上并额上被伤痕可验。谨状上告。

某县伏乞：详状施行，所告如虚，甘罪不辞。执结是实。伏取裁旨。

年 月 日告状人姓某状

其二

应被窃盗告状式

告状人，张□

右□，年几岁，无病，系□处□村籍民，伏为状告，□年月日夜二更时分，睡觉听得□屋内外房响声，疑有贼人，随即起床，明灯照觑，得□睡房门被贼人推开，将房内衣服笼一只于内，有至元钞若干锭，段子银钗布帛衣服等物尽行偷去无存，当出外房得见，左畔门边壁堵被贼剜开一穴，系是贼人出入去处，就叫唤邻人丙知证分晓。今将被盗物件开单在前，谨状上告□处巡尉司，伏乞详状施行，所告执结是实，伏取裁旨。

年 月 日告状人姓□状

其三

应被强盗告状式

告状人黄某

右□，年几岁，无病，系□乡□都籍民，伏为状告。□年月日夜三更时分，忽听得所住屋外门被人打开，忽见有贼几人，各用墨

141

抹面，手执枪棒，明火炬突入屋内，将□拿住，用麻绳绣缚，家小
并皆惊走，被各贼于□卧房内搜检，劫讫钞若干锭，段子若干匹，
衣服全银器皿首饰等物，尽行劫掠去讫。当时投叫邻人丙等赶逐，
有各贼落路登山逃走，不知去向。今将被劫钞物，开具单目，粘连
在前，谨状上告。

　　□县尉司，伏乞详状施行，所告如虚，甘罪不词，执结是实，
伏取裁旨。

年 月 日告状人姓某状

明确呈告原告的基本情况。"应告一切词状，并宜短简，不可浮语泛
词"①，诉状内容要求简明扼要，一般不过二三百字，短的仅数十字，但必须
清楚地交代被告姓名、案情、时间、原告姓名等相关信息。写词状标志着诉
讼活动的开始，对案件的进行有重要的作用。

（二）告罪不得称疑

元世祖中统五年（1264），元律规定："诸告人罪者，皆须明注年月，
指陈实事，不得称疑，诬告者抵罪反坐。如有论告本管官司者，许令直赴
上司陈告，其余并不得越诉。如有冤枉，屡告不理，及决断不公，亦许直
赴上司陈告"②。告人犯罪，应以事实为依据，绝不可胡乱猜测、捕风捉影，
凭传闻言告，以干扰正常的司法程序。元成宗大德七年（1303）定例："今
后诸人言告事内，若重事得实，轻事言虚，拟合免罪；轻事若实，重事诬
者，依条反坐。庶望少革侥倖之弊"③。大德十年（1306）定例，"既非所
告全虚，依例难议科罪。……今后所犯，量事轻重，详情议罪"④。所告非

① 《事林广记》辛集卷之一〇，《告状新式》，载。黄时鉴：《元代法律资料辑存》，浙江古籍
　　出版社 1988 年版，第 228 页。
② 《元典章》卷五三，《刑部十五·诉讼·告事》"告罪不得称疑"。
③ 《元典章》卷五三，《刑部十五·诉讼·告事》"诸人言告虚实例"。
④ 《元典章》卷五三，《刑部十五·诉讼·告事》"告事非全虚例"。

全虚，司法官根据具体情形，灵活酌处，使量刑轻重适当。元武宗至大四年（1311），诏曰："近年以来，诈讦成风，下陵上替。今后诸取受己之钱物者，许以实诉。其传闻取他人物者，不许言告"①。《至元新格》规定："诸狱讼元告明白，易为穷治。其当该官司凡受词状，即须仔细详审。若指陈不明及无证验者，省会别具的实文状，以凭勾问。其所告事重、急应掩捕者，不拘此例"②。

（三）一状不告二事

元代在诉讼中规定一事一告，诉讼人于本争事外不得别生余事。元官府认为："契勘应诉讼人等，多于元告事外增加事状，理宜约束"③，因此，元律规定："诸诉讼本争事外，别生余事，禁；其本争事毕，别诉者，听"④。在诉讼中原告一次只能告一事，待此项告事完结后，允许再告他事，严加约束原告事外增加事状。同时，也不允许被告在被诉事理未结时提起反诉，"诉讼人等于本争事外，不得别生余事。及被论人对证元告事理未经结绝，其间若被论人却有告论元告人公事，指陈实迹，官司虽然受理，拟候元告被论公事结绝了毕，受理官司再令具状陈告。"⑤当被告事理审结完毕后，允许先前被告提起诉讼告先前原告，官府另案受理。

（四）禁写无头圆状

诉状须写明事发时间（某年某月某日）、地点（某处）、案由及诉讼双方（某人）的真实姓名，元代对匿名检举严加惩治。大德七年（1303）正月，元成宗诏曰：大德元年（1297）二月，"诸军民相讼者，命军民官同听

---

① 《元典章》卷五三，《刑部十五·诉讼·禁例》"传闻不许言告"。
② 《元典章》卷五三，《刑部十五·诉讼·听讼》"至元新格"。
③ 《元典章》卷五三，《刑部十五·诉讼·告事》"状外不生余事"。
④ 《元史》卷一〇五，《刑法志四》。
⑤ 《元典章》卷五三，《刑部十五·诉讼·告事》"状外不生余事"。

之。"①"诸写匿名文书，所言重者处死，轻者流，没其妻子，与捕获人充赏。事主自获者不赏。诸写匿名文字，讦人私罪，不涉官事者，杖七十七"②。"诸投写匿名书，随时败获者，依条处断。得书者，即便焚毁。将送入官者，减犯人罪二等。官司受而为理者，减一等"③。"凡匿名文字，其言不及官府，止欲讦人罪者，如所讦论"④。投写匿名信，分讦私与涉官，讦私处罚轻，涉官处罚重，官司受理，承担连带责任。

（五）不能自写书状者由人代书

元成宗时在全国各州、县普遍设有书铺，也称状铺，由官府认定的书状人代人书写词状，写词状人要向地方官府订立"不违甘结文状"，以便其写词状的资格得到地方官府的认可。写词状人除了通晓词状格式之外，还需具备一定的律学知识，如必须懂得可诉和不可诉案件的范围，以保证不为官府不允许诉讼的案件写词状。"各处状铺之设，本欲书写有理词状，使知应告、不应告言之例，庶革泛滥陈词之弊，亦使官府词讼静简，公事易于杜绝。"但所在官司设立的书状人多是"各官梯己人等于内勾当，或计会行求充应，所任之人既不谙晓吏事，反以为营利之所。凡有告小事，不问贫富，须费钞四五两而后得状一纸，大事一锭、半锭者有之。两家争告一事，甲状先至，佯称已有乙状，却观其所与之多寡而后与之书写。若所与厌其所欲，方行书写，稍或悭吝，故行留难，暗行报与被论之人使作元告，甚至争一先费钞数者。又有一等有钱告状者，自与妆饰词语，虚捏情节，理虽曲而亦直；无钱告状者，虽有情理，或与之削去紧关事意，或与之减除明白字样。百般调弄，起灭词诉。由是讼庭日见繁冗，初词疑似，卒难穷治，甚失置立书铺初意"⑤。针

---

① 《元史》卷一九，《成宗纪二》。

② 《元史》卷一〇五，《刑法志四》。

③ 《元典章》卷五三，《刑部十五·诉讼·禁例》"禁撇无头文字"。

④ 《元史》卷一〇五，《刑法志四》。

⑤ 《元典章》卷一二，《吏制·司吏》"待阙吏充书铺"。

对这一情形，元成宗大德十一年（1307）五月朝廷下令："今后，举令有司于籍记吏员内遴选行止谨慎、吏事熟闲者，轮差一名专管书状，年终经换，果无过错，即便收补，仍先责书状人甘结状。"并要求书状人在代写诉状时，问明案由，若在应告和代书范围内，即可"每遇词状到铺，依例书写，当日须要了毕，不许存留多余书写人等在铺"。词状到铺，书状人若"妄行刁蹬，取受钱物，或故作停难，不即书写，及不仔细询问事之争端，有无明白证验，是否应告词讼，以直作曲，以后为先，朦胧书写，调弄作弊，许令告人径赴所属官司陈告，取问是实，当该书状人等断罢。若所属官司看循不行，廉访司到日体察究问"①。"若指陈不明，及不应告言而书写者，将书状人严行断罪"②。

同时为了让书状规范化，元朝规定了诉状的基本格式：首先，告状人须在抬头注明姓名；其次，是叙述案由的正文部分；第三，署明呈送诉状的司法机关；第四，写出甘结，保证所告属实，"所告若虚，甘罪不词"；第五，请求司法机关做出决断；最后签署写状的年月日和告状者的姓名③。

对于呈告的词状，有两种情况官府可以不予受理。凡是词状内容有不清楚的地方，或是不能提供证据的，司县可以不受理。另一种是官府认为属于"妄告"的，不予受理。凡是送呈的词状经过初步审查决定不受理的退还本人，不退还本人的将追究判署正官、首领官法律责任。如果官员认为应当受理的则进行登记，诉讼将进入审理程序。

二、刑事诉讼的基本方式

元代承袭以往法制，起诉的形式包括自诉、自首和揭发三种。

---

① 《元典章》卷五三，《刑部十五·诉讼·书状》"籍记吏书状"。
② 《元典章》卷四，《朝纲一·政纪》"省部减繁格例"。
③ （宋）陈元靓：《事林广记》别集卷四《公理类》，"应被强盗告状式"，中华书局 1963 年版。

1. 告诉

告诉，指刑事案件中被害人及其家属向官府控告别人的犯罪行为而提起的诉讼。其一，元代禁止以赦前事相告。元成宗大德六年（1302年）三月规定："敢以赦前事相告者，以其罪罪之。所告之事勿问"①。以赦前罪过起诉，无视国家赦免的法律效力，扰乱正常的司法秩序，故受到明令禁止。其二，元代做出了对殴詈案件不准拦告的规定。"切见一等不畏公法小人，无故行凶，殴詈良民。虽有告发到官，当该官吏故意迁延，纵令行凶人或恃权势，或行贿赂，或有转托他人关节，或驰骋凶暴，恐吓告者，百端需要元告人自愿拦告休和文状到官，擅便准拦了当。不唯如此，使贪吏得为其弊，小人敢肆其恶，善人无地可容，深为未便。又见刑部重刑卷内，斗殴杀人起数甚多。详此，盖是官司自来禁断不严，及听从拦告，使行凶之徒不知畏惧，以致殴人致死。况兼殴人詈人，俱系刑名事理，旧来并无拦告体例。所据左右两院前项准拦事理，即系违错、合行纠呈"。殴詈案件，看似无关紧要，擅加拦告，一是使贪吏得为其弊，滋生司法腐败；二是让小人敢肆其恶，纵容坏人犯罪，使殴詈恶化为殴人致死；三是逼善人无地可容，或忍气吞声，或以恶制恶。况且，殴人詈人俱系刑名事理，拦告殴詈向来没有任何法律依据。因此，定例规定："今后凡有殴詈人者，告发到官，不许拦告，取责明白招证词因，依理归断施行"②。庶使凶暴日消，词讼日减。对于刑事案件，官府采取不许阻拦起诉的原则，另外，也不许私下了结，只能奉公归断。

2. 投案自首

投案自首，即犯罪人自身悔悟后主动向官府坦白交代自己所犯罪行，以求减免追究其法律责任。元人认为："照得汉唐以来律令，自首者原其罪。盖念人之犯法，或能追悔，苟不开以自新之途，恐有意于迁善者无从改过，

① 《元典章》卷三，《圣政二·需恩宥（六）》。
② 《元典章》卷四四，《刑部六·诸殴·杂例》"殴詈不准拦告"。

故设为此科以诱掖之。今朝廷清明，疾恶虽甚，而首原之条不废，其仁爱忠厚，抑亦可知也。"① 因此，元代法律仍然允许犯人投案自首告。元律规定："诸民间杂犯，赴有司陈首者听。"②"诸人犯罪自悔而首官者，合准所首。"③ 官府应受理自首案件，并视犯罪和自首情节减免刑罚。一是事未发自首原其罪。元律规定："诸盗未发而自首者，原其罪。能捕获同伴者，仍依例给赏。其于事主有所损伤，及准首再犯，不在首原之例。"④ 二是父自首儿子为盗，免罪。儿子窃盗，伊父知觉，"自于事主处首说，分付讫元盗赃物，合同自首"，免除定罪⑤。元朝法律在规定自首方面的特点，一是对沿用地方陋习而侵犯人生命权的犯罪自首，如，"湖广行省地面常、澧等处，有一等愚民，造畜蛊毒，用人祭鬼，名曰采生……其应捕之人，而自能赴官首告，或捉获同罪者，与免本罪。及诸人告捕是实，犯人家产全行给付，应捕人减半。亲临官司受钱脱放者，决杖一百七下，除名不叙。邻佑、主首、社长人等知而不行告者，决杖八十七下"⑥。再如，"南方之民，有贫而不济，或为男女数多，初生之时，遽行溺死。浦城之风，独此为盛……人伦之道，父子至亲，愚顽之徒，反道败常，恶莫大焉，实伤风化。……多出文榜，遍行合属严加禁治。如有似前溺子之人，诸人首告到官，取问是实，依理断罪。主首、社长、邻佑有失察觉，亦行治罪"⑦。二是特别提倡和鼓励赃官自首："诸内外百司官吏受赃，悔过自首，无不尽不实者，免罪。有不尽不实，只坐不尽之赃。若知人欲告而首，及以赃还主，并减罪二等。闻之他处事发而自首者，计其日程，虽不知亦以知人欲告而首论。诡名代首者，勿听。犯人实有病故，许亲属代首。"这种自首减免的法条只适用于普通官吏，"台宪官吏受赃，

---

① 《元典章》卷四八，《刑部十·诸赃三·首赃》"取受出首体例"。
② 《元史》卷一〇五，《刑法志四》。
③ 《元典章》卷四八，《刑部十·诸赃三·首赃》"取受出首体例"。
④ 《元典章》卷四九，《刑部十一·诸盗一·强窃盗》"强窃盗贼通例"。
⑤ 《元典章》卷四九，《刑部十一·诸盗一·首原》"父首子为盗免罪"。
⑥ 《元典章》卷四一，《刑部三·诸恶·不道》"采生蛊毒"。
⑦ 《元典章》卷四二，《刑部四》·诸杀一·杀卑幼》"溺子依故杀子孙论罪"。

不在准首之限。有司受人首告者，罪之"①。监察官吏贪赃枉法，不存在自首环节，有司受理此类案件，将受到法律的制裁。

3. 揭发

揭发，即司法官吏或民众以第三人的身份，向各类官府告发他人的犯罪行为。大德五年（1301），元成宗诏书内一款曰："近获贼人段丑厮等，妄造妖言，扇惑人众，已将同情及闻知不首之人并行处斩，妻子籍没，首捉事人各与官赏讫。其使排门粉壁晓谕，告捕者有赏，不告者有刑，乃令社长、里正、主首、各处官司、肃政廉访司常加体察，毋致愚民冒触刑宪"②。元代在举告方面突出的特点是特别重视对司法官吏、监察官吏犯罪行为的举告。元律规定："有司受人首告者，罪之"。③"诸军民风宪官有罪，各从其所属上司诉之。"④元朝采用悬赏的措施鼓励揭发犯罪行为，"诸卖买良人为娼，卖主买主同罪，妇还为良，价钱半没官，半付告者"⑤，赏钱从赃款中开支。"诸犯私盐者，杖七十，徒二年，财产一半没官，于没物内一半付告人充赏"⑥。检举"私茶""私铁""匿税"罪，奖赏告人的规定与私盐法相同。元律规定："诸伪造盐引者斩，家产付告人充赏。失觉察者，邻佑不首告，杖一百。"⑦如果官吏失察或知情人不履行举告揭发的责任，则要受到相应的惩罚。

自杀勿理。元世祖至元十七年（1280）正月，元律规定："诸路府州司县，或有投河自缢，及服食毒药鼠莽草等类，多因借债无偿，或以碎细言隙，一朝之忿，自殒其身，与斗殴杀伤者不同。所在官司不问事体轻重，便将人命公事行遣，纵无人告，辄以访闻勾摄，以致牵连无辜，罔不受害，使

---

① 《元史》卷一〇二，《刑法志一》。
② 《元典章》卷三，《圣政二·明政刑（一）》。
③ 《元史》卷一〇五，《刑法志四》。
④ 《元史》卷一〇二，《刑法志一》。
⑤ 《元史》卷一〇三，《刑法志二》。
⑥ 《元史》卷一〇四，《刑法志三》。
⑦ 《元史》卷一〇四，《刑法志三》。

司议得：今后非因斗殴杀伤，自行投河、自缢及服食鼠莽草死者，如别无他故，官司无得理问。庶几人各爱其身，不以轻生陷人为利。无人首告，亦不得访闻勾摄。仍仰各路官司常切禁约，违者治罪。"①有人死亡，官府勘验确定是自杀还是他杀，他杀，就得立刻捉拿凶手，并将其绳之以法；自杀，官府不予受理。

元朝在诉讼上遵行原告就被告原则。"各州县军民相关词讼，合无依旧例，元告就被论官司陈告。"元世祖至元六年（1269）十二月规定："邻近州县与本管司县军民户计相关词讼，拟就被论官司归对。仰照验施行"②。当原告与被告不在同一司法管辖区内，原告到被告辖区内提起诉讼，这就解决辖区不同产生的诉讼管辖问题。

三、对违反诉讼制度的惩罚

1.严禁"干名犯义"

元代继承唐宋重礼传统，提倡"厚风俗"，并在以往"亲亲相隐"原则的基础上，进一步强化了前代关于诉讼当事人在身份上和资格上的限制，确定了"干名犯义"的罪名。元武宗至大二年（1309）九月元律规定："风化，王道之始也，宜令所司表率敦劝，以复淳古。如有子证其父，奴讦其主，及妻妾弟侄干名犯义者，一切禁止"③。除了反叛、谋逆、故杀人外，凡卑幼子孙控告尊长亲属、妻子控告丈夫、奴婢告发主人等诉讼行为，都被认为是大伤风俗的"干名犯义"，一律禁止。如果违反"干名犯义"这项规定，对灭弃人伦不应言告的原告"约量惩戒，以厚风俗相应"④，对被告则按"诸亲属相告，比同自首"的规定，视作自首而免于处罚。如子告父。至治二

---

① 《元典章》卷四二，《刑部四·诸杀一·自害》"轻生自殒勿理"。
② 《元典章》卷五三，《刑部十五·诉讼·元告》"元告就被论问"。
③ 《元典章》卷二，《圣政一·厚风俗》。
④ 《元典章》卷五三，《刑部十五·诉讼·首告》"婿告丈人造私酒"。

年（1322）三月，驸马许纳之子速怯讦其父谋叛、其母私从人，元英宗说："人子事亲，有隐无犯。今有过不谏，乃复告讦。"①命诛之。再如，妻告夫，"诸妻讦夫恶，比同自首原免。凡夫有罪，非恶逆重事，妻得相容隐，而辄告讦其夫者，笞四十七"②。大德九年（1305），杭州谢阿徐告夫谢寿三偷盗罪，贼人谢寿三供认不讳，追赃到官，判刺断六十七下，发充警迹人。但官府认为，"妻告其夫，斁坏彝伦，此风甚不可长"，不准其离异。③ 对于教唆告发亲属犯罪的教唆人，亦予以处罚，元律规定："诸教令人告缌麻以上亲，及奴婢告主者，各减告者罪一等。若教令人告子孙，各减所告罪二等"④。"诸以奴告主私事，主同自首，奴杖七十七"⑤。若不履行容隐义务者，告者有罪，被告者依自首减免刑罚。在大德十年（1306）正月的另一则条例中还指出："亲属许相容隐者，旧例也"，如果问事官为了取证而"不以纲常为重"，一时快意，使"有罪者子证其父、弟证其兄、妇证其夫、奴证其主"，"人道有亏，用刑失当，莫重于此。""今后犯者以违例坐罪"⑥。但是凡属重大犯罪事件，不在"容隐"的范围内："诸谋反已有反状，为首及同情者凌迟处死，为从者处死，知情不首者减为从一等流远，并没入其家。其相须连坐者，各以其罪罪之"；"诸匿反叛不首者，处死"⑦。"干名犯义"这一规定为明、清所继承，在维护封建纲常方面发挥了重要作用。

2. 禁止案犯举告审案官吏

元成宗大德元年（1297）四月元朝廷针对案犯在被审问期间，以摭取现场审案官吏的罪过进行告发为名，混淆视听，胡搅蛮缠，阻挠审案，逃避罪

---

① 《元史》卷二八，《英宗纪二》。

② 《元史》卷一〇五，《刑法志四》。

③ 《元典章》卷四九，《刑部十一·诸盗一·杂例》"妻告夫作贼不离异"。

④ 《元史》一〇五，《刑法志四》。

⑤ 《元史》卷一〇五，《刑法志四》。

⑥ 《元典章》卷五三，《刑部十五·诉讼·折证》"词讼不指亲属干证"。

⑦ 《元史》卷一〇四，《刑法志三》。

责。为保证案件审理的顺利进行，维护司法权威，元律规定：被告"各衙门里行的官吏人有问过，……自被问的其间，告见问的，休告者。候干净了自己的勾当呵，然后告者"①。一是禁止被告在审讯中举告审案官吏；二是先将自己所涉案件了断干净后，才有资格举告他人。

3. 禁止越诉

元初，中统四年（1263），元世祖下达圣旨："诸告人罪者，……不得越诉。"② 至元元年（1264）八月，元世祖诏新立条格，其中也有"词讼不得隔越陈诉"③ 的条款。至元八年（1271）三月，敕"有司毋留狱滞讼，以致越诉，违者官民皆罪之"④。元仁宗皇庆年间（1312—1313），元朝廷申明："政贵有常，事当归本。内外庶务，各有攸司，苟肯尽公，事无不理。设立宣慰司、路、府、州、县，任专抚字，本期政简民安"，但"近年以来，上下官府因循苟且，凡民间争讼，不为用心裁决，变乱是非。风宪之官失于检察，宣慰司、廉访司莫为伸理。致使告人不问事之大小、途之远近，往复赴都省陈诉，中间亦岂尽无实词？责其自下而上拒之，恐负屈莫伸；受之，虑挟奸欺罔。若不立法关防，终恐弊源难塞"⑤。元朝严格要求遵循诉讼程序："诸告人罪者，自下而上，不得越诉"⑥。"已告公事，各处见问未毕，指以偏向为词，不得辄赴上司陈告"⑦。如果发生越诉，"越诉告状之人，即便转发合属断罪归结"⑧，并对"经官告事越本管官司者，笞五十"⑨。"诸流外官越受民词者，笞一十七，首领官二十七，记过"⑩。

---

① 《元典章》卷五三，《刑部十五·诉讼·被告》"被问干净却告"。

② 《元史》卷一〇五，《刑法志四》。

③ 《元史》卷五，《世祖纪二》。

④ 《元史》卷七，《世祖纪四》。

⑤ 《元典章》卷四，《朝纲一·政纪》"省部减繁格例"。

⑥ 《元史》卷一〇五，《刑法志四》。

⑦ 《元典章》卷四，《朝纲一·政纪》"省部减繁格例"。

⑧ 《元典章》卷五三，《刑部十五·诉讼·越诉》"越诉转发元告人"。

⑨ 《元典章》卷四，《朝纲一·政纪》"省部减繁格例"。

⑩ 《元史》卷一〇二，《刑法志一》。

元律规定："事若应受，所在官司须要照例疾早归断。"① 越诉的出现，多为官府留狱滞讼、审断不公造成的，如果出现以下几种情况，向上级官府申诉，不以"越诉"论。第一，告发刑名公事不服审断。元律规定："各路争告户婚、田产、家财、债负、强窃、盗贼一切刑名公事，若各路偏徇，理断不公，许令直赴上司陈告"②，罪及原断官吏。第二，官司偏袒一方，或应回避。"若有本处官司理断偏向，及应合回避者，许令赴部或断事官处陈告。"③ 第三，告发官吏赃罪。《元典章》有"告论官吏不论越诉"条文，法律规定："告论官吏取受不公，若依越诉一例不受，则是知而不举。……按察司系纠弹之官，若有告论官吏受赃不公，依例追问"④。"诸诉官吏受赂不法，径赴宪司者，不以越诉论。"⑤"越诉"的例外规定，为民告官提供了合法途径。

4. 准许上诉或直诉

元代法律申明，告人有上诉的权利。告人"陈诉有理，路府州县不行，诉之省部台院；省部台院不行，经乘舆诉之"，但"未诉省部台院，辄经乘舆诉者，罪之"⑥。告人持之有理，不违法意，可逐级陈诉，从地方官府到中央司法机构，甚至告御状，一直上诉到皇帝为止。"诸诉讼人，先从本管官司，自下而上，依理陈告，如有冤抑，经行中书省理断不当者，仰御史台纠察"⑦，遇到不公正判决，饱含冤抑，也可通过上诉，得以伸冤解恨。

对于重大冤假错案，元朝允许当事人直接向朝廷申诉冤屈，元世祖至元十二年（1275）夏四月，"谕中书省议立登闻鼓，如为人杀其父母兄弟夫妇，

---

① 《元典章》卷四，《朝纲一·政纪》"省部减繁格例"。

② 《元典章》卷五三，《刑部十五·诉讼·越诉》"告罪不得越诉"。

③ 《元典章》卷五三，《刑部十五·诉讼·越诉》"告罪不得越诉"。

④ 《元典章》卷五三，《刑部十五·诉讼·越诉》"告论官吏不论越诉"。

⑤ 《元史》卷一〇五，《刑法志四》。

⑥ 《元史》卷一〇五，《刑法志四》。

⑦ 《元典章》卷五，《台纲一·行台》"行台体察等例"。

冤无所诉，听其来击。其或以细事唐突者，论如法"①。直诉这样的非常诉讼程序在某种程度上保证了庶民诉讼权利的行使，也对纠正基层官府的司法黑暗起到了一定的威慑作用。

5. 惩治诬告

诬告，即以无中生有地捏造或歪曲的事实控告，其目的在于陷害他人堕入法网。元世祖至元六年（1269）二月定例："随处凶徒恶党，不务本业，以风闻公事妄构饰词，告论官吏，恐吓钱物，沮坏官府，此等之人并行究治"②，以风闻公事妄构饰词，诬陷官吏，败坏官府政治声誉者，应予以严厉惩治。至元八年（1271）二月辛酉，敕"凡讼而自匿及诬告人罪者，以其罪罪之"③。在诉讼中，元朝法律要求："指陈事实，不得称疑"，并确立了"诬告者抵罪反坐"的处罚原则，如"诸妻曾背夫而逃，被断复诬告其夫以重罪者，抵罪反坐，从其夫嫁卖"；"诸职官诬告人枉法赃者，以其罪罪之，除名不叙"；若"教令人告事虚，应反坐"④。处理诬告的基本原则是反坐。

在"诬告反坐"这一处罚原则的具体运用过程中，元律强调根据诬告者与被诬告人之间的不同关系和所诬告罪过的大小不同分别量刑。其一，区分首从。"教令人告事虚，应反坐，……皆以告者为首，教令为从"⑤。元顺帝（后）至元三年（1337）"丰州王平等八名各状招：不合诬告本州安知州多科差发入己罪犯。王平为首，四十七下，为从各决三十七下"⑥，诬告分首从，处罚轻重有别。其二，主求减免。（后）至元三年（1337）补充规定："旧例，奴婢应告主事而诬告，皆斩。本主求免者，听减一等"⑦，给予主人决定减免奴婢诬告罪一等的权力。其三，官吏犯赃称冤，诬告断罪官吏，由御史台查

---

① 《元史》卷八，《世祖纪五》。

② 《元典章》卷五三，《刑部十五·诉讼·禁例》"禁治风闻公事"。

③ 《元史》卷七，《世祖纪四》。

④ 《元史》卷一〇五，《刑法志四》。

⑤ 《元史》卷一〇五，《刑法志四》。

⑥ 《元典章》卷五三，《刑部十五·诉讼·诬告》"诬告本属多科"。

⑦ 《元典章》卷五三，《刑部十五·诉讼·诬告》"奴诬告主断例"。

处。元成宗大德年间（1297—1307），法律规定："近来犯赃经断之人，擮拾元问官吏，赴上司称冤。信凭一面词因，犯除名不叙者却得叙用，官吏反被诬执。贪婪之人，因得快意，但公正有为之人，岂肯向前？莫若今后被问经断之人如有冤抑，先赴御史台陈告，受理照勘。犯人若果冤抑，随即改正，仍治元问官吏不应枉问之罪。若对问得已断别无冤抑，再断本人诬告罪犯。庶使问事官吏肯为尽心详察实情，不致枉问，被断之人别无冤抑，不敢絮烦上司，诚为便益"[1]。官吏犯赃罪，称冤诬告监察御史、廉访司原审断官吏，"诬告者依例加等断决"[2]。

第三节　传唤和缉捕

一、传唤

传唤是官衙司法官吏指令被告人、犯罪嫌疑人到案接受审讯的一种方法，在指定的时间、地点到案接受讯问所采取的一种司法措施。传唤的目的是使诉讼程序按计划进行，弄清案情，使案件得以正确及时地处理。官衙受理案件以后，就要传唤被告人和犯罪嫌疑人接受审讯。元代称为"勾唤被告"，被告也称"被诊人"。受传唤的人应按传唤要求准时到案，无正当理由拒绝到案的，要承担法律责任。元代勾唤被告一般有两种方式。一种是官府发传唤文书"信牌"进行传唤。另一种则是由衙门中吏员或负责治安的巡尉、弓手拿着"信牌"前去勾唤。元代地方政府勾唤被告，普遍采用后一种强制方式。被告被勾唤到官以后，往往就被监禁在狱中，元代的监狱实际上是拘留嫌疑犯的场所，而不是犯人服刑的地方。监狱要向办案方递交汇报嫌疑犯

---

① 《元典章》卷五三，《刑部十五·诉讼·诬告》"诬告官吏断罪"。
② 《元典章》卷五三，《刑部十五·诉讼·称冤》"称冤赴台陈告"。

羁押情况的文书——"责领"，"责领"除报告嫌疑犯已经"如法监收，毋致疏□"① 外，还要开写嫌疑犯的具体情况，以防止对嫌疑犯刑讯逼供。如果嫌疑犯在羁押期间出了问题，监狱要承担责任和后果。元代官员遇刑事案件经常将被告人关押数月乃至几年，案件久拖不决。贪官污吏趁机敲诈勒索双方当事人是造成元代司法腐败的原因之一。

元代，在审理案件过程中，有人专门负责看管被告和证人等，被称为"承管人"。承管人要写"承管状"，保证在审案期间被承管的涉案人员可以被随时传唤到庭受审或出庭作证，以提高办案的效率。如果发生意外，他们将承担一定的法律责任。

二、缉捕

元代之初，所定捕盗令，只有期限内不获盗贼而由缉捕者赔偿赃物的规定。其施行效果较差，后被废止。元世祖中统五年（1264）八月，道与中书省："在先遇有失盗，其各管府司为无罪赏，并不严限根缉。三月不获，便令本处人陪偿。这般体例，今后革罢，再休行者。仰照依立定罪赏、设置巡捕弓手、防禁捕捉盗贼条格，遍行诸路，一体施行"② 。进一步完善缉捕法制，一是确立缉捕奖励与处罚的规范，二是设置专门巡捕的弓手，三是制定了专门的"防禁捕捉盗贼条格"，规范拘捕行为，使拘捕有法可依。由此，元代缉捕法制始为健全。

（一）缉捕制度的主要内容

1. 应捕人较为广泛

元律将缉捕的正式主体统称为"应捕人"，即依法负有缉捕犯罪人、逃

---

① 李逸友：《黑城出土文书（汉文文书卷）》，科学出版社 1991 年版，第 170 页。
② 《元典章》卷五一，《刑部十三·诸盗三·防盗》"设置巡防弓手"。

亡人职责的捕盗官兵和民众，并明确规定其不同的法律责任。

（1）官军

元律规定："窃盗，捕盗官捕捉；强盗，镇守官一同捕捉"①。路府州县的捕盗官和镇守官，是缉捕的决定者和组织者，有提控捕盗之责。弓手巡军是捕盗的具体执行者，"州府驿路设置巡防弓手，不以是何户计诸色人等，每一百户内，取中户一名充役。其本户合当差发，却于九十九户内均摊"，"巡防弓手，合用器仗，必须备足，令本县长官提控"②。镇守官、捕盗官、弓手、巡军都代表官方，是捕盗的主导力量。

除了官方的缉捕主体外，为了更大限度、更为有效地将人犯缉捕，元代法律还规定共同犯罪之人、"警迹人"、邻人、社长、里正、凡人等特殊主体在一定条件下有缉捕的义务。

（2）犯罪同伙

共同犯罪危害较大，犯罪同伙将同案其他罪犯捕获归案，不仅免罪，还可得到奖赏。《至元新格》规定："诸盗贼相聚，初非同心，或被吓从，或为诳诱。其行省、行院常须多出文榜，许令自相首捕。若始谋未行，随即告发，或已相结聚，能自捕获者，量其事功理赏。"③元成宗大德八年（1304）六月规定，略卖良人，"若同伴有能悔过自首，捉获徒党者，免罪，仍减半给赏"④。

（3）警迹人

元代有"警迹人"制度。为防止强盗、窃盗再犯，元朝将刺字服刑完毕的前科强窃盗罪犯发付原籍，由官府籍记充"警迹人"，交由村坊邻右监督。同时为鼓励其改过自新，五年不犯即予除籍，如能立功赎罪，捕获其他强盗、窃盗，按捕获人数提前除籍。元律规定："强盗不该死并窃盗，除断本罪外，初犯者于右臂上刺'强、窃盗一度'字号。强盗再犯处死。窃盗再

---

① 《元典章》卷五一，《刑部十三·诸盗三·捕盗》"军民官一同巡禁"。
② 《元典章》卷五一，《刑部十三·诸盗三·防盗》"设置巡防弓手"。
③ 《元典章》卷五一，《刑部十三·诸盗三·捕盗》"盗贼许相首捕"。
④ 《元典章》卷五七，《刑部十九·诸禁·禁诱略》"略卖良人新例"。

犯者，断罪外，项上刺字（虽会赦，亦刺字）。皆司县籍记，充警迹人。令村坊常切检察，遇有出处经宿或移他处，报邻佑知。若经五年不犯者，听主首与邻人保申除籍。若能告及捕获强盗一名，减二年，二名，除籍；窃盗一名，减一年。其除籍后若有再犯，终身拘禁。应据警迹人，除缉捕外，官司不得追逐出入，妨碍营生"①。"断放强窃盗贼，发付元籍官司籍记，充警迹人，门首置立红泥粉壁，开写姓名、所犯，每上下半月赴官衙贺。令本处社长、主首、邻佑常检察，但遇出处经宿或移他处，须要告报得知，违者即便申官追究。若失觉察，放令别作非违，量情断罪。捕盗官专一提调，用心关防。如拘检不严，别作过犯，亦行治罪。任满解由内开写。警迹人若能获贼改过，五年不犯者，钦依除籍"②。元朝将"警迹人"制度法律化，官府调配、群众监督、以盗治盗，改造罪犯来维护社会秩序。

（4）邻人、社长、里正

邻人，即邻居；社长，即村社头领；里正，即元代农村基层政权组织乡的负责人。"诸奴婢背主而逃，杖七十七；诱引窝藏者，六十七。邻人、社长、坊里正知不首捕者，答三十七"③。

（5）凡人

一般人对罪犯也有缉捕的权利和义务。一是先告官再缉捕。"谋反、造伪、贼盗、强奸、搬贩盐酒等类，虽系傍人，皆得告捕"。二是先捕系后告官。"犯罪逃亡及应合告捕之事，相去官司远鸾，若候上闻，前人必致逸走，是以先行捉获，然后闻官"④。

2. 缉捕程序明晰

犯罪是严重危害社会的行为。为了防止犯罪人逃跑、继续危害社会等行为，历代官府都要求尽快将犯罪嫌疑人缉获到案。但缉捕是一个动态的、连

---

① 《元典章》卷四九，《刑部十一·诸盗一·警迹人》"盗贼刺断充警迹人"。

② 《元典章》卷四九，《刑部十一·诸盗一·警迹人》"警迹人转发元籍"。

③ 《元史》卷一〇五，《刑法志四》。

④ （元）徐元瑞撰，杨讷点校：《吏学指南（外三种）》，浙江古籍出版社1988年版，第108页。

续的、充满变异的复杂过程。为保证缉捕的有序进行，达到预期效果，必须对缉捕程序做出较为详细的规定。

（1）及时缉捕

缉捕罪犯是制止犯罪、严惩罪犯、维护社会治安的重要措施，稍纵即逝，因此，将犯罪者及时缉获归案就显得至关重要。及时缉捕要求果断采取有效措施，立即就地展开缉捕行动，不得犹豫、迟缓、拖延，否则要承担刑事责任；如强盗行劫之际，不立即缉捕，"官决五十七下，解见任，别行求仕。达鲁花赤长官以下，量决三十七下"。① 平日，在城邑的弓手应巡防坊巷，在乡村的弓手也应依时巡警。《至元新格》规定："诸盗贼生发，当该地分人等速报应捕官司，随即追捕。如必当会合邻境者，承报官司即须应期而至，并力捕逐，勿以彼疆此界为限，违者究治"②。

（2）限期缉捕

限期缉捕，即要求缉捕者在一定期限内将应捕之人缉拿归案，一是可以制止罪犯继续作恶，以安社会；二是可以迅速处罚罪犯，维护法律权威。"若有失盗，勒令当该弓手，立定三限收捕（每限一月）。如限内不获，其捕盗官，强盗停俸两月，窃盗一月。外，弓手如一月不获，强盗的决一十七下，窃盗七下；两月不获，强盗再决二十七下，窃盗一十七下；三月不获者，强盗再决三十七下，窃盗二十七下。如限内获贼数及一半，全免本罪"③。泰定四年（1327）十二月，"定捕盗令，限内不获者，偿其赃。"④

（3）获贼付官

元律规定："捕盗人员如是获贼，略问情由，即便牒发本县一同审问。若无冤枉，画申本管上司。拟令弓手专一捕盗巡防，本管官员不得别行差占。如违，

---

① 沈家本：《刑统赋疏·第五韵》，载中国政法大学法律古籍整理研究所整理标点：《枕碧楼丛书》，知识产权出版社 2006 年版，第 199 页。

② 《元典章》卷五一，《刑部十三·诸盗三·捕盗》"捕盗勿以疆界"。

③ 《元典章》卷五一，《刑部十三·诸盗三·失盗》"失过盗贼责罚"。

④ 《元史》卷三〇《泰定帝纪二》。

并仰纠察"①。抓获罪犯，大概了解一下犯罪缘由，即交付官府公开审理。其一，抓捕人没有拷讯罪犯的权力。"诸府州司县巡捕盗官，捉获贼人，随时发与本县，公厅推问是实，解赴本州府再行鞫勘，不得专委人吏、弓手拷问"②。其二，当事人与被捕罪犯"私下休和"或"强交断了"，视为"有罪过者"③，将受到法律严惩。

（4）正当防卫

缉捕过程中，如遇被追捕罪犯武力抗拒，缉捕人为维护自身安全，有权将罪犯格杀而不承担任何刑事责任。如，元成宗元贞元年（1295）六月，贼人酒李三黄夜偷盗韩伯丑鸡儿，韩伯丑知觉追赶，本贼持刀相敌，事主韩伯丑殴死拒捕贼徒，虽有招状，难议定罪④。此系正当防卫，事主无罪。

3. 缉捕罪赏机制

元代统治者清楚认识到："切惟国家法令既明，赏罚必信，然后事功有成。若使捕盗官兵获贼不沾赏，失盗不见罪，欲使民安盗息，其可得乎？"⑤因而，以先秦法家思想为指导，以赏罚为推行法治的"二柄"。"立定罪赏"，"赏罚明当，以示惩劝"，以调动缉捕者的主动性、积极性，保证缉捕的有效进行，达到捕获罪犯的目的。

（1）赏以激劝

针对不同的缉捕主体的不同需要，元代奖励缉捕罪犯的方式有行政奖励、物资奖励、金钱奖励和比折除过等多种方式。奖资一般出于犯罪者，如果犯罪者财产不及给赏，则获益者、官府都有举赏的义务。

①行政奖励

行政奖励的对象为捕盗官兵、应捕人等正式缉捕主体。《至元新格》规定："诸捕盗官，如能巡警尽心，使境内盗息者为上，虽有失过起数、而

---

① 《元典章》卷五一，《刑部十三·诸盗三·获盗》"获贼略问即解"。

② 《元典章》卷五一，《刑部十三·诸盗三·获盗》"获盗随时解县"。

③ 《元典章》卷五一，《刑部十三·诸盗三·获盗》"获盗分付民官"。

④ 《元典章》卷四九，《刑部十一·诸盗一·杂例》"事主打死拒捕贼无罪"。

⑤ 《元典章》卷五一，《刑部十三·诸盗三·获盗》"捕盗功赏"。

限内全获者为次，其因失盗累经责罚、未获数多者为下。到选之日，考其实迹，定其升降。即南方见有革贼去处，若平治有法，使盗清民安，另议闻奏开擢。"[1]捕盗官、应捕人，捕获强盗五人以上，功劳巨大，则予以加官晋级的奖励。元律规定："获强盗至五人，与一官。其捕盗官及应捕人，如本境失过盗贼，而捉获别境作过贼人者，听功过相折。数外合理赏者，比常人减半。获强盗至五人，捕盗官减一资历。至十人，应捕人与一官，捕盗官升一等。其承他处公文及诸人告指而获者，不在论赏之列"[2]。元代对行政奖励控制较严，一般情况下，获贼赏钱不赏官。比如，至元二十四年（1287）十二月，济南路保申："弓手张平，节次捉获强窃盗贼五十四起，前尚书省拟充巡检。在后获贼之人往往指例言告，实碍通例。"元贞二年（1296）八月，刑部参详："今后诸人获贼，拟合钦依给赏。具呈照详。"[3]

②物质奖励

捕获盗贼，即将赃物或犯人家产奖予告捕之有功者。大德十年（1303）五月，元律规定："但犯私茶，杖七十，茶一半没官，一半付告人充赏，应捕人同"。[4]对采生肢解人、造畜蛊毒等严重犯罪行为，鞫问明白，处死，籍没家产。诸人告捕，是实，犯人家产全行给付；应捕人，减半。

③金钱奖励

元律规定："捕获强窃盗贼，招伏赃验是实，捉事人赏钱，合咨行省照勘明白，如无争差，依例追给相应"[5]。缉捕奖金的档次有二十五贯、五十贯、一百贯和一十五两之分，这主要是依据所缉捕罪犯的罪行轻重、数目多少而定。中统五年（1264）八月主《捕盗赏格》，"诸人告或捕获强盗一名，赏钞五十贯；窃盗一名，二十五贯。应捕人告或捉获强盗，赏

---

① 《元典章》卷五一，《刑部十三·诸盗三·失盗》"捕盗官到选考迹"。

② 《元典章》卷四九，《刑部十一·诸盗一·强窃盗》"强窃盗贼通例"。

③ 《元典章》卷五一，《刑部十三·诸盗三·获盗》"获贼赏钱不赏官"。

④ 《元史》卷一〇四，《刑法志三》。

⑤ 《元典章》卷五一，《刑部十三·诸盗三·获盗》"获盗遇赦给赏"。

钞比诸人减半。犯人名下追征。犯人财产不及，官司补支。"① 捕获杀人贼、殴死人贼、放火人、劫墓贼等，与捕获强盗一体定立罪赏规则。元律一是确定了捕获盗贼赏钱的标准："诸人告获强盗，每名官给赏钱至元钞五十贯，窃盗二十五贯。亲获者倍之"。二是确定了捕获盗贼赏钱的来源："随处若有获贼起数，照勘明白，如无准折争功之人，必合理赏者，令本处就于横收赃罚钱内给付。如不敷，于际留年销支持钱内补支相应。"② 捕获盗贼，赏钱在收缴赃款中给付；如果数额不够，则由官府开支中拿钱补齐。

④比折除过

比折除过是元代首创的一种以功除过的奖励方式，元律规定："捕盗人员，本境内如有失过盗贼，却获别境作过贼徒，合准折除过。如获别境作过强盗或伪造宝钞二起，各准本境内失过强盗一起，无强盗者准窃盗二起。如获窃盗二起，亦准窃盗一起。……既是准折除过，其赏不须给付。如本境内别无失过起数，但获强窃盗贼，依上理赏。"③ 本境内失盗，可以捕获别境罪犯以折补自己的过失，而不再颁赏。但若是事主和主人告指而捉获者，既不给赏，也不抵过。"本境失过盗贼，初限未满，已被别境捉获正贼，拟合除过。外据获贼名下合征赏钱，依例追征，给付捉事人收管。"④ 本境内失盗，限期内被别境捉获正贼，可不追究其过失。

元代对告捕大案要案罪犯，予以重赏。如，"告捕反贼胡王先生等应理赏人：为首人徐二、刘程，补六官杂班叙使；为从人孙谅、王珪，给赏五百贯。外，录判张纲等系应捕人承告，不合理赏。东平府路司吏袁鉴拿获事发在逃反贼任万宁，部拟官给袁鉴赏钞一千贯，省准拟施行"⑤。

---

① 《元典章》卷五一，《刑部十三·诸盗三·获盗》"获强窃盗给赏"。

② 《元典章》卷五一，《刑部十三·诸盗三·获盗》"放支捕盗赏钱"。

③ 《元典章》卷五一，《刑部十三·诸盗三·获盗》"捕获强窃盗贼准折功过"。

④ 《元典章》卷五一，《刑部十三·诸盗三·获盗》"别境获贼准过捉事人旌赏"。

⑤ 《元典章》卷五一，《刑部十三·诸盗三·获盗》"告捕谋反赏例"。

缉捕奖励也有例外的情形：其一，元代"别无事主亲获贼人给赏体例"①，事主获贼无赏。比如，至元九年（1272）六月，事主曹祯，亲自抓获偷盗自己家和另一事主马匹等物贼人郭小二，"取讫招伏，量情刺断了当"，赏钞二十五贯，"贼人郭小二名下，依例追征合该赏钱数足，官为收贮，补支其余贼人财产不敷赏补"②；其二，"若应捕人员承准事主及诸人告指捉获，不在除准理赏之限"③，承担缉捕责任的官军在事主和诸人告指捕获罪犯，无赏。限制奖赏，不是只要捕获罪犯都要奖赏，而要根据具体情况，该赏才赏，不该赏不赏，使奖赏用在必赏之处。

（2）罚以惩儆

①缉捕懈怠

依据法律规定，应捕人在自己管辖的范围内巡行以及时发现犯罪者并缉捕。强窃盗贼，"捕盗官兵知而不行告捕，减犯人罪一等"④。强盗行劫之际，官府承告，或是闻知，应立即救捕，否则，捕盗官杖五十七下，解见任，别行求仕。达鲁花赤长官以下，量决三十七下。

②违限不获

为保证及时有效地将罪犯缉拿归案，至元三十年(1293)二月元律规定："若遇失过盗贼，违限不获，军官、军人与捕盗官一例责罚"⑤。缉捕期限分为一月、二月、三月三个档次。根据弓兵与捕盗官所承担的法律责任的不同，决罚的轻重也有明显差别。法律规定："弓兵：一月不获强盗，决一十七下，窃盗七下。两月不获强盗，再决二十七下，窃盗一十七下。三月不获强盗，再决三十七下，窃盗二十七下。捕盗官：强盗，罚俸两月；窃盗，罚俸一月。限内获贼及半，免罪。其捕盗官任满，通行照勘。如不获强盗三起、

---

① 《元典章》卷五一，《刑部十三·诸盗三·获盗》"事主获贼无赏"。

② 《元典章》卷五一，《刑部十三·诸盗三·获盗》"事主获盗官收赏钱"。

③ 《元典章》卷五一，《刑部十三·诸盗三·获盗》"获贼给赏等第"。

④ 《元典章》卷四九，《刑部十一·诸盗一·强窃盗》"强窃盗贼通例"。

⑤ 《元典章》卷五一，《刑部十三·诸盗三·失盗》"军官捕盗责罚"。

窃盗五起，各添一资历；不获强盗五起、窃盗十起，各降一等。"① 期限内不获者，弓兵有罪，处以杖刑；捕盗官有过，只处以罚俸或降级的处分。

③贪财放贼

缉捕主体特别是正式主体，其职责便是缉捕人犯，以安社会。然而，有些缉捕主体因贪图钱财，放纵犯罪，元律对此加以禁止，违者处以重刑。如强窃盗贼，捕盗官兵"力已获贼，受财脱放，与同罪。赃多者，从重论。至死者，徒三年。常人减二等"②。弓手受财放贼，杖决一百零七下，罢役。原受赃钞，征解没官。

④趋赏避罚

趋利是人之本性，缉捕主体有时为贪图奖赏，便虚构事实，骗取奖赏。如顺帝至元年间（1333—1340），河南行省随州应山县发生民户被劫案件，巡检缉捕五人为盗贼，经审讯具狱结案，且引用"获贼五人者得官"的"国制"，向上司邀官赏。山南道连放肆佥事宋裂怀疑此案有问题，重新审理，果然五人都是诬良为盗。于是，巡检被治罪免官。

捕盗官军如果不实力缉捕要承担相应法律责任，他们便设法逃避责任。如贼盗案件，赃物甚为重要。由于限期已到，承捕弓兵虽然缉探未明，"乃捉捕疑似之人"，赃物无处追索，"或勒取于被盗之家，或责办于头目之手，甚至捕人自为收买，捏合以为正贼真赃"，凭此结案，"以致无辜之人枉遭诛灭，淹禁身死者不可胜计"③。"近年以来，各处捕盗官吏畏惧不获贼人罪名，往往将失盗事主非理疏驳，百端撼拾，故行推调，不即受理追捉。致使贼人全无忌惮，因而滋盛，为害愈深"。为此规定，"今后遇失过盗贼，事主告发到官，应捕官兵人等画时粘踪追捉，飞申本管上司，仍勒须要限内全获正贼"④，违者，责罚断罪。

---

① 《元典章》卷四九，《刑部十一·诸盗一·强窃盗》"强窃盗贼通例"。

② 《元典章》卷四九，《刑部十一·诸盗一·强窃盗》"强窃盗贼通例"。

③ 《元典章》卷四九，《刑部十一·诸盗一·评赃》"贼赃评审本物"。

④ 《元典章》卷五一，《刑部十三·诸盗三·失盗》"失盗添资降等"。

⑤私役弓手

弓手本为专一缉捕盗贼的差役，但"官吏却行影占役使，及骑坐马匹，实妨巡捕"①。元律规定："捕盗官员专一巡捕盗贼，不得别行差占"②。为禁止私役弓手，元成宗大德七年（1303）规定："今后除例应公差外，若有私役弓手者，决二十七下，三名已上加一等，骑坐弓手马匹者，决一十七下，标附过名。本管官吏不应应付者，各减一等科断。"③

以上是缉捕不力责任承担的一般情况，但也有例外。其一，交替捕盗官不停俸。"捕盗不获，失过盗贼未及限满承替，既系去官，合行勿论。其后官亦非界内违限，正合捕捉贼人，难拟停俸"④。前后交接捕盗官吏，限期未满，不予处罚。其二，捕盗官身故，难议追罚。如，元世祖至元七年（1270）十月，"事主赵闰等被盗劫讫财物。为三限不获贼人，取到簿尉孙玉招伏，合停八月俸给，本官已行关支。拟候停罚九月分俸钞间，有孙玉于八月初八身故，……生前不获失过贼徒，既已身死，难议追罚"⑤，从而免除了对已故官吏缉捕失过的处罚。其三，迥野失盗，难议责罚。被盗去处即系迥野，不同应设巡防地面，"若蒙责罚，实缘虚负"，但要"更为遍下合属，行移邻境，将作过正贼须要根捉得获送官，依理施行"⑥。谨慎处罚，不是只要有捕获罪犯失过都要处罚，而要根据具体情况，该罚才罚，不该罚不罚，使处罚用在必罚之处，以示用法合情合理，让受罚者心悦诚服。

（二）缉捕制度特点

1.规制详密，奖惩分明

元代缉捕制度对缉捕的主体、缉捕的重点、缉捕的运行方式、缉捕的赏

---

① 《元典章》卷五四，《刑部十六·杂犯一·私役》"防禁盗贼私役弓手"
② 《元典章》卷五一，《刑部十三·诸盗三·捕盗》"县尉巡检巡捕"。
③ 《元典章》卷五四，《刑部十六·杂犯一·私役》"防禁盗贼私役弓手"
④ 《元典章》卷五一，《刑部十三·诸盗三·失盗》"交替捕盗官不停俸"。
⑤ 《元典章》卷五一，《刑部十三·诸盗三·失盗》"捕盗官身故难议追罚"。
⑥ 《元典章》卷五一，《刑部十三·诸盗三·失盗》"迥野失盗难议责罚"。

罚等各个要素做出了明确而详细的规定，有较强的可操作性，以保证缉捕正常、顺利、有效地进行。在缉捕过程中，有功就奖，有过就罚，奖惩分明，及时兑现，且奖惩方式灵活多样，切合实际，效果明显。

2. 声势浩大，责有专成

各处盗贼生发，事主、军民与捕盗官兵闻警而动，当任其责，力争在限期内将盗贼捉拿归案。缉捕的社会声势浩大，对犯罪者造成巨大的压力，迫使其走投无路，只得束手被擒，认罪伏法。捕盗官军，专一巡捕盗贼，不得别行差占。如元英宗至治三年（1323）十二月，规定，"各处所设弓手，专一巡防捕盗，……如是别行差占，遍行禁止"①。又如"州判兼管捕盗，除额设一员去处，虽与管民官通行署事，若许余事差占，恐妨巡警，各依呈准通例专一捕盗外，见设判官二员"。②

3. 追求效率，强化监察

缉捕活动必须为准确、及时、有效地揭露犯罪、打击犯罪、根除再续犯罪隐患服务。元代缉捕制度为遵循效率原则，规定及时缉捕、限期缉捕，促使将罪犯尽快捉拿归案。元律规定："诸人告捕得获强窃盗贼，赃仗已明，许令有司随即支给赏钞，具申上司照验。其有过失起数，违限不获，标附过名。任满解由内开写在任功过事迹，如有隐蔽，罪在当该给由官吏，到部照依功过黜陟。庶望向公者有所劝，不职者知所畏，境内严缉，盗贼自息"③。只要捕获盗贼罪证确凿，即颁发奖励，并报官府备案。对缉捕官军则查明功过，赏罚分明，黜陟到位。加强对缉捕奖罚的行政监察，隐蔽不实者，当承担相应的法律责任。只有这样，缉捕奖罚制度才会收到实效。

---

① 《至正条格》卷二九，《条格·捕亡》"弓兵不许差占"。
② 《元典章》卷五一，《刑部十三·诸盗三·捕盗》"州判兼管捕盗"。
③ 《元典章》卷五一，《刑部十三·诸盗三·获盗》"捕盗功赏"。

第四节　刑事证据与勘验

一、证据

刑事诉讼的目的，是确定国家定罪量刑权力的存在与否和其适用范围。在刑事案件审理过程中，证据与刑事判决具有重要的关联，是认定案件事实和裁判的根据。元律规定："诸鞫问罪囚，必先参照元发事头，详审本人词理，研究合用证佐，追究可信显迹"①，"诸职官告吏民毁骂，非亲闻者勿问，违者罪之"②。尤其是对人命伤害案件，证据更是事关重要，不容缺失或造假。

元代审理刑事案件，审查的证据分为书证、人证和物证，即本人词理、干证人、赃仗三种。

（一）本人词理

《至元新格》中规定凡审理"狱讼"，首先必须详审"本人词理"，研究其真实性。这里说的"本人词理"就是指原告、被告就本案的事实向官府所作的陈述。元代招状有规范的法律文本：

　　正犯人招款③

　　一名某，见年若干，身无疾病（如有疾，谓残废笃疾之类）本贯某处附籍，是何色目人氏。除高曾祖父母父母先已亡殁外，在家见有是何人口（备写亲、驱姓名，各各年甲。杖罪以下，不须开写），已上人口各无疾病（有，则须云除某元患是何疾证外，其余

---

① 《元典章》卷四〇，《刑部二·刑狱·鞫狱》"鞫囚以理推寻"。
② 《元史》卷一〇二，《刑法志一》。
③ 《元典章》卷一二，《吏部六·吏制·儒吏》"儒吏考试程式"。

人口各无疾病），见有产业各各若干，即目应当是何差役。除外，别无家口、产业，亦不是奴贱，自来并无过犯。备有邻人、主首并元籍青册，谙显与一干人无仇不亲。今据实招说，先为如何事上，于某年月日作何过犯，如何到官（盗贼：先为艰难无可图运，如何知得某处某家有财，以此发心，于某年月日早晚时分，空手或持是何器杖，缘由某家何处越墙入去，掇开甚室房门，或于某处家开窟穴，如何盗出财物，经由何处出来。到家点得所盗物件各各若干，于内破使、见在各各若干。在后至某月日，缘何发觉被捉到官）。

一名，妇人某人，见年若干，身无疾孕，系某处附籍是何人户某人正妻，与未定婚。成亲时两家各无违碍，在前不曾犯罪经断，亦不是奴贱及娼优之家。备有邻人、主首并元籍青册，谙显与一干人无仇不亲。今据实招说得（云云），余与前状并同。

一名，奴婢某，见年若干，身无疾病，系某处是何人户某人元买、元虏家主驱奴，几年月日本使配到家婢、或赎到驱妇某人为妻，生到男女各各年甲，除外，别无梯己人口、财产。备有邻人、主首并青册，谙显与一干人无仇不亲，今据实招责同前。（结讳须该写本主并不知情）。

招状的主要内容有：其一，招供者的基本情况：姓名、年龄、身体状况、户籍所在地、何类人、家庭状况、婚姻状况、职业、身份、产业、有无犯罪记录；其二，与证人的关系；其三，犯罪事实、赃物和被捕经过；其四，对招状真实性的承诺。真实、准确、可信的招状是定罪量刑的基础之一。元律规定："所处民户有词告官，官司详审词理。若指陈不明及无证验，或泛滥琐碎不应受理者，即与明白分别省会退还，自然讼简民安。"[1]司法官吏可以通过原告、被告所陈述的矛盾之处，发现案件事实。更要明验事实以确定招状的真伪。

---

① 《元典章》卷五三，《刑部十五·诉讼·听讼》"词讼不许里正备申"。

（二）干证人证言

证人是指了解案情并向官府或当事人提供证言的人。证言是指证人将其了解的案件事实向官府所作的陈述或证词。除因生理、精神缺陷或因年幼而不能辨别是非、不能正确表达意志的人外，凡知道案情的人，都有作证的义务。证人证言在案件的审判过程中起着至关重要的作用。元代将与案件有关的知情者称为"干证人""干连人""干照人""地邻人"①，他们皆有作证的义务，相当于证人。

按照有关法律的规定，当事人告状，官员将对其进行详细的询问。认为可以受理的，先将被告人传唤到庭，进行讯问。被告人承认的，不需别的证据，便可定案。若被告人有异议，则必须传唤知情的干连人到案进行讯问和对证。一经传唤，被传唤人必须履行到庭指证的义务，无故不到者将受到处罚。元律规定："今后诸人告状，受理官司披详审问，所告之事有理而实，先将被告人勾唤到官，取问对证。若已承服，不须别勾证佐。若被告人不伏，必须证佐指说，然后将紧关干连人指名勾摄。无得信从司吏一概呼唤，违者痛断。"②元代证人证词有规范的法律文本：

干连人词因③

一名某人，见年若干，身无疾病，系某处附籍，是何名色人户（至徒以上开写家口，杖罪以下不开）。今为某人做何过犯，指出如何事上，以此干连到官，据实招说（云云）。所具前项招责情由，并是诣实，别无虚诞。若蒙官司照依见招断遣，甘伏无词。执结是实。

一名指证人某，年甲、籍贯依上开写。今据实分析（云云），为某系见证上，一就申解前来。所责前项词因，并是端的，别不

---

① 干证人：案件的目击证人。干连人：本人无罪而被案件牵连之人。干照人：专指在诉讼案件中能够看到契约、法律凭证、法律证据的人。地邻人：邻居。

② 《元典章》卷五三，《刑部十五·诉讼·折证》"不须便勾证佐"。

③ 《元典章》卷一二，《吏部六·吏制·儒吏》"儒吏考试程式"。

是暗受买告、虚相扶同，亦无隐匿指证不尽事理，与一干人无仇不亲，如虚当罪。执结是实。

证人证词的主要内容有：其一，证人的基本情况：姓名、年龄、身体状况、户籍所在地、何类人户；其二，与囚犯的关系；其三，囚犯的犯罪事实和自己如何被牵连出庭作证；其四，对证词真实性的承诺，若作伪证愿意承担法律责任，等等。真实、准确、可信的证人证言是定罪量刑的又一基础。

1. 作证限制

元代承袭唐宋封建伦理纲常，重申"亲亲相隐"，排斥罪犯亲属出庭作证："亲属许相容隐者，旧例也。近年诖讦之徒首告官吏赃罪，动辄攀指其父母、兄弟、妻子为证。问事官不以纲常为重，一时快意，凭信迫对，使公庭之下，一家骨肉，自为仇敌，甚而妇人女子不堪苦楚，未免乱说妄指，衔冤莫伸。风化如此，纵获巨万之赃，何益哉！大有戾孔门父为子隐、子为父隐之意。……人伦之大，莫大于君臣、父子、夫妻、兄弟之叙。至如刑法之设，正为裨补教化，当以人伦为本。近年有罪者，子证其父，弟证其兄，妇证其夫，奴证其主，听讼者又施法外之刑，苦迫以成其狱。非惟大失用刑之本意，而其弊至于使人不复知有纲常之理。人道有亏，用刑失当，莫重于此。以此参详，理宜禁止"①。如，元世祖至元十三年（1276）十二月，"李思敬告运使姜毅所言悖妄，指毅妻子为证。帝曰：'妻子岂为证者耶？'诏勿问"②。故法的原则必须服从礼的精神，在此基础上强化了对作证义务的诸多限制，下令严禁亲属、奴仆出庭证罪。

2. 系狱待对

元英宗至治三年（1323）正月，"四川行省平章政事赵世延，为其弟讼不法事，系狱待对，其弟逃去，诏出之。乃著为令：逃者百日不出，则释待对者。"③罪犯逃走百日不获，则释放对质证人。

----

① 《元典章》卷五三，《刑部十五·诉讼·折证》"词讼不指亲属干证"。
② 《元史》卷九，《世祖纪六》。
③ 《元史》卷二八，《英宗纪二》。

（三）赃仗

刑事案件的物证，元代称为"赃仗"。"赃"指的是抢劫或盗窃所得的财物，"仗"指的是作案用的工具，如弓箭、枪、刀、棍棒等器具。赃仗对刑事案件的定案有着重要的作用。一般来说，无论民事案件或刑事案件，通过对原、被告和干连人的审问，可以发现案件基本事实。但是为防止冤案的发生，还必须有物证加以印证。在一般的情况下，如果没有赃仗，刑事案件就无法定案，被告即使可疑，也只能系狱不决甚至释放。如《元史》记载："录囚河东，有李拜拜者，杀人而行凶之仗不明，凡十四年不决。好文曰：'岂有不决之狱如是其久乎！'立出质。"该规定表明元代刑事诉讼对物证是相当重视的。元代对物证有规范的法律界定：

物 ①

赃金银：勒行人某验得，系是几成金银（成定上有甚字凿记），用法物秤重若干，别无假伪。

孳畜：牛曰只，马曰匹，羊曰口，驴、骡曰头，牝牡、毛色、齿岁、印记，皆须开写。

勒铁匠某人验得，某人元使杀人刀子，连疤长若干尺寸，阔若干寸分，尖刃锋利，堪以害人性命，不同应禁军器。

勒某人验得，某人元使行凶棍棒系是木，长几尺几寸，围径大头几寸几分，小头几寸几分，若将行使，堪以杀人。

将私盐勒当该官司验得，比之官盐，味、色、芒头俱各不同，委是私盐，用法物秤重若干。

勒医工某人验得，某人元造蛊毒，其药不出方书，药味、香气，委是造成蛊毒，堪害人性命。

将某人元使弓箭验得，系甚面，其桦弓一张弦全，箭几十只，翎扣箭头全，堪以施射，即系应禁军器。

---

① 《元典章》卷一二，《吏部六·吏制·儒吏》"儒吏考试程式"。

将某人元使手刀验得，系雁翎刀，连鞘通长几尺几寸，刀鞘全，尖锋刃利，堪以害人性命，委同应禁军器。

枪、弩、衣甲，皆系应禁军器，例须依上辨验。

伪钞：勒库官、库子、合干人验得，比真钞字样悬别，料号不明，纸色昏暗，印无并珠，合同不一，委是伪钞，不堪行用。勒令犯人再行刁造，比验相同。

凡滥伪之物，事发，皆须行人辨验。

将某人元使毒药，勒医工某验得，系用某药为末。照得《本草》所载，其性大热有毒，依方炮制，可以入药，若人生食，堪以损人。

某人造到伪印，勒识会篆文人验得，篆文不一，字体悬别。

假银：验得微带黑色，渗眼俱系钻成，委是白锡造到假银。

诸滥伪之物及伪造所用作仗，皆须行人辨验。穿窬、发塚、杀人之物亦同。

某人元使击某砖石，量得长、阔、厚薄、围圆若干，若以击人，轻则致人损伤，重则害人性命。

某人元使勒死某人皮条，验得系老皮条，长、阔若干寸，若用系人咽颈，实可害人性命。

某人元造伪钞物件，验得甚木，钞板几片，各开贯陌、料例，合用印子几个，大小朱印几颗，委是造伪之物。

共十八类，每类都有物证的名称、形状、数量、特性、功效等，以及经过验证程序证明别无虚假。

元代禁止官吏无端搜抄人家，网罗罪名。元代法律规定："诸中外有司，发人家录私书，辄兴狱讼者，禁之。"但"本宗事须引用证验者，仍听追照"。如有"搆饰傅会，以文致人罪者，审辨之"①。

签订"识认状"。指认赃物的保证书。"识认状"的款式为：

① 《元史》卷一〇五，《刑法志四》。

写识认状人□

右□，年甲，无病，见在□地住坐。今当总府识认到□物，委系本人（偷盗、走失、元逃）□物，如后但有诈认，至日□等甘当谢官罪，不词。执结（识认）是实，伏取台旨。

年 月 日写识认状人□（签押）

元代识认状包括以下几个要素：写识认状人姓名、年龄、身体状况、户籍、识认物品、保证性话语、时间及识认人签字画押。识认状为确认偷盗犯罪事实和确定赃物归属提供了证据。

二、勘验

"大辟之狱，自检验始。"[1] 元朝进一步完善了命案的勘验制度，以保证证据充分、真实、可靠。元代对作案现场痕迹勘验有规范的法律文本：

作案现场痕迹检验[2]

某人被烧房舍，委官验得烧迨甚房几间，委系有人居止。在傍某处，亦有贼人出入踪迹。其烧不尽木植，已是不堪架造。

委官验得，某家甚屋，那间割开窟穴一处，可以容人出入，及那壁院墙内外，各画到图本。

委官验得，某家房门关纂俱折，柜盖破碎，认是贼人行劫。及于墙外某处觑得，亦有出入踪迹，画到图本。

以上分别是纵火、偷盗、抢劫现场勘验记录，既有文字记载，还要有图本描绘，二者相互补充，共同反映作案现场的真实场景。

"斗殴杀伤人命，有司即时委官检复，责问行凶人，据法处断。"[3] 元代

---

[1] 沈家本撰，邓经元、骈宇骞点校：《寄移文存》卷六，《无冤录序》，中华书局1985年版，第2213页。

[2] 《元典章》卷一二，《吏部六·吏制·儒吏》"儒吏考试程式"。

[3] 《元典章》卷四三，《刑部五·诸杀二·检验》"被盗杀死免检"。

杀人、伤人等严重刑事案件，在审理前必须经严格的检验程序对死者、伤者进行检验。勘验的法律要求是“苦主某人，指身死某人脚色，行下某处勘会的，被杀人某在日若干年甲，生前别无症状，即不是奴贱及在逃应合杀捕之人，与行凶人无仇不亲，照籍相同”。

“刑名之重，莫严于杀人。狱情之初，必先于检验。盖事体多端，情态万状。”①《元典章》刑部“检验”条，详细记载了“检尸法式”②：

某路某州某县某处，某年月日某时，检验到某人尸形，用某字几号勘合书填，定执生前致命根因，标注于后。

仰面

顶心　偏左偏右　囟门　额颅　额角　两太阳穴　两眉　眉丛　两眼胞　两眼双睛　两腮颊　两耳　耳轮　耳垂　耳窍　鼻梁　鼻准　两窍　人中　上下唇吻　上下牙齿　舌　颔颏　咽喉　食气颡　两血盆骨　两肩甲　两腋肷　两胳膊　两胐脉　两手腕　两手心　十指　十指肚　十指甲缝　胸膛　两乳　心坎　肚腹　两肋　两胁　脐肚　两胯（男子茎物、肾囊，妇人阴户）　两腿　两膝　两臁肋　两脚腕　两脚面　十趾　十趾甲

合面

脑后　发际　耳根　项颈　两臂膊　两胣肘　两手腕　两手背　十指　十指甲　脊背　脊膂　两后肋　两后胁　腰眼　两臀　谷道　两腿　两胐脉　两腿肚　两脚踝　两脚跟　两脚心　十趾　十趾肚　十趾甲缝

① 《元典章》卷四三，《刑部五·诸杀二·检验》“尸帐不先标写正犯名色”。

② 《元典章》卷四三，《刑部五·诸杀二·检验》“检尸法式”。

对众定验得某人委因　　　致命

检尸人等

正犯人某　　干犯人某　　干证人某　　地邻人某　　主首
某　　（坊里正某）　　尸亲某　　仵作行人某

右（上）件，前项致命根因，中间但有脱漏不实、符同捏合、
增减尸伤，检尸官吏人等情愿甘伏罪责无词，保结是实。

某年某月某日

司吏某押

首领官某押

检尸官某押

"检尸法式"作为特定的司法文书，规定了尸体检验的项目和尸体上须
验定的部位。从"验尸法式"中可以看出，元代对刑事案件的勘验提出了几
项基本要求：

其一，写明停尸的地点、时间，地点具体到某路某州县的某个地点，时
间清楚到某年月日某一时段。

其二，必须有证验者作旁证。"据某都主首、里正某人，呼集到邻佑某
人、尸亲某人、尸医工某人，或行凶人某人，及应合证验人数"①，验尸时除
了官方人员之外，还要有"应合听检并行凶人等"在场。"应合听检"指的
是证人、死者的亲邻，尸亲、邻人、里正、主首。众证明白，"一干人等指
证相同"②，方可下判。众人在尸检现场目睹整个尸检过程，以便作旁证证明
尸检认真公正。

其三，发生人命案件，地方主管官吏在接到报告后必须立即亲临现场，
监督如实勘验，标写"尸帐"。元律规定："当职同首领官吏躬亲监视仵作某

---

① （元）王与：《无冤录》卷上，《初复检验关文式》，载黄时鉴：《元代法律资料辑存》，浙江
古籍出版社 1988 年版，第 154 页。

② 《元典章》卷五四，《刑部十六·杂犯一·违错》"官吏检尸违错"。

人，对众眼同，依例用法物，自上至下翻转，一一仔细分明"①，指说沿尸应有伤损，即于元画尸身上比对被伤去处，标写长、阔、深、浅各各分数，定执端的要害致命根因，"②而又检得某人尸首，定验得就于发到尸帐上，逐一对比标写"③。所谓"尸帐"，就是元朝政府统一颁发的"检尸法式"，上面绘有"尸形"即"原画尸身"。检验的结论要在"尸帐"上详细填明。"若致命伤痕无差，行凶人等审问无疑者，于正犯人下画字。事情未定，首从未分，止行凶或被告人画字。行凶人在逃，尸亲未到者，听将元检尸帐权且入卷关防，后获正贼，召到尸亲，至日画字给付，庶不差池。"④如果主管官吏"符同捏合增减尸伤"应甘愿承担罪责。主管官吏对尸检负有监管责任，若出现弄虚作假情节，甘愿承担法律责任，受到法律严厉制裁。

其四，诸有司必须依式将刑事案件申报本管上司。勘验后标写的"尸帐"一式三份，一份给苦主，出具死亡的法律凭证；一份粘连入卷，存档备查；一份中连本管上司，接受审核。这个过程称为"初检"。

其五，指派"有司官检复尸伤"。有司官指正官、首领官和承吏，复检的官员不许看"初检"的"尸帐"，复查后独立地依法标写复检鉴定结果，同样需要填写三份，不许"出脱真情"。元代由不同地区的官员分别进行初、复检的制度防止渎职行为的发生。这表明元代对检验工作是很重视的。检验工作不仅有严格的程序要求，技术也已达到相当可观的水平。

另外，元仁宗延祐六年（1319）五月，吴县典史姚裕状呈："惩恶化善，乃理民之先务；杜渐防微，期措刑而不用。古之用刑，必先教化，教之不悛，然后治之。使民知所畏，则迁善改过矣。当今有弊于俗、害于民者，若

---

① （元）王与：《无冤录》卷上，《初复检验关文式》，载黄时鉴：《元代法律资料辑存》，浙江古籍出版社 1988 年版，第 154—155 页。

② 《元典章》卷四三，《刑部五·诸杀三·检验》"检尸法式"。另见(元) 王与：《无冤录》卷上，《尸帐例》，载黄时鉴：《元代法律资料辑存》，浙江古籍出版社 1988 年版，第 139 页。

③ （元）王与：《无冤录》卷上，《初复检验关文式》，载黄时鉴：《元代法律资料辑存》，浙江古籍出版社 1988 年版，第 155 页。

④ 黄时鉴：《元代法律资料辑存》，《大元检尸记》，浙江古籍出版社 1988 年版，第 117 页。

不先为立法，以理教谕，将来奸诈日生，风俗日坏。裕自为吏以来，切见江浙一等顽民，或因斗殴致伤人命，或为忿争轻生自杀，或自杀男女以诬人。一人身死，一家老小，纠集亲族乡人，动辄百十成群，各持器仗，辄将犯事被告之家毁其房屋，掠其资财，尽其所有，席卷一空，如遇强寇。其家人口以至邻佑，畏避逃散。倘值寻获一人，恣意殴击，伤残肢体，至用粪秽之物灌入口腹。苟存性命，负伤愬官，官司多为苦主，姑息不问。至于检尸之际，亲疏相杂，皆服孝衣，聚集人众，围绕登场。其有尸伤不明、诬人杀死者，自知其情难掩，揣勒官吏，须要状结被诉之人逐名到场，苟一人不到，遮拦尸首，不容检验，故延时日，觊待发变，迷乱痕伤。一闻检出实痕，诬谤官吏，逞凶作哄。官典被其欺凌，公吏受其毁辱。当此之时，唯有一二祗从，众寡不敌，纵是刚强官吏，无可奈何。炽然成风，所在皆是。略举本县延祐四年八月，民户魏省七因与胡霖有仇，知得胡霖将梅文秀打讫一下，在后因病身死，尸亲告官检验。其魏省七挟仇聚众，围裹检场，哨指作哄，用铁秤锤器仗等物将胡霖殴伤，以牛粪污其身体，及将覆检官长洲县马县尹并禁子人等俱打带伤。虽将犯人枷令断罪，其于耻辱品官，大伤风化。若不立法严禁，无知小民但恃人命为重，纵心恣欲，长恶不已，将来必至于复仇互杀，岂不斁俗害民，有伤治体？以裕愚见，杀人者自有常刑，其于犯属亲邻，若非干犯，即系平人。尸亲乘势殴击有伤，合从殴伤之法。若强掠犯人家财，理当依数追付，毁坏房屋，估价倍偿，如有破使之数，就准烧埋银两。至于检尸之时，如非尸状上干连应合画字之人，余者并行禁止，不得登场。如有不干碍人登场作哄，坐以不应为重之罪，示众断治。如此，庶望恶者惩而愚者化，奸计不行，凶党渐息"。为此，法律规定，检验不许闲杂人登场："凡伤人命，全凭定验尸伤，推问拟罪。……今后检、复之际，除合于尸状上画字之人许令登场听检，却不得妄生事端，罗织搅扰检尸官吏，其余不干碍闲杂人等，如是仍前违反，取问是实，枷项号令，痛行断罪。"①

---

① 《元典章新集·刑部》，《诸杀·检验》"检验不许闲杂人登场"。

验尸 ①

据某处申，委官初覆验到身死人某致命根因，已将尸首责付家属某人，权行埋瘗。

初检官某，将引仵作行吏某等，初检某人尸首，沿身别无他故，外验得（云云。各随下项所该致命根因摘用）。

覆检官将引不干碍行吏某等，覆检得某人尸首，并与初检相同（初检时仰面，覆检时合面。初、覆检官不许相见）。

勒死，验得本尸口开眼睁，项上勒痕黑色，围圆长若干寸、深阔若干分，食、气颡塌，项痕交匝，委是被人勒死（自缢者，舌出，项痕不匝）。

擿死，验得本尸某处皮破骨损，深、浅、长、阔各各寸分若干，委是生前坠落崖下或坠坑中，因伤致命身死。

冻死，验得本尸项缩脚拳，两手抱胸，遍身寒栗，肉色黄紧，委是冻死。

饿死，验得本尸脐肚贴腔，身体黄瘦，委因饥饿身死是的。

辜内病死，验得元伤去处已是平复，别无行风入疮痕迹。其尸肌体瘦弱，肉色痿黄，口眼皆合，两手舒展。某处或有新针灸瘢痕，在傍或有是何药贴。问得尸亲或奴说称，曾请某医看治，勾问得委系患某病症，曾用上件药饵调治。验得辜内别增余患身死是的。

罪囚被勘身死，验得本尸两大腿外破伤，长、阔、深、浅各各若干分寸，围圆赤肿多少，验得生前因被拷勘，痛气攻心致命身死。

若惊吓死，验得本尸目睁口开，两手舒展，犹若怕怖之状，委是生前惊吓致命身死。

---

① 《元典章》卷一二，《吏部六·吏制·儒吏》"儒吏考试程式"。

毒药死，验得本尸唇破舌烂，口内紫黑，手指甲青。以银钗探入咽喉中，少时取出，其钗黑色。验是生前中毒身亡。

车碾死。验得本尸肉色微黄，口、眼皆开，手握，发紧，某处有伤（云云）。验是生前被车碾伤身死。

烧死，验得本尸皮焦肉烂，手脚挛缩，口、鼻、耳内皆有灰烬，委是生前被火烧死（如已死弃火中者，口鼻耳内无灰烬）。

杖疮死，验得本尸两臀上各有破伤，斜长几寸，阔几寸，深至骨，上有血痂，委是杖决因风透串，致命身死。

落井投水，验得本尸肉色溃白，口开眼合，肚皮胖胀，指甲内有沙泥，其水深八尺以上，委是生前落井投河，致命身死（如死后弃水中者，十指甲内无泥沙）。

刃伤死，验得本尸某处破伤一处，长、阔分寸若干，其伤皮肉齐截，验是刃伤致命身死（喉咙上伤，云食、气嗓断。脑上，云脑破见有血出凝。伤其他处随痕验）。

病死，验得本尸形体瘦弱，肉色痿黄，口、眼俱合，两手微握，沿身或有灸瘢，验是生前因病身死是的。

自缢死，量得梁高几尺以上，其尸两脚悬虚，舌出，项痕不匝，验是生前自缢身死。

马踏死，验得本尸肉色微黄，两手舒展，头发宽慢，某处有伤一处，长、阔、深、浅各若干，口、鼻、耳内或有血出，验是马踏身死。

棒殴死，验得本尸眼开手散，头发宽慢，肚皮不胀，除沿身轻伤外，某处有伤一处，长、阔若干分寸，此系要害去处，验是棒殴身死。

自割死，验得本尸口、眼俱合，双手拳握，肉黄发聚，项下有伤一处，长若干寸，深若干分，食、气嗓断，验是生前以刀自割身死。

刺死，验得本尸口、眼并开，头发披散，两手微握（有伤云云处伤），验是被人刺中致命身死。

压死，验得本尸舌出睛迷，耳、鼻、口内皆有血出，验是生前
墙倒屋塌，压伤致命身死。

元代验尸分初检和覆检，两次检验由不同检验者隔离进行，两次检验结
果必须相同，方可采信。死亡症状有勒死、摔死、冻死、饿死、辜内病死、
罪囚被勘身死、若惊吓死、毒药死、车碾死、烧死、杖疮死、落井投水、刃
伤死、病死、自缢死、马踏死、棒殴死、自割死、刺死、压死等二十种，特
定的尸体征兆，决定特定的致死方式和原因。特别要准确分辨自杀（如自缢
死、自割司）和他杀（勒死、刃伤死）、刑事犯罪致死和患病致死的不同，
刑事犯罪致死还要寻找作案凶器作为证据链重要的一环，罪囚被勘身死则要
追究相关司法官吏的责任。

尸体检验，在司法审判中意义重大，元代"以人命为重"，凡有告殴伤
身死者，官府随即派人进行尸检，相关办案人员若有下列渎职和违法行为，
即予以严惩：

（1）拖延尸检的时间

"承检尸之牒，则划时而行，重人命也。其或行焉而后时，时焉而不亲
莅，亲焉而不精详，罪皆不轻也。"[1]元律规定："如遇检尸，随即订立时刻，
行移附近不干碍官司，急速差人投下公文"[2]，仍差有关官吏速至停尸去处进
行尸检。如果"诸检尸，有司故迁延及检覆牒到不受，以致尸变者，正官笞
三十七，首领官吏各笞四十七"。[3]

（2）主管官吏不亲临现场监视

主管官吏如"不亲临或使人代之，以致增减不实，移易轻重，及初、覆
检官相符同者，正官随事轻重论罪黜降，首领官吏各笞五十七，罢之；仵作
行人杖七十七，受财者以杠法论"。[4]

---

① （元）张养浩：《牧民忠告》卷下《慎狱·视尸》，商务印书馆 1936 年版，第 18 页。

② 黄时鉴：《元代法律资料辑存》，《大元检尸记》，浙江古籍出版社 1988 年版，第 120 页。

③ 《元史》卷一〇二，《刑法志一》。

④ 《元史》卷一〇二，《刑法志一》。

（3）虚立尸检文案

元律规定："诸有司，在监囚人因病而死，虚立检尸文案及关覆检官者，正官笞三十七，解职别叙。已代会赦者，仍记其过。"①

（4）复核官吏附会初验文案申报

元律规定："诸职官覆检尸伤，尸已焚瘗，止傅会初检申报者，解职别叙。若已改除，仍记其过。"②

（5）标写尸帐不合格及不依式申报

尸检必须按照朝廷下发的"尸帐"，依"检尸文状体式"开写，并依式申报上司，违反者依法治罪③。

检验不实，对裁决影响甚大，元代对违法检验以及妨碍检验真实准确及时者，予以相应处罚。在司法实践中，处罚尸检违规导致冤屈而受罚的案例有：

例一

元成宗大德六年（1302）三月，中书所委官呈：庐江路含山县梅张保患丁肿而死，梅开先妄告赵马儿踢死。初检官含山县达鲁花赤众家奴、覆检官历阳县尉侯泽并不亲临监视，止听从仵作行人刘兴、王永兴定验梅张保作脚踢身死，屈令赵马儿虚招。及赵文通称冤，委官缉问得梅张保却系患丁肿身死，具上其事。中书下刑部议，各官所犯，罪经释免，合解见任，别行求仕，记过刑书。都省准拟。

例二

元成宗元贞元年（1295）九月，御史台呈：衡山县王庚二打死陈大十七，县丞王立不亲临检验，转令司吏蔡朝用代之。本吏受财，以重伤为轻伤，妄作中风而死。据王立所犯，拟笞三十七，解

---

① 《元史》卷一〇二，《刑法志一》。

② 《元史》卷一〇二，《刑法志一》。

③ （元）王与：《无冤录》卷上，《初复检验关文式》，载黄时鉴：《元代法律资料辑存》，浙江古籍出版社1988年版，第154—158页。

见任。都省准拟。①

例三

元仁宗延祐七年（1320）六月，江浙行省准中书省咨："秦阿杨状告：'因为男妇刘买奴在逃，与夫秦二前去诸城县徐官庄亲家刘三牛处根寻，赵德、徐成将夫秦二行打脚踢身死。初、复捡尸官吏，将检出致命伤损除去，捏作患病身死回报'等事。得此。差委前龙兴路推官李承直亲诣前去，与益都路官一同参照文卷，追问得系赵德使令徐成将秦二踢打身死，开到一干人等招词。除另行外，初检官田良、典史陆艺、司吏何源通等，并复检官典司吏并日照县副达鲁花赤忽伦哈牙，各状招指相同。初将初检官县尹田良、复检官副达鲁花赤忽伦哈牙各杖六十七下，降先职二等，典史、司吏一体断遣，罢役不叙外，咨请遍行合属，照会施行。②

斗殴伤人，须勘验伤情，确定伤害程度，以便准确地定罪量刑。

验伤③

勒医工某验得，某人左眼上青肿一处，围圆三寸，用手擘开，其睛已损，神水散尽，全不见物，久远不堪医治，验是他物或拳手所伤。

勒医工某验得，某人左眼周回青肿三寸，用手擘开，验得其睛，初因痛气攻疰，瞳仁亏损，虽微见物，其目已眇，久远不能医治，验是拳手或他物殴伤。

辜内平复，验得，某人左太阳穴上有伤一处，斜长三寸、阔一寸，上有血污，验是他物所伤。辜满再验得，已是平复，更无他故。

勒医工某验得，某人左臂青肿一处，围圆三寸，揣得骨损折。辜满再验得，已成芦节，有妨执物，即同废疾，久远不堪医治（若

---

① 黄时鉴：《元代法律资料辑存》，《大元检尸记》，浙江古籍出版社1988年版，第102页。
② 《元典章新集·刑部》，《诸杀·检验》"初复检验官吏违错"。
③ 《元典章》卷一二，《吏部六·吏制·儒吏》"儒吏考试程式"。

二支废，即同笃疾）。

勒医工验得，某人面黄脉乱，头痛腹高，恍惚多睡，试令唾入水中，其唾沉重。

勒医工验得，某人两手脉息不匀，面色痿黄，头痛腹胀，霍乱吐血，委是中毒形证。

勒医工验得，某人脉患沉迟，面色青白，腹肚微胀，验得落水所伤。

勒医工验得，某人上唇微绽，当门去讫一齿，其所落连带血肉，比对齿白邻牙相同，认是他物所伤。辜满再行验得，其伤已平。

勒医工验得，某人左手大拇指第二节因棍打折。辜满再验得，委成芦节，有妨执物，即同残废。

勒医工验得，某人头上偏左方寸无发，取到捽落头发，其根连带米肉，比对见存发色、长短相同。

勒医工某验得，某人某处有伤一处，斜长一寸，阔一分，验是刃物所伤。

勒医工验得，某人左胁下青紫一处，围圆三寸，口边见有凝定血污，验是因拳手所伤，以致内损吐血。

勒稳婆某验得，妇人某所堕身小系几个月，验是因殴堕落，其母别无损伤。

勒稳婆某验得，本妇乳头变色，子脉方行，委有几个月身孕。

以上是对十四种伤情的察验。验伤，旨在明确受伤的部位、轻重程度、致伤原因、保辜前后治愈状况和伤残后果，刀刃、器械所伤，则要寻找凶器加以印证。

勘验结论是刑事案件重要证据之一，由具有勘验资格的官府委派专职人员取证，因而具有权威性、科学性和合法性。对于有缺陷的勘验结论，可以通过补充勘验、重新质证或者补充质证等方法解决的，不予重新勘验。

三、元代刑事证据制度的特点

（一）无法定证据

法定证据是指按法律的规定对于证据的真伪及其证明力高低进行判断。法定证据制度本质上是对法官审判权专断的限制和拘束。中国古代可以说从未真正地从形式和内容上规定过法定证据，法官断案较多采用自由心证，享有较大的自由裁量权。

（二）重视口供

中国古代非常重视口供，有一定程度的"口供至上"思想，特别是刑事案件的审判过程中，口供甚至成为"证据之王"，是给被告定罪所不可缺少的条件。

（三）刑讯逼供合法

正是因为口供在中国古代有如此功效，在具体的司法实践中，为了取得口供，官员往往采用刑讯逼供的办法迅速结案，酿造了一幕幕人间悲剧。类似《窦娥冤》这样的文学作品所反映的正是逼供屈招的悲剧。

第五节　刑事案件的审理

一、审案原则

（一）有司决断

元代统治者认为："刑法如权衡一般，不可偏了。"① 刑事案件必须交

---

① 《元典章》卷三九，《刑部一·刑制·刑法》"犯法度人有司决断"。

由官府代表国家依循国家法律秉公裁断，其裁决结果才具有权威性、公正性、长久性、稳定性。于是大德十一年（1307）十二月，下令："刑法如权衡一般，不可偏了。……如今内外但是犯着法度的人，都经由有司归问，依体例决断。"①

（二）公平审理

大德十年（1306）五月，元成宗下《整治朝纲诏书》，内有"词讼用心平理"一款，曰："官府大小公事，已有立定限程，民间词讼，尤当用心平理。比来往往背公徇私，变乱是非，逗留不决，以致吾民重困。今后各务依理处决，毋得淹延岁月。官僚执见不同者，具各各所见，申闻上司详断。违者，监察御史、廉访司纠治"②。民间诉讼纠纷的审理，司法官应按照程序法律的规定，用心公平审理。不可徇私舞弊、混淆是非、拖延不决，导致民众陷于穷困无助的境地。司法官吏违法，将受到监察官吏的纠察和惩治。

（三）取状裁断

元代，官府接受诉讼后，会将原告、被告和证人等带到法庭，对其进行审问和调查取证，详细记录犯人口供及证人证词，即形成口供与证词记录文本，称之为"取状"。口供是诉讼中最重要、最原始的证据之一。作为口供记录的"取状"，旨在查清案件的真实情况、具体过程，明确案件当事人是否应承担相应的法律责任。"取状"的重要功能在于：一是让罪犯自认其罪；二是通过对被告人的供词干证人的证词进行对照，或对同一案件中不同案犯各自的供词进行对照，以查清案件事实，还原案件发生的整个过程和具体细节，以作为定罪量刑的重要依据之一。对于复杂案件，官府会不断提审罪犯，多次取状，最终形成完整、清晰的证据链，并对罪犯做出应有的处罚。

---

① 《元典章》卷三九，《刑部一·刑制·刑法》"犯法度人有司决断"。
② 《元典章》卷四，《朝纲一·庶务》"词讼用心平理"。

二、对审理主体的限制

（一）推官专掌刑狱

司法事关国家安危、社会治乱。而司法者的品行、专业修养、办案经验直接影响到司法的成效和信誉。元朝统治者对此有深刻认识："推鞫刑狱，大与其他庶务不同。诸因事发之源，起自巡尉。司县官吏，公明廉政者固亦有之。然推问之术少得其要。况杂进之人十常八九，不能洞察事情，专尚捶楚，期于狱成而已。甚至受赂枉法，变乱是非，颠倒轻重，欲使狱无枉滥，其可得乎？兼囚徒所犯，小则决刺徒流，大则人命所系，不加详审，害政实深"[1]。于是做出"推官专掌刑狱"的规定，元世祖至元二十四年（1287），各路添设推官一员，"专管刑狱，一同署押刑名行移文字，不管其余府事……凡遇刑名词讼，推官先行穷问，须要狱成，与其余府官再行审责，完签案牍文字。或有淹禁，责在推官"。"掌管刑名司吏，听推官于见役人吏内选择，具姓名申廉访司照验，同僚官不得阻挡移换"[2]。"推官……既系鞫勘之官，凡有盗贼，先备五听，审其辞理，参其证佐，辨验是非，理有可疑，然后考掠，"[3]推勘得实，结案详谳。专管刑狱的推官应承担公正清明断案的职责，必须留心狱事，细看文卷，披详词理，庶得其情。"若推官承差，不即申上司，辄离本职者，亦行治罪。其巡按官取具平反冤抑、在禁淹延轻重起数，行移本路，候推官任满，解由内开写，以凭考其殿最，约量升降"[4]。对推官专掌刑狱，法律也有一定的限制："推官之职，既为刑名设置，凡有文案，拟合专以参照研究，务尽词理。审录囚徒，辨验赃仗，其追会未完，照勘脱节，并合催督。遇有冤枉抑屈者，随即举问改正。据循行审理，决遣罪囚，既有定例，系肃政廉访司合行事理，其推官独员遍历所属审断罪

---

[1]　《元典章》卷四〇，《刑部二·刑狱·鞫狱》"推官专管刑狱"。
[2]　《元典章》卷四〇，《刑部二·刑狱·鞫狱》"推官专管刑狱"。
[3]　《元典章》卷五四，《刑部十六·杂犯一·违枉》"枉禁平民身死"。
[4]　《元典章》卷四〇，《刑部二·刑狱·鞫狱》"推官专管刑狱"。

囚，理合禁止"①。路府州县断决罪囚以及推官专理刑狱，各有定例，推官无权独员遍历所属审断罪囚，也不能干涉监察官吏的司法监察权。

（二）词讼正官推问

"刑名词讼，情犯多端"②，为了禁止一般人吏干预司法、擅自用刑，作威作福，从而引惹词讼、紊烦官府，元朝确立"词讼正官推问"的原则，"如有告论州县官吏人等不公等事，先取各人重甘执结文状。若有附近去处，本管官司亲为理问。如地里远弯，事关人众，须合委官推问，本处摘官一员，将领请俸司吏人等前往被论去处，依理归问。如正官有阙，于附近县官内选差廉干正官，将引请俸人吏勾当。"③让掌握地方行政实权的官吏兼领司法，亲为理问词讼，其他官吏无权过问。具体说，地方路以达鲁花赤、总管、同知、治中、推官、断事官为正官；府以达鲁花赤、知府、同知、判官、推官、断事官为正官；县以达鲁花赤、县尹、县丞、县簿为正官。县尉则专职巡捕盗贼，不参与案件审理，县以下的巡检司巡检，职责相同，都不参与案件审理。这是为了将治安与司法两种职能区分开，防止治安官员营私舞弊。在强调"词讼正官推问""连职官同问"的同时，禁止人吏审理词讼之事。元律规定："诸鞫勘罪囚，连职官同问，不得专委本厅司吏及弓兵人等推问。违者纠察"④。元成宗大德六年（1302）三月，省台下令："刑名词讼，果有必须委官追问事理，除朝省外，各衙门辄差令史、宣使人等，宜与廉访司书吏、奏差一体禁止相应。"⑤人吏审理词讼，擅作威福，事有偏徇，特定例禁止。

---

① 《元典章新集·刑部》，《刑狱·详谳》"推官不许独员遍历断囚"。

② 《元典章》卷五三，《刑部十五·诉讼·问事》"人吏不得问事"。

③ 《元典章》卷五三，《刑部十五·诉讼·问事》"词讼正官推问"。

④ 《元典章》卷五，《台纲一·行台》"行台体察等例"。

⑤ 《元典章》卷五三，《刑部十五·诉讼·问事》"人吏不得问事"。

（三）司法官回避制度

唐代首次以法典的形式颁布了司法官回避制度："凡鞫狱官与被鞫狱人有亲属仇嫌者，皆听更之。"① 元在此基础上，进一步扩大了应回避的范围和明确了对应回避而不回避官吏的刑事惩处。元朝有关司法官回避制度有两项基本内容：其一，事涉亲仇之嫌，必须依法回避。元律规定："诸职官听讼者，事关有服之亲并婚姻之家及曾受业之师与所仇嫌之人，应回避而不回避者，各以其所犯坐之。有辄以官法临决尊长者，虽会赦，仍解职降叙"。其二，职官被人控告，不得审理此案。元律规定："诸曾诉官吏之人有罪，其被诉官吏勿推"②，"凡言告官吏不公之人所犯，被告官吏理宜回避"③。如果官吏应回避而不回避者，当事人应向该官吏上司提出回避请求，或"仰监察纠察"。回避制度在一定程度上维护了司法审判的客观公正，减少了人情恩怨对司法的冲击和干扰。

（四）禁止无司法审判权的官吏接受词状

这些法律规定包括：其一，军官不许接收民间词讼。"本省所设各路镇守并省都镇抚衙门，止是专一提调军马，镇遏地面勾当，其余事务合从有司承管"④，"诸军官辄断民讼者，禁之，违者罪之"⑤。"民间一切词讼理断，……从本路总管府依理施行"⑥，避免以军事权凌驾地方司法权，维护地方官府的司法权威；其二，词讼不许里正各申。"词讼之烦简，系民官之政令"，元律规定："今后除地面啸聚强窃盗贼、杀人、伪造宝钞、私宰牛马许令飞申，其余一切公事，听令百姓赴有司从实陈告，乡都里正、主首、社长、巡尉、弓手人等不许干预。"⑦ 避免九品以下的"流外官"越职插手或

① 《旧唐书》卷四三，《职官志二》。
② 《元史》卷一〇二，《刑法志一》。
③ 《元典章》卷五三，《刑部十五·诉讼·被告》"被告官吏回避"。
④ 《元典章》卷五三，《刑部十五·诉讼·听讼》"军官不许接受民词"。
⑤ 《元史》卷一〇三，《刑法志二》。
⑥ 《元典章》卷五三，《刑部十五·诉讼·听讼》"军官不许接受民词"。
⑦ 《元典章》卷五三，《刑部十五·诉讼·听讼》"词讼不许里正备申"。

干预民间词讼，从而造成误断。"诸流外官越受民词者，笞一十七，首领官二十七，记过。"① 其三，巡检不得接受民词。"各处巡尉司职专捕盗，例禁不许接受民讼。"② 捕盗官司受理白状，严行治罪。其四，出使人不得接受词讼。"诸衙门出使人员，除本宗事外，毋得接理词讼。若果有必合上闻事理，实封申呈合干上司"③，以维护地方官府的司法权。其五，站官不得接受词讼。"各处站官，多系省台公使、首领、面前随使人等类，皆不谙官事，使居此役，只待使人，管干马匹、船只、铺陈什物一切事务，乃其职也。站户词讼，自是有司之责，不应站官私受词状。若不禁治，不惟紊烦官府，实为蠹害良民，不便"④。这些规定，旨在把无司法审判权的官吏排除在受理诉讼的范围之外，以减少军事权、行政权对司法权的渗透和干扰，确保司法权一定的独立性。如有冤抑，经行中书省理断，不当者，仰御史台纠察。

（五）特定诉讼主体的词讼必须由法定的职官论问

禁止无关官吏参与特定诉讼主体的词讼包括：回回人、儒人、投下并诸色户计的刑名词讼，以及儒、道、僧、医、户、乐人，军、民、灶户的相争词讼。此类诉讼，或由管民官论问，或由管民官分头约会各主管头目同问⑤。这样规定，一是维护特定诉讼主体的宗教信仰、语言表达、风俗习惯、行业禁忌的权利；二是更便于熟悉情况，沟通协商，公正裁断。

三、审讯程序

元朝正式的审讯分为两个阶段。第一阶段为言辞审讯，第二阶段为刑

---

① 《元史》卷一〇二，《刑法志一》。
② 《元典章》卷五三，《刑部十五·诉讼·听讼》"巡检不得接受民词"。
③ 《元典章》卷五三，《刑部十五·诉讼·听讼》"出使人不得接词讼"。
④ 《元典章》卷五三，《刑部十五·诉讼·听讼》"站官不得接受词状"。
⑤ 《元典章》卷一〇，《吏部四·职制》。

讯。元律对审讯的内容和手段有如下几项基本要求：

（一）原告就被告

原告与被告不在一地时，由被告所在地官府审理。元律规定："诸州县邻境军民相关词讼，元告就被论官司归断，不在约会之列。断不当者，许赴上司陈诉，罪及元断官吏"①。原告就被告原则，便于传唤被告到庭接受讯问。若被告地官吏袒护被告，不公正处断，原告可上诉。情况属实，将处罚妄断官吏。

（二）鞫囚职官公同磨问

职官同问，又称"公厅圆坐"，即地方官府正官会同有关职官审讯重大刑事案件。元代沿袭了前代重大疑难案件集体讨论的传统，元世祖中统四年（1263）七月，法律规定："鞫勘罪囚，仰达鲁花赤、管民官一同磨问，不得转委通事、必阇赤人等推勘。如违，仰宣慰司究治。若有所枉者，具事故关报呈省。"②元世祖至元五年（1268）七月，法律规定："诸囚禁非理死损者，委监察随事推纠。鞫勘罪囚，皆连职官同问，不得专委本厅及典吏推问。如违，委监察纠察。"③《至正条格》规定："诸所在重刑，皆当该官司公厅圆坐，取讫服辩"④，即地方官府正官会同有关职官审讯。延祐六年（1319），元仁宗对扎鲁忽赤买闾说："扎鲁忽赤，人命所系，其详阅狱辞。事无大小，必谋于同僚。疑不能决者，与省、台臣集议以闻。"⑤元代各地方审判机构对于重大疑难案件也有集体讨论的传统，讨论后有关的官员在文书上签字，以示承担法律责任。元代法律规定："京、府、州、县官

① 《元史》卷一〇二，《刑法志一》。
② 《元典章》卷四〇，《刑部二·刑狱·鞫狱》"鞫囚公同磨问"。
③ 《元典章》卷四〇，《刑部二·刑狱·鞫狱》"鞫囚职官同问"。
④ 《元典章》卷四〇，《刑部二·刑狱·察狱》"犯人翻异移推"。另见《至正条格·条格》卷三三，《狱官·断决推理》。
⑤ 柯劭忞：《新元史》卷一〇三，《刑法志下》。

员每日早聚圆坐，参议词讼，理会公事。"各级司法官吏参与案件的审理，"推问刑狱，……必须圆签文字"。①职官共同推问，能集思广益，互相监督，减少个人主观臆断、擅作主张、简单从事的弊病，使审讯公正严明。

（三）鞫囚以理推问

元世祖至元二十八年（1291）六月，中书省奏准《至元新格》内一款："诸鞫问罪囚，必先参照元发事头，详审本人词理：研穷合用证佐，追究可信显迹。若或事情疑似，赃仗已明，而隐讳不招。须与连职官员立案同署，依法拷问。其告指不明，无证验可据者，先须以理推寻，不得辄加拷掠。"②司法官在言辞审讯过程中，先须仔细分析诉讼当事人的书状，然后听取原告、被告和干证人的陈述，全面掌握具体案情。同时要认真审查有关物证，即赃仗。元代审讯时对物证非常重视。可以说，物证在定案时往往要起决定性的作用。在刑事案件的审讯中赃仗的有无和性质的判断对于定案有着重要的作用。在一般的情况下，如果没有赃仗刑事案件就无法定案，被告即使可疑，也只能系狱不决甚至释放。此外，勘验官进行尸检和伤验后做出的尸账，也是审讯的重要依据。言辞审讯以讼词为线索，以证据为凭据，以逻辑推理为导向，根据证据和事理推问，了解犯罪事实真相，以作为定罪量刑的依据。在鞫囚过程中，拷讯只是出示证据和依理推问的辅助手段，不得随意使用。

（四）限制拷讯

元代对刑讯非常慎重，讯杖有严格规范，"讯杖大头径四分五厘，小头径三分五厘，长三尺五寸，并刊削节目，无令筋胶诸物装钉。应决者，并用小头……拷讯者，臀若股分受，务令均停"③。"诸有司断诸小罪，辄以杖头

---

① 《元典章》卷一三，《吏部七·公规一·署押》"圆座署事"。
② 《元典章》卷四○，《刑部二·刑狱·鞫狱》"鞫囚以理推寻"。
③ 《元史》卷一○三，《刑法志二》。

非法杖人致死，罪坐判署官吏。"①法律对刑讯有严格的程序和限制性规定："诸鞠问囚徒，重事须加拷讯者，长贰僚佐会议立案，然后行之，违者，重加其罪。"②其一，只有对证据确凿，犯罪事实清楚，而又不肯招认的重罪犯人才能刑讯；其二，用刑必须由同一衙门中的同审连职官员、首领官共同商议决定，并须写成文字材料共同签字署名，以示认可和承担法律责任，方可拷讯，即动用刑具逼令罪犯供认所犯罪行；其三，如果证据不足，首先以理推问，罪犯不供认，方可依法刑讯。元代限制拷讯，特别是对蒙占人不拷讯，故清末沈家本道："禁残酷，禁鞭背拷讯，先立案，并旧法也，惟蒙古人不拷讯，乃元制"③。延祐三年（1316）六月，仁宗敕"凡鞠囚，非强盗毋加酷刑"④。

元代司法，"诸处鞠问罪囚，多有自用己意，失之酷虐，深为未便。若不早为禁断，有伤大体"，故立法予以严厉禁止。一是游街拷掠贼徒，枉伤人命。元朝廷定例："游街拷掠，诚非理体，若不禁治，枉伤人命，关系非轻。……合准所拟，严行禁治。今后若有故为禁令，似前非法游街拷掠囚徒，事轻，从本管上司究治，因而致伤人命者，取明白招伏咨省"。二是露体久跪，恣情凌辱。审讯时，"官吏推问，不详法制之轻重，不肯以理而推寻，遽凭所告，务要速成。一到讼庭，令精跪褪衣，露膝于粗砖顽石之上，或于寒冰烈日之中，莫恤其情，不招不已。使其人胁骨支离，不可屈伸，腿脚拳挛，不能步履。又令狱卒时复提换，每移一处，则两膝脓血，昏迷不省。假使得免，亦为废人。况外无拷掠之痕，内有伤残之实……上负国家好生之德，下长官吏酷虐之风。"元朝廷定例："讯囚之法，已有定例。其精跪之酷，诚为虐政，若不禁止，遗患方深。……合准所拟。今后若有似此跪厅问事酷虐官吏，有人告发，从本管上司究治"。三是暮夜鞠囚，摧残身体。"一

---

① 《元史》卷一○二，《刑法志一》
② 《元史》卷一○三，《刑法志二》。
③ 沈家本：《历代刑法考·刑法分考十七》"元蒙古人不拷掠"按语。
④ 《元史》卷二五，《仁宗本纪二》。

等酷吏，昼则饱食而安寝，夜则鞫狱而问囚。意为暮夜之间，人必昏困而难禁，灯烛之下，自可肆情而妄作，以致蚊虱之嗜皮肤，风霜之裂肌体。间有品官为事鞫问，官吏先使本人跪于其前，问官据案假寐，或熟寝榻上，至于睡觉，方问其人招与不招，又复偃卧。或啜茶饮酒，故意迁延，百端凌虐，必得招而后已。国家赤子，乃使刻薄之人残害如此。若不明立案禁，贻害无穷。"有司定例："除今后朝廷委问并各处紧急重事，许官员从便推问，不为定例，其余夤夜鞫问罪囚，并合禁断。……违者从本管上司究治"①。依法文明拷讯是对司法官吏的基本要求。

（五）禁刑日内禁止"问罪囚"和"断人罪"

元宪宗七年（1257），蒙哥皇帝宣谕规定，从这一年开始，以每月的初一、初八、十五、二十三为禁刑日，在每月的这四天，禁止刑人，以示统治者的仁慈和宽恕。元律规定"诸职官于禁刑之日决断公事者，罚俸一月，吏笞二十七，记过"②。

（六）翻异移推

元代法律规定："诸所在重刑，皆当该官司公厅圆坐，取讫服辨，移牒肃政廉访司审复无冤，结案待报。若犯人翻异，或家属称冤，听牒本路移推。其赃验已明，及不能指论抑屈情由者，不在移推之例"③。翻异移推，即犯人翻供而不服原判，各路可改换另处官府重新审断，以示慎重和公正。证据确凿、犯罪事实清楚、无冤假错案嫌疑的，不在"翻异移推"的范围之内。元成宗大德七年（1303）五月，法律规定："今后重刑，各路追勘一切完备，牒呈廉访司仔细参详始末文案，尽情疏驳。如无不尽不实者，再三复审无冤。开写备细审状回牒本路，抄连元牒，依式结案。行省专委文咨省官，并

---

① 本段所有引文均参见《元典章》卷四〇，《刑部二·刑狱·狱具》"禁治游街等刑"。
② 《元史》卷一〇二，《刑法志一》。
③ 《元典章》卷四〇，《刑部二·刑狱·察狱》"犯人翻异移推"。

首领官吏用心参照，须要驳问一切完备，别无可疑情节，拟罪咨省。其余轻罪依例处决。果无例者，本省先须详议定罪名，咨省可否。首领官吏各于咨文后标写姓名，不许脱本抄连备咨。如若无大段情犯，或有例不决、追勘不完者，定将当该首领官吏量事责罚。腹里路分，一体施行。似望狱无淹囚，少革紊烦之弊"。① 这说明在元代刑事重案的审判上具体情况是：路府拟判；廉访司复审查；行省复核拟判或对没有旧例、法规的进行拟判；刑部再审上报所拟及提出新拟；中书省决断；死刑报皇帝核准。

（七）召保听候

元世祖至元十四年（1277），元律规定："诸罪囚应枷锁、散禁之例，各以所犯轻重斟酌。干连不关利害，及虽正犯而罪轻者，召保听候，违者纠察"②。元代官府责令犯轻罪者提供担保人，保证其随喊随到，不逃避审讯，以获得释放或免于逮捕和拘留。

（八）枉勘枉禁论罪

勘审达到的基本法律要求是，"苦主某人，指身死某人脚色，行下某处勘会得，被杀人某在日若干年甲，生前别无症状，即不是奴贱及在逃应合杀捕之人，与行凶人无仇不亲，照籍相同。""至徒以上人，行下合属，勒当该邻首人等勘会得，在家应有人口、年甲，并与所责无异，某人见有是何疾证外，其余人口并无疾病。除今犯外，在前更不曾作下其余重罪，亦不是在逃应合杀捕之人。见有物业，除已责付当该邻首知管，取到不致失散罪状"③。元成宗大德二年（1298）定例："鞫勘罪囚，已有定例。今后若有枉勘、枉禁，依准部拟，随情量轻重论罪。"④ 元代吏部主事贾

---

① 《元典章》卷四〇，《刑部二·刑狱·断狱》"重刑结案"。

② 《元典章》卷四〇，《刑部二·刑狱·系狱》"斟酌监保罪囚"。

③ 《元典章》卷一二，《吏部六·吏制·儒吏》"儒吏考试程式"。

④ 《元典章》卷四〇，《刑部二·刑狱·鞫狱》"枉勘枉禁论罪"。

廷瑞曾在上奏中说："近年以来，府州司县官失其人，奉法不虔，受成文吏，舞弄出入，以资渔猎。愚民冒法，小有词讼，根连株累，动至千百，罪无轻重，即入监禁，百端扰害，不可胜言"①。"诸有司辄凭妄言帏薄私事逮系人者，笞四十七，解职，期年后叙"②。"诸职官告吏民毁骂，非亲闻者勿听，违者罪之"③。

四、复审复核奏裁及清理留狱

（一）申诉复审

元初，至元元年（1264）八月，元世祖诏新立条格，其中就有"具盗贼、囚徒起数，月申省部"④的规定。元顺帝（后）至元三年（1337）七月，诏"除人命重事之外，凡盗贼诸罪，不须候五府官审录，有司依例决之"。⑤

1.服辩。一案判决后，必须取得犯罪者签字画押的供状。唐律规定，徒以上罪的判决宣读后须"取囚服辩"，即令罪犯表示对判决是否心服，并立服辩文状：如不服，即须重新审理。元代继承了唐宋的这一制度，元律规定："本府（州）司官公座，对众将犯重刑人某至徒人某对各人家属同行引审，明示罪名结定，已招词因并是端的，别无冤枉，取到服辩文状。"⑥

2.详谳。元朝是我国北方少数民族蒙古族建立的政权。元朝入主中原后，继续实行疑难案件的奏谳制度。元世祖中统五年（1264）八月四日颁布圣旨，规定："诸州司县但有疑狱，不能决断者，无得淹滞，随即申解本路

---

① 《新元史》卷一〇三，《刑法志下》。另件《元典章》卷四〇，《刑部二·刑狱·系狱》"详情监禁罪囚"。

② 《元史》卷一〇二，《刑法志一》。

③ 《元史》卷一〇二，《刑法志一》。

④ 《元史》卷五，《世祖纪二》。

⑤ 《元史》卷三九，《顺帝纪二》。

⑥ 《元典章》卷一二，《吏部六·吏制·儒吏》"儒吏考试程式"。

上司。若犹有疑惑不能决者，申部。"①元代地方各路的推官有权受理所辖各府、县奏谳的疑难案件，如贡师泰在任绍兴路总管府推官期间，郡有疑狱，悉为详谳而剖决之。

"在狱之囚，吏案虽成，犹当详谳也。若酷吏锻炼而成者，虽谳之囚，不敢异辞焉。须尽辟吏卒，和颜易气，开诚心以感之；或令忠厚狱卒，疑曲以其情问之。如得其冤，立为辨白，不可徒拘阂吏文也。噫！奸吏舞文，何所不至哉！"②

元代把全国各地分为二十二道，分设提刑按察司，后改名为肃正廉访司，分别隶属中央御史台和江南、陕西行台。廉访司主要负责督查所巡地方的行政和吏治情况，有权受理巡查地区上奏的疑难案件。据《元史·刑法志》记载："凡郡国有疑狱，必遣官覆谳而从轻。"③如不花担任河东廉访司期间，尝出按部民，有杀子以诬怨者，狱成，不花谳之，曰："以十岁儿，受十一创，且彼以斧杀怨，必尽其力，何创痕之浅，反不入肤耶！④"遂得其情，平反出之。如廉访司仍不能决断，则向中央的御史台、中书省上奏。

元代中央受理地方奏谳疑难案件的司法机构有刑部、御史台和丞相府。大德五年（1301），元成宗下诏："凡狱囚禁系累年，疑不能决者，令廉访司申呈省、台详谳。"⑤元代中书省丞相的权力很大，可以对刑部奏谳的疑难案件提出不同意见，"刑部尝有狱事，上谳既论决，已而丞相知其失，以谴右司主者"。⑥元顺帝元统元年（1333），"遣省、台官分理天下囚，罪状明者处决，冤者辨之，疑者谳之，淹滞者罪其有司"。⑦

---

① 《元典章》卷四〇，《刑部二·刑狱·系狱》"疑狱毋得淹滞"。

② （元）张养浩：《牧民忠告》卷下，《慎狱·详谳》。

③ 《元史》卷一〇二，《刑法志一》。

④ 《元史》卷一七九，《杨朵儿只传附不花传》。

⑤ 《元史》卷二〇，《成宗纪三》。

⑥ 《元史》卷一三七，《奕赫抵雅尔丁传》。

⑦ 《元史》卷三八，《顺帝纪一》。

元律规定："诸应申上司定夺之事，皆自下而上，用心检校。但有不实不尽，其所由官司即须疏驳，必要照勘完备，议拟相应，方许申呈。若事有未完，例或不当，不即疏驳而辄准申呈者，各将当该首领官吏究治。驳而不尽，至于再三，故延其事者，亦如之。"①"受命方出，有回回六人讼事不实，将抵罪，遇诸途，急止监者曰：'姑缓其刑，当入奏。'复见帝曰：'此六人者，名著西域，徒以小罪尽诛之，恐非所以怀远人也。愿以赐臣，臣得困辱之，使自悔悟迁善，为他日用，杀之无益也。'帝意解，召六人谓之曰：'生汝者速哥也，其竭力事之。'至云中，皆释之。后有至大官者。"②

（二）奏裁制度

元世祖至元十二年（1275）四月，中书省议立登闻鼓，如为人杀父母兄弟夫妇，冤无所诉，听其来击。至元三十年（1293）正月，"敕诸事赴省台诉之，理决不平者，许诣登闻鼓院击鼓以闻。"③

元世祖至元二十年（1283）十一月，中书省咨，据刑部呈，"各处凡有到省刑名事理，多送本部照勘拟定呈省。今来照得事发官司元呈，只是节略犯人招语，不见备细情犯词因，准凭短招议罪，中间恐有差池，若便疏驳不完呈省，却缘地里悬远，不胜往复文繁，致使囚人坐禁，未便。参详：今后遇有须合申明裁决事理，令事发官司开写犯人所招一干备细词因完备，申覆合干上司，先行议拟，咨呈部省区处，或送本部复拟。"④元世祖至元二十七年（1290）七月，"江淮省平章沙不丁，以仓库官盗欺钱粮，请依宋法黥而断其腕，帝曰：'此回回法也。'不允。"⑤

---

① 《元典章》卷四，《朝纲一·政纪》"省部减繁格例"。

② 《元史》卷一二四，《速哥传》。

③ 《元史》卷一三，《世祖纪九》。

④ 《元典章》卷三九，《刑部一·刑制·刑名》"刑名备申招词"。

⑤ 《元史》卷一六，《世祖纪十三》。

（三）死刑复核、复奏制度

在元朝，在刑事审判上实行层层审查制。"诸大宗正府理断人命重事，必以汉字立案牍，以公文移宪台，然后监察御史审覆之"①。元成宗大德五年（1301），下诏："凡狱囚禁系累年'疑不能决者，令廉访司具其疑状，申呈省台详谳，乃为定制"②。"切惟国朝最以人命为重。凡有重刑，必须奏覆而后处决，深得古先谨审刑辟之意……各处重囚追勘完毕，牒审无冤，结案待报，盖详刑之义，圣朝所尚"③。

谳报。元代重大案件及死刑案件的逐级上报决断制度。元代法律规定："诸斗殴杀人，无轻重，并结案上省部详谳。有司辄任情擅断者，笞五十七"④。

元英宗即位十有九日，右丞相铁木迭儿怨拜住在省中牵制其所为，又发其奸赃、专制等事，遂请依皇太后旨，并前御史中丞杨朵儿只皆杀之。帝曰：'人命至重，刑杀非轻，不宜仓猝。二人罪状未明，当白太后，使详谳之，若果无冤，诛之未晚。'竟杀之，并籍其家。"⑤

复审。元代法律规定："某年月日，有本道肃政廉访司某官牒会合审重囚，为此，将犯重刑罪囚某人同卷发去审问。去后，回准公文该：将卷照过，令不干碍人吏引审得犯人某状招：见年若干，别无疾病，所有脚色备细词因，已责在官。今据实招伏，不合于某年月日作何过犯，于几年月日，蒙巡按某官令不干碍人吏对狱卒人等再三引审结定，已招情款并今伏审，委是亲通本犯实情，别无冤枉。若准某处已招，任蒙依法处断施行。取到服审文状，已令双手点讫指文，请依式连衔，开申施行。"⑥

---

① 《元史》卷一〇三，《刑法志一》。
② 《元史》卷二〇，《成宗纪三》。
③ 《元典章》卷四〇，《刑部二·刑狱·狱具》"禁治游街等刑"。
④ 《元史》卷一〇三，《刑法志二》。
⑤ 《元史》卷一七九，《萧拜住传附丑奴、老瓦传》。
⑥ 《元典章》卷一二，《吏部六·吏制·儒吏》"儒吏考试程式"。

（四）留狱清理的最后

推官察狱。元代法律规定："诸随处季报罪囚，当该上司皆须详视，但有淹滞，随即举行。其各路推官既使专理刑狱，凡所属去处，察狱有不平，系狱有不当，即听推问明白，咨申本路，依理改正。若推问已成，他司审理或有不尽不实，却取推官招伏议罪。"①

元世祖中统五年（1264）八月初四日，"钦奉圣旨立中书省条画内一款节该：'诸州司县但有疑狱不能决断者，无得淹滞，随即申解本路上司。若犹有疑惑不能决者，申部。应犯死罪，枷杻收禁，妇人去杻，杖罪以下锁收。'钦此。"②

第六节 刑事案件的判决与执行

一、定案

先议后判。审讯告一段落便是定案。凡是情节轻微，可能判处答杖五十七以下的刑事案件司县可以做出判决。对于判处答杖六十七以上的刑事案件，司县进行初步审理后交路州府审理。司县对于各类案件的处理必须经过官员的集体讨论决定，并在有关文书上共同签字，以示负责。多数县直属于路，经过"略问是实"的重罪犯便解赴路。有的县隶属于路以下的州府，因此司县将犯人先解赴州府，然后逐级往上移交。此外，司县对疑案不能审决的，立即交付上级路府审理。

元代路总管府的官员有札鲁花赤、总管、同知、治中、判官和推官。判

---

① 《元典章》卷四〇，《刑部二·刑狱·察狱》"罪囚淹滞举行"。
② 《元典章》卷四〇，《刑部二·刑狱·系狱》"疑狱毋得淹滞"。

官以上各一名。推官在上中路设两名下路设一名。各府宫员有札鲁花赤、知府或府尹、同知、判官、推官等官员各设一名。路府的"推官"是专门审理刑事案件的官员，为了进行审讯的需要各路都有专门的推官厅，并设有专职的审讯官，这是路府与司县级机构不同的地方。

元代的州设札鲁花赤、州尹、同知、判官。州设有专职的审讯官，和司、县一样，州的官员都要承担审讯的工作。其中的判官"兼捕盗"。在县级机构中"职专搏盗"的县尉是不能主持审讯的。但州判官则不同。一是州判官可以"与管民官通行署事"（共同签署文书，县尉不与官民官"署押文字"）；二是州设有判官两名，轮流捕盗。因此州判官是可以主持审讯的。

一般来说路府州接受的是司县移交上来的刑事案件。但州的情况有些特殊。从行政管辖来说州可以分为两类：一类州是管辖县的，另一类是由县升级而成的，不辖县。对于后一类的州，在审讯程序方面和司县没有区别，也就是说这一类州同样要承担刑事案件的初步审理。路府州在审讯程序方面与县司一样首先进行言辞审讯，凡证据确凿而拒不招认的可以进行刑讯。

如前所述，县司官员审讯后定案须经同一衙门中官员集体讨论取得一致意见。路府州审理案件，在这一点上和县司没有区别。如果官员中有人对某一案件持不同意见，不肯签字，他的意见可以上报，该案上报或者另派其他官员重审。路府衙门处理的刑事案件经过上述程序审理，确实无误后，便公开宣判。

元代的刑事诉讼程序具有严密性和合理性，与同时代的欧洲国家、亚洲国家的法律制度相比是很先进的。伴随着蒙古人统治疆域的扩大，其法律制度对欧业国家也具有很强的影响力。

二、刑罚的执行

元统治者认为："惟邦国之用刑，以清群慝；俾人臣之知戒，勿蹈匪彝。"[1] "元太祖初颁条画，刑狱惟重罪处死，其余杂犯量情笞决"[2]。以刑治罪，死刑重而笞刑轻，无中间刑连接和过渡，难以准确地量刑惩治犯罪。元大德六年（1302）五月，太宗谕条令曰："诸公事非当言而言者，拳其耳；再犯，笞；三犯，杖；四犯，论死。诸千户越万户前行者，随以木镞射之。百户、甲长、诸军有犯，其罪同。"[3] 用刑随意而没有固定规范。元朝执行刑事判决的情况大致如下：

（一）主刑的执行

1. 笞杖刑的执行

笞刑的用意在于："笞者，击也。又训为耻，言人有小愆，法须惩戒，微加捶挞以耻之"[4]。元代笞刑六等：七，十七，二十七，三十七，四十七，五十七。

杖刑的用意在于："杖者，持也，而可以击人也"[5]。元代杖刑五等：六十七，七十七，八十七，九十七，一百七。元代"诸刑具，枷长五尺以上，六尺以下，阔一尺四寸以上，一尺六寸以下，死罪重二十五斤，徒流二十斤，杖罪一十五斤，皆以干木为之，长阔轻重各刻志其上。杻长一尺六寸以上，二尺以下，横三寸，厚一寸。锁长八尺以上，一丈二尺以下，镣连镮重三斤。笞大头径二分七厘，小头径一分七厘，罪五十七以下用之。杖大头径三分二厘，小头径二分二厘，罪六十七以上用之。……其决笞及杖者，臀受"[6]。

元成宗时，笞刑已废不用，徒不加杖。元世祖至元三十一年（1294）六月辛丑，御史台臣言："先朝决狱，随罪轻重，笞杖异施，今止用杖，乞如旧制。"不允。[7] 元成宗元贞二年（1296）五月，"诏诸徒役者，限一年释之，

---

① 《元典章》卷三，《圣政二·明政刑（三）》。

② 王圻：《续通考》卷一三五。

③ 《元史》卷二，《太宗纪》。

④ 《元典章》卷三九，《刑部一·刑制·刑法》"五刑训义"。

⑤ 《元典章》卷三九，《刑部一·刑制·刑法》"五刑训义"。

⑥ 《元史》卷一〇三，《刑法志二》。

⑦ 《元史》卷一八，《成宗纪一》。

毋杖。"①

许衡主张禁私狱，废鞭背之刑。"笞有定制，禁私置牢狱，淫民无辜，鞭背之刑宜禁治，以彰爱生之德"②。元世祖至元二十九年（1292）二月，"申禁鞭背"③。"诸鞫狱辄以私怨暴怒，去衣鞭背者，禁之"④。

2. 徒流编配

徒刑的用意在于："徒者，奴也，盖奴辱之"⑤。元代徒刑六等：一年，一年半，二年，二年半，三年，五年。

元英宗至治二年（1322），乌古孙良桢任漳州推官，"狱有疑者，悉平反之。上言：'律，徒者不杖，今杖而又徒，非恤刑意，宜加徒减杖。'遂定为令"⑥。

迁徙的用意在于：谓不忍刑杀，宥于远也。元代流刑三等：二千里，二千五百里，三千里。

元文宗天历二年（1329）七月，"更定《迁徙法》：凡应徙者，验所居远近，移之千里，在道遇赦，皆得放还；如不悛再犯，徙之本省不毛之地，十年无过，则量移之；所迁人死，妻子听归土著。著为令。"⑦此用唐律流配人在道之意。

3. 执行死刑

死刑的用意在于：绞、斩之坐，刑之极也。元代"死刑则有斩而无绞，恶逆之极者，又有凌迟处死之法焉"⑧。

死刑决不待时。元世祖至元十二年（1275）十一月，中书省臣议断死罪，诏：

---

① 《元史》卷一九，《成宗纪二》。
② 《元史》卷一五七，《刘秉忠传》。
③ 《元史》卷一七，《世祖纪十四》。
④ 《元史》卷一〇三，《刑法志二》。
⑤ 《元典章》卷三九，《刑部一·刑制·刑法》"五刑训义"。
⑥ 《元史》卷一八七，《乌古孙良桢传》。
⑦ 《元史》卷三三，《文宗纪二》。
⑧ 《元史》卷一〇二，《刑法志一》。

"今后杀人者死，问罪状已白，不必待时，宜即行刑。其奴婢杀主者，具五刑论。"①

元仁宗时，不用凌迟之法。延祐三年（1316）六月，敕"大辟罪，临刑敢有横加剐割者，以重罪论"②。

戮尸。元律规定："诸子弑其父母，虽瘐死狱中，仍肢解其尸以徇。……诸因争虐杀其兄者，虽死仍戮其尸。"③至大二年(1309)十二月二十二日，穆仲良告弟穆豁子因伊兄不还元借钞五钱，用刀将兄穆八扎死。杀死亲兄，系恶逆重事，若不明示罪名，则后人无以惩戒。虽本贼就禁身死，……对众戮尸。④

元世祖至元二十四年（1287）年闰二月，庚寅，"大驾幸上都。札鲁忽赤合剌合孙等言：'去岁审囚官所录囚数，南京、济南两路应死者已一百九十人，若总校诸路，为数必多，宜留札鲁忽赤数人分道行刑。；帝曰：'囚非群羊，岂可遽杀耶！宜悉配隶淘金。'"⑤

董文忠是董俊的第八个儿子。世祖至元年间（1264—1294），"时多盗，诏犯者皆杀无赦。在处系囚满狱。文忠言：'杀人取货，与窃一钱者均死，惨黩莫甚，恐乖陛下好生之德。'敕革之。或告汉人殴伤国人，及太府监属卢甲盗剪官布。帝怒，命杀以惩众。文忠言：'今刑曹于囚罪当死者，已有服辞，尤必详谳，是岂可因人一言，遽加之重典。宜付有司阅实，以俟后命。'乃遣文忠及近臣突满分核之，皆得其诬状，遂诏原之。"⑥

至元二十三年（1286）四月已未，世祖道"人命至重，今后非详谳者，勿辄杀人"⑦。布鲁海牙任断事官，"时断事官得专生杀，多倚势作威，而布鲁海牙小心谨密，慎于用刑。有民误殴人死，吏论以重法，其子号泣请代死，布鲁海

---

① 《元史》卷八，《世祖纪五》。
② 《元史》卷二五，《仁宗纪二》。
③ 《元史》卷一〇四，《刑法志三》。
④ 《元典章》卷四一，《刑部三·诸恶·不睦》"穆豁子杀兄"。
⑤ 《元史》卷一四，《世祖纪十一》。
⑥ 《元史》卷一四八，《董俊传附董文忠传》。
⑦ 《元史》卷一四，《世祖纪十一》。

牙戒吏，使擒于市，惧则杀之。既而不惧，乃曰：；误殴人死，情有可宥，子而能孝，义无可诛。'遂并释之，使出银以资葬埋，且呼死者家谕之，其人悦从。"①

（二）其他刑罚的执行

1. 刺字

汉人犯窃盗及强盗罪，元成宗大德六年（1302）三月定例："诸窃盗，初犯刺左臂（谓已得财者），再犯刺右臂，三犯刺项。强盗，初犯刺项。并充警迹人，官司拘检关防，一如旧法。其蒙古人有犯及妇人犯者，不在刺字之列"②，"今后除正蒙古人外，其余色目、汉人不以是何职役，但犯强窃盗贼，俱各一体刺断"③。"女真作贼，既非色目，依准部拟，与汉儿一体刺字"④。汉人、色目人、女真人犯强盗、窃盗罪，都得刺字，蒙古及妇人犯者，可免刺字。"和尚作贼，合与俗人一体刺字，依例断配发落"⑤。"诸强窃盗贼，若已得财，其虽不得财而曾奸伤事主，及因而故烧房舍并损坏财物、产畜、田场积聚之物者，罪遇原免，拟合刺字。"⑥

犯盗窃罪，免于刺字的情形有如下几种：一是饥寒所迫。元律规定："饥馑之际窃粮食者，固法所不容，而情在所宥。比年田禾薄收，物斛涌贵，贫民阙食，为救一时之急，因而窃取粮食，原其所由，情非得已。若与偷盗钱物一体刺断，似涉太重。拟合依例断罪，权宜免刺。敢有再犯，一石之上者，依例刺字相应。"⑦凡百姓因饥寒而盗窃米粮者可以免刺。"今后强窃盗贼，已得财者，年七十以上、十五以下，及笃废疾不任重刑，合行免刺收赎。"⑧二是老幼笃废

① 《元史》卷一二五，《布鲁海牙传》。
② 《元典章》卷四九，《刑部十一·诸盗一·强窃盗》"强窃盗贼通例"。
③ 《元典章》卷四九，《刑部十一·诸盗一·刺字》"八剌哈赤人等作贼刺断"。
④ 《元典章》卷四九，《刑部十一·诸盗一·刺字》"女真作贼刺字"。
⑤ 《元典章》卷四九，《刑部十一·诸盗一·刺字》"僧人作贼刺断"。
⑥ 《元典章》卷四九，《刑部十一·诸盗一·刺字》"遇赦依例刺字"。
⑦ 《元典章》卷四九，《刑部十一·诸盗一·免刺》"偷粟米贼人免刺"。
⑧ 《元典章》卷四九，《刑部十一·诸盗一·免刺》"老幼笃废疾免刺"。

疾免刺；三是亲属相盗免刺；四是主雇相盗免刺；五是从贼不得财免刺。

蒙古及妇人犯罪免于刺字。元律规定："诸审囚官强愎自用，辄将蒙古人刺字者，杖七十七，除名，将已刺字去之。"①

2. 罚金

罚钞，即罚金，《元典章》则称追钞，似为充赏之用。元律规定："诸犯界酒，十瓶以下，罚中统钞一十两，笞二十，七十瓶以上，罚钞四十两，笞四十七，酒给元主。酒虽多，罚止五十两，罪止六十。"②

3. 籍没

致和元年（1328）十月，"中书省臣言：'凡有罪者，既籍其家货，又没其妻子，非古者罪人不孥之意。今后请勿没人妻子。'制可。③"（后）至元六年（1340），元顺帝诏"今后有罪，毋籍其妻女以配人"。④元代籍没之法，凡有罪皆用之，其轻重毫无等差。

4. 连坐

元代连坐范围缩小。元代法律规定："诸父有罪，不坐其子；兄有罪，不坐其弟"⑤。"诸父谋反，子异籍不坐。"⑥"诸父造伪钞，子听给使，不与父同坐；子造伪钞，父不同造，不与子同坐"；"诸伪造宝钞，没其家产，不及其妻子"⑦。

5. 赎刑

元律对职官和老弱病残的犯罪者准许罚赎。根据"犯罪官吏并诸人有罪，年老或笃废疾病、妨碍科决、不任杖责之人，赎罪钱多寡不一，终无通例"的混乱现象，元成宗元贞元年（1295）六月刑部议得："诸犯罪人，若

① 《元史》卷一〇三，《刑法志二》。
② 《元史》卷一〇四，《刑法志三》。
③ 《元史》卷三二，《文宗纪一》。
④ 《元史》卷四〇，《顺帝纪三》。
⑤ 《元史》卷一〇三，《刑法志二》。
⑥ 《元史》卷一〇五，《刑法志四》。
⑦ 《元史》卷一〇四，《刑法志三》。

年七十以上、十五以下，及笃废残疾不任杖责，理宜哀矜。每杖笞一下，拟罚赎罪中统钞一贯相应"① 元武宗至大三年（1310）十月十八日，定例："诸牧民官犯公罪之轻者，许罚赎"②。至大四年（1311）三月补充规定："今钦奉圣旨改造至大银钞，一两准至元钞五贯，拟合每笞杖一下，罚赎至元钞二钱。若纳至大银钞或铜钱者，依例准折"③。适用赎刑的对象一是老弱病残不堪杖责之人，二是因公犯轻罪的官吏。赎刑的金额依国家颁布的条例执行。

三、刑事附带民事赔偿

元代以前的唐宋法律，对于杀人犯依律判刑，但无民事赔偿责任的规定，对伤害案件，有"保辜"制度，作为科罪量刑的准则，也无民事责任的规定。元朝受蒙古习惯法的影响，产生"烧埋银"这一具有人身损害赔偿意义的制度：对杀、伤人者，除应接受刑事制裁外，还应承担民事责任。

（一）征收"烧埋银"

烧埋银制度的基本内容是行为人不法致人死亡，官府不仅要判处其相应的刑罚，还要向其征收烧埋银给死者家属。元律规定："诸杀人者死，仍于家属征烧埋银五十两给苦主"④。"烧埋银"为杀人案件付给苦主(被害人家属)的丧葬费用。元世祖至元二年（1265）二月，钦奉圣旨条画内一款；"凡杀人者，虽偿命讫，仍出烧埋银五十两。若经赦原罪者，倍之。"⑤ 杀人致死，犯罪事实清楚，杀人者偿命，还向犯人家属征收"烧埋银"五十两，以供安葬死者费用。杀人案遇赦免除刑事责任的，民事赔偿责任加番，对苦主家应

---

① 《元典章》卷三九，《刑部一·刑制·赎刑》"老疾赎罪钞数"。
② 《元典章》卷三九，《刑部一·刑制·赎刑》"民官公罪许罚赎"。
③ 《元典章》卷三九，《刑部一·刑制·赎刑》"罚赎每下至元钞二钱"。
④ 《元史》卷一〇五，《刑法志四》。
⑤ 《元典章》卷四三《刑部五》，《诸杀二·烧埋》"杀人偿命仍征烧埋银"。

付双倍"烧埋银"，即一百两。元成宗大德八年（1304）七月定例："凡杀人者，定验尸伤无差，招伏赃仗明白，复审无冤，合征烧埋银两，依准所拟，先行追给苦主，以充塋葬之资，庶免暴露骸骨"①。犯罪事实确认后，为尽快安葬死者，使之入土为安，"烧埋银"由官府先行垫付，以示人道。犯人家属无财可赔时，一是令家属为官府或私家做佣工，以劳务所得支付"烧埋银"；二是依蒙古习惯法，将一女儿给仇家，折抵烧埋银的征收。如，元世祖至元二十四年（1287），江西行省据袁州路申报：潘七五打死张层八。犯人潘七五因为生病死亡，依法潘七五家属需赔偿张层八烧埋银。依据潘七五亲属谢阿扬口供：潘七五有一个小女儿，三间房屋，二亩七分陆田山地由兄弟潘七八等四分承管，别无事产、人口、头匹。如果将田产、房子全部变卖，也不够赔偿张层八烧埋银的钞数。现恭敬地依照旨意，将潘七五的小女儿判给张层八的家人做赔偿。行省考虑再三，即使是卖掉潘七五所有财产也不够丧葬费用，请皇帝裁决将潘七五的小女儿判给张层八的家人收管。②犯人贫困，不能出资赔偿，并其余亲属无应征之人，保勘是实，"烧埋银"由官司支给。

元代只要侵害了被害人的生命权，无论杀人是故意还是过失、刑罚是轻还是重，都得征收"烧埋银"。元律规定："诸两家之子，昏暮奔还，中路相迎，撞仆于地，因伤致死者，不坐，仍征钞五十两给苦主"③。过失伤人致死，可以免受刑事处罚，但民事赔偿必须履行。

类似"误杀"的情况还有："牛驾车误碾死人""因公惊死人""急走车辆碾死人""走马误撞死人""因斗误杀旁人""持刃误杀旁人"等，均需征"烧埋银"。元律规定："诸骆驼在牧，啮人而死者，牧人笞一十七，以骆驼给苦主。诸驿马在野，啮人而死者，以其马给苦主，马主别买当役"④。牲畜伤人

---

① 《元典章》卷四三《刑部五》，《诸杀二·烧埋》"埋银先行追给苦主"。
② 《元典章》卷四三《刑部五》，《诸杀二·烧埋》"女孩儿折烧埋钱"。
③ 《元史》卷一〇五，《刑法志四》。
④ 《元史》卷一〇五，《刑法志四》。

致死，可将牲畜赔偿给苦主，以示经济补偿。"夫奸所杀死奸夫或奸妇"，无罪，但也须征"烧埋银"。

元代征收烧埋银的范围较广，除个别情况外，只要出了人命均征"烧埋银"。元律规定："诸蒙古人因争及乘醉殴死汉人者，断罚出征，并全征烧埋银。"① 无论蒙古人杀死汉人、官员杀死贫民，还是汉人杀死蒙古人、驱口杀死娼妓，良人杀死奴隶，无论各自的身份等级如何，都要征收"烧埋银"。医疗事故、嫌犯在拘押期间被刑讯致死等情况，均亦需征收"烧埋银"。这实现了一定程度上适用法律的平等。法律还保证家属对"烧埋银"完整的所有权。被害人亲属是唯一的受益者，官府不能有任何染指。

对于限制民事行为能力人僧道、雇佣、奴婢等杀人致死，元代也提出了向其监护人追征"烧埋银"的法律要求："诸僧道杀人，烧埋银于常住追征，诸庸作殴伤人命，征烧埋银，不及庸作之家。诸奴殴人致死，犯在主家，于本主征烧埋银；不犯在主家，烧埋银无可征者，不征于其主"② 。僧道杀人致死，向寺院住持征缴烧埋银。奴婢殴人致死，则看是否犯在主人家里，以决定是否由主人支付"烧埋银"。

由于"烧埋银"征收数额过高，给判决执行带来一定难度，因此，元律规定若发生如下情况，可免征"烧埋银"：①无苦主免征烧埋银；②无妻男财产免征烧埋银；③无人口免征烧埋银；④"旁人杀死奸夫""夫非奸所杀死奸人""夫打死强奸未成人"，杖一百七，不征烧埋银；⑤杀死"应捕杀恶逆之人"，属正当防卫，不但免罪，也不征"烧埋银"。在这些特殊情况下，被害人亲属是无法获得民事赔偿的。

官府是当时司法的主体，对于"烧埋银"的顺利征收至关重要。法律赋予了官府重要的责任。如果"被杀之人或家住他所，官征烧埋银移本籍，得其家属给之"。还有一种官府支付的情况："诸斗殴杀人，应征烧埋银，而犯人

---

① 《元史》卷一〇五，《刑法志四》。
② 《元史》卷一〇五，《刑法志四》。

贫窭，不能出备，并其余亲属无应征之人，官与支给"。①

"烧埋银"制度在元代司法实践中一直有效执行，后来又为明、清两朝在不同程度上继承。《大明律·人命门》"窝弓杀伤人"条有"追征埋葬银十两"给苦主的规定。延续使用至封建社会末期。"烧埋银"创自元朝，明、清均承袭元制。《大明令·刑令》中，明确规定："凡杀人偿命者，征烧埋银一十两。不偿者，征银二十两。应偿命而遇赦原者，亦追二十两。同谋下手人，验数均征，给付死者家属。"②《大明令》除了把"烧埋银"数量从五十两减为十两外，文字与元律几无歧异。可以说，明初完全继承了元朝"烧埋银"制度。《大清律》基本上是《大明律》的复制品。有关"烧埋银"制度的内容自然也是全盘吸收。清朝还采用了元朝折庸代替"烧埋银"的做法——"本犯自称不能给银，情愿与死者之家为奴者，即将本人给予为奴"。③

元代"烧埋银"，是中国古代首次针对侵害他人生命权而提出的刑事附带民事赔偿责任的法律制度，这一制度源于汉法中"杀人偿命"与蒙古习惯法"赔命价"的结合与改造，是少数民族统治者"附会汉法"与"祖制变通"的制度创新。这一制度适用范围广、立法水平高，既惩治了罪犯，又补偿了苦主，可谓"良法美意"。它对元以后的法律制度和民众法律意识产生了很大的影响。

（二）伤人致残应付养赡医药费用

与伤人致死应支付烧埋银性质相似，伤人致残，除受到刑事制裁外，还应付养赡医药费用。元律规定："诸以他物伤人，致成废疾者，杖七十七，仍追中统钞一十锭，付被伤人，充养济之资。诸因斗殴，斫伤人成废疾者，杖八十七，征中统钞一十锭，付被伤人，充养济之资。为父还殴致伤者，征其钞之半。诸豪横诬平人为盗，捕其夫妇男女，于私家拷讯监禁，非理凌

---

① 《元史》卷一〇五，《刑法志四》。

② 《大明令·刑令》，载刘海年、杨一凡总主编，杨一凡、曲英杰、宋国范点校：《中国珍稀法律典籍集成》乙编第一册《洪武法律典籍》，科学出版社1994年版，第42页。

③ 《大清会典事例》卷八〇五，《刑部·刑律人命》。

辱……有致残废者，人征中统钞二十锭充养赡之资。……诸以微故残伤义男肢体废疾者，加凡人折跌肢体一等论……仍征中统钞二十锭，充养赡之资，主使者亦如之。……诸因争误瞎人一目者，杖七十七，征中统钞五十两，充医药之资"①。

（三）其他刑事案件的损害赔偿

元代一般刑事犯罪，除拟罪刑事处罚外，也勒令进行民事赔偿。《大元通制》规定："烧常人房舍，……损坏财物及田场积聚之物，……仍各追所烧物价"②。

重刑不待秋分。元世祖至元八年（1271）四月，"尚书省三月二十一日钦奉圣旨宣谕：'听得您每如今断底公事也，疾忙断有。今后断底公事，合打底早打者，合重刑底早施行者。'钦此。回奏：'在先重囚待报，直至秋分已后施行有来。此上，罪囚人每半年内多趱不淹住有。议得：今后有重罪底罪人，省部问当了呵，再教监察重审无冤，不待秋分，逐旋施行呵，宜底一般。'钦此。"③。

（四）保辜

保辜期限。至元十二年（1275）十一月，中书兵刑部接到申报："阮有成状告：'本家驱口小沈，因放马食践讫苏则毛等田禾，其苏、则毛用棘棒将小沈右手第二指打折落一节。'……招证明败，依例保辜五十日④。

元律增加了"诸殴伤人，辜限外死者，杖七十七"和"诸以他物伤人，伤毒流注而死，虽在辜限之内，仍减杀人罪三等坐之"⑤的规定。

在元法典《至正条格》中，取消了唐宋律典中关于"疑罪"的条文，疑罪收赎的办法只是偶尔使用。

---

① 《元史》卷一○五，《刑法志四》。
② 黄时鉴：《元代法律资料辑存》，浙江古籍出版社 1988 年版，第 68 页。
③ 《元典章》卷三九，《刑部一·刑制·刑名》"重刑不待秋分"。
④ 《元典章》卷四四，《刑部六·诸殴·保辜》"保辜日限"。
⑤ 《元史》卷一○五，《刑法志四》。

在当时的司法实践中经常采取"疑罪从轻"的原则。对于那些无法判决的可疑案件，采取系狱不决甚至释放的办法。元代法律规定："疑狱系三岁不决者咸释之。"①"诸疑狱，在禁五年之上不能明者，遇赦释免。"②

元代废除了疑罪收赎制度，使许多疑难案件失去了一条重要的解决途径。对于这些疑难案件，有时司法机关不得不通过神明裁判的方式进行裁决。因此，元明清三代神明裁判又有死灰复燃的迹象。元代地方官员在司法实践中常常利用地方百姓笃信城隍神的习俗来审断疑难案件。

神明裁判是古代的司法机关因无确凿证据查明案情真相，便借助于神意来裁判。这样的判决没有任何合理性可言，判决的结果往往也是荒唐的。元代之所以出现很多神明裁判的案例，其中一个重要的原因是在当时的国家律典中废除了有关疑罪的法律条文。与野蛮落后的神明裁判制度相比，我国古代的疑罪收赎制度无疑具有一定的合理性。

四、赦免

元初用法严，故耶律楚材以宽调剂，此之谓善用法。太宗即位，"朝集后期应死者重，楚材奏曰：'陛下新即位，宜宥之。'太宗从之。中原甫定，民多误触禁网，而国法无赦令。楚材议请肆宥，众以云迁，楚材独从容为帝言。诏自庚寅正月朔日前事勿治。"③元朝为体现为政之恤，不时降诏大赦天下。

一是因改年号、新皇帝登基即位、立皇太子，辞旧迎新，大赦天下。如，元世祖至元三十一年（1294）四月，钦奉登宝位诏书节文："可大赦天下。自四月十五日昧爽以前，除杀祖父母父母、妻妾杀夫、奴婢杀主不赦外，其余一切罪犯，已发觉未发觉，已结正未结正，罪无轻重，咸赦除之。

---

① 《元史》卷三〇，《泰定帝纪二》。
② 《元史》卷一〇五，《刑法志四》。
③ 《元史》卷一四六，《耶律楚材传》。

敢以赦前事相告者，以其罪罪之"①。再如，元成宗大德元年（1297）二月，改元下赦令："自大德元年二月二十七日已前，除谋杀祖父母父母、妻妾杀夫、奴婢杀主、谋故杀人；但犯强盗不在原免，其余一切罪犯已未发觉者，并从释放，侵盗官物及盗贼正赃，依例追征。"②

二是因收复失地或平定骚乱之地，赦免罪犯。如，元世祖至元十三年（1276）二月，平定江南钦奉诏书内一款："归附已前应犯罪者，无问轻重，悉从原免。官司逋欠，并不征理"③。

三是因旱、涝为灾，诏设天下。如，元武宗至大元年（1308）十一月下诏："诸路水旱疾疫，吏不能奉职，民不能自存，轻触刑宪，往往有之。朕君临万邦，恩需宁有中外远迩之间？可赦天下。自至大元年十一月二十五日昧爽以前，除杀祖父母父母、妻妾杀夫、奴婢杀主不赦外，其余已发觉未发觉，已结正未结正，罪无轻重，咸赦除之。敢以赦前事相告者，以其罪罪之"④。再如，至大二年（1309）十月下诏："朕自临御以来，下诏万方，其所以抚安元元者，亦已至矣。而前岁江浙饥疫，今年蝗旱相仍，民或尽死。幸生者流离道路，虽尝遣使分道赈恤，终恐未能户到。夫既罹是天刑，其轻触宪纲者必众，有司又以重法绳之。朕实悯焉。其自十月十七日昧爽以前，中外罪囚大辟以下，已未发觉，并从释免"⑤。星芒天旱、百姓缺食，因做好事，节次放了的罪囚多有。

四是修佛事，积善成德，赦免罪犯。元顺帝至正十四年（1354）十一月乙酉，"皇太子修佛事，释京师死罪以下囚。"⑥

五是解决积案，清理监狱。"赏罚失当，或狱有冤滥"⑦。元世祖至元十

---

① 《元典章》卷三，《圣政二·霈恩宥（四）》。
② 《元典章》卷三，《圣政二·霈恩宥（五）》。
③ 《元典章》卷三，《圣政二·霈恩宥（二）》。
④ 《元典章》卷三，《圣政二·霈恩宥（十一）》。
⑤ 《元典章》卷三，《圣政二·霈恩宥（十二）》。
⑥ 《元史》卷四三，《顺帝纪六》。
⑦ 《元史》卷二五，《仁宗纪二》。

年（1273）五月，诏："天下狱囚，除杀人者待报，其余一概疏放，限以八月内自至大都，如期而至者皆赦之。"八月，"前所释诸路罪囚，自至大都者凡二十二人，并赦之。"① 至元二十一年（1284）正月初六，下诏："应杂犯重典以下罪，尽从释免。自今以始，各务维新 ②。大德九年（1305），"诸处罪囚淹禁五年以上，除恶逆外，疑不能决者释之。"③

六是缓和民族矛盾，维护边疆安定。如，元仁宗延祐元年（1314）正月下诏："湖广、云南边境诸蛮，互相仇杀，掳掠人民。如能悔过自新，即与免罪"④。再如，延祐七年（1320）三月下诏："两广、云南等处啸聚贼人，据恃巢险，出没不常。虽蛮荒之俗固然，亦由官府失于威信，不能抚怀，以致如此。诏书到，限一百日内出官自首，许免本罪，各安其业。限外不悛，依例收捕"⑤。

元成宗大德六年（1302）三月，诏曰："可赦天下。自大德六年三月初三日昧爽以前，除谋反大逆、杀祖父母父母、妻妾杀夫、奴婢杀主、强盗杀人，及奸人而杀其所奸妻妾之夫者不赦，其余一切罪犯，咸赦除之"⑥。至大四年（1311）三月，"命毋赦十恶大逆等罪"。⑦ 由此可见，严重刑事犯罪不在大赦的范围之类。

赦囚，迁就了做罪过的歹人，被害人冤屈无处申告，伤着和气，坏了法度。元成宗元贞元年（1295）七月，御史台臣言："内地盗贼窃发者众，皆由国家赦宥所致"⑧。至大四年（1311），元仁宗下诏："比年诏赦频数，吏贪民盗，不知悛畏，贼害良善，败乱正理。自今以始，其各洗心革虑，以保厥

① 《元史》卷六，《世祖纪五》。
② 《元典章》卷三，《圣政二·霈恩宥（三）》。
③ 《元史》卷二一，《成宗纪四》。
④ 《元典章》卷三，《圣政二·霈恩宥（二十一）》。
⑤ 《元典章》卷三，《圣政二·霈恩宥（二十五）》。
⑥ 《元典章》卷三，《圣政二·霈恩宥（六）》。
⑦ 《元史》卷二四，《仁宗纪一》。
⑧ 《元史》卷一八，《成宗纪一》。

身，非常之恩，不可复觊"①。元武宗皇庆二年（1313）四月，重申："该着
赦，不可频数。……今后做罪过的歹人每依体例交问了，要罪过，不疏放
呵，歹人每怕惧也者。"② 元英宗至治元年（1321）正月，享太庙，或言祀事
毕宜赦天下，帝谕之曰："恩可常施，赦不可屡下。使杀人获免，则死者何
辜？"③ 至元二十一年(1284) 春，册上尊号，议大赦天下，雄飞谏曰："古人
言，无赦之国，其刑必平。故赦者，不平之政也。圣明在上，岂宜数赦。"④
帝嘉纳之。

① 《元典章》卷三，《圣政二·需恩宥（十八)》。
② 《元典章》卷三九，《刑部一·刑制·刑法》"做罪过的不疏放"。
③ 《元史》卷二七，《英宗纪一》。
④ 《元史》卷一六三，《张雄飞传》。

第五章　元代司法文明（下）

第一节　民事诉讼

元朝统一国家的出现，使得被战乱破坏的衰敝的社会经济，有了走向恢复与发展的客观条件。至世祖、成宗时期，社会经济仍然沿着迂回曲折的道路取得了新的发展，各民族的融合也达到新的境界。各民族在经济、文化、宗教上的交流空前活跃，财产关系呈现出复杂化的趋势，与此相适应，在婚姻、田宅、钱债各方面产生了新的民事法律活动，并不可避免地发生民事法律纠纷。《元典章》所载："诸民讼之繁，婚田为甚"，① 反映了元朝真实的社会状况。为了解决民间的大量民事纠纷，统治者力图运用法律的手段加强调整，以建立起必要的法律秩序，于是又推动了民事诉讼法律的发展。民事诉讼有新发展：一是在田宅、婚姻、继承等案件中出现代理制度；二是在民事诉讼中广泛运用调解，有民间调解和司法机关调解。调解的结果对当事人具有法律效力，诉讼双方一般不得再以同样事实和理由重新提起诉讼。

---

① 《元典章》卷五三，《刑部十五·诉讼·听讼》"至元新格"。

一、起诉

元代的民事诉讼，即元代人胡祗遹所言："小民所争，不过土田、房舍、婚姻、良贱、钱债而已，是数者，皆非难问难断可疑之大事。"① 民事诉讼的当事人包括原告和被告。原告分两种：一是个体性原告，称"元告"或"首告"，"元告，谓始讼人者"；二是集体性原告，称为"连状人"。"被告：谓为人所诉者。"② 对于民事案件和轻微刑事案件的诉讼；官府一般采取"不告不理"的原则；告诉是受理的先决条件。元代的民事诉讼案件，首先要当事人向官府提起诉讼，即"告诉"。告诉须由"原告"递交诉状到官衙起诉"被告"。元代官府对民事纠纷实行不告不理的民事诉讼原则，当民事纠纷出现后，只有当事人中一方作为原告向官方提起诉讼时，官府才予以过问、处理。

元朝统治期间，随着纲常名教影响的深入，逐渐剥夺了妇女在民事纠纷中的告诉权，只有成年男子具有完全的告诉权。元仁宗皇庆二年（1313）十二月，彰德路申报：当地积年未决的"告争田土、房舍、财产、婚姻、债负"等案，往往是一些"自嗜斗争，妄生词讼，樁饰捏合""不畏公法，素无惭耻"的妇人，"代替儿夫、子侄、叔伯、兄弟，赴官争理"。有些纠纷尽管"对证明白、自知无理"，但却"依赖妇人，又行抗拒，起生侥倖，不肯供说实词，甚者别生事端"。为此提议："今后不许妇人告事，若或全家果无男子，事有私下不能杜绝，必须赴官陈告，许令宗族亲人代诉。"对此，刑部表示同意，认为"妇人之义，惟主中馈，代夫出讼，有违礼法"。决定："妇人代替男子经官告辨词讼，……通行禁止"。只有在"寡居无依，及虽有子男，别囚他故妨碍，事须论诉者"才"不拘此例"③。除《元典章·刑部·诉讼》"不许妇人诉"条明确记载："妇道有伤风化"，"今后不许妇人告事"外，

---

① （元）胡祗遹：《紫山大全集》卷二一，《杂著·又稽迟违错之弊》
② （元）徐元瑞撰，杨讷点校：《吏学指南》，浙江古籍出版社1988年版，第99页。
③ 《元典章》卷五三，《刑部十五·诉讼·代诉》"不许妇人诉"。

《元史·刑法志》也有禁止妇女告官申理的规定："诸妇人辄代男子告辨争讼者，禁之"①。

对于血亲关系人之间的告诉，以及奴婢告主都有严格的限制。据《元史·刑法志》记载，"诸子证其父，奴讦其主，及妻妾弟侄不相容隐，凡干名犯义，为风化之玷者，并禁止之"。②《元典章》也记载了刑部与礼部共同商定的条画："人伦之大，莫大于君臣、父子、夫妇、兄弟之叙。至如刑法之设，正为裨补教化，当以人伦为本。"③

奴婢也不得擅行告主，而应为主容隐。元顺帝至正三年（1343）四月，刑部就福建廉访司关于奴婢告主一事，做出如下决定："刑部议得：奴婢告主，以卑凌尊，以贱犯贵，甚伤风化，大失人伦。如准御史台所呈，遍行禁治相应。"④《元史·刑法志》也载有以下内容："诸奴婢［诬］告其主者处死，本主求免者，听减一等"。⑤ 但是亲属间的容隐和奴婢为主隐，均限于一般犯罪，反逆重罪除外。

元武宗至大三年（1310）十月十八日，钦奉上皇太后尊号诏书内一款："近年以来，诬讦成风，下陵上替。今后，诸取受己之钱物者，许以实诉，其传闻取他人物者，不许言告。"⑥ 只允许索取自己财物可以如实起诉，传闻收取他人财物，不许言告。对索取贿赂的起诉，进行了明确的限制。

二、诉状

根据元律，书状是提起民事诉讼的首要条件。为了使诉讼当事人知悉"不应告而告"与"告而不实"的法律责任，以减少诉讼，并革除泛词滥文

---

① 《元史》卷一〇五，《刑法志四》。
② 《元史》卷一〇五，《刑法志四》。
③ 《元典章》卷五三，《刑部十五·诉讼·折证》"词讼不指亲属干证"。
④ 《元史》卷五三，《刑部十五·诉讼·禁例》"禁止干名犯义"。
⑤ 《元史》卷一〇五，《刑法志四》。
⑥ 《元典章》卷三，《圣政二·简诉讼（二）》。

之弊，成宗时期在全国各地遍置书铺，由官府认定的书状人代写民间词讼。元朝在唐宋律关于诉状等规定的基础上，对书状格式做出具体的、严格的规范，以便民事诉讼的审理更为便捷有效。民人所递诉状受理与否，首先是看诉状是否符合法定状式的要求。《事林广记·写状法式》中保存了十七种元代典型的诉讼状式，这十七种状式所涉及的内容都是民事范围。兹从《事林广记·写状法式》中抄录二式①：

其一

告蚕麦灾伤

告状人□人

右□，年壮无病，系本县□村附籍人户，见当包银若干，验□田蚕作额利征状告伏为本户每年合着丝线颜利包银税粮及大小杂泛差发全籍蚕麦收成以供周年用度今来有本家丝蚕灾病十死九分夏麦将熟又值风损想见难以收成失误岁计若不告乞减免科差委实难当不免具状上告某官伏乞详状差官检验得实约量减免施行执结是实。

　　　　　　　　　　　伏取

　　　　　　　　　　裁旨

　　　　　　　　年 月 日告状人□人状

其二

告男不绍家业

□村住人□人

右□，年壮，无病伏，为本家有男□人，年几岁，不务营生，每日嗜酒，破坏本家财物。今来□若不申官教戒，缘男□人习性无良，日后难以处制。今具状上告。

　　　　　　　　某官伏乞详状约量施行，伏取

---

① 以上所引《事林广记》中《词状新式》和《告状新式》，本状式在《词状新式》中。黄时鉴辑：《元代法律资料辑存》，浙江古籍出版社 1988 年版，第 215、225 页。

处分

年 月 日□人状

此外《事林广记·公理类·告状新式》中存录了十四种元代典型的诉讼状式，《应索债告状式》《应蚕麦灾伤告状式》《请佃逃户地土状式》《应逃户告复业状式》《应地主归复业取元地土耕佃状式》《应请佃他人退业状式》《应被牛畜食践禾苗告状式》《妇人夫亡无子告据改嫁状式》《应立嗣承继告状式》等九种属于民事诉状，兹引录四式 ① ：

其一

应立嗣承继告状式

告状人周友

右友，年几岁，无病，系某乡某村籍民，伏为状告：有某户下田产苗（黄）米，见（现）应当某站马首身役，缘某见今年老，别无亲生男子承继户业，今得本族房长周公推选，得房弟周某第二男，名周全，见几岁，过房与某为子，承继户下田产，应当差发，委是昭穆相当，理合立为后嗣，若不告讫出给公据付男周全执照为凭，诚恐向后妄行争继。烦紊官司不便。有此事因，谨状上告。

某县司状讫

详状施行，所告执结是实，伏取

裁旨

年 月 日状告人　周友　状

其二

应地主归复业取元地土耕佃状式

告状人姓某

右某，年几岁，无病，系某里某村籍民，伏为状告昨于某年内

---

① 《新编纂图增类群书类要·事林广记》别集卷四，《公理类·告状新式》，中华书局1963年版。

因为户下田土灾旱种植无权以此将带家小全户逃往迤南诸道迳熟游食抛下本户田土园地若干顷亩。元立某户头轮纳税粮应当站户差发。今来某已行将带家小依旧回还元籍复业，却见有某处住人甲将某元抛下田园为主种佃，据称自某年内经官陈告，请佃前项田地立租。当差缘为前田系是人有主物业。今来若不具状贵，今见佃人将田地退佃仍旧还某官司伏乞详状施行。如所告虚诳甘伏重罪不词执结是实。

状取

裁旨

年 月 日告状人　姓某　状

其三

应索债告状式

告状人，姓某

右某，年几岁，无病，系某里某处籍民。伏为状告：某年某月不记日，有某处某人前来，引至某处某人作保，写立文帖，就某家揭借去行息至元中折中统钞若干锭，每月依例纳息三分，约某年某月纳本息钞锭一顿归还。至今过期，累次前去取索，推调不肯归还。若不告理，于私委无奈何。有此事因，谨状上告。

某县伏乞详状施行，执结是实。伏取

裁旨

年 月 日告状人姓某状

其四

妇人夫亡无子告据改嫁状式

告状人王阿□

右阿□，年几岁，无疾孕，系□里□都籍民，已死人王大妻属，伏为状告，有阿□元系□里民户人王大妻室，自来不曾养育子息，于□年月日夫王大因病身死，当已行持服营丧安葬了当，即目户下别无事产可以养赡，委是贫难生受，若不具告给据改嫁，情实寡居过活生受。谨状上告□县，伏乞详状施行，所告执结是实，伏取裁旨。

年 月 日告状人王阿□状

从此状式可以看出元代民事诉讼书状应包括以下内容：其一，告状人必须在抬头写明自己的姓名。其二，诉状正文部分，先说明自己的年龄、籍贯、身体状况等基本情况，接着说明状告的对象与诉讼事由、诉讼请求和有无证验。其三，署名呈送诉状的司法机关。其四，告状人所具甘结，保证陈述属实。其五，请求官府做出判决。其六，署名写状时间，告状人署名。具体而言：

首先，"注明年月，提陈事实，不得称疑"。在《元典章·刑部·诉讼》"告事"与《元史·刑法志》中记载，法律均规定："诸告人罪者，皆须注明年月，指陈事实，不得称疑。"① 词状中"不许口传言语"，不得"以直作曲"，"以后为先"。

其次，对于诉讼请求要书写明白，凡是诉讼请求不明确的书状，司法机关可要求具状人补写明白，然后方予受理。对此，《至元新格》解释如下："诸狱讼元告明白，易为穷治，其当该官司凡受词状，即须仔细详审。若指陈不明及无证验者，省会别具的实文状，以凭勾问。其所告事重、急应掩捕者，不拘此例"②。

再次，一状不得告二事。《元典章》规定："诉讼人等于本争事外，不得别生余事。及被论人对证元告事理未经结绝，其间若被论人却有告论元告人公事，指陈实迹，官司虽然受理，拟候元告被论公事结绝，至日举行。"③ 据《元史·刑法志》记载，法律也规定："诸诉讼本争事外，别生余事者，禁"。④

① 《元典章》卷五三，《刑部十五·诉讼·告事》"告罪不得称疑"。
② 《元典章》卷五三，《刑部十五·诉讼·听讼》"至元新格"。
③ 《元典章》卷五三，《刑部十五·诉讼·告事》"状外不生余事"。
④ 《元史》卷一〇五，《刑法志四》。

最后，在诉讼请求中，"若重事得实，轻事招虚"者免罪，"轻事若实，重事诬者，依条反坐"，目的在于"庶望稍革侥幸之弊"。①《元史·刑法志》记载，法律也有类似规定："诸告言重事实，轻事虚，免坐；轻事实，重事虚，反坐"。②

元初，书铺中代写词状的书状人，多为不谙吏事，蝇营狗苟之徒，官府也没有明确书状人的法律责任与要求，以致书铺成为营利之所。"有钱告状者，自与妆饰词语，虚捏情节，理虽曲亦直。无钱告状者，虽有情理，或与之削去紧关事意，或与之减除明白字样。百般调弄，起灭词诉。由是讼庭日见繁冗，初词疑似，卒难穷治，甚失置立书铺之初意"。③ 为了防止书状人行私舞弊，从元成宗大德十一年（1307）起，书铺从民办转为官立，严格规定了书状人应负的法律责任，并派出吏员加强管理。据《元典章·刑部》"籍记吏书状"所载："今后，举令有司于籍记吏员内遴选行止谨慎、吏事闲熟者，轮差一名专管书状，年终经换，果无过错，即便收补，仍先责书状人甘结状"。④ 根据加强书状人法律责任的要求，规定书状人代写诉状时，先要询问所争之事有无明白验证，是否应告，是否属于代书的职责范围，然后"依例书写"词状，"当日须要了毕"。书状人所写词状"并宜短简，不可浮语泛词"。书状人须写立甘结文状，以示负其责任。如"妄行刁蹬，取受钱物，或故作停难，不即书写，及不仔细询问事之争端，有无明白证验，是否应告词讼，以直作曲，以后为先，朦胧书写，调弄作弊，许令告人径赴所属官司陈告，取问是实，当该书状人等断罢。若所属官司看循不行，廉访司到日体察究问"。⑤ 但是在元朝，法律的文字规定是与实际状况脱节的，法条上对书状人的要求虽很具体，而在实践中却是另行其道。书状人往往不问事

---

① 《元典章》卷五三，《刑部十五·诉讼·告事》"诸人言告虚实例"。
② 《元史》卷一〇五，《刑法志四》。
③ 《元典章》卷五三，《刑部十五·诉讼·书状》"籍记吏书状"。
④ 《元典章》卷五三，《刑部十五·诉讼·书状》"籍记吏书状"。
⑤ 《元典章》卷五三，《刑部十五·诉讼·书状》"籍记吏书状"。

之大小，不论贫富之别，一律额外榨取，即所谓"费钞"，或四五两，或一定（锭）半定（锭），而后得状，以致成为平民告诉的一大难关，完全丧失了建置书铺"本欲书写有理词状，使知应告、不应告言之例，庶革泛滥陈词之弊，亦使官府词讼静简，易于杜绝"①的初衷。

元代法律规定："诸狱讼之繁，婚田为甚。其各处官司，凡媒人各使通晓不应成婚之例，牙人使知买卖田宅违法之例，写词状人使知应告、不应告言之例，仍取管不违犯，甘结文状，以塞起讼之原"②。通过法律规制中间人的行为，拔根塞源，从根本上杜绝不应出现的民诉案件。

三、代理

诉讼代理，即因委托而代替当事人出庭诉讼。早在《周礼·秋官·小司寇》中，已有"凡命夫命妇，不躬坐狱讼"的规定，且由其亲属或僚属代理狱讼，但迄至唐宋两代，律文中一直没有更为详细的内容。至元朝，民事诉讼代理制度已经纳入法典的规定之内。元律规定："诸人诉讼，自有定例。各处受理官司，宜当详审。除外，仰依例禁治施行。"③

元代诉讼代理主要适用于民事案件。根据元代诉讼史料，代理诉讼已由主要适用于刑事诉讼而发展为主要适用于民事诉讼。以《元典章·刑部·诉讼·代诉》"闲居官与百姓争论子侄代诉"条为例，其文如下："大德七年（1303）十月二十一日，江西行省准中书省咨：……除犯取受、侵欺私罪，或干涉指证，拟合照依至元二十五年呈准都省定例施行外，据争讼田土、婚姻、钱债等事，合令子孙弟侄或家人代诉"。为此，都省议得："致仕得代官员即同见任，凡有追会公事，依例行移，其争讼婚姻田宅等事合令子孙弟侄或家人陈诉"。《元史·刑法志》也有以下记载："诸致仕得代官，不得已与

---

① 《元典章》卷五三，《刑部十五·诉讼·书状》"籍记吏书状"。

② 《元典章》卷五三，《刑部十五·诉讼·听讼》"至元新格"。

③ 《元典章》卷五三，《刑部十五·诉讼·代诉》"禁治富户令干人代诉"。

齐民讼，许其亲属家人代诉，所司毋侵扰之"。① 上述条目，清楚地表明了代理的范围只限于田土、婚姻、钱债等民事诉讼。此外，从《元典章·代诉·不许妇人诉》中，也可以看出妇人代理诉讼的标的是"告争田土、房舍、财产、婚姻、债负积年未绝等事"。②

由于元朝民事诉讼急遽增多，一些特定的人如老弱病残、妇人、官员，也都被卷入诉讼的涡流之中，为了保护他们的利益，允许他们请人代理诉讼。元代法定需要民事诉讼代理的人有老幼废笃疾、妇女及有品官员（在任和致仕）三类：

1. 老幼废笃疾

老幼指在七十岁以上老人，幼指十五岁以下幼儿。笃废疾，《吏学指南》曰："残疾，谓一目盲，二耳聋，手无二指，足无三指，手足无大拇指，久漏下，重大瘿肿也。废疾，痴、哑、侏儒、腰脊、折一肢疾者。笃疾，哑疾、癫狂、二肢折、双目盲之类"。③ 这是民事诉讼中需要代理的弱势群体。元世祖至元九年（1272）八月，地方提出老疾人陈告尸婚、田宅、债负、驱良、差役等案，多属倚赖年老笃疾"诬妄陈诉"，"若便反坐抵罪，怎（争）奈逐人不任刑责"。为此，省部议定："年老、笃废残疾人等，如告谋反、叛逆、子孙不孝，及同居之内为人侵犯者，听。其余公事，若许陈告，诚恐诬枉，难以治罪，合令同居亲属人代诉。若有诬告，合行抵罪反坐元告之人。"④ 元律规定："凡欲陈词，年七十已上，十五已下，笃废疾，法内不合加刑，令以次少壮人陈告。若实无代替，诉身自告"⑤。老弱病残在诉讼中需要代理的多为民事诉讼的内容，代理人由了解事由的同居亲属充当。这种代诉带有强制性，实际上是基于年龄和身体方面的原因对原告人自诉权利的一

① 《元史》卷一〇五，《刑法志四》。
② 《元典章》卷五三，《刑部十五·诉讼·代诉》"不许妇人诉"。
③ （元）徐元瑞撰，杨讷点校：《吏学指南·老幼疾病》，浙江古籍出版社1988年版，第87页。
④ 《元典章》卷五三，《刑部十五·诉讼·代诉》"老疾合令代诉"。
⑤ 黄时鉴辑：《元代法律资料辑存》，《事林广记·词状新式》，浙江古籍出版社1988年版，第215页。

种限制，但当他们要对特定事件起诉或受到同居亲属的侵犯时，法律并不禁止他们自己起诉。

2. 妇人

元人认为，妇人之义，惟主中馈，代夫出讼，有违礼法。此等侥幸，在在如是，不加禁约，败俗弥深。元仁宗皇庆二年（1313），法律规定：告争田土、房舍、财产、婚姻、债负积年未绝等事，"（妇女）若或全家果无男子，事有私下不能杜绝，必然赴官陈告，许令宗族亲人代诉，所告是实，依理归结；如虚不实，止罪妇人，不及代诉。……凡妇人代替男子经官辨词讼，合准所言，通行禁止。若果寡居无依，及虽有子男，别因他故妨碍，事须论诉者，不拘此例。"①这里所列诉讼代理内容仍是民事的，同时说明妇女是民事诉讼中属于法定诉讼代理的一个群体，以此来限定妇女的诉讼权利。只有"寡居无依，及虽有子男，别因他故妨碍，事须论诉者"，②才允许妇女自己起诉。

3. 官吏

元代官吏的诉讼资格受限制，居官者或致仕品官与平民发生民事诉讼，需诉讼由其家属或家人代理，以保护他们的优越身份和合法权益。法律规定："诸致仕得代官，不得已与齐民讼，许其亲属家人代诉，所司毋侵挠之。"③元成宗大德七年（1303），法律规定："致仕得代官员，即同见任，凡有追会公事，依例行移。事关侵欺、取受私罪，自有应问官司。其争讼婚姻、田债等事，合令子孙弟侄或家人陈诉，却不得因而侵扰不安"④。这里提到官员与民争诉的内容是民事诉讼范围。当官员与百姓发生民事诉讼时需要诉讼代理是因为封建社会中认为官员与百姓发生纠纷对簿公堂，实伤风化。从而反映了代理范围的扩大。

---

① 《元典章》卷五三，《刑部十五·诉讼·代诉》"不许妇人诉"。
② 《元典章》卷五三，《刑部十五·诉讼·代诉》"不许妇人诉"。
③ 《元史》卷一〇五，《刑法志四》。
④ 《元典章》卷五三，《刑部十五·诉讼·代诉》"闲居官与百姓争讼子侄代诉"。

同时，元代禁止三类人作为诉讼代理人：妇女、佃人、干人。"随处税户，除令佃户种田纳租外，毋得非理驱使。如有主使兴词论诉公事，及代为主户冒名陈告之人，取问是实，痛行惩治"①，妇女不得代替男子经官告，辨词讼"诸妇人辄代男子告辨争讼者，禁之。"② 元代诉讼代理的内容多在民事范围中，这一制度的实行，有效地提高了民事诉讼效率，并在法定代理中进行变通，在一定程度上保护了社会中弱势群体和特权阶层的权益。

综上所述，元朝民事代理制度日趋定型，并得到法律形式的确认，这是中国民事诉讼制度史上具有重要意义的。对于明清时期民事代理制度的进一步发展，奠下了历史的基础。近人徐朝阳说："一般人民许与代理诉讼者，盖自元代始。"③ 这决不是偶然的，其基础是民事法律关系的复杂化和民事诉讼的增多，以及对于运用法律解决民事争讼的重视。但是需要指出：元朝法律在一定条件下赋予年老笃疾残废等人以及妇女的民事代理权利，并不是出于对妇女、老弱残疾之人诉讼权利的保护，而是为了严肃告诉者应负的法律责任，如有不实则反坐代理人。此外，统治者也有意借此标榜恤老怜弱的仁政。

第二节　民事证据

民事诉讼的目的，在于确定私权的存在与否。在民事案件的审理过程中，证据对于判决具有重要的关系。《元典章》对"证据"举例："某指某人元系本家在逃驱奴，照过元头文契无伪，照过户籍俱各相同。某指到官赃马一匹，委是某人处买到，追索元契，委官辨验得，别无诈冒不

---

① 《元典章》卷五三，《刑部十五·诉讼·代诉》"禁治富户令干人代诉"。
② 《元史》卷一〇五，《刑法志四》。
③ 徐朝阳：《中国诉讼法溯源》，商务印书馆 1933 年版，第 60 页。

实。凡文凭例须照勘者，依上开。"① 民事诉讼案件必须由可靠的"证验"方可受理。

书证是指以文字、符号、图形等形式所记载的内容或表达的思想来证明案件事实的证据。例如各种书面文件或纸面文字材料，如契约、图册等。书证要具有证据力，必须满足两个基本条件：其一，书证是真实的；其二，书证所反映的内容对待证事实能起到证明的作用。书证具有以下特征：①书证以其表达的思想内容证明案件的事实，而不是以其外形、质量等来证明案件的事实；②书证往往能够直接证明案件的主要事实；③书证的真实性较强，不易伪造。

元代有关民事书证中最重要的是"鼠尾簿"，元朝推行户等制，朝廷按簿登记每户居民的丁口、资产与标明户等，富强者为上户，排列在前；贫弱者为中、下户，排列在后，类似鼠尾由粗而细，故得名"鼠尾簿"。"鼠尾簿"不仅是元朝政府科征赋役的凭借，也是勘验婚姻田宅等民事诉讼的重要证据。元律规定："凡遇差发丝银、税粮、夫役车牛，造作、起发当军、检点簿籍，照各家即目增损气力分数科摊"，"至于土田、婚姻、驱良、头匹、债务一切词讼，一一凭籍照勘"②。

除"鼠尾簿"外，各种形式的契约也是解决民事纠纷的重要证据。契约，是民事行为双方或多方依法订立的有关买卖、抵押、典当、借贷、雇佣、合伙、租赁、委托、承揽、寄托、运输等事项的各种形式的文书，它将双方或多方对等的权利和义务确定到书面上，对双方当事人都有约束力，同时也被官府所采信，具有法律上的效力。遇有纠纷争议，诉讼到官府，就必须用这些契约来举证，以便赢得官司。元代契约内容进一步规范。现举以下元代契纸为例：

元顺帝至正二十七年（1367）晋江县薄阿友卖园地契③

---

① 《元典章》卷一二，《吏部六·吏例·儒吏》"儒吏考试程式"。

② （元）胡袛遹：《紫山大全集》卷二三，《县政要式》，载（清）永瑢·纪昀等撰：《钦定四库全书》等1196册《集部·别集类》，台湾商务印书馆1986年版，第410页。

③ 张传玺主编：《中国历代契约会编考释》（上），北京大学出版社1995年版，第583页。

　　晋江县三十七都东塘头庙西住人薄阿友，父祖在日，买得麻合抹荔支园及山地，坐落本处。今来闻银用度，就本山内拨出西畔山地，连荔枝树及六角亭一座、并门屋等处。东至自家花园，西至墙，南至姐姐住小屋，北至后山墙及路为界。欲行出卖，经官告给日字三号半印勘合公据。为无房亲立帐，尽问乡邻。不愿承买，托得本处庙东保住人徐三叔作中，引至在城南隅潘五官前来承买，三面议定价钱花银六十两重，随立文契日交领足讫。当将上项山地连荔枝园、六角亭等处、交付买主，照依四至管业为主。其山园内系阿友承祖物业，与房亲、伯叔、兄弟并无干预，亦无重张典挂他人财物。如有此色，卖主抵当，不干买主之事。其园该载产钱苗米五升，自卖过后，从买主津贴阿友抵纳。父祖原买祖契，干碍坟山，难以分析，就上批凿。今恐无凭，立此卖契一纸，缴连公据，付买主收执，印税管业，永为用者。

至正二十七年二月　日

立卖山地荔支园人薄阿友

知见人吴仔

作中人徐三叔

　　买卖土地、房屋等不动产的契约，一般以单契的形式出现，这种单契仅限于卖方出据给买方的收执，即所谓卖契。契约中载明的基本内容有：第一，明确买卖双方当事人。此为契约中权利、义务的主体，应真实可靠。第二，对土地所有权作必要的说明。土地所有权来源清楚、正当，可自由出卖。第三，确定买卖标的。交换的土地、房屋的具体状况和价钱数目。第四，成契理由。说明出卖土地事出有因，为正当行为，受法律保护。第五，依循法定程序。先问房亲，尽问乡邻，官给公据，过割赋税。第六，立定契约其他参与人。"知见人"，作为目睹订立契约整个过程的见证人，以保证订立契约合法有效。"作中人"是在买卖双方之间撮合、促成买卖以获取中介费的人，对契约的合法有效性有证明和担保的作用。

买卖契约是买卖双方进行交易的凭证。在买卖牲口的过程中，由卖方订立卖牲口文契。元代非常重视牲畜，并征收牲畜费。这种税以实物方式进行征收，被称作"牛羊抽分"。元律规定："凡买卖人口、头匹、房屋一切货物，须要牙保人等，与卖主、买主明白书写籍贯、住坐去处，仍召知识卖主人或正牙保人等保管，画完押字，许令成交，然后赴务投税。"① "买卖牛只，合赴牛市立契买卖，经由税务，然后成交。"② 私下订立契约、向官府纳税是牲畜交易的必要条件。

买卖人口，由官府出具凭证。至元三十年（1293）十一月十六日，定例："应卖人口，依例于本处官司陈告来历根因，勘会是实，明白给据，方许成交。仍令关律渡口严加检索。"③ 人口买卖，"如无元买契书、官司公据，务司辄行税契者，决四十七下。有司不应给据辄便给据者，依务司一体断罪"④，以杜绝诱骗拐卖。

泰定帝致和元年（1328）徽州郑升甫典桑地契⑤

十六都郑升甫与兄震甫，共有桑地一段，坐落本都保土名樵潭本家住前园，原系迻字号，经理系大字四百六十三号上地一亩二角四十八步。东至大路，西至屋前篱堑横过为界，南至坑，北至仉云卿田。其地三分中升甫合得一分。今为无钱用度，奉父亲传翁指令，情愿将前项四至内合得桑地尽数立契出典与十五都郑延芳名下为主，面议典去中统价钞五十七贯文。

泰定帝致和元年（1328）八月十五日

父传翁郑升甫

代书人王舜民

---

① 方龄贵：《通制条格校注》卷一八，《关市·牙保欺蔽》，中华书局 2001 年版，第 524 页。

② 《元典章》卷五七，《刑部十九·诸禁·禁宰杀》"赏捕私宰牛马"。

③ 《元典章》卷五七，《刑部十九·诸禁·禁诱略》"应卖人口官为给据"。

④ 《元典章》卷五七，《刑部十九·诸禁·禁诱略》"略卖良人新例"。

⑤ 张传玺主编：《中国历代契约会编考释》（上），北京大学出版社 1995 年版，第 638 页。

处理典当纠纷的主要证据是典当契约。典当土地契约与买卖土地契约在程序和构成要件上有许多相似之处，如明确典当双方当事人、对土地所有权作必要的说明、确定买卖标的、成契理由、有立契证明人等，但典当土地契约维护典主在土地典当期间对土地的占有权、使用权和收益权的同时，也保护业主回赎土地的权利。

元成宗大德五年（1301）七月，御史台呈："备山南廉访司申：'体知得一等农民，将见种官地私下受钱，书立私约，吐退转佃。佃地之家，又不赴官告据，改立户名。又诸衙门见勾当大小官吏，于内一等不顾廉耻营利之徒，于任所恃势诡名佃种官田，不纳官课，更占夺百姓见佃官田，自行种佃，或转与他人，分要籽粒。如蒙禁治相应。'……得此。都省议得，江南各处见任官吏，于任所佃种官田，不纳官租，及夺占百姓已佃田土，许诸人赴本管上司陈告是实，验地多寡，追断黜降，其田付告人并佃人种佃外，据佃种官田人户欲转行兑佃与人，需要具兑佃情由，赴本处官司陈告，勘当别无违碍，开写是何名色官田顷亩、合纳官租，明白附簿，许立私约兑佃，随即过割，承佃人依数纳租，违者断罪。"[①]转佃官田，允许订立私约兑佃，然后到官府办理过割手续，官府予以认可。大德十年（1306）五月，法律规定："今后质典交易，除依例给据外，须要写立合同文契贰纸，各各画字，赴务投税，典主收执正契，业主收执合同。虽年深，凭契收赎，庶革侥幸争讼之弊"[②]。抵押、典当应以物产证和交易合同为据，且缴纳交易税。正因如此，在民事审判中，要对书证进行查验，如系买卖文契则需核查其公据、问账、正契和税契的契本。对于证人则要追问与原、被告有无亲戚、故旧、钱物交往关系，借以衡量其举证的公正效力。

雇船只契式[③]

---

① 《元典章》卷一九，《户部五》·田宅·官田》"转佃官田"。

② 《通制条格》卷一六，《田令·典卖田产事例》。

③ 黄时鉴辑：《元代法律资料辑存·公私必用》，浙江古籍出版社1988年版，第249页。

某州某县某处船户姓某

右某今托得某乡某里船牙姓某保委，揽载得某处某官行李几担，前到某处交卸。当三面言议断得工雇水脚钞若干贯文，当已借讫几贯为定，余钞候载到彼岸交卸了当，尽数请领。自装载后，须用小心看管，不敢上漏下湿。如有损坏，甘伏一一偿还不词。谨契。

年 月 日船户姓 某 号契

船牙姓 某 号

处理雇佣纠纷的主要证据是雇佣契约。雇佣契约须开列交卸地点、工雇水脚钞价及支付方式、受雇者责任及损坏赔偿的保证。

生谷批式 ①

某乡某里姓某，今与某人互相保委，情愿立批就某里某人宅，借得无息苗谷几石，前去耕田、食用，约限到冬十月巳里，备一色净谷赴仓交纳，不至少欠，如或过期，且保人甘当倍纳不词，谨约。

年 月 日姓 某 号批

保人姓 某 号

此借贷文契，除注明无息借贷外，与其他借贷一样，文契中载明用途、归还时间、质量、数量，保证不会拖欠。并请保人担保。

由于契约是确认民事法律关系变动的凭证，因而在发生民事争讼时具有重要的证据价值。元代人是这样看待契约作为民事诉讼证据的重要性："做事谋始，古人所贵，后世文约契券，盖亦谨始之道，所以防其争且欺也。近年风俗偷薄，巧伪日增，凡田宅婚姻债负良贱，偶因要约不明，多致争讼昏赖，紊乱官府，动涉几年。干碍平人，妨误生计。亦有诈立契约，公肆欺谩者。然理曲之人，终亦败露，身负罪责，名陷凶徒，竟亦何得也？今后民间婚姻、田宅等事及两相贸易，合立文约者，皆须分明开写年月、价值、期

---

① 黄时鉴辑：《元代法律资料辑存》，浙江古籍出版社 1988 年版，第 244—245 页。

限、证佐，以备他日检勘。防闲既密，争告渐稀，欺伪之徒，自有刑宪，是亦善风俗、止词讼之一事也"①。

在元朝，法定婚书，是双方当事人同意建立婚姻关系的意思表示，是婚姻关系确立的法定凭据，婚书对缔结婚姻的男女双方均具有法律约束力。婚姻纠纷的诉讼，以婚书为证据。"凡婚书，不得用彝语虚文，须要明写聘财礼物，婚主并媒人各各画字。女家回书，亦写受到聘礼数目，嫁主并媒人亦合画字。仍将两下礼书背面大书'合同'字样，分付各家收执。如有词语朦胧、别无各各画字并合同字样，争告到官，即同假伪"②。元世祖至元六年（1269）三月十一日，法律规定："契勘人伦之道，男女婚姻为大。据各处见行礼数，事深不一。有立婚书文约者，亦有不立元议婚书，止凭媒妁为婚，已定之后，少有相违，男家为无婚书，故违元议，妄行增减财钱，或女婿养老、出舍，争差年限，诉讼到官。其间循情，及媒妁人等偏向，止凭在口词因，以致词讼不绝，深为未便。省部公议得，今后但为婚姻议定，写立婚书文约，明白该写元议聘财钱物。若招召女婿，指定养老或出舍年限。其主婚、保亲、媒妁人等画字，依理成亲，庶免争讼"③。婚姻成立以婚书为法定要件，不能仅凭媒妁之言。婚书写明聘娶财产的数额，如是招赘，还须写明养老或出舍年限。主婚人、保亲人、媒人都要在婚书上签字画押，然后才能结婚。设定婚书的目的是为了达到消除婚姻纠纷以至发生争讼的目的。元代明令禁止"良人"与"驱口"结婚，若男方为"驱口"，"巧立名色，捏写婚书，妄冒求娶良家子女，转配驱奴者，所生男女，俱合随母为良，别立户名，收系当差。主婚妄冒之人，笞五十七下，有职役者，解任别叙。保亲、媒合人等，减二等科断"④。伪造婚书，违律嫁娶，关联人都将受到法律制裁。

---

① （元）王结：《文忠集·善俗要义·明要约》，载杨讷点校：《吏学指南》，浙江古籍出版社1988年版，第363页。
② 《元典章》卷一八，《户部四·婚姻》"嫁娶婚书"。
③ 《元典章》卷一八，《户部四·婚姻·婚礼》"嫁娶写立婚书"。
④ 《至正条格·断例》卷八，《户婚·昌娶良人陪驱》。

　　元代继承纠纷的证据，一是对养子抚养关系认定的契约。收养制度，为中国古代社会亲属关系的一项重要制度，在此基础上，收养人与被收养人之间构成拟制亲属关系。规定收养行为成立的程序要件。江浙行省的谕文在规定收养行为时，曾要求"明立文字，两家并说合俱各画字，仍须经官告给公据"。①《新编事文类要启札青钱》外集卷一一《公私必用》保留有双方当事人所立文书的格式，一式两份，由养子的养父母与本生父母分别保存。该文书的格式大致如下：

　　觅子书式②

　　某乡某里姓某

　　右某，昨娶到阿氏为妻，相事年深，并无子息，诚恐老来无人供赡，遂托得某人为媒，命立某处某人第几男名某、见年几岁，以为嗣续，继绍祖宗，承替差发。自归家之后，且某如同嫡子看承，不敢嫌弃，幼训以诗书，长教其手艺，所有梯已置到物业，并与男某管佃。向后即无异心别立内外亲房兄弟儿孙，及有遣还之理。如违此约，甘罚中统钞若干贯文入官公用。不词。谨书。

年月日

姓某号书

妻氏号

媒人姓某号

房长姓某号

　　弃子书式③

　　某乡某里姓某

　　右某，昨娶到阿氏为妻，生下男子几人，每惭添累，今凭得某人为媒，情愿将第几男名某、年几岁，抱与某处某人为子，继续祖

---

① 《元典章》卷一七，《户部三·户计·承继》"养子须立除附"。

② 黄时鉴辑：《元代法律资料辑存·公私必用》，浙江古籍出版社1988年版，第245页。

③ 黄时鉴辑：《元代法律资料辑存·公私必用》，浙江古籍出版社1988年版，第246页。

宗，承替差发。自归家后，须索孝于二亲，睦于九族。倘或稽违，仰加教导。至于纳吉之时，甘陪某物若干，以助聘定之用。且某即无退悔之心，向后长成，亦无鼓诱归宗之意。如违此约，甘罚钞若干贯文入官公用。不词。谨书。

年 月 日

父姓某 号书

母阿氏号

媒人姓某号

房长姓某号

至正五年（1345）徽州郑安卿等分产文书 ①

十五都郑安卿、荣卿、椿卿、廷芳，共有本都七保康家园高门山桑地并山共三段，今为管业不便，将前项地段肥瘦品搭，分为十五段，立仁、义、礼、智、信五张，各据一筹管业为主。其山内除生坟莹二所，并柿木二根、株木四根、楮木一根，并系众存，同共为主，不在标分之内，如各人分地内及众存山内日后有迁造风水，并系众存，不许私自迁造。其余桑柘苗竹杂木等物，各据所分四至管业。自今抽分之后，各据所分四至埋石，永远管业为主，不许翻悔，如悔者，罚中统钞一百贯与不悔人用，仍依此文书为准者。

至正五年乙酉二月二十二日

郑安卿 郑荣卿 郑椿卿 郑廷芳

解决继承纠纷的主要证据是分产文书。分家析产必须订立分产契约。按照诸子均分原则，抽签分配，归属明确，永远管业，不许翻悔。

元律对民事诉讼证据提出三项要求：

其一，民事证据必须经过"证验"方可采信。验证证据必须符合法定要求。元世祖至元九年（1272）的一道圣旨中指出："不拣谁，自底勾当里争

---

① 张传玺主编：《中国历代契约会编考释》（上），北京大学出版社1995年版，第674页。

竞喝叫、折证钱债其间里，不拣甚么田地里，上位的大名字休提者"。不许以"大名字折证"，即不得以居于"上位的大名字"作为人证，防止以势压人。"那般胡提着道的人，口里填土"①，以阻止其胡言乱语、胡搅蛮缠。

其二，承服者不须别勾证佐。在提供证人的问题上，凡经审判已经承服者，不须别勾证佐。元世祖至元二十八年（1291），条例规定："今后诸人告状，受理官司披详审问，所告之事有理而实，先将被告人勾唤到官，取问对证。若已承服，不须别勾证佐。若被告人不伏，必须证佐指说，然后将紧关干连人指名勾摄。无得信从司吏一概呼唤违者痛断（其罪）"②。扰乱司法。

其三，不许指亲属干证。元成宗大德十年（1306）的一则条例中指出："亲属许相容隐者，旧例也。近年诬讦之徒首告官吏赃罪，动辄攀指其父母、兄弟、妻子为证"，如果问事官为了取证而"不以纲常为重，一时快意"，使"有罪者子证其父，弟证其兄，妇证其夫，奴证其主"，"今后犯者以违例坐罪"③。

第三节　民事审判

一、受理

对于一般民事诉讼由地方机关受理。军官、巡检不许接受民词，也不许里正备申，而是"听令百姓赴有司从实陈告"④，禁止越诉。据《元史·刑法志》记载，元代法律规定："诸告人罪者，自下而上，不得越诉"。⑤元

---

① 《元典章》卷五三，《刑部十五·诉讼·折证》"大名字折证的休提"。
② 《元典章》卷五三，《刑部十五·诉讼·折证》"不须便勾证佐"。
③ 《元典章》卷五三，《刑部十五·诉讼·折证》"词讼不指亲属干证"。
④ 《元典章》卷五三，《刑部十五·诉讼·听讼》"词讼不许里正备申"。
⑤ 《元史》卷一〇五，《刑法志四》。

世祖至元二十四年（1287），江西行省针对各路争告户婚、田产、家财、债负、强窃盗贼等事，规定如下："若各路偏徇，理断不公，许令直赴上司陈告。"① 另据《元史·刑法志》："诸陈诉有理，路府州县不行，诉之省部台院；省部台院不行，经乘舆诉之。"② 但元成宗大德十一年（1307）圣旨中强调"越诉的人每，依体例要罪过者"③，以示对越诉的嫌恶和制裁。

官府在受理民事诉状时，要审查其诉状是否符合法定的格式，证验是否齐全，如不合要求则不予受理。如应受理而不受理者，主管官吏也要受到惩罚。

元朝对老弱废疾的民事案件优先受理。根据《元典章·刑部·诉讼》"老疾合令代诉"条载："至元九年八月，中书：兵刑部：'承奉中书省判送：御史台呈：陕西、四川道按察司申该：争告户婚、田宅、债负、驱良、差役之人，于内有一等年老、笃废残疾人等具状陈诉。其官府哀怜此等之人恐有冤抑，多为受理……'"④

二、民事审判资格

（一）行省有民事案件审判权

行省在元代不属严格意义上的地方民事审判机构，其地方机构是路、府、州、县。行省在建制稳定后，在民事审判中的功能有三：首先，是对路、府、州、县审理的民事案件中没祐先例和法律的案件拟判进行审查，同意后，申报中书省，再由中书省转给相关部门裁定。在元代中央的民事裁定部门主要是刑部、礼部和户部，有时还有宣政院。元仁宗皇庆二年（1313）五月有："江浙行省准中书省咨：礼部呈：'奉省判：本部元呈：晋宁路申：准本路总管石嘉议关：切闻男女婚姻，五常之始……今晋宁路石嘉议所言，诚为中理。

---

① 《元典章》卷五三，《刑部十五·诉讼·越诉》"越诉转发元告人"。
② 《元史》卷一〇五，《刑法志四》。
③ 《元典章》卷五三，《刑部十五·诉讼·越诉》"越诉的人要罪过"。
④ 《元典章》卷五三，《刑部十五·诉讼·代诉》"老疾合令代诉"。

如蒙准呈，本部为例遵守，遍行照会相应具呈照详。批奉都堂钧旨：送礼部，约会刑部官一同议拟施行。'"① 可以说在《元典章》中只要有"某某行省准，中书省咨，某某路申"的语句，并与民事案件有关的，都属于此类。这是元代行省在民事审判中的最主要的功能。其次，是对路、府、州、县在审理民事案件中遇到无例无律时，呈报到行省来的民事案件进行拟判，后再把拟判呈报中书省，经相关部门裁定后，行省再回札咨呈的路、府、州，县。元成宗大德元年（1297）六月有一案："江西行省：据龙兴路申：范大鼎告'翟镇抚占住房屋，虚钱实契，不肯回赎'公事。省府议得……"，最后是"中书省咨：送礼部照拟得：合从行省所拟相应。都省准拟，合下"。② 最后，是对路、府、州、县所呈咨的民事案件进行审查后，发现有明确的先例和条例，理问所的官员可以据以拟判，再经行省相关官员集体讨论后，径直断决。这是因为在元代，民事案件往往被定为"轻罪"案。大德四年（1300）四月有一案："江浙行省省掾石仲宝承行札付：来呈：邵武路许惠，至元二十五年凭媒说合黄三七女鹤姐为妻，后因许惠出外。至元二十八年黄三七主婚，又将女出嫁与朱阿老为妻，经今九年，已有所生男六岁"。③ 此案上报到行省后，因为此案与大德元年六月平江路长州县陆干五告杨干六将女杨福一娘改嫁案一样，定婚后又把女儿嫁与他人，且年限很长，有了小孩。此案送到行省后，理问所拟判是维持改嫁后的婚姻关系，申报到中书省后，都省同意所拟。这样对许惠案，由于有先例可循，最后是："迄今据见呈相度，许惠告黄三七将女黄鹤姐改嫁与朱阿老为妻，即与陆千五告杨千六将女杨福一娘改嫁，事理相同。省府合下，仰照验，更为详审明白，中间别无争差，依例施行。"④ 于是，许惠案在行省就做出了断决。从上面的分析可以看出，元代行省在民事审判上没有明确的审判权，其主要职责是审查和拟判，很少进行判决。但在元代中

① 《元典章新集·户部·婚姻·嫁娶》"定婚不许悔亲别嫁"。
② 《元典章》卷一九，《户部五·田宅·房屋》"多年宅院难令回赎"。
③ 《元典章》卷一八，《户部四·婚姻·嫁娶》"领讫财礼改嫁事理"。
④ 《元典章》卷一八，《户部四·婚姻·嫁娶》"领讫财礼改嫁事理"。

后期，它在民事审判上的权力有上升的趋势。凡军国重事，行省无不领之。

（二）正职官审理推问

司法官受理民事诉状以后，随即传唤原告、被告及有关证人开庭审理。在元朝法庭上需由正职官审理推问，地方路以达鲁花赤、总管、同知、治中、推官、断事官为正官；府以达鲁花赤、知府（府尹）、同知、判官、推官、断事官为正官；州以达鲁花赤、州尹、同知、判官、断事官为正官；县以县尹、县丞为正官。正官在元朝法典中统称为"各该当官司"、受理（词讼）"官司"，握有司法审判权。非正职官不得审理词讼，特别是强调"人吏不得问事"。元成宗大德六年（1302）以前，已有禁止委派廉访司书吏、奏差审理词讼的规定。大德六年（1302）三月省台再次下令：刑名词讼，果有必须委官追问事理，除朝省外各衙门辄差令史、宜使人等，审理词讼之事，"一体禁治"[①]，以防止书吏擅权，玩法行私。

地方官府应依例处决词讼。元世祖至元十年（1273）六月，朝廷指令，地方官府"应断驱良诸色户计，定夺差发、税粮、课程、盐法、诸项钱谷、只待军马盐粮草料，理断婚姻、地土、公私债负，各路自合依条处决。……今后凡事其有关碍上司、必合申覆者，须要勘会完备，照依拟定申呈。其余事务，并听各路依条处决。其或所拟不完，所申不当，定将判署官吏依例责罚施行。先具依应准行文状申呈"[②]。对于民诉案件，地方官府应依例处断，不得推诿淹滞。

三、约会

约会制度是元代在民事诉讼中当不同民族、不同户籍、不同职业和不同

---

① 《元典章》卷五三，《刑部十五·诉讼·问事》"人吏不得问事"。
② 《元典章》卷四，《朝纲一·庶务》"依例处决词讼"。

宗教信仰者互相诉讼且有各自的主管机构时，由各自的主管官员组成临时联合审判委员会进行审理的一种独特的审判制度。由于元代在民事法律适用上实行属人法，并且诸色户计的隶属关系和管理体制各不相同，因此为了解决不同司法管辖之间发生的民事纠纷和轻微的刑事案件，凡遇不同户计、不同民族以及僧俗、道俗之间发生民事诉讼时，就由官府约请有关户计的直属上司出面会同审理后共同归断。届时，文武官吏及各阶层、各职业的人，约定日期相会，施行"立会裁判"，即"约会"。"约会"实质上是元朝慎重适用法律的表现。

"约会"在元代的诉讼活动中，除蒙古人刑事犯罪外，一般不适用于严重的刑事犯罪。严重的刑事犯罪应归一般官府审理，严重的刑事犯罪具体包括十恶重罪、强窃、贼盗、伪造宝钞、掠卖人口、发冢放火、强奸、诈伪、杀人及诸死罪。元代法律规定："诸管军官、奥鲁官及盐运司、打捕鹰坊军匠、各投下管领诸色人等，但犯强窃盗贼、伪造宝钞、略（掠）卖人口、发冢放火、犯奸及诸死罪，并从有司归问。"[1]"依着在先圣旨体例，奸盗诈伪、致伤人命，但犯重罪过的，管民官问者。除这的之外，和尚每自其间"[2]，"合死的重罪过，并强盗、窃盗、造伪钞等更做重罪过的，各投下里也不须约会，是管民官的勾当，只教管民官依体例归断。"[3]重罪由"有司"履行管辖职责，"各投下"没有管辖的权力。因此，凡犯重罪，均不适用"约会"，由各级地方官府司法管辖。

"约会"在元代的诉讼活动中适用的范围主要有土地、财货、婚姻、良贱、家产、债负、宗族继承、继绝、斗殴、争诉及科差不公引起的纠纷等。一是"约会"中的不同户计具体指儒僧道、医户、乐户、畏吾儿、龟户、军民、投下并探马赤官人等。其二，"约会"在元代的诉讼活动是十分重要的，也十普遍存在的。"据两争地土、斗殴、婚姻、良贱、家财、债负、宗族继

---

① 《元史》卷一〇二，《刑法志一》。

② 《通制条格》卷二九，《僧道·词讼》。

③ 《元典章》卷五三，《刑部十五·诉讼·约会》"投下词讼约会"。

绝等事，合行约问。"①"除这的斗殴、争驱良、婚姻、家财、债负等，这般勾当，约会各投下官人每一处断者。"② 其三，在"约会"中，"有司"是主角。元律规定："其斗讼、婚田、良贱、钱债、财产、宗从继绝及科差不公……若事关民户者，从有司约会归问，并从有司追逮，三约不至者，有司就便归断。"③ 若民户外的诸色人种的主管不赴约会，在三次通知后，有司就有权单独自行审理。在"约会"实施过程中，管民事的地方官员拥有绝对优势，"约会"实际是在统一的中央行政司法权威下，兼容各种体制权力的存在，而中央机构的权力是凌驾和主导兼存机构的权力。

"约会"的执行范围有如下几项：

其一，蒙古人员相犯重刑有司约会。至元十二年（1275）二月定例：蒙古军人"干碍人命重刑、利害公事、强窃盗贼、印造伪钞之类，即系钦奉圣旨定立罪赏、管民官应捕事理，合令有司约会，归问完毕，从有司结案"④。

其二，军民相干词讼约会。元成宗大德元年（1297）二月，"诸军民相讼者，命军民官同听之。"⑤ 法律规定："诸有司事关蒙古军者，与管军官约会问"⑥。元仁宗延祐六年(1319) 七月定例："军民相关词讼，除犯奸盗、诈伪刑名重事例从有司归断外，据两争地土、斗殴、婚姻、良贱、家财、债负、宗族继绝等事，合行约问。三遍不来，管民官归断"⑦。若军户与民户之间的民事争讼和轻微的刑事争讼，事关蒙古军者，由地方官府与管军官共同审理。事关民户者，由地方官府约会管军官共同审断，并从地方官府追逮。约会时，如管军官三约不至，地方官府可自行就便审断。但"诸州县邻境军民相关词讼，元告就被论官司归断，不在约会之例。断不当理，许赴上司陈

---

① 《元典章》卷五三，《刑部十五·诉讼·约会》"军民词讼约会"。

② 《元典章》卷五三，《刑部十五·诉讼·约会》"投下词讼约会"。

③ 《元史》卷一〇二，《刑法志一》。

④ 《元典章》卷三九，《刑部一·刑制·刑名》"蒙古人自相犯重刑有司约会"。

⑤ 《元史》卷一九，《成宗纪二》。

⑥ 《元史》卷一〇二，《刑法志一》。

⑦ 《元典章》卷五三，《刑部十五·诉讼·约会》"军民词讼约会"。

诉，罪及元断官吏"①。

其二，蒙人与民户词讼约会。蒙古人与民户之间的民事争讼和轻微的刑事争讼，由地方官府约会蒙古奥鲁头目共同审断。

其三，儒、道、僧官约会。元成宗大德元年（1297）六月，"诏僧道犯奸盗重罪者，听有司鞫问。"②法律规定："若僧俗相争田土，与有司约会；约会不至，有司就便归问。"③僧俗相争讼，由地方官府约会有关寺院主持共同审断，如寺院住持不赴约会，由地方官府依法断处。道俗相争也按此规定办理。

其四，医户、乐人、灶户、诸色户计词讼约会。元贞元年（1295）六月定例："医人，百姓每一处有争差的词讼时节，管民官、医人每头目一处归问断者"④。大德三年（1299）七月定例：乐人词讼，"管乐人的头目与管民官每一同问者"⑤。大德六年（1302）八月定例"灶户与军民相关词讼，理合所委盐司官与管军民官一同取问归结"⑥。医户、乐户、诸色人户之间遇有刑名词讼，由"本处达鲁花赤、管民官约会本管官断遣。如约会不至，就便断遣施行"⑦。

其五，畏吾儿等公事约会。畏兀儿、哈迷里人与民户百姓相争，"委头目与有司官同鞫"⑧。

"约会"制是在元代阶级矛盾和民族矛盾相当尖锐复杂的情况下，在专门司法管辖的状况中产生的，其目的之一，是顾及色目人及僧侣等各色诸人各方对司法公正的期待，协调各种人际关系，减少不同群体的对立和冲突，

---

① 《元史》卷一〇二，《刑法志一》。
② 《元史》卷一九，《成宗纪二》。
③ 《元史》卷一〇二，《刑法志一》。
④ 《元典章》卷五三，《刑部十五·诉讼·约会》"医户词讼约会"。
⑤ 《元典章》卷五三，《刑部十五·诉讼·约会》"乐人词讼约会"。
⑥ 《元典章》卷五三，《刑部十五·诉讼·约会》"灶户词讼约会"。
⑦ 《元典章》卷五三，《刑部十五·诉讼·约会》"诸色户计词讼约会"。
⑧ 《新元史》卷一〇三，《刑法志下》。

平息社会不同组成部分的不满，促使形形色色的词讼顺利解决的一种审判措施，它对专门司法管辖所维护的专制特权有某些限制作用，以发挥司法机构自身的以调节与审判为中心的法治功能，在一定程度上有利于保护各民族、各阶级、各方面人们的权益，在一定程度上实现了"教诸色人户各依本俗行者"的治国方针。但从另一角度看，元代的诸色户计是在民族歧视和民族压迫下产生，不同户计成为不同的权利主体，这使"约会"在本质上又是实现民族歧视和民族压迫的一种司法保证。如在审理有关蒙古人与汉人的诉讼案件时，蒙古主管官员的加入往往是对司法制度公正的威胁和破坏。此外，由于"约会"事关几个部门，各部门为了各自的利益，常常出现"各私所管，互相隐庇"的现象。造成很多诉讼多年不决，最终致使词讼频繁，诉讼滞塞，判决迁延呆滞，当事人被拖入无休止的诉讼牵累之中。"诸司头目，布满天下，各自管领，不相统摄，凡有公讼，并须约会。或事涉三四衙门，动是半年，虚调文移，不得一会。或指日对问，则各私所管，互相隐庇，至一年二年，事无杜绝。"① 面对这种情况，有人提出："诸色衙门投下头目，除管领钱粮造作外，无问大小词讼，俱涉约会者，并令有司归问。"② 元政府也开始取消一些"约会"对象，不让一些户种主管部门行使司法权，一切归"有司"审理。元武宗至大四年（1311）颁布取消回回人哈的大师的司法权法律。"哈的大师每，只教他每掌教念经者。回回人应有刑名、户婚、钱粮、词讼、大小公事，哈的每休问者，教有司官依例问者。"③ 元仁宗皇庆元年（1312）二月，在中书省札付江西廉访司的咨文中规定："在籍儒人果有违枉不公不法一切词讼，比例合从有司归问。"④ 同时，还取消在不同管辖区间涉及"约

① 邱树林、何兆吉点校：《元代奏议集录》下册，《郑介夫·上奏·定律》，浙江古籍出版社1998年版，第83页。
② 邱树林、何兆吉点校：《元代奏议集录》下册，《郑介夫·上奏·定律》，浙江古籍出版社1998年版，第84页。
③ 《通制条格》卷二九，《僧道·词讼》。另见《元典章》卷五三，《刑部十五·诉讼·问事》"哈的有司问"。
④ 《元典章》卷五三，《刑部十五·诉讼·问事》"儒人词讼有司问"。

会"的诉讼，"诸州县邻境军民相关词讼，元告就被论官词归断，不在约会之例"①。但在元代，约会诉讼的司法制度始终存在，只是在实施的程度上有所不同。元初约会制度发挥着十分重要的作用，元中后期约会制度的作用随之减弱。

四、停务

"停务"，是元代关于在一定时间内不许受理民事诉讼案件的规定，是继承宋代的务限法传统发展而来。元代为了不误农时，保障农业生产的顺利进行，从而对受理民事诉讼的时限规定。元世祖至元二十四年（1287），《年例停务月日》规定："年例，除公私债负外，婚姻、良贱、家财、田宅，三月初一住接词状，十月初一日举行。若有文案者，不须追究。及不关农田户计，随即受理归问"。②《至元杂令》中《论诉期务》也有相同规定："诸论田宅、婚姻、良贱、家财、债负，起自十月一日官司受理，至二月尽断毕，三月一日住接词状。其事关人众不能结绝者，听附簿入务，候务开日举行。若有文案及又相侵夺并于田农人户者，随时受理决断"。③停务内容都是民事诉讼范围，停务从每年三月一日起，至九月三十日止，因为这时开始进入农忙时期。十月一日开务，至次年的二月三十日止，开始审理民事案件、接受民事诉讼，因为这时农务已完。同时法律还规定，其一，不关农田户计者，可随时受理，不在"务停"之限；其二，对那些证据明确，不需查证或审理不影响农活的民事诉讼案件，该随到随审，这说明元官府对停务在实践中可以进行变通；其三，民事诉讼案件应在本年审断结案，大德三年（1299）十月定例严格规定："诸婚田诉讼，必于本年结绝，已经务停而不结绝者，从廉访司及本管上

---

① 《元史》卷一〇二，《刑法志一》。

② 《元典章》卷五三，《刑部十五·诉讼·停务》"年例停务月日"。

③ 黄时鉴辑：《元代法律资料辑存》，《至元杂令·论诉期务》，浙江古籍出版社1988年版，第39页。

司，正官吏之罪。"①"本年农隙必要结绝，不许更入务停。"②强调民事诉讼案件在时限内完成结案，以提高办案效率，不许司法官吏拖延停滞。

但在务限期内完成全年的民事案件的审理，给司法机关造成极大的压力，而贪官污吏又借用停务徇私舞弊，勒索民财，以致"凡争田宅、户婚公事，调弄淹延……积久不决，冤民受害"③。因此元成宗大德三年（1299）八月，"都省议得，今后应告上项公事，须自下而上，先从本处官司归理，比及务停，须要了毕。若事关人众，依例入务，才至务开，即便举行。如地远事难，又复不能了毕，明立案验，要见施行次第，所以不了情节，再许务停一次，本年农隙必要结绝，不许更入务停。其有见问未断，辄乱陈告，本管上司、廉访司并不得受理。如已断讫，陈词告冤，须追元问文卷，参照众词。若拟断情节别无不完，中间所见不同，从公改议。如紧关情节未问便行拟断，委有可疑，取元问官吏招状，听别委官推理。若事可归结，不应务停，及多经入务而不了，本管上司、廉访司官随事治罪。若事见问而受理并已断相应改断者，罪亦如之"④。朝廷一方面强制规定在民事诉讼案上，地方官必须在两次停务后审结；不应停务而停务的，审理官员要受处罚。对审判不合法、情节明确、证明确的下令改判；对情节、证据不明的案件，要求廉访司直接派属官进行审理，并且对原审官员进行处罚；另一方面，若上诉的案件没有经过审理或属停务之内的案件，没有超过二次停务的，廉访司不受理审查，打回原审官府审理。大德六年（1302）再次强调："停务之法，本欲恤民。今告田宅词讼，年深不绝甚众。原其所由，有司背公徇私，奸弊滋甚，贫民被抑，纵恣富势得安。以此参详：二次农隙之间而不结绝，所属官司拟合治罪，必要本年杜绝"⑤。元朝关于停务务限的规定是较为合理的，

---

① 《元史》卷一〇三，《刑法志二》。

② 《元典章》卷五三，《刑部十五·诉讼·停务》"年例停务月日"。

③ 《通制条格》卷四，《户令·务停》。

④ 《通制条格》卷四，《户令·务停》。

⑤ 《元典章》卷五三，《刑部十五·诉讼·停务》"争田词讼停务"。

而且严肃了官吏的责任。能否于务限内完成民事纠纷的审判，是监察官考查官僚治绩的一项内容。

第四节　民事调解

民事调解在中国历史悠久，源远流长。民事调解，是指民事纠纷发生后，由第三方主持，根据一定的习惯性规范和社会共识，以协商的方式调和化解纠纷，达成和解。至元代由于田宅典当盛行，各族间财产转移增多，使得"诸民讼之繁，婚田为甚"[1]。为了减少地方司法机关所承受的压力，并通过各种渠道疏导矛盾，化解争讼，以增强亲族和邻里间的和睦，稳定社会秩序和国家统治，官府对民事诉讼进行了较为积极的、正式的司法审理外，还采用了中国传统社会的诉讼价值取向和手段——调解和承认和解来解决民事纠纷。元代的山东东西道提刑按察使胡祗遹提倡"省官莫如省吏，省吏莫如省事。""民有父子兄弟相讼者，必恳切谕以天伦之重，不获已，则绳以法"。[2] 处理民事诉讼案先用天理、人情予以调解，调解不成功，再用国法判决。他在《折狱杂条》中提出"每事皆有根底旁证，来历情由，当从实处——推究，干证劝和人最为紧切"。[3] 在他写给别人审理案件应遵守的原则时，他仍认为最好的审判方式是调解。曾任堂邑县尹和监察御史、颇有政声的张养浩，在总结审理民事纠纷经验的基础上写成的《三事忠告》中，强调"凡不切之讼，听其从宜喻遣之，谕之而不伏，乃达于官府"[4]。又说："亲族相讼，宜徐而不宜亟，宜宽而不宜猛。徐则或悟其非，猛则益滋其恶，第下

---

① 《元典章》卷五三，《刑部十五·诉讼·听讼》"至元新格"。

② 《元史》卷一七〇，《胡祗遹传》。

③ （元）胡祗遹：《紫山大全集》卷二三，《折狱杂条》。

④ （元）张养浩：《三事忠告·牧民忠告》卷上，《听讼·弭讼》。

其里中开谕之，斯得体矣"①。另有一位叶姓官员在审理一件兄弟争产案时，也以兄弟之情对当事人进行调解，他说："汝姑退，归而自思，兄弟钱财，孰轻孰重……其人愧谢，雍睦如初"②。在他们看来调解可以收到"则讼源可清，而民间浇薄之俗，庶几乎复归于厚矣"③之效。

根据现有的元代法律史料，可以看出元代调解所适用的范围，主要是民事案件和部分轻微的刑事案件。例如，《至元新格》规定："诸论诉婚姻、家财、田宅、债负，若不系违法重事，并听社长以理谕解，免使妨废农务，烦紊官司。"④另据《元史·刑法志》所载："诸蒙古人斫伤他人奴，知罪愿休和者听"，"诸戏伤人命，自愿休和者听"。⑤元朝民间调解的成效颇为显著，其经验对后世亦有影响。

一、调解方式

元代民事调解，分为民间调解与司法机关调解二种。民间调解是由设立在农村的基层组织——社的社长负责。按元制"诸县所属村疃，凡五十家立为一社，不以是何诸色人等，并行入社。令社众推举年高、通晓农事、有兼丁者立为社长。如一村五十家以上，只为一社。增至百家者，另设社长一员……官司并不得将社长差占，别管余事，专一照管教劝本社之人，务勤农业，不致惰废"⑥。"若有不务本业、游手趋末好闲之人，先从社长教训，务勤本业。如不听教训，依旧游手趋末好闲，从本社长每月具姓名、作何游手趋末好闲，申覆本司县，季申本路，每上下半年申部呈省。如终不循服者，别行差设。虽已有申姓名，本人自悔改作，务勤生业，赴社长出首，其社长

①　（元）张养浩：《三事忠告·牧民忠告》卷上，《听讼·亲族之讼宜缓》。
②　（元）黄溍：《金华黄先生文集》卷二九，《墓碑·华府君碑》。
③　（元）张养浩：《三事忠告·牧民忠告》卷上，《听讼·弭讼》。
④　《元典章》卷五三，《刑部十五·诉讼·听讼》"至元新格"。
⑤　《元史》卷一〇五，《刑法志四》。
⑥　《元典章》卷二三，《户部九·农桑·立社》"劝农立社事理"。

聚众询问是实，然后复社，仍申本司县照知……令社长不管余事，专一劝课农桑，照管社内之人，务勤本业。若有游荡之徒，常切觉察，恐令别作非违。如是有失觉察，致有人户违犯者，验轻重将社长责罚相应"①。社长除主要负责"劝课农桑，诫饬游荡、防奸察非"外，并依法对发生在家庭、邻里之间的民事纠纷，负有"以理喻解"的责任。但社并非元朝的一级司法机关，社长只有调解权而无审判权。《山右石刻丛书·霍邑县杜庄碑》的碑文，为村社之长调解民间民事纠纷提供了确切的物证。该碑文详细记录了因侵害饮水权所发生的民事纠纷。经过社长的调解取得了圆满的结果，并写立私约，最后申请县衙备案。

元代另一类调解是在社长主持下进行。"诸论诉婚姻、家财、田宅、债负，若不系违法重事，并听社长以理谕解，免使妨废农务，烦紊官司"。②明确规定让社长主持调解民间民事纠纷，这是因为元政府认为社长是最了解当地民事纠纷产生根源的人。在元代，除承认调解外，还有一种是发生民事纠纷的双方自行和解，国家在法律上承认这种和解的效力。碑文如下：

　　霍邑县给

　　据庄（疑为社）村马□高移、成贵、惠吉祥连各状告：伏为东城村东有淋浸水九十六眼，次下合流一处。其水自来止是本村食用，其余村庄人户并不得洗裳、淘菜、饮牛秽污等事。却为泉水微小及渠道上下远鸢，水流不到，以上本村众人户将宋壁村涧北古旧泊池一个淘开足水，逐旅放流本村使用。至元十年四月十八日，有宋圣村任二妻、赵三妻坼讫上项泊池根底石麦，又被宋圣村赵一赶牛五支，赵大赶牛一支，相水渠内饮牛抛粪、秽污。以此情等具状经霍邑县衙陈告，蒙受理施行间，有宋圣村赵一、赵大、任三、王林、贾称、赵三托令东城村靳荣北、杜壁村

---

① 《元典章》卷五一，《刑部十三·诸盗三·防盗》"社长觉察非违"。
② 《元典章》卷五三，《刑部十五·诉讼·听讼》"至元新格"。

王立等社长，石鼻村梁社长，其皋靳圣村苏乡老和写立私约：该今后除宋壁村食用人户食用外□，不取相社庄村古旧有例食用水内及足水泊池，并上下渠内饮孳□，淘菜洗衣裳等事，及任二妻、赵三妻将元圻讫泊池根底石依旧垒了当，如今后但违犯之人，情愿准罚米三十石，充本村祗应用度，及有依时耕种过往牛畜及上秋后撒放大倒□□至在科罚之限。立讫。如此私约合同收执具一同拦状抄连私约赴官告拦了当。今事情等忖得在手□无系官勘信凭据，切恐已久□致昏昧，据此合行陈告，伏乞霍邑县详酌给据，各行事县衙，为此照勘，得此宗无行文案并取赍的本私约，并与所告相同，据公凭合行出给者。

右给付杜庄村马清等收执照准此。

至元十二年三月初七日给司吏马泽民主簿兼尉李

将士郎霍邑县平高押

达鲁花赤斡兀鲁阿思兰押

本村人户、金田院（下列人名省略）

从碑文中可以看出社长调解的步骤，首先，由当事人委托调解，然后由社长以理晓谕双方当事人，取得双方自愿接受调解的承诺，并将调解成果写成书面文字，作为凭证，由当事人向所在地司法机关申请备案，再由官方发给公据，以示认可。

《山右石刻丛书·霍邑县杜庄碑》虽只是元朝基层村社调解民间纠纷的千百个案例之一，但却反映了民间调解的普遍性和一定的规范性。以至民事纠纷的当事人，很自然地寻求调解的途径来解决纠纷。至于充当调解人的社长，或主动出面调解，或受委托调解，成为他所掌管的职务的重要内容之一。

社长在调解民事纠纷的过程中，切身感觉到"诸狱讼之繁，婚田为甚"，为此纷纷要求媒人应该"通晓不应成婚之例"，牙人应"知买卖田宅违法之例"，借以减少民间婚田纠纷。至于写状人更须"知应告不应告之例，……

以塞起讼之源"。①

民间调解除"社长"主要负责外，各奥鲁官和宗教头目也负有调解所属民事纠纷之责，据《新元史·刑法志》："蒙古人相犯者，婚姻、债负、斗殴、私奸、杂犯，不系官军捕捉者"，②由奥鲁官调解，调解不成再归司法机关审断。至于佛教徒、道教徒、伊斯兰教徒之间，因"取受不公，不法勾当多有"，不能只靠宣政院官员"问呵"，而应由各教的首领负责调解一些较小的刑事和民事争端。

司法机关的调解，多由司法官当堂进行。既然调解息讼被看作是为官的一种政绩，因此，司法官员在审判实践中，十分重视和推行民事调解。张养浩在《三事忠告·牧民忠告·听讼·弭讼》中说："书讼者，诚能开之以枉直，而晓之以利害，鲜有不愧服两释而退之"。司法机关当堂调解的主要依据是元朝的现行法律，但同时也注意"以理喻之"。这个"理"就是封建的伦理道德，它和国家制定法不仅无违，而且相通。以理调解更容易被当事人所接受，心悦而诚服。据《金华黄先生文集·叶府君碑》记载：叶姓长官在处理斗讼案件时，"必喻以理，启其良心，俾悟而止"。只有当以理调解无效，才以法治之。但由于元朝统治时期吏治败坏，司法黑暗，以至司法官常常借和解为名，勒索原被告双方的财物。胡祗遹在《官吏稽迟情弊》一文中指出："元告、被论两家公共贿赂，又不决断，岁月既久，随衙困苦，破家坏产，废失农务岁计，不免伤和。伤和之心，本非得已，皆出于奸吏掯勒延迟之计"③。这当中，对调解的追求是此种弊病产生的根源。

二、调解效力

经过调解结案的民事诉讼，对于当事人具有法律上的约束力。在《山右

---

① 《新元史》卷一〇二，《刑法志上》。

② 《新元史》卷一〇二，《刑法志上》。

③ （元）胡祗遹：《紫山大全集》卷二一，《杂著·官吏稽迟情弊》。

石刻丛书·霍邑县杜庄碑》的碑文中特别注明："如今后但有违犯之人，情愿准罚米三十石，充本村祇应用度"。凡是经过调解结案的诉讼当事人不得就同样理由和同一事实重新提起诉讼。可见，调解结案和民事审判结案具有同等效力。《元典章·刑部·诉讼》中《告拦·田土告拦》条，针对元成宗大德十一年（1307）发生汴梁路封丘县（今河南封丘县）乡民王成与祁阿马互争田土自愿休和，但过后王成翻告到官，申报到中书省后，最后裁决。该案所记录的行省、礼部、都省的批示中，都证明了调解所具有的必须强制执行的效力。原文如下：

"有元告人王成、被告人祁阿马及干证人等连名状告：缘为成等递相赴上司陈告见争田地一顷一十六亩半，蒙中书省委官前来归断，将成等勾到官。欲行归结间，在外省有知识人郑直等将成等劝和……以此成等自愿商议休和。义将见争地土，各除地段，对众另立私约合同文字"，"如此拦告，已后各不番悔，如有翻悔之人，成等情愿甘当八十七下，更将前项地土尽数分付与不悔之人，永远为主，'再不赴官争告"。对此，当事人所在行省批示："凡告婚姻、地土、家财、债负外，不违法者，若已拦告，所在官司不许轻易再接词状归问。如违，从廉访司照刷究治"。礼部也参详如下："今后凡告婚姻、地土、家财、债负，如元告、被论人等自愿告拦休和者，准告之后，再兴讼端，照勘得别无违错事理，不许受状。"都省也批示如下："今后凡告婚姻、田宅、家财、债负，若自愿告拦，详审别无违枉，准告已后，不许妄生词讼，违者治罪。"① 这里可以看出，以"告拦"方式解决民事纠纷，在双方自愿的基础上达成的和解，只要和解没有错误或违法，将具有与官府判决一样的法律效力，它对当事人具有同等的约束力，官府不但给予承认，并且保证执行。

广泛运用民事调解的社会效应在于：其一，便于缓和矛盾。民事调解可以避免激化矛盾，削减对立情绪，大事化小，小事化了，排除民事纠纷衍变

---

① 《元典章》卷五三，《刑部十五·诉讼·告拦》"田土告拦"。

成重大的刑事案件。其二，便于纠纷当事人修复关系。民事纠纷大多发生在邻里亲友之间，纠纷当事人生活在比较固定的人际关系圈子内，平时生活，低头不见抬头见。民事纠纷若诉诸官府，一纸判决定输赢，则感情破裂，积怨难平；若民事调解，化解矛盾，重归旧好，有利于问题的彻底解决。其三，灵活便捷，注重实效。民事调解受客观条件的限制小，减少办案成本，便于解决问题。其四，知情善断。参与调解者除当事人、调解人，还有各个方面的证人，这些证人由于多与纠纷人长期接触，了解情况，对是非的判断较为准确。当事人容易心平气顺地接受调解的结果。其五，德法结合。民事调解的过程是一个摆事实、讲道理、遵规矩的议事谈理的过程，也是道德法规宣教的过程，容易让纠纷当事人提高认识、反省举止，心悦诚服地接受调解结果。

总括以上，元政府在民事纠纷解决上采用的是务实态度，目的是对社会纠纷的有效解决。元朝的民事调解制度确实达到了相当可观的水平，不仅有利于当时民事纠纷的解决，也对后世有着深远的影响。明朝的调解制度就是对元朝调解制度的继承、扩大和发展。

第五节　民事判决与执行

（一）各从本俗法

按照"成吉思汗皇帝降生，日出至没，尽收诸国，各依风俗"① 的原则，采取属人法，不同民族身份的人，适用本民族习惯法。元世祖至元八年（1271）二月，法律规定："诸色人同类自相婚姻者，各依本俗法。递相婚姻者，以男为主。蒙古人不在此例"② 。"诸色人"即不同地区不同民族的人，

---

① 《元典章》卷五七，《刑部十九·诸禁·禁宰杀》"禁回抹杀羊做速纳"。
② 《元典章》卷一八，《户部四·婚姻·婚礼》"嫁娶聘财体例"。

"本俗法"即各民族原有习惯法。元仁宗延祐七年（1320）二月规定："至今诸色人户各依着本俗行有。自其间里合结绝的勾当有呵，结绝者；结绝不得的，有司里陈告，教有司官人每归断呵"[①]。诸色人等产生纠纷时，依照各自的习惯法处理，习惯法不能解决时，上告到官府依据国家法裁断。

司法机关接受诉状以后，即须开庭审理，不得无故拖延。由司法官传唤两造，取问对证，分析证据，如需人证则勾摄到官，如证人与被告有亲戚、故旧、钱物交往关系不得作证。对于书证，文契也须查核清楚。如被告虽理屈而坚决不予招认，承审官则与连职官员立案同署，依法拷问，以获取口供。在审理过程中对争议标的物田土收入，可以采取类似强制"保全"措施，以维护被侵权人的利益。《元史·刑法志》有以下记载："其所争田内租入、纳税之外，并从有司收贮，断后随田给付"。[②]

对于民事纠纷的判决，常常受到封建纲常伦理道德的影响而加重惩罚。侵犯官田、官物也较之侵犯私人财物加重。

依例处决词讼。元律规定："其应断驱良诸色户计，定夺差发、税粮、课程、盐法、诸项钱谷、祗待军马盐粮草料，理断婚姻、地土、公私债负，各路自合依条处决……其或所拟不完，所申不当，定将判署官吏依例责罚施行。"[③]

民事案件的判决，由司法官在出具的合同公掘执照上，写明经过查验的事实与判决的依据，交付原、被告收执。判决书如用蒙文、波斯文书写，根据审级的要求，需要用汉字标译。在宣告判决书时，须将原被告及证佐相干人等传唤到庭，也可"委付"有关官吏向原被告宣布判决的结果。如当事人不服，可以上诉，由受理上诉的司法机关负责审查一审判决，如需改判，也要出具公具执照，说明原判的错失。

对于判决的执行，凡是纯粹的民事案件一般按民事制裁手段处理。但如

---

① 《元典章新集·刑部·诉讼·约会》"回回诸色户结绝不得的有司归断"。
② 《元史》卷一〇三，《刑法志二》。
③ 《元典章》卷四，《朝纲一·庶务》"依例处决词讼"。

"隐占系官田土"、排斥嫡亲继承、偷换文契，多取利息、卑幼在外借债及典卖田宅以及亏损名教，乱人伦，败风俗之类的民事案件，除民事处置外，还附以刑罚制裁。

一般民事案件，由所受理的官司审结。确属疑难案件，则须于依例定拟以后，将两造陈述与证人证词一并申呈上司。上级司法机关对申报来的疑难案件或上诉案件，根据事实与适用法律的情况，做出不同的处理。"若拟断情款别无不完，中间所见不同，从公改议。如紧系情节未问便行拟断，可取元问官吏招状，别听委官推理"①。凡事实清楚的案件，上级断事官须亲自复审，不得虚调文移，委官定夺。

元成宗大德六年（1302）八月甲子，"诏御史台凡有司婚姻、土田文案，遇赦依例检覆。"②

元成宗大德八年（1304）正月，钦奉《恤隐省刑诏书》内一款："近年以来，田宅增价，民讼繁滋。除已到官见有文案，并典质借贷私约分明，依例归结，其余在元贞元年已前者，尽行革拨"③。元武宗至大四年（1311）四月，钦奉《住罢银钞铜钱诏书》内一款也重申："近年田宅增价，争讼日繁，除已到官见有文案，并典质借贷私约分明，依例归结，其余在至大元年正月以前者，并仰革拨"④。

（二）典型案例

元武宗至大二年（1309）对福建道漳州路龙溪县蔡福与蔡广娘案的处理，反映了灵活的态度。蔡广娘（又名蔡福奴）父母双亡，亲兄蔡广仔无力养赡，于至元二十八年（1291）将其过房给曹机察为女，改名曹福奴。成宗元贞元年（1295），由曹机察主婚，聘与蔡福为妻。被邻居以"同姓为婚"，有干例

---

① 《元典章》卷五三，《刑部十五·诉讼·停务》"年例停务月日"。
② 《元史》卷二〇，《成宗纪三》。
③ 《元典章》卷三，《圣政二·简诉讼（一）》。
④ 《元典章》卷三，《圣政二·简诉讼（三）》。

禁告发。县署以既经过房、改姓，又是曹姓主婚，明立婚书，且已生有二男二女，断令完聚。上司以"事干通例"，请示省部定夺。

礼部认为：蔡福经媒人通说、写立婚书，只是娶曹机察之女为婚，成婚已经十三年。虽然其中情节瞒昧可疑，但已生儿育女。"比之明知同姓为婚者不同，合准已婚为定。"① 都省批准了这一拟议。

（三）认领

蒙古族以游牧为业，牲畜是主要的私有财产。为了维护臣民的民事权利，元代建立了较为细密的私人动产亡佚收管、保护及认领制度。牲畜、金银、衣服、粮食等动产都在认领之列。

1. 认领期限

世祖中统五年（1264）八月圣旨条画规定："诸处应有孛兰奚人口、头匹等，从各路府司收拾。仍将收拾到数目，于应收置去处收置，限十日以里，许令本主识认。如十日以外，作孛兰奚收系，每月申部。如有隐匿者，究治施行。"② 走失人口、头匹有收管、认领之处，本主认领的时间限定为十天。元世祖至元十六年（1279）十一月出令："各路达鲁花赤、总管府及州县达鲁花赤、管民正官，不妨本职，收拾孛兰奚人口、头匹诸物……每月当月二十五日，本路指定聚集孛兰奚去处，令人识认三日。于内若有认见，委无诈冒，召招给主"③，认领期限仅有三天，比以前有所缩短。

2. 保管责任

元律规定："收拾到孛兰奚头口，须要如法喂养，不致瘦弱死损。如有倒换、货卖、宰杀食用及与者，诸人首告得实，依上断罪给赏。如委是病患倒死，肉货分付所在官司货卖作钞，同皮子、觔角逐旋纳官"④。拾到牲畜，

---

① 《元典章新集·户部》，《婚姻·嫁娶》"年幼过房难比同姓为婚"。
② 《元典章》卷五六，《刑部十八·阑遗·孛兰奚》"拘收孛兰奚人口"（第一款）。
③ 《元典章》卷五六，《刑部十八·阑遗·孛兰奚》"拘收孛兰奚人口"（第二款）。
④ 《元典章》卷五六，《刑部十八·阑遗·孛兰奚》"拘收孛兰奚人口"（第二款）。

要如法喂养，不得私下调换、宰杀和赠送他人，否则，将构成犯罪。所拾牲畜确实因病死亡，也要将肉货交到官府处理。

3. 申送义务

至元十六年（1279）元律规定："各路多出文榜，排门粉壁。不以是何人等，若有新旧收着底孛兰奚人口、头匹诸物，管限三日内申送所在官司。如有隐藏，或违限不解赴官，许邻佑诸人首告得实，将犯人痛行断罪，告人约量给赏。若坊里正、乡头、社长、主首人等知而不首者，依上断罪。如本千户下驱口首告者，即断为良。"① 拾到人口、头匹诸物，有申送官府的义务。三日内不交，将受到法律制裁。

4. 认领手续

在官府认领私有财物，必须签写"认领保证书"，其范式为：

本主识认 ②

□村住人□人：

右□，年壮无病，伏为于今月□日，本家自不小心，走失了甚毛色牛几头，有无印记，□即时随处根觅不见。今来□却知得□村□人收住上件牛畜，本人申覆到官，见蒙出榜召人识认。所具上件牛畜，委是□本家走失。今具状上告某官，伏乞详状给付□收管施行。所告执结是实，伏取裁旨

年 月 日告状人□人状

识认"本主"（所有权人）走失牲畜，必须向官府出具认领保证书，以此为凭，表明官府给付，物归原主。若欺诈冒领，将承担法律责任。

司法过程中的认领制度，为元代首创，它很好地维护了私人的财产所有权。

---

① 《元典章》卷五六，《刑部十八·阑遗·孛兰奚》"拘收孛兰奚人口"（第二款）。

② 黄时鉴辑：《元代法律资料辑存·词状新式》，浙江古籍出版社 1988 年版，第 220—221 页。

（四）损害赔偿

所有权人财产受到损害，有权向侵害人或所有物监管人要求赔偿或告官索赔。元代要求损害赔偿的状式为：

应被牛畜食践禾苗告状式①

告状人姓□

右□，年几岁，无病，系□村□都籍民，耕田为活。伏为状告，□年月日，忽见□所耕东村田内有黄牛三只，在被将禾苗食践，随即投告。当管张社长一处田所验视，得被前项牛只食践讫田禾约有二亩余，其牛系是本村梁巴家所养牛只，令本人赔偿，不肯归还。今来若不状告，乞行追征，委是使□有失岁望，无得子粒，应付当差用度。谨状上告其县官伏乞详状，施行，所告执结是实，伏取裁旨。

年 月 日告状人姓某状

此状式反映，受损害所有权人先要投告当地社长验视，确定受损具体情况，再向牲畜主人索赔，因牲畜主人置之不理，故上告官府。民事损害赔偿先可进行民间定损后"私了"，如若不行，即可诉讼到官，由官府"公断"。

总括以上，元朝的民事诉讼制度在承袭唐宋旧制的基础上，有所创新，成为元朝法制建设史上重要的一页，对于继起的明朝有着直接的影响。元朝作为蒙古少数民族领导下的政权，在入主中原之后，为了适应统一中国的需要，积极吸收先进的汉族政治、经济、文化方面的成就。与此同时，为了保护蒙古贵族的特权，又提倡蒙古、回回、汉法，三者并用，各依本俗，这种属人主义的立法原则，造成了法律构成上的多元性和民族性，使得法律形式杂乱，内容抵牾冲突，必然导致司法权的分散，而宗教与世俗权力并行，更加强了这种情况。

元朝统治中国以后，虽然带有落后性一面，对社会经济、文化的发展造成了不利的影响，但仍然沿承了两宋商品经济迅速发展的余绪，以致商品经

---

① 黄时鉴辑：《元代法律资料辑存·词状新式》，浙江古籍出版社 1988 年版，第 236 页。

济是元朝经济结构中最有活力的一部分。与此相联系的民事法律关系日渐复杂化，田产、婚继等民事争讼层出叠见，从而推动了民事诉讼制度的发展。有些民事诉讼程序已经写进了典章，显示了实体法与程序法分野的开始。

元朝民事诉讼中有关书状、代书、管辖、务限、代理、会审、调解等有关规定，充实和发展了唐宋以来民事诉讼制度的内容。

元朝实行的民族与阶级的双重统治，使得贵族官僚们的特权无所约束，从而导致了迅速的腐败和权力的滥用，以致在司法中有法而不依，经常是司法官任意拍断，造成了极端黑暗的司法状况。加上宗教官的横行无忌，终于陷入了严重的危机。一个赫赫不可一世的元帝国，在经历了九十年岁月之后灭亡了。

第六节　司法监察

元统治者宣称："风宪为纪纲之司，民生休戚，官政废举，关系非轻。御史台戒饬监察御史、廉访司，体承美意，协赞治功。所司奉诏不虔，并行究治。"[1] 元代，加强了监察机构御史台的职能权限。御史台监察考课文武百官、纠举政治得失，同时监督司法机构的诉讼审判活动，"诸官司刑名违错，……委监察纠察"[2]。蒙元统治者对地方监察官格外倚重，在各地分设行御史台和肃政廉访使司，编织了一道道严密的监控网络。由御史台（内台）、行御史台（外台）到各道肃政廉访司，建立了从中央到地方的一整套行政监察和司法监督体系。元顺帝（后）至元年间（1335—1340 年），先后制定了《设立宪台格例》(36 条)《察司体察等例》(30 条)《行台体察等例》(30 条)《禁治察司等例》（12 条）《察司合察事理》（12 条）形成了完备而系统化的监察

---

① 《元典章》卷二，《圣政一·肃台纲（六）》。

② 《元典章》卷五，《台纲一·内台》"设立宪台格例"。

法规。元代的司法监察主要体现在如下几个方面：

一、对司法官吏失职、渎职行为的惩处

元代，对司法官吏公正司法审判要求甚严，法律条文有许多这方面的详细规定，丰富了司法监察立法的内容。"诸衙门有见施行枉被囚禁及不合拷讯之人，并从初不应受理之事，委监察从实体究。如是实有冤枉，即开坐事因，行移元问官司，即早归结改正。若元问官有违，即许纠察"①，执法官吏若有失职、渎职行为，"比别个人（其他违法行为者）罪重"②，而受到严厉的制裁。

（一）出入人罪

司法官吏故意或过失造成开脱或加重所审犯人的罪刑，渎职官吏应承担相应的刑事责任。《行台体察等例》规定："刑名词讼，若审听不明及拟断不当，释其有罪，刑及无辜，或官吏受财故有出入，一切违枉者，纠察。"③元律规定："有司故入人罪，若未决者及囚自死者，以所入罪减一等论，入人全罪，以全罪论，若未决放，仍以减等论。""诸故出人之罪，应全科而未决放者，从减等论，仍记过"。"诸失入人之罪者减三等，失出人之罪者减五等，未决放者又减一等，并记过。""诸有司失出人死罪者，笞五十七，解职，期年后降先品一等叙，记过，正犯人追禁结案。""诸有司辄将革前杂犯，承问断遣者，以故入论"④。"出罪"，指将重罪判为轻罪或将有罪判为无罪；"入罪"，指将轻罪判为重罪或将无罪判为有罪。二者比较，元代"入罪"比"出罪"的处罚重，而"故（故意）出入人罪"又比"失（过失）出入人罪"处罚重。

---

① 《元典章》卷五，《台纲一·内台》"设立宪台格例"。
② 《元典章》卷一一，《职制二·职守》"官吏不得擅离职"。
③ 《元典章》卷五，《台纲一·行台》"行台体察等例"。
④ 《元史》卷一〇三，《刑法志二》。

（二）枉法囚禁

司法官吏非法囚禁无罪之人，视其有无"致死"情节，分别予以笞刑、记过、解职、降秩等处罚。元律规定："诸有司辄收禁无罪之人者，正官并笞一十七，记过。无招枉禁，致自缢而死者，笞三十七，期年后叙。诸有司辄将无辜枉禁，瘐死者，解职，降先品一等叙"①。如，元世祖至元二十九年（1292），婺州路阿老瓦丁被劫，兰溪县尉朱政，"不行擗缉正贼，辄将平民包捨等三十九名逼勒虚招作贼，朦胧解县，转行解府……以致将包捨等二十一名枉禁身死。"后来，原劫正贼钱广二等捉获，追搜赃仗到官，正贼真赃乃使该案情大白。御史台定罪：县尉朱政，笞"五十七下，罢职，除名不叙。推官蔡锡……深不称职，拟合除名不叙。达鲁花赤小云失、治中忽都鲁迷失……解见任，期年之后，降先职一等叙用"②。

（三）受财故纵

为了保证司法公正，元律禁止诉讼当事人到管事官员家里送礼说情，"诸求仕及诉讼人，若于应管公事官员私第谒托者，委监察纠察。"③司法官吏接受贿赂，故意放纵罪犯，嫁祸于无罪之人，处罚较"故出入人罪"的处罚加重。元律规定："诸有司受财故纵正贼，诬执非罪，非法拷讯，连逮妻子，衔冤赴狱，事未晓白，身已就死，正官杖一百七，除名；佐官八十七，降二等杂职叙，仍均征烧埋银。"④受财故纵，致死无辜，官员既要受到刑事制裁，又要受到行政处罚，还要对"苦主"进行民事赔偿。

（四）枉勘杠断致死

司法官吏非法审问定罪致死，应受到严厉制裁。元律规定："诸有司

---

① 《元史》卷一〇三，《刑法志二》。
② 《元典章》卷五四，《刑部十六·杂犯一·违枉》"枉禁平民身死"。
③ 《元典章》卷五，《台纲一·内台》"设立宪台格例"。
④ 《元史》卷一〇三，《刑法志二》。

承告被盗，辄将警迹人，非理枉勘身死，却获正贼者，正问官笞五十七，解职，期年后，降先职一等叙；首领官及承吏，各五十七，罢役不叙；均征烧埋银给苦主，通记过名"。"诸职官辄以微故，乘怒不取招词，断决人邂逅致死，又诱苦主焚瘗其尸者，笞五十七，解职别叙，记过"。"诸监临挟仇，违法枉断所监临职官者，抵罪不叙"①。如，元世祖至元七年（1270）闰十月，"安阳县尉王再思，涉疑王丑汉作贼，屈勘身死，拟断本官七十七下，省会罢任，及追征烧埋银五十两给付苦主。安阳县达鲁花赤竹迷思等，不合依凭王县尉再将逐人拷问罪犯，各罚俸钞一十两，主簿征钞八两，解部"②。

（五）非法用刑

元代司法审判重视口供，因而把拷讯作为获取供词的一种特殊手段，但要求连职官吏共同署名立案后方可使用，禁止司法官吏任意刑讯和法外用刑。元律规定："诸有司非法用刑者，重罪之。已杀之人，辄脔割其肉而去者禁之，违者重罪之。诸鞫狱不能正其心，和其气，感之以诚，动之以情，推之以理，辄施以大披挂及王侍郎绳索，并法外惨酷之刑者，悉禁止之"③。"诸鞫问罪囚，除朝审委问大狱外，不得昼夜问事，廉访司察之"④。均禁止"以私怨暴怒，去衣鞭背"。"诸弓兵祗候狱卒，辄殴死罪囚者，为首杖一百七，为从减一等，均征烧埋银给苦主，其枉死应征倍赃者，免征"⑤。

（六）该理不理

元代，《至元新格》拟定："诸杖罪五十七以下，并听司县断决；八十七

---

①　《元史》卷一〇三，《刑法志二》。

②　《元典章》卷五四，《刑部十六·杂犯一·违枉》"被盗枉勘平民"。

③　《元史》卷一〇三《刑法志二》；《新元史》卷一〇三《刑法下》："刑部侍郎王仪独号惨刻，自创用绳索法，能以一索缚囚，令其遍身痛苦，若复稍重，四肢断裂"。

④　《元史》卷一〇三，《刑法志二》。

⑤　《元史》卷一〇三，《刑法志二》。

下以下，散府、州军断决；一百七以下，宣慰司、总管府断决。又大小告争词讼，自下而上，不得越诉。如今他每往往地推调着不肯与决，作疑呈禀，致使百姓赴上陈告文繁。今后，行省、宣慰司、路府州县合与决的勾当，自下而上，必要结决了。若州县理断不当呵，赴路府、宣慰司、行省陈告，即便改正，将元行官吏究治。"①《至元新格》："诸公事明白，例应处决，而在下官府故作有疑申审，若事合申禀，而在上官司不即依理与决者，各随其事究治。仍从监察御史、肃政廉访司纠弹。"② 元律规定："诸民犯弑逆，有司称故不听理者，杖六十七，解现任，殿三年，杂职叙"③。

在司法审判中，司法官吏并无徇私枉法情节，仅因履行公务，依法"决罚致死"，则不予追究任何法律责任。元律规定："诸有司因公依理决罚，邂逅身死者，不坐。"④

二、司法审判监督

元朝注重对各级官府司法审判活动进行监督，这种监督一是来自上级行政机构，并由正官、首领官和负责刑狱之事的官吏负责；另一是来自专门的司法监察机构。并形成了一套较为严密的司法审判监督机制。元律规定："诸词讼，若证验无疑，断例明白，而官吏看循、故有枉错者，虽事已改正，其元断情由仍须究治。"⑤

（一）路府推官董理州县刑名

元律规定，各路府设推官专掌推鞫刑狱，平反冤滞，监督管理州县刑名

① 《元典章》卷四，《朝纲一·政纪》"省部减繁格例"。
② 《元典章》卷四，《朝纲一·政纪》"减繁新例"。
③ 《元史》卷一○二，《刑法志一》。
④ 《元史》卷一○二，《刑法志一》。
⑤ 《元典章》卷五三，《刑部十五·诉讼·听讼》"至元新格"。

之事。元律规定："诸随处季报罪囚，当该上司皆须详视，但有淹滞，随即举行。其各路推官既使专理刑狱，凡所属去处，察狱有不平，系狱有不当，即听推问明白，咨申本路，依理改正。若推问已成，他司审理或有不尽不实，却取推官招伏议罪。"① 如，元世祖至元三十一年（1294）十二月初四，考城县县尉李蘵捉获偷驴贼人张厨，问得招状，将张厨拷问有无同伴贼人，致使本贼转行虚指朱三为盗。杠勘拷讯朱三，收禁五十余日，才方牒发本县罪犯。路府推官"董理"此案，认为"县尉李蘵所犯，捉获偷驴正贼张厨，招说明白，不即牒县，却将平民朱三执谋同情为盗，拷打张厨，导引攀指，不立案验，辄便加刑，枉勘虚招，讯疮举发，才方保放，既已平复，量拟笞决四十七下，解见任，别行求任"②。元朝对推官管理较严，"按治官岁录其殿最，秩满则上其事而黜陟之"③，促使推官在董理州县刑名的过程中，履行职责，对地方基层官吏司法审判的监督也就落到了实处。

（二）申禀复审

元世祖认为："凡有犯刑至死者，如州、府审问狱成，便行处断，则死者不可复生，断者不可复续，案牍繁冗，须臾决断，万一差误，人命至重，悔将何及？朕实哀矜"，要求"凡死罪当详谳而后行刑"，并于中统元年（1260）五月，下诏："今后凡有死刑，仰所在官司推问得实，具事情始末及断定招款，申宣抚司再行审复无疑，呈省闻奏，待报处决。钦此。"④ 之后，不仅死罪必须详谳，配流重罪及多年疑而未决的案件也要申报待批，并逐渐形成定制。据《元典章·刑部》记载："配流、死罪，依例勘审完备，申关刑部待报，申扎鲁花赤者亦同。"⑤ 元成宗大德五年（1301）则明确规定：

---

① 《元典章》卷四〇，《刑部二·刑狱·察狱》"罪囚淹滞举行"。
② 《元典章》卷五四，《刑部十六·杂犯一·违枉》"枉禁贼攀上盗"。
③ 《元史》卷一〇三，《刑法志二》。
④ 《元典章》卷三，《圣政二·理冤滞（一）》。
⑤ 《元典章》卷三九，《刑部一·刑制·刑法》"罪名府县断隶"。

"凡狱囚禁系屡年疑不能决者，今廉访司具其疑状，申呈省台详谳，仍为定制"。① 元代重大案件的申禀复审的程序为：首先，县州府路审理的刑狱重案，由路总管府"追勘一切完备"，"牒申本道廉访司"，接着，经廉访司参详、审覆后，回牒有司，路总管府方可结案，并申禀行省。行省正官及首领官用心参详后，"拟罪"咨请朝廷刑部最后批复，有的案件甚至报请皇帝"断决驳正"②。如果不依法向上级官府和监察机构申报案情，则要受到严厉的制裁。据《元史·刑法志》记载："诸斗殴杀人，无轻重，并结案上省部详谳。有司辄任情擅断者，笞五十七，解职"。③

在司法实践中，申禀复审制度，对督促各级地方官严格秉公执法、依法办案产生了积极的推动作用，但由于程序十分烦琐，地方官吏不愿积极有为而承担相应责任，大小案件，连篇累牍，频频申禀上司请求批复定夺，使复审批复难度加大，程序烦琐，使地方官在多方权力的控制下失去了办案的主动性、独立性和灵活性，办案效率必然明显下降，司法混乱也就在所难免。

（三）录囚

录囚，是中国封建王朝由君主或上级长官查阅囚犯案卷或直接向囚犯讯察决狱时的情况而平反冤狱或督办久系未决狱案的制度，也是监督地方司法审判强有力的措施之一。元律规定："见禁罪囚，详加审录，重者依例结案，轻者随即决遣，无致冤滞"④。元朝录囚次数较为频繁，录囚内容较为丰富，录囚大致以三种方式进行：

1. 朝廷遣官录囚

元朝派往各地审录囚犯的官员主要来自省（中书省）、台（御史台）、院

---

① 徐朝阳：《中国诉讼法溯源》，商务印书馆1933年版，第72页。

② 参见李治安主编：《唐宋元明清中央与地方关系研究》，南开大学出版社1996年版，第231页。

③ 《元史》卷一〇三，《刑法志二》。

④ 《元典章》卷三，《圣政二·理冤滞（三）》。

（枢密院）、府（大宗正府）、部（刑部），至元六年（1269），元世祖诏曰："遣官审理诸路冤滞，正犯死罪明白者，各正典刑，其杂犯死罪以下量断遣之"①。至元十年（1273），"有司断死罪五十人，诏加审覆，其十三人因斗殴杀人，免死充军，余令再三审覆以闻"②。元统元年（1333），元顺帝的诏令也说："遣省、台官分理天下囚，罪状明者处决，冤者辨之，疑者谳之，淹滞者罪其有司"③。由此可见，元朝朝廷遣官录囚的职权为：审定处决死囚，平反冤狱，办理淹滞案件。

元末，朝廷遣官录囚侧重为五府官审决囚犯，五府官由中书省、枢密院、御史台、大宗正府、刑部委派的官吏组成④。元顺帝（后）至元二年（1336），中央五部门官吏审决囚犯成为定制，其突出表现于：第一，时间固定化，录囚每三年举行一次，要求于"秋分时毕事"。第二，只审决"人命重事"，一般不过问"盗贼诸罪"。第三，采用中央五部门联合审录的方式，共议圆署，对审案结果集体负责⑤。第四，重犯大案，经监察官吏复审，省部详谳，方可奏请皇帝裁决，皇帝有最终裁决权。元武宗至大四年（1311）三月十八日，下诏："天下之民，皆吾赤子，苟怀异志，自有常刑……今后内外重囚，从监察御史、肃政廉访司审复无冤，结案待报，省部再三详谳，方许奏决"⑥。中央对地方重大案件的积极干预，有效地控制和监督了地方官吏的司法审判工作。元代中央五部门官吏位高权重，他们出面集体审决囚犯的制度，直接成为明代秋审、朝审的滥觞。

---

① 《元史》卷六，《世祖纪三》。

② 《元史》卷八，《世祖纪五》。

③ 《元史》卷三八《顺帝纪一》。按元制，系囚五年，疑而不决，即为"淹滞"。廉访录囚时，有责任处理此类淹滞案件。参见《元史》卷二〇，《成宗纪三》以及《元史》卷一〇五，《刑法志四·恤刑》。

④ （元）熊梦祥著，北京图书馆善本组辑：《析津志辑佚·朝堂公宇·中书断事官厅题名记》，北京古籍出版社1983年版，第11页。

⑤ 参见《元史》卷三九，《顺帝纪二》。

⑥ 《元典章》卷三，《圣政二·理冤滞（七）》。

2. 各路正官审录罪囚

元朝充分发挥各路正官对管辖区内行使司法监察权，要求他们按时录囚。如大德十年（1306）五月十八日，元成宗诏曰："诸处罪囚，虑有冤滞，累经差官审理。比闻久系不决者尚多，仰各路正官参照审录，肃政廉访司详加复审，应疏决改正者随即发遣，重囚疾早依例照案，疑者申明"①。正官录囚，主要解决"淹滞"，提高办案效率，这正如《元典章》规定："诸见禁罪囚，各处正官每月分轮检视。凡禁系不应、淹滞不决、病患不治，并合给囚粮依时不给者，并须随事究问，肃政廉访司所在之处，依上审察。其在都罪囚，中书刑部、御史台、扎鲁花赤各须委官，季一审理。冤者辨明，迟者催问，轻者断遣，不致冤滞"②。

3. 肃政廉访司审录罪囚

肃政廉访司是隶属于御史台或行御史台的地方监察机构，也有审录罪囚的职责。元律规定："诸廉访分司官，每季孟夏初旬，出录囚"③。大德八年（1304）正月，元成宗发《恤民诏书》内有一款："诸处重刑，廉访司官详加审录，毋致冤滞。其官吏人等取受财物，侵盗系官钱粮，为盗、诈伪、贩良人，依例追断。其余杂犯罪囚，诏书到日，六十七以上减轻决免，五十七以下并行释免，私盐徒役者减一年"④。同年八月，元成宗诏曰："诸处罪囚，仰肃政廉访司分明审录，轻者决之，冤者辩之，滞者纠正，有禁系累年疑而不能决者，另具始末及其疑状，申御史台，呈省详谳。在江南者，经由行御史台，仍自今后，所至审录，永为定例"⑤。至大二年（1309）九月，元武宗下诏："年岁饥馑，良民迫于饥寒，冒刑者多，深可悯恻。令廉访司审录详谳，重囚疾早依例结案，其余罪犯如得其情，即与断遣，毋致冤滞。"⑥肃政

---

① 《元典章》卷三，《圣政二·理冤滞（五）》。
② 《元典章》卷四〇，《刑部二·刑狱·察狱》"审察不致冤滞"。
③ 《元史》卷一〇二，《刑法志一》。
④ 《元典章》卷三，《圣政二·理冤滞（四）》。
⑤ 《元典章》卷三，《圣政二·理冤滞（二）》。
⑥ 《元典章》卷三，《圣政二·理冤滞（六）》。

廉访司分司官赴所辖路分"录囚"，审复无冤结案，还得申禀行御史台、御史台、省部听候上司的批复。由此可见，肃政廉访司在监督地方司法的同时，也要接受中央行政机构、司法机构和监察机构的制约和监督。

（四）台宪部门的司法监督

元代对御史台、行御史台、肃政廉访司的司法监督权限进行了明确的划分，一是指对狱案有一定限度的复审权和检查权，纠察"诸官司刑名违错"；另一类是指对司法官吏执法情况的监督权，纠察"枉被囚禁及不合拷讯之人""从初不应受理之事"。

1. 对狱案的复审权和检查权

据《元史·刑法志》记载："诸杖罪以下，府州追勘明白，即听决断。徒罪，总管府决配，仍申合干上司照验。流罪以上，须牒廉访司官审覆无冤，方得结案，依例待报。"① 由此可见，凡是流罪以上刑案，必须经过监察机关复审，方可定案。元律规定："应有至死罪囚，有司取问明白，追会完备，行移提刑按察司复审无冤，有司依例结案，申行中书省，移咨中书省类奏，待报施行。"② 即使是大宗正府这样的权威机构，理断"人命重事"，也要让御史台审覆。《元史·刑法志》记载："大宗正府理断人命重事，必以汉字立案牍，以公文移宪台，然后监察御史审覆之。"③ 对于地方上的淹滞狱案，肃政廉访司常以"录囚"的方式予以处理。

2. 对司法官吏执法的监督权

（1）接受百姓称冤词讼

元律规定："诸诉讼人，先从本管官司，自下而上，依理陈告。如有冤抑，经行中书省理断不当者，仰行御史台纠察"。刑名词讼，若司法官吏"审听不明及拟断不当，释其有罪，刑及无辜，或官吏受财故有出入，一切违枉

---

① 《元史》卷一〇四，《刑法志三》。

② 《元典章》卷五，《台纲一·行台》"行台体察等例"。

③ 《元史》卷一〇三，《刑法志二》。

者，纠察"①。路府州县理断不当，许诉讼人赴肃政廉访司陈述，肃政廉访司了解冤情后，予以平反昭雪，并对办理原案的司法官吏进行处罚。

（2）纠察违法拘禁拷讯

元律规定："诸衙门有见施行枉被囚禁及不合拷讯之人，并从初不应受理之事，委监察从实体究，如实有冤枉，即开坐事因，行移元问官司，即早归结改正。若元问官司有违，即许纠察"②。如元世祖至元二十三年（1286）八月御史台接治广州路总管罗仔、治中严珪、司吏冼泳等人，将"无招人"潘兴未经"依理鞫问"，也未候证人刘二到官，即使令牢子张瑞等将潘兴"当厅缚倒"，"法外拷讯，就牢身死"，依法"各量决三十七下，解见任，别行求仕，标附公罪过名"③。"诸罪囚应枷锁、散禁之例，各以所犯轻重斟酌。干连人不关利害、及虽正犯而罪轻者，召保听候。囚无家属，官给口粮，病则差医看治，毋致非理死损。违者纠察。"④

监察官吏在监督司法审判方面责任重大，"应选择通晓法理、有行止"者为之，故元朝在法律上对他们提出了严格的要求，严行禁止其徇私举劾，台宪官失职，从重惩处。元律规定："若罪状明白，廉访司、御史台不为纠弹，受赂徇情，或别作过犯，诸人陈告得实，罪比常人加重。诬告者，抵罪反坐。"⑤"御史台、按察司、监察御史，系纠弹衙门官吏，正己方可正人，不应受赃出首。今后有犯人，比之有司官吏加罪一等，经赦不赦，经减降不减降。"⑥"监察御史任满，验所言事件小大多少，定拟升降。"⑦

元代法律规定，监察机关行使监察司法审判的职权，但不允许它取代司法审判机关的职能，也禁止其直接介入司法审判。元律规定："诸官府见问

① 《元典章》卷五，《台纲一·行台》"行台体察等例"。
② 《元典章》卷五，《台纲一·内台》"设立宪台格例"。
③ 《元典章》卷五四，《刑部十六·杂犯一·违枉》"拷无招人致死"。
④ 《元典章》卷五，《台纲一·行台》"行台体察等例"。
⑤ 《元典章》卷二，《圣政一·肃台纲（一）》。
⑥ 《元典章》卷五，《台纲一·内台》"台察咨禀等事"。
⑦ 《元典章》卷五，《台纲一·内台》"监察合行事件"。

未决之事，监察御史不得辄凭告人饰词，取人追卷。候判决了毕，果有违错，依例纠弹。其罪因有冤，随即究问"①，以维护司法审判机关的司法权威和司法审判的正常秩序。

照磨，元代首设，《元史·百官志》载：照磨一员，正八品，凡六部、枢密院、宣政院、御史台，大都督府，以及中书省、廉访司，均设此官，其职责是核对文卷，承发文书，考核案卷。

吊刷文卷。监察官员核查文书与审核案卷。此制度始于元。凡省、府、诸司文卷，"并从台宪照刷"。诸内外台，于每年都"遣监察御史刷磨各省文卷"②，"上下半年通行照刷，享有违错，若不为尽心、透漏刷过者，量事轻重治罪。凡察到公事，合就问者就问。事干人众，申台呈省。……监察御史察到不公人员，本管官司有占怙不发者，究治"③。照刷案牍是元代廉访司重要的职能之一，通过文书检查，核实官员对政务的处理情况，并追究稽违官员的罪责。自此开查检官方文书、审判案宗之风。明清在此基础上制度化、法律化。

详谳。"在狱之囚，吏案虽成，尤当详谳也。若酷吏锻炼而成者，虽谳之囚，不敢异辞焉。须尽辟吏卒，和颜易气，开诚心以感之；或令忠厚狱卒款曲以其情问之。如得其冤，立为辨白，不可徒拘阂吏文也。噫，奸吏舞文，何所不至哉。"④元成宗大德十年（1306）五月定例："监察御史、廉访司官吏，所以纠劾官邪，徇求民瘼，肃清刑政，共成治功。今后各思所职，有徇私受赂者，照依已降圣旨，加重治罪。"⑤

---

①　《元典章》卷五，《台纲一·内台》"监察合行事件"。

②　《元史》卷一○二，《刑法志一》。

③　《元典章》卷五，《台纲一·内台》"监察合行事件"。

④　（元）张养浩：《牧民忠告》卷下，《慎狱·详谳》。

⑤　《元典章》卷二，《圣政一·肃台纲（五）》。

第七节　狱政管理

一、监狱设置

（一）中央监狱设置

元代，御史台、刑部并设置监狱。元初沿袭宋、金之制，继续在御史台设置监狱，称之为"台狱"，台狱主要关押钦定的重大案犯。据史书记载，元世祖至元五年（1268）"始立台建官"①。御史台官员中有"检法二员。狱丞一员"，专司台狱之责。元英宗至治二年（1322），台狱体制日臻完善。殿中司侍御史属下有"承发管勾兼狱丞一员，正八品；架阁库管勾兼承发一员，正九品；掾史一十五人，译史四人，知印二人，通事二人，宣使十人，台医二人，蒙古书写二人，典吏六人，库子二人"②。

与其他王朝不同的是，元中央监狱还设于刑部与大宗正府。由于元朝中央不设大理寺，其审判职责归刑部掌管，刑部成为主管审判、刑狱的最高司法行政机关，并附设监狱，作为拘押犯人、执行刑罚的场所。监狱设于刑部，强化了刑部管理狱政的职能，其管辖较台狱等中央监狱更为宽泛。为此，沈家本曰："古制之变自元始，明遂因之"③。

掌管皇族事务的大宗正府设置的监狱，由断事官扎鲁花赤管辖，监押对象为"诸王驸马投下蒙古、色目人等，应犯一切公事，及汉人奸盗诈伪、蛊毒厌魅、诱掠逃驱、轻重罪囚及边远出征（有罪）官吏"④。仁宗皇庆元年（1312），明确区分蒙汉狱制："以汉人刑名归刑部"。致和元年（1328），"上

---

① 《元史》卷八六，《百官志二》。
② 《元史》卷八六，《百官志二》。
③ 沈家本：《历代刑法考·狱考》，中华书局 1985 年版，第 1185 页。
④ 《元史》卷八七，《百官志三》。

都、大都所属蒙古人并怯薛军站色目人与汉人相犯者，归大宗正府处断"①。大宗正府下，设"掾史十人，蒙古必阇赤十三人，通事、知印各三人，宣使十人，蒙古书写一人，典吏三人，库子一人，医人一人，司狱二员"②。大宗正府监狱较御史台监狱管理人员编制为少。由于大宗正府官员都由蒙古人担任，这就为优待蒙古人与色目人的犯罪者提供了方便。元律规定："诸正蒙古人，除犯死罪，监禁依常法，有司无得拷讯，仍日给饮食。犯真奸盗者，解束带佩囊，散收。余犯轻重者，以理对证，有司铁执拘之，逃逸者监收"③。

此外，元朝还在宣政院设监狱，关押犯罪僧侣，犯罪僧侣从而受到不违背其宗教习俗的某种优待。

枢密院也附设监狱，关押犯罪的军官，由"奥理"鞫治。只有当军人、军官犯"强劫盗贼、伪造宝钞、略卖人口、发冢放火、犯奸及诸死罪"④，才移送附近地方官府收押审断。

（二）地方监狱设置

元世祖至元九年（1272），改金代中都（燕京）为大都，将和林改称为上都，在兵马都指挥使司下设置司狱司，附设三狱，一置于大都路，二置于大都北城兵马司，三置南城兵马司。上都设狱，与大都相同。这突出反映了在京畿地区军事管制监狱的特点。

元代在路、府、州、县分别附设监狱。大都路司狱司设"司狱一员，狱丞一员，狱典二人。掌囚系狱具之事"⑤ 在此基础上，逐渐形成了路、府、州、县四级地方监狱的体制。"诸郡县佐贰及幕官，每月分番提牢，三日一

---

① 《元史》卷八七，《百官志三》。
② 《元史》卷八七，《百官志三》。
③ 《元史》卷一〇三，《刑法志二》。
④ 《元史》卷一〇二，《刑法志一》。
⑤ 《元史》卷九〇，《百官志六》。

亲临点视，其有枉禁及淹延者，即举问。月终则具囚数牒次官。其在上都囚禁，从留守司提之。"① 地方官分番提牢，以示对监狱管理的重视。

此外，元朝豪强地主普遍建有私牢，某些地方还保留了落后的监禁场所——地牢。

二、监狱管理

元代，"诸大小刑狱应监系之人，并送司狱司，分轻重监收"②，"轻重异处，男女异室"，不得掺杂关押，并加强了对狱吏的管理和监督，使"司狱致其慎，狱卒去其虐，提牢官尽其诚"③。

（一）恤刑

沈家本曾言："元于《通制》内特立'恤刑'一门，颇为周至。大抵立法者无不规其善，所患用法者多违之耳。"④ 受儒家思想的影响，元朝在监狱管理中也倡导悯恤狱囚，并以此作为衡量狱吏是否恪尽职守的一项标准。恤刑，一是要慎重刑罚，不致枉滥；二是体恤罪囚，不悖人道。元代有关恤刑的条格、断例包含如下几项基本内容：

1. 罪囚分别轻重

元律规定："随路州府司县牢房，须要分别轻重异处，不得参杂，妇人仍与男子别所。虽有已盖房舍，若窄隘不能分拣，即仰别行添盖。"⑤ 对罪犯分类监管，有利于管理和改造罪犯。尤其是僧尼各处监禁。"诸犯罪者，对问其间，分别轻重，然后监禁枷锁，男女异处。"元世祖至元二十八年(1291)

---

① 《元史》卷一〇三，《刑法志二》。
② 《元史》卷一〇三，《刑法志二》。
③ 《元史》卷一〇五，《刑法志四》。
④ 沈家本：《历代刑法考·狱考》，中华书局1985年版，第1186页。
⑤ 《元典章》卷四〇，《刑部二·刑狱·系狱》"罪囚分别轻重"。

进一步规定："僧尼罪犯，奸盗徒罪以上，不得监收，止令召保随衙。如有应监者，仍令异处，毋得混杂。若有不应监禁枷锁僧尼，定将当该判署官吏究治施行。"①僧尼犯轻罪，寺院取保候审；僧尼犯重罪，在不同处所收监，违法将僧尼监禁枷锁的司法官将受到惩治，以顾及僧尼的特殊身份和特定权利。

2.给罪囚提供基本的生存条件

罪囚也是人，必须向其提供基本的生存条件，以维系其生命和健康。一是提供囚粮。诸在禁狱囚有亲属者，并食私粮，若"无亲属供给，或有亲属而贫不能给者，日给仓米一升，三升之中给粟一升，以食有疾者"。至于"诸路府州县，但停囚去处，于鼠耗粮内放支囚粮"②。二是提供必备的生活用品。"凡油炭席荐之属，各以时具"，尤其是对"诸在禁无家属囚徒，岁十二月至于正月，给羊皮为披盖，裤袜及薪草为暖匣熏炕之用"③，使其免受寒冷之苦。三是提供医疗条件。慎选狱医，"诸狱医，囚之司命，必试然后用之。若有弗称，坐掌医及提调官之罪"。要求狱医根据狱囚的身份和病情予以治疗："诸狱囚有病，主司验实，给医药，病重者去枷锁杻，听家人入侍。职事散官五品以上，听二人入侍。犯恶逆以上，及强盗至死，奴婢杀主者，给医药而已"④。"罪囚病患，主司申提牢官验实，于本处医人内轮差应当看治，每月一替。若有死者，委官验复有无他故，随状推治施行"⑤。元律明确规定了狱医的职责："诸狱囚病至二分，申报渐增至九分，为死证，若以重为轻，以急为缓，误伤人命者，究之"⑥。狱官、狱吏、狱卒对其职守应"奉行惟谨"，虐待狱囚，"其饥寒而衣粮不继，疾患而医疗不时，致非理死损者，坐有司罪"。元朝法律规定："诸有司，在禁囚徒饥寒，衣食不时，病不督医看候，不脱枷杻，不令亲人入侍，一岁之内死至

---

① 《元典章》卷四〇，《刑部二·刑狱·系狱》"僧尼各处监禁"。
② 《元史》卷一〇五，《刑法志四》。
③ 《元史》卷一〇五，《刑法志四》。
④ 《元史》卷一〇五，《刑法志四》。
⑤ 《元典章》卷四〇，《刑部二·刑狱·系狱》"病囚医人看治"。
⑥ 《元史》卷一〇五，《刑法志四》。

十人以上者，正官笞二十七，次官三十七，还职；首领官四十七，罢职别叙，记过"①，以维护正常的监管秩序。如，元世祖至元二十七年（1290）六月初二，"彰德路安阳县县尉司将偷牛贼人刘四五六名淹滞在禁，因病身死"，县主簿刘仲珉，笞七十七，罢职。②元代刑法号称宽平，但瘐死问题也十分严重，"州县俱无囚粮，轻重囚不决者，多死狱中，狱吏妄报其病月日用药次第。请定瘐死多寡罪，著为令。"③

3. 对孕妇、老弱废疾囚犯予以一定的优待

元律规定："妇人犯罪有孕，应拷及决杖笞者，须候产后百日决遣。临产月者，召保听候，出产后二十日复追入禁。无保及犯死罪，产时令妇人入禁看视。"④根据孕妇的特殊情况，延缓决遣时日，或临产召妇人入侍，都体现了一定的人道精神，也避免了对孕妇和其胎儿无故的伤害。另外，"诸有罪年七十以上、十五以下，及笃废残疾罚赎者，每笞杖一，罚中统钞一贯"⑤。允许老幼废残的犯罪者罚赎，以经济惩罚代替笞杖，也是矜老恤幼情怀的一种体现。

4. 疑狱宽释

元朝法律规定："诸疑狱，在禁五年之上不能明者，遇赦释免。"⑥对缺乏充实证据、一时难以定案的犯罪嫌疑人，监禁五年以上，仍不能认定其犯罪事实，遇赦当予以释免，以体现"与其杀不辜，宁失不经"⑦的司法原则。尊重事实，审慎从事，防止枉滥。

5. 存留养亲

元朝法律规定，对犯盗窃罪应处徒刑者，"若有祖父母、父母年老，无兼丁侍养者"，改为"刺断免徒"；"再犯而亲尚存者，候亲终日，发遣居役"；

---

① 《元史》卷一〇五，《刑法志四》。

② 《元典章》卷五四，《刑部十六·杂犯一·违枉》"淹禁死损罪囚"。

③ 《元史》卷一八三，《王思诚传》。

④ 《元典章》卷四〇，《刑部二·刑狱·系狱》"孕囚产后决遣"。

⑤ 《元史》卷一〇五，《刑法志四》。

⑥ 《元史》卷一〇五，《刑法志四》。

⑦ 《尚书·大禹谟》。

假如"兄弟同盗，罪皆至死"，但"父母老而乏养者，内以一人情罪可追者，免死养亲"；①"诸犯死罪，有亲年七十以上，无兼丁侍养者，许陈请奏裁"②。如，元文宗至顺二年（1331）四月，"宁国路泾县民张道，杀人为盗，道第吉从而不加功，居囚七年不决。吉母老，无他子孙，中书省臣以闻，敕免死，杖而黜之，俾养其母"。③ 存留养亲，即犯人直系尊亲属年老应侍而家无成丁，死罪非"十恶"，允许上请，徒刑司刺字了断，将犯人留下照顾老人。再犯，老人尚存，留养，待老人去世后再发遣居役。按儒家孝的伦理观念，子孙必须尽养老送终的义务。元朝沿袭北魏"存留养亲"制度，曲法伸情，以礼率法，以维护家庭关系的稳定。

（二）忠实职守

元代明确规定了狱管的职责：元律规定："司狱之设，职专囚禁，冤者录问申明，滞者随事申举。……狱事不修，司狱之责。牢狱皆凶秽之地，前人有'画地为牢，设愿不入'之语句。司狱官如能用心，使狱卒常常除扫洁净，暑天洗涤枷杻，时令暂出乘凉，冬月糊塞窗户，措置暖匣拘钤，囚粮不致尅减，病则亲临看治，囚有冤滞枉禁者，具实申明，少免冤滥"④。狱官监管囚犯，责任重大，必须严格遵守《狱官条例》，失职和与囚犯勾结者，势必受到法律的严厉制裁。《狱官条例》有如下规定：

1. 失囚

失囚，即因疏忽而致使囚犯逃亡。元律规定："主守不觉失囚者，减囚罪三等。若囚反狱在逃，又减二等。提牢官各减主守罪四等"⑤，皆听给限一百日追捕，限期内能捕获囚犯，皆可免罪。限外捕得，各又减一等。

---

① 以上诸条均参见《元史》卷一〇四，《刑法志三》。
② 《元史》卷一〇五，《刑法志四》。
③ 《元史》卷三五，《文宗即四》。
④ 《元典章新集·刑部·详谳》"禁司狱用刑"。
⑤ 《元典章》卷五五《刑部十七》，《杂犯二·纵囚》"禁子受钱纵囚在逃"。

2. 纵囚

纵囚，即放纵罪囚，让其为所欲为，不守规矩。元律规定："诸掌刑狱，辄纵囚徒在禁饮博，及带刀刃纸笔阴阳文字入禁者，罪之。"① 故意放跑囚犯，不给捕限，即以其罪罪之。

3. 禁囚不严

禁囚不严，指囚禁罪犯不严格。元律规定："诸禁囚因桎梏不严，致反狱者，值日押囚杖九十七；狱卒各七十七；司狱及提牢官皆坐罪，百日内全获者不坐。"②

4. 受赃

受赃，即接受囚犯的钱财或赃物。元律规定："诸司狱受财，纵犯奸囚人，在禁疏枷饮酒者，以枉法科罪，除名。"③ 受赃多者，从重论，至死者，一百零七，徒三年。

5. 罪囚季报起数

狱囚盗贼之多寡，关乎庶官行政之得失。"苟狱囚多，则知有司之失治；盗贼多，则知民情之困穷。"时加稽考，实关治道。元律规定："本省所管去处见禁罪囚，略具所犯情节、收禁月日、施行次第，开写元管、新收、开除、见禁，类总每季咨省。失过强窃盗贼，登答已、未获起数，依上季报施行"④。"司狱之设，职专囚禁，冤者录问申明，滞者随事申举。……看详：司狱直隶廉访司者，盖欲常知各处狱情。今后督责司狱，整治狱事如法，每月具报收除起数，有无冤滞，开申宪司。其司狱官吏有犯，许移文宪司，取问责罚，以称直隶之责，亦免有司挟恨罗织之患。仍仰本府提牢正官常切依期加意点视"⑤。延祐四年（1317）定例："令巡尉司每月将应有捉获见禁贼徒，开具败获监禁

---

① 《元史》卷一〇三，《刑法志二》。
② 《元史》卷一〇三，《刑法志二》。
③ 《元史》卷一〇三，《刑法志二》。
④ 《元典章》卷四〇《刑部二》，《刑狱·系狱》"罪囚季报起数"。
⑤ 《元典章新集·刑部·刑狱·详谳》"禁司狱用刑"。

月日，并取到略节招词，不行牒发缘由，依期申报合属，通类牒呈宪司。如无，亦具执结申报，以凭体察"①。

（三）提控牢狱

为了防止杠禁和淹延不决，元朝官吏要定期提控牢狱，稽核罪囚。一是正官视囚。"诸见禁罪囚，各处正官每月分轮检视。凡禁系不应、淹滞不决、病患不治，并合给囚粮依时不给者，并须随事究问。肃政廉访司官所在之处，依上审察。其在都罪囚，中书刑部、御史台、扎鲁花赤各须委官，季一审理。冤者辨明，迟者催问，轻者断遣，不致冤滞"②。二是佐贰官提牢。元廷认为：契勘诸犯刑名罪囚，比之官司鞫问，在于不泄。其狱吏等不思犯人罪之轻重，务求财利，私下凌虐，不堪其苦，罪重者得财反轻，罪轻者无财反重，罪重反轻者有所恃而不伏，罪轻反重者有所畏而屈招，使官司不得实情，不得归结。元律规定："在狱罪囚，皆委佐贰、幕职分轮一员提控，须三日一次亲于牢内点视，每月一替。若有杠禁，及事有淹延不决者，随即检举。月终具录囚数、姓名、施行次第牒送下次官，仍报合属"③。本处佐、幕依例提控牢狱，一是了解囚犯身体和生活的真实情况，二是检举狱吏的不法行为加以惩处。"如有不行依前提控牢狱，或提控不严，及罪囚病患不即申报看治，除狱卒痛行断罪，提控官、司狱官取招申部呈省，轻者责罚，重者别议施行"④。提牢制度为元代开创，直接影响到明、清的狱政管理，明代在刑部下设提牢厅，置提牢官，清代有《提牢备考》一书。

（四）平反

轻重适当为"平"，推翻错案为"反"。平反，即纠正冤假错案。元朝极

---

① 《元典章新集·刑部·刑狱·详谳》"巡尉司囚月申"。
② 《元典章》卷四〇，《刑部二·刑狱·察狱》"审察不致冤滞"。
③ 《元典章》卷四〇，《刑部二·刑狱·提牢》"幕职分轮提控"。
④ 《元典章》卷四〇，《刑部二·刑狱·提牢》"提控见禁罪囚"。

其重视纠正对冤假错案的平反工作，元仁宗延祐七年（1320），刑部奏言："切谓信赏在功无不报，必罚在罪无不惩，非功而获爵则爵轻，非罪而肆刑则刑亵。方今庶务，唯刑为重。平反冤狱，乃居官者职分所当为之事。比因升等减资之路，其一等贪进侥幸之徒，承差委问之际，不详事理虚实，欲图升进，往往锻炼狱成，返害无辜，捏合文案。所在官司亦不详谳，辄凭申牒廉访司取具体察公文，咨申省部定拟。其间平反辨明，固亦有之，照出不完、冒滥者，十常八九。必致驳问往复，照勘文繁，经年逾月，不能杜绝。其于始初定立平反，止是推官任满考其殿最而言，殊无平反通例。若不定拟，深为未便。"[1] 元朝要求内外官吏留情狱讼平反，为了使平反有法可依和收到实效，专门制定平反法例，强调司法官吏在平反中应承担的法律责任。元朝平反通例的内容主要有：

1. 多方验证实为冤狱

元人认为："天下之至穷，其于冤狱乎！干天和，伤王化，莫此为甚……夫平反，有司之职也，宜不待赏劝而为之者；而国家慎之、重之，著于赏令。"[2] 元律规定："诸官吏平反冤狱，应赏者，从有司保勘，廉访司体覆，而后议之。其有冒滥不实者，罪及保勘体覆官吏"[3]。平反冤狱，要求有司勘实保举，廉访司体察复核，以确保平反的真实可信，若有虚伪，罪及审核、复查的官员。

2. 平凡有功，予以重用

元律规定："诸路府军民长官，因收捕反叛，辄罗织平民，强奸室女，杀虏人口财产，并覆人之家，其同僚能理平民之冤，正犯人之罪，归其俘虏，活其死命者，于本官上优升一等迁用。凡职官能平反重刑一起以上，升等同。诸职官能平反冤狱一起以上，与减一资。诸路府曹吏，能平反冤狱者，于各

---

[1] 《元典章新集·刑部·刑狱·详谳》"平反冤狱"。

[2] （元）苏天爵：《国朝文类》卷四二《经世大典·宪典·捕亡篇》，四部丛刊本。

[3] 《元史》卷一○五，《刑法志四》。

道宣慰司部令史补用"①。元仁宗延祐七年（1320）定例："诸官员今后如能平反重刑一名以上，升一等；犯流罪三名，减一资历，五名升一等，名数不及者从优定夺；徒役五名以上，减一资。"②对平反有功官吏，予以提拔重用。

　　综上所述，元朝虽然司法机关系统紊乱，司法权分散，但在诉讼、审判、司法监察、狱政管理方面都比唐宋有了新的变化和发展，"诉讼"以专篇在法典中出现，标志着程序法与实体法的分离趋势已经形成，民事诉讼和刑事诉讼在性质、内容和形式上也不尽相同，推官专理刑狱制度、约会制度、提牢制度、平反制度更为元朝的法制创新。元代司法制度作为中国封建社会后期以蒙古族为主体的全国性统一政权法制的重要组成部分，既反映了民族统治的特点，也反映了时代的特点，并对继起的明朝产生了直接的影响，明朝司法制度与唐宋司法制度的不同正是从元代的司法变革开始的。

---

① 《元史》卷一〇五，《刑法志四》。
② 《元典章新集·刑部·刑狱·详谳》"平反冤狱"。

下　篇

明代的司法文明

　　明朝是中国封建社会后期的重要朝代。在二百七十六年的统治期间，经济、文化都达到了新的高峰。中叶以后，江浙一带在手工业中先后出现了资本主义生产关系的萌芽。经济的发展也推动了文化、科技的发展。《永乐大典》的出现，不仅震惊了当时的世界，也是迄今世界上最大的百科全书。他如《本草纲目》《农政全书》《天工开物》等著作都体现了传统科技的集其大成。

　　在上述历史背景下形成的明朝的司法制度开创了会审制度，既上承唐宋旧制，又下启清朝的秋审制度。与此同时，私家注律也取得了新发展，代表性的如王肯堂的《明律笺释》，不仅发展了传统的律学，而且对于统一的司法审判也起了指导作用。这些集中体现了司法文明的进步。但是专制制度的极端发展所带来的亲军与宦官操纵司法，破坏了固有的司法秩序，造成极大的危害，也反映了司法文明的倒退。

第一章　司法体制的变动

第一节　中央司法机构与职掌的变动

和以前各代一样，明代没有单行的法院组织法，其司法权责也并不统一。明朝中央司法机关的组织及职掌，分别规定于诸司职掌之中，相应地，中央司法权也分属于数个机关之中。值得一提的是，在明代，除皇帝外，有南京与北京两个中央政府组织。明太祖朱元璋定都南京，明成祖永乐十八年（1420）迁都北京，明仁宗于洪熙元年（1425）在南京复置各中央机构，英宗正统六年（1441）于南京各中央机构前冠以"南京"二字。因此，明代存在南京与北京两京制度，也存在南京与北京两个中央司法机关。在名义上两者地位相同，而实际的设置与权限并不完全相同，北京的中央要高于南京的中央。下面就明代的中央司法机关作一粗略的分类。

一、中央常设司法机关

1."三法司"的设置

明朝中央常设的司法机关是刑部、大理寺、都察院，统称"三法司"。

　　明建国之初，即置刑名一部，洪武元年（1368）正式设刑部。洪武六年（1373），增置尚书、侍郎各一人，设总部、比部、司门部、都官部四部，总部问拟刑名，比部类赃罚，司门部编发囚军，都官部提调牢狱。洪武二十二年（1389），改总部为宪部。洪武二十三（1390）年又改四部为河南、北平、山东、山西、陕西、浙江、江西、湖广、广东、广西、四川、福建十二部，其中浙江部兼领云南。洪武二十九年（1396），改十二部为十二清吏司。永乐十八年（1420）革北平司，增置云南、贵州、交趾三司。宣德十年（1435），革交趾司，遂定为十三清吏司。

　　刑部设尚书一人，正二品；左、右侍郎各一人，正三品。其下属有司务厅及清吏司。各司设郎中一人，正五品；员外郎一人，从五品；主事二人，正六品。主事下辖照磨所，照磨正八品，检校正九品；司狱司六人，从九品。①

　　刑部"尚书掌天下刑名及徒隶、勾覆、关禁之政令，侍郎佐之。十三司各掌其分省及兼领所分京府、直隶之刑名。"②刑部审理的案件主要有两种：一是各地的上诉案件；二是京畿地区的案件，但须经通政司收转。刑部有权处理流刑以下案件，但定罪以后，须将罪犯连同案卷送大理寺复核，再由刑部具奏执行。中央其他五部的案件，也须交刑部审理，洪武十五年（1382），令"吏、户、礼、兵、工五部，凡有应问罪人，不许自理，俱付刑部鞫问"③。

　　大理寺的名称与设置在明初经多次变动，直到永乐二年（1404）九月遂成定制。大理寺设卿一人，正三品；左、右少卿各一人，正四品；左、右寺丞各一人，正五品；左、右寺正各一人，正六品，寺副二人，从六品，评事四人，正七品；司务厅，司务二人，从九品。

　　大理寺卿"掌审谳平反刑狱之政令。少卿、寺丞赞之。左、右寺分理京畿、十三布政司刑名之事。凡刑部、都察院、五军断事官所推问狱讼，皆移

① （清）张廷玉等撰：《明史》卷七二，《职官志一》，中华书局1974年版，第1755页。
② （清）张廷玉等撰：《明史》卷七二，《职官志一》，中华书局1974年版，第1755页。
③ （明）申时行等修：《明会典》卷一七七，《刑部·问拟刑名》，中华书局1989年版，第901页下栏。

案牍，引囚徒、诣寺详谳。左、右寺寺正，各随其所辖而覆审之。既按律例，必复问其款状，情允罪服，始呈堂准拟具奏。不则驳令改拟，曰照驳。三拟不当，则纠问官，曰参驳。有牾律失人者，调他司再讯，曰番异。犹不惬，则请下九卿会讯，曰圆审。已评允两招由未明，移再讯，曰追驳。屡驳不合，则请旨发落，曰制决。凡狱既具，未经本寺评允，诸司毋得发遣。误则纠之。"①大理寺原则上是复审机关，但遇到重大案件或审录时，或三法司会审，或九卿会审，大理寺也派员可审判。此外，大理寺的职掌依《明会典》的记载还包括：审录参详、详拟罪名、月报囚数、复奏重囚、审录在外罪囚等②。因此，明朝大理寺的职掌不仅与刑部、都察院之间没有确定的划分，而且也含有部分司法行政事务。

朱元璋吴元年（1367）置御史台，设左、右御史大夫，秩从一品；御史中丞，正二品；侍御史，从二品，治书侍御史，正三品；殿中侍御史，正五品；察院监察御史，正七品。洪武九年（1376），革除侍御史及治书、殿中侍御史。洪武十三年（1380）专设左、右中丞，正二品，左、右侍御史，正四品，不久，因胡惟庸之案而罢御史台。洪武十五年（1382）设都察院，下设十二道：浙江、河南、山东、北平、山西、陕西、湖广、福建、江西、广东、广西、四川，各道置御史三至五人，秩正九品。洪武十六年（1383）升都察院为正三品衙门。洪武十七年(1384)升为正二品衙门，自此品秩不改。永乐元年（1403）改北平道为北京道，永乐十八年（1420）罢北京道，增设贵州、云南、交阯三道。洪熙元年（1425）称行在都察院。宣德十年（1435）罢交阯道，始定为十三道。正统年间，去"行在"二字。

定制后的都察院设置为：都察院，左、右都御史，正二品；左、右副都御史，正三品；左、右佥都御史，正四品，其属，经历司，经历一人，正六

---

① （清）张廷玉等撰：《明史》卷七三《职官志二》，中华书局 1974 年版，第 1781—1782 页。

② （明）申时行等修：《明会典》卷四四《礼部·诸司奏事仪》，中华书局 1989 年版，第 319 页下栏。

品；都事一人，正七品。司务厅，司务二人，从九品（初设四人，后革二人）。照磨所，照磨，正八品；检校，正九品。司狱司，司狱，从九品（初设六人，后革五人）各一人。十三道监御史一百十人，正七品，浙江、江西、河南、山东各十人，福建、广东、广西、四川、贵州各七人，陕西、湖广、山西各八人，云南十一人。①

都察院属于风宪衙门，其职责为纠劾百司，但在同时，作为三法司之一的都察院又具有重要的司法权。都察院的司法职权，除行使对由中央司法机关审判案件的审录与监察权外，还有权对地方司法进行监察与干预。大致来说，都御史职责范围主要是中央和京师，监察御史的职责范围主要是地方，但是，区分并不是很严格的，甚至可以说是相当粗略的。

都御史除负责纠劾百官外，主要是参与中央和京城重大案件的审理，如三司会审、九卿会审、朝审以及由皇帝指定由其参与的对特定案件的审理。"都御史职专纠劾百司，辩明冤枉，提督各道，为天子耳目风纪之司。……大狱重囚会鞫于外朝，偕刑部、大理谳平之。"② 此外，凡登闻鼓受理的京城案件或由通政司转发的京城案件也由都察院现行审理，然后移送大理寺审录。

"十三道监察御史，主察纠内外百司之官邪，或露章面劾，或封章奏劾……而巡按则代天子巡狩，所按藩服大臣、府州县官诸考察，举劾尤专，大事奏裁，小事立断。按临所至，必先审录罪囚，吊刷案卷，有故出入者理辩之。"③ 十三道监察御史，各掌分省之事，同时兼领京营诸事。监察御史的司法权主要是在京参与重大案件的审判，在外主持审录罪囚。凡是各地来京越诉的案件，由监察御史外出审理。"凡在外军民人等赴京，或击登闻鼓，或通政司投状陈告，一应不公、冤枉等事，钦差监察御史出巡追问。"④ 监察

① 以上资料均据《明史·职官志二》；参见（清）张廷玉等撰：《明史》卷七十三《职官志二》，中华书局1974年版，第1767、1771—1773页。

② （清）张廷玉等撰：《明史》卷七三《职官志二》，中华书局1974年版，第1768页。

③ （清）张廷玉等撰：《明史》卷七三《职官志二》，中华书局1974年版，第1768页。

④ （明）申时行等修：《明会典》卷二一一，《都察院·追问公事》，中华书局1989年版，第1055页上栏。

御史也可以与刑部主事、大理寺寺正组成"小三法司",会审比较重大的案件。监察御史还负责"清审天下狱讼"①,监督或参与地方司法审判。

2."三法司"职掌的变动

明朝刑部与大理寺的名称、组织虽然与唐宋相同,但具体的职权,却与唐宋不同。唐宋时大理寺是审判机关,明代大理寺一般不负责审判,而专掌复核。所谓"掌审谳平反刑狱之政令",凡刑部、都察院审判的案件,"皆移案牍,引囚徒,诣寺详谳"。如情允罪服,准予具奏,否则驳令改判,曰"照驳"。三拟不当,则纠问官,曰"参驳"。招供不清者,可移再审,曰"追驳"。屡驳不合,则请旨发落,曰"制决"。②据《明会典·大理寺》:"凡律内该载请旨发落者,本寺具本开写犯由罪名奏闻,取自上裁",明朝实行的鞫于刑部,谳于大理寺,然后告成于皇帝的程序,被称作太祖以来的成法。

由于审判归刑部,因此,刑部的组织机构相应地扩大。初设所属四司,后扩充为十三清吏司,分别受理地方上诉案件,以及审核地方上的重案和审理中央百官的案件。死刑案件须奏请皇帝批准。刑部官如错判,处罚较重,万历时,大理寺卿王用汲奏称:"按律,刑部及大小官吏,不依法律、听从上司主使、出入人罪者,罪如之。"③

无论是刑部审判或大理寺复核,都须受都察院纠劾,凡"大狱重囚,(都御史)会鞫于外朝,偕刑部、大理谳平之"。④

综上所述,明朝中央三法司的分工是:刑部负责审判,大理寺负责复核,都察院负责监督。但是这种分工并不是固定的,对某些特定的案件,都察院可以单独审判,都察院还可以受理通政司送发的案件和击登闻鼓控诉的京控直诉案件。并且,明代的重大案件,必须经由三法司会审。洪武十七年

---

① (明)申时行等修:《明会典》卷二一一,《都察院·审录罪囚》,中华书局 1989 年版,第 1055 页下栏
② (清)张廷玉等撰:《明史》卷七三《职官志二》,中华书局 1974 年版,第 1781—1782 页。
③ (清)张廷玉等撰:《明史》卷二二九《王用汲传》,中华书局 1974 年版,第 5997 页。
④ (清)张廷玉等撰:《明史》卷七三《职官志二》,中华书局 1974 年版,第 1768 页。

（1384），"诏天下罪囚，刑部、都察院详议，大理寺覆谳后奏决"。① 可见，三法司虽是中央最高审级，但仍无权对重大案件作出判决，而必须呈报皇帝批准。遇有特大案件，锦衣卫、镇抚司，或其他大员，也参加审判。嘉靖五年（1526），李福达借妖术谋反一案，三法司正副主官及锦衣卫、镇抚司各官会鞫，后又"命会九卿大臣鞫于阙廷"。②

需要指出，明朝刑部与大理寺职掌的变化，是总结唐宋以来司法经验的结果。此改动，使刑部名副其实地执掌天下刑名，为皇帝以下最高的中央司法机关，大理寺只负谳平职责。此外，唐朝的"三司推事"还不固定，没有制度化，更多的是由"小三司"会审案件。至明朝，"三司会审"已经制度化，成为皇帝以下最后的诉讼审级。三司之间既分工负责，又互相制约；既有利于案件的判决，更便于皇帝操纵。"三司会审"的结果，必须上报朝廷，经皇帝批准才能最后定谳。"三司会审"是总结历代司法实践，而不断形成的一种会审制度。由于三机关互相制衡，防止了司法渎职现象的发生，表现了司法文明的一种进步，但同时它也适应了专制制度的强化的需要，因而至清朝，会审制度进一步发展为固定的秋审制度。

二、中央临时司法机关

明朝的司法权较以前各朝来说更为分散，中央除三法司拥有司法权外，其他许多机构也拥有一定的司法权。这些机构依法对某些特定的案件具有司法权，或因临时指派而具有司法权，因此称之为临时的司法机关。现分述于下：

给事中

明朝设吏、户、礼、兵、刑、工六科给事中。给事中本为言官，但其职

① （清）张廷玉等撰：《明史》卷三《太祖纪三》，中华书局1974年版，第41页。

② （清）谷应泰撰：《明史纪事本末》卷五六，《李福达之狱》，中华书局1977年版，第873页。

权不限于建言进谏，还监察相应各部的大小行政事务。"六科，掌侍从、规谏、补阙、拾遗、稽查六部百司之事。凡制敕宣行，大事覆奏，小事署而颁之；有失，封还执奏。凡内外所上章疏下，分类抄出，参署付部，驳正其违误。"①

给事中不仅具有言谏与监察职权，同时还具有一定的司法权。给事中与锦衣卫轮流值守登闻鼓，遇有京控鸣冤者，给事中还参与会审。"大狱廷鞫，六掌科皆预焉"；"遇决囚，有投牒讼冤者，则判停刑请旨。"②六科中，刑科给事中的司法职权尤为突出，处决囚犯，须经过刑科给事中的三覆奏，然后奉旨行刑。刑科给事中还对狱囚进行监督。"每岁二月下旬，上前一年南北罪囚之数，岁终类上一岁蔽狱之数，阅十日一上实在罪囚之数，皆凭法司移报而奏御焉。"③

通政司

为限制和削弱相权，朱元璋于洪武十五年（1382）设通政司。朱元璋说："壅蔽于言者，祸乱之萌；尚恣于事者，权奸之渐。故必有喉舌之司，以通上下之情，以达天下之政者。……今以是职命卿等，官以通政为名。政犹水也，欲其常通，无壅遏之患。"④通政司设通政使一人，正三品；左、右通政各一人，正四品；左、右参议各一人，正五品。

通政司基本职责是接受和转达奏章上疏，实质上是掌管朝廷奏章的机构。"凡四方陈情建言，申诉冤滞，或告不法等事，于底簿内誊写诉告缘由，赍状奏闻。凡天下臣民实封入递，即于公厅启视，节写副本，然后奏闻。即五军、六部、都察院等衙门，有事关机密重大者，其入奏仍用本司印信。……凡抄发、照驳诸司公移及勘合、讼牒、勾提件数、给由人员，月终

① （清）张廷玉等撰：《明史》卷七四《职官志三》，中华书局1974年版，第1805页。
② （清）张廷玉等撰：《明史》卷七四《职官志三》，中华书局1974年版，第1806页。
③ （清）张廷玉等撰：《明史》卷七四《职官志三》，中华书局1974年版，第1806页。
④ （清）陈梦雷辑：《古今图书集成·明伦汇编·官常典》卷三六五《通政司部汇考·明》，中华书局、巴蜀书社1987年版，第34215页。

类奏，岁终通奏。"① 此外，通政司对司法案件负有收转、分送、稽核的固定责任。"民间狱讼，非通政司转达于部，刑部不得听理。"② 在这方面自应视为具有司法机关的地位。通政司还参与圆审，审判死刑翻异案，并往往被皇帝临时指派而参与审判，因此具有审判之实际权力与事实。

内阁

明代的内阁萌芽于废除宰相之后，至明代中期而趋于完备。内阁本是协助皇帝处理政务的一个秘书机构，但自成祖以后便逐渐参与机务，至明代中后期，内阁实质上就是中枢政务机构。由内阁首辅主持。

明代三法司直接向皇帝负责，与内阁并无统属关系。按理说内阁不能直接干预司法，但实际并不是如此。内阁参与司法从仁宗时始。洪熙元年（1425），大理寺奏请审决重狱大囚，"仁宗特命内阁学士会审重囚，可疑者再问"。③ 并谕：自今审决重囚，必往同三法司会审。内阁参与审判，自宪宗时被禁止。但至穆宗隆庆元年（1567），高拱复行之，这主要是因为朝审按例由吏部尚书秉笔，而高拱当时任内阁首辅兼吏部尚书。崇祯十五年（1642），思宗命首辅周延儒会同三法司清理淹狱。④

内阁除直接参与审判外，还可通过票拟或向皇帝建议的方式干预司法。内阁首辅具有票拟权，通常法司题本必须首先经过内阁的票拟才能送达皇帝披红，内阁可以通过行使其票拟权而对案件施加一定的影响，同时，还可以就重大案件向皇帝提建议而影响司法。例如，嘉靖四十四年（1565）方士胡大顺、蓝田玉诈伪案发，世宗征求首辅徐阶的意见，徐阶"力陈其矫诬状。寻下刑部拷讯，皆伏法"⑤。

此外，詹事府、驸马、公、伯、侯等机构往往被临时指派参与朝审等重

---

① （清）张廷玉等撰：《明史》卷七三《职官志二》，中华书局 1974 年版，第 1780 页。
② （清）张廷玉等撰：《明史》卷九四《职官志二》，中华书局 1974 年版，第 2311—2312 页。
③ （清）张廷玉等撰：《明史》卷九四《刑法志二》，中华书局 1974 年版，第 2307 页。
④ （清）张廷玉等撰：《明史》卷九四《刑法志二》，中华书局 1974 年版，第 2308 页。
⑤ （清）夏燮撰：沈仲九标点：《明通鉴》卷六三，《世宗肃皇帝纪》嘉靖四十四年辛酉条，中华书局 2009 年版，第 2245 页。

大审判活动，因此也具有一定的司法权。

三、军事司法机关

明代的中央军事机构为五军都督府，五军为左、右、中、前、后五军。每军都督府有左、右都督各一人、正一品；都督同知和都督金事各二人，从一品。明代的都督府和兵部是两个相互独立的机关，二者之间不存在隶属关系。"都督府掌军旅之事，各领其都司、卫所，以达于兵部。"[①]五军都督府与兵部互相牵制，"五都督总兵籍，而不与调发；兵部得调发，而不治兵。"[②]明代对军人有特别的优待规定，这主要表现在：武官的品秩高于文官；针对军人的犯罪，罪犯所受的处罚较常人要重得多。"凡杀死军人者，依律处死，仍将正犯余丁，抵数充军。"[③]

明代对军人犯罪实行专属管辖，使军人之诉讼处于半独立的地位，明律明确规定："凡军官犯罪，从本管衙门开具事由，申呈五军都督府，奏闻请旨取问。若六部、察院、按察司并分司及有司，见问公事，但有干连军官及承告军官不公不法等事，须要密切实封奏闻，不许擅自勾问。"[④]即使是一般的军人犯罪，也由军事机关处理。在中央，专门负责军人司法事宜的机关为五军都督府。五军都督府本为军事行政机关，但在各都督府中设有断事官，负责所辖之军人诉讼事宜及司法行政事务。永乐元年（1403），又添设经历、都事各一人，负责五军刑狱及所辖都司、卫、所的军官、军人之刑名。一般来说，都督府主管比较重大的军人案件和都督府内部军人的犯罪，以及对地方军人案件的复审。

---

① （清）张廷玉等撰：《明史》卷七六《职官志五》，中华书局 1974 年版，第 1856 页。
② （明）王圻撰：《续通考》卷一二二《兵考·兵制二》，上海商务印书馆 1935 年版，第 3890 页中栏。
③ 怀效锋点校：《大明律》卷一《名例》"杀害军人"条，法律出版社 1999 年版，第 19 页。
④ 怀效锋点校：《大明律》卷一《名例》"军官有犯"条，法律出版社 1999 年版，第 4—5 页。

四、厂卫

明代的东厂、西厂和锦衣卫镇抚司合称厂卫。厂卫掌握司法审判的实际权力，并凌驾于三法司之上，这是明代的独特现象。"刑法有创之自明，不衷古制者，廷杖、东西厂、锦衣卫、镇抚司狱是已。是数者，杀人至惨，而不丽于法。"①

厂卫对司法活动的干预与操纵是明代司法的最大特点，也是明代司法最大的弊政。"英、宪以后，钦恤之意微，侦伺之风炽。巨恶大憝，案如山积，而旨从中下，纵之不问；或本无死理，而片纸付诏狱，为祸尤烈。故综明代刑法大略，而以厂卫终之。"②厂卫是作为特务机构与宦官组织相互依赖与渗透而形成的一种怪胎，其对司法活动的干预与操纵确实是"不衷古制"。并且，在实际的司法活动中，厂卫的司法权限也远远超出明代所有成文法的规定。为了叙述的方便，在此将厂卫及其在明代司法中的地位与影响一并作一专门阐述。

锦衣卫于洪武十五年（1382）由仪鸾司改之，为皇帝的亲军，负责皇宫护卫。锦衣卫本为一军事组织，与其他军卫的地位相等，但不隶属于五军都督府，另设都督指挥统领。锦衣卫设官与其他军卫相同，但其职掌与性质截然不同。一般卫所的镇抚只负责其本卫所内之刑名事宜，不能对外；而锦衣卫之镇抚，负责重大案件的巡察、缉捕，并理问诏狱，具有其卫所以外的司法权力。

锦衣卫的职权在明太祖时有较大变动。初始时锦衣卫权力大增，太祖有所诛杀，往往由镇抚司取诏而行，不经法曹。洪武二十年（1387），因其治狱过于苛酷，乃诏命焚其刑具；二十六年（1393），复诏内外诉讼咸经法曹，因此，锦衣卫不复典外狱。成祖即位，恢复了锦衣卫的特权，并增北镇抚司，专治诏狱，只对皇帝负责，连本卫指挥使都不得干预。"凡问刑，悉

---

① （清）张廷玉等撰：《明史》卷九五《刑法志三》，中华书局 1974 年版，第 2329 页。

② （清）张廷玉等撰：《明史》卷九三《刑法志一》，中华书局 1974 年版，第 2280 页。

照旧例，径自奏请，不经本卫。或本卫有事送问，问毕，仍自具奏，俱不呈堂。凡鞫问奸恶重情得实，具奏请旨发落。内外官员有犯送问，亦如之。"①

锦衣卫北镇抚司专理诏狱，直接对皇帝负责，在明代具有很大的司法权，有时其权势甚至凌驾于东厂之上。"而外廷有扞格者，卫则东西两司房访缉之，北司拷问之，锻炼周内，始送法司。即东厂所获，亦必移镇抚再鞫，而后刑部得拟其罪。"②尤其是正德、嘉靖年间，镇抚司权势大张。正德时，"刘瑾、钱宁用事，专任镇抚司，文致冤狱，法纪大坏"③；嘉靖时这种状况也未能改观，以致御史曹怀谏"朝廷专任一镇抚，法司可以空曹，刑官为冗员矣。"④朝审及其他一些重大案件的审判，也须有锦衣卫的参与。不过，五年一次的大审，锦衣卫一般不得参与。

东厂创于成祖永乐十八年（1420）十二月，为主要侦察政治犯的特务组织，成"防微杜渐无所不用其极，初令锦衣卫官校暗行缉访谋逆、妖言、大奸、大恶等事，犹恐外官徇情，随设东厂，今内臣提督控制之，彼此并行，内外相制。"⑤

明朝的宦官组织极为庞大，有十二监、四局、八司，总称二十四衙门，其中十二监中的司礼监居首领地位。司礼监有掌印太监一名，秉笔太监数名，而总管东厂是一名"钦差总督东厂官校办事太监"，即提督太监。提督太监位居其他秉笔太监之上，是皇帝的心腹。万历初，冯保以司礼监掌印太监兼管厂事，又建内厂，而以原来的厂为外厂，冯保以后二厂仍合为东厂。成化十三年（1477），宪宗以东厂侦缉不力，别设厂于灵济宫，称西厂，由宦官汪直提督。但由于招致的反抗过大，宪宗被迫于成化十三年（1482）取

①　（明）申时行等修：《明会典》卷二二八《锦衣卫·镇抚司》，中华书局1989年版，第1120页上栏。

②　（清）张廷玉等撰：《明史》卷九五《刑法志三》，中华书局1974年版，第2339页。

③　（清）张廷玉等撰：《明史》卷九五《刑法志三》，中华书局1974年版，第2337页。

④　（清）张廷玉等撰：《明史》卷九五《刑法志三》，中华书局1974年版，第2337页。

⑤　（明）胡广等奉敕撰，台湾"中央研究院"历史语言研究所校勘：《明实录·宪宗实录》卷二二五，成化十八年三月壬申条，上海书店出版社1982年版，第3860页。

消西厂。东厂虽自设立至明亡一直存在，且并不是国家的正式机构，亦无专设人员，由司礼太监兼领，属员多由锦衣卫拨充。

东厂刺探重大刑案，也参与审判。一般来说，东厂侦缉的政治案件和其他重大刑案都由东厂审理定性，再移交刑部量刑。而"官据厂卫之辞，不敢擅更一字"①。各地王公大臣的犯罪，也往往由太监组织专案法庭前往处理。审判一般的案件，东厂的一审即为终审。

明中叶以后，随着宦官权势的不断扩大，由三法司主持复审的案件都必须有太监参加。"正德元年，凡三法司谳狱，必司礼监一人主之，破祖制，后遂沿习为例。"②热审和五年一次的大审也由司礼太监代表皇帝主持。此外，太监参与录囚。凡由宦官参与的重狱大囚的审录，宦官居中而坐，"三法司左右坐，御史、郎中以下捧牍立，唯诺趋走唯谨。三法司视成案，有所出入轻重，俱视中官意，不敢忤也"③。

宦官对司法权的干预和控制不仅通过其所设的东厂来进行，还通过控制锦衣卫来扩大和延伸其司法职能。东厂设立之初，其权力就在锦衣卫之上。厂有侦伺卫的权力，而卫却不能侦伺厂。在一般情况下，由司礼太监统一指挥厂、卫，并且锦衣卫高级官员的任命一般都由宦官把持。当然，厂的权势在卫之上只是就大体而言。其实，厂卫之间既有相互勾结与依赖的一面，也有相互争权夺利的一面。"故厂势强，则卫附之，厂势稍弱，则卫反气凌其上。"④

宦官对司法领域的干预与操纵是全面的。这一方面表现在对重狱大囚审录的主导地位上，另一方面也表现在对官府及其日常司法活动进行监管，进而至于对地方司法进行干预的实践中。"每月旦，厂役数百人，掣签庭中，分瞰官府。其视中府诸处会审大狱、北镇抚司考讯重犯者曰听记。他官府及

---

① （明）沈德符撰：《万历野获编》卷一八《刑部·吏役参东厂法司》，中华书局1959年版，第460页。

② （清）查继佐著：《罪惟录》卷二一《刑法志》，浙江古籍出版社1986年版，第904页。

③ （清）张廷玉等撰：《明史》卷九五《刑法志三》，中华书局1974年版，第2341页。

④ （清）张廷玉等撰：《明史》卷九五《刑法志三》，中华书局1974年版，第2339页。

各城门访缉曰坐记。某官行某事，某城门得某奸，胥吏疏白坐记者上之厂曰打事件。……以故事无大小，天子皆得闻之。"①

宦官对地方司法的干预始于成祖时期。永乐元年（1403），明成祖为加强对各地的控制，始命内臣出镇，洪熙元年（1425）加以镇守太监头衔，至正统时，各地遍设镇守太监。镇守太监在各地方具有很大的权力，包括司法权。初始时主要是监督或参与对地方案件的复审，后竟发展到超越地方抚按的权势，并成为地方司法的实际主宰。成化二十一年（1458），浙江和四川的镇守太监竟然逮治四品以下的官员，弘治时进而至于可以擅自逮捕军职，受理民间诉讼，甚至有时干脆剥夺地方官员的司法权。②

厂卫对刑狱的操纵是明朝司法尤为滥酷的主要原因。厂卫讯问人犯，动辄使用酷刑。对于较为重要的人犯，则使用全刑。"全刑者曰械，曰镣，曰棍，曰拶，曰夹棍。五毒备具，呼暴声沸然，血肉溃烂，婉转求死不得。"③厂卫所使用的酷刑许多是有悖成法的，如重枷、立枷、断脊、堕指、刺心等。在很多情况下，讯问还没完毕，犯人就被拷打致死。对此，法司及其他司法人员往往慑于厂卫淫威而不敢言。连世宗也不得不承认厂卫操纵刑狱而导致司法混乱。"在京在外缉获强盗、妖言、奸细等项，多有贪功图利及无赖戳番之徒，妄拿诬陷重罪。……两京三法司并在外问刑衙门官员，不肯用心讲明律例，详谳狱情，惟事箠楚锻炼，甚则怵势徇情，故出故入。又有明知冤抑，拘于成案，回护原问官员，相视不与辩理。"④

有明一代，宦官专权比其他任何朝代都要突出。明朝创建之初，朱元璋以汉、唐为鉴，曾采取一系列预防措施来防止宦官干政，并立铁牌于宫中，宦官干政者，处死刑。但到成祖时，宦官的权势急剧膨胀。这一方面是因为

---

① （清）张廷玉等撰：《明史》卷九五《刑法志三》，中华书局 1974 年版，第 2333 页。
② （清）张廷玉等撰：《明史》卷一八〇《汪奎传》，中华书局 1974 年版，第 4781 页。
③ （清）张廷玉等撰：《明史》卷九五《刑法志三》，中华书局 1974 年版，第 2338 页。
④ 《皇明诏令》卷二一《今圣上皇帝下·初上皇天祖考尊号诏》，载刘海年、杨一凡总主编，杨一凡、田禾点校：《中国珍稀法律典籍集成》乙编第三册，科学出版社 1994 年版，第 702 页。

成祖以庶子僭位，为监督和镇压建文余党的反抗活动，便启用曾经对其僭位有功的宦官，另一方面明朝皇帝专制权力极端发展的结果，以致使非法公然合法化了，法定的司法机关仰承阉宦鼻息行事。

明代的宦官干政，尤其是厂卫对司法的干预和操纵，不仅导致了明代中后期政治混乱，法纪荡然，直接激化了阶级矛盾，而且由于厂卫操纵刑狱，严重败坏了司法机关的权威。武宗正德五年（1510），大理寺右评事罗侨奏言："古者律以绳民，例以辅律。我朝大明律及见行条例，最为精密。……臣愿敕今后问刑，止依正律。果情重律轻，必奏请裁决，毋令权竖得择其间。"① 刘玉所上的《论裁革中官疏》更是直截了当地指出宦官干政有违祖训。"天不变，法亦不变；山不可移，判亦不移。……祖宗之法度，则内监之设，官有定员，职有常事，只掌宫禁服御之需，未尝干预朝廷之政。具载皇明祖训，昭昭可查也。"② 但是，诸如此类的奏疏并不能改变明朝的宦官干政和厂卫对司法的操纵的局面，这是因为该局面本身正是适应皇权无限扩充的需要而产生的。

综观上述，不难看出明朝君主专制在司法领域的体现。这一方面表现在司法权的极端分散，中央的司法机关除常设的三法司外，还有许多临时的司法机关以及军事司法机关。另一方面，厂卫组织对司法活动的全面干预和操纵，更是表明专制制度发展到君主的侍从竟然控制了国家的军政、司法大权。

第二节　地方司法管辖的扩大

明朝地方官署的建制基本上是省、府（州）、县三级制。某些时期也曾

---

① （明）谈迁著，张宗祥点校：《国榷》卷四八，武宗正德五年四月辛丑条，中华书局 1958 年版，第 2969 页。

② （明）刘玉：《论载革中官疏》，载（明）陈子龙等编：《明经世文编》卷一四一《刘端毅奏疏》，中华书局 1962 年版，第 1409—1410 页。

有过省、州二级制或省、府、州、县四级制，似只是临时之制。地方司法机关，府（州）、县二级仍与行政机关结合在一起，由知府、知县等行政长官掌握，亲理司法事务。此外，作为基层政权的里甲虽然不是官吏建制，但里甲在封建官僚体制中具有不可或缺的职能与功效。尤其是在明代，里甲实际上承担着民事诉讼初审的职责，所以在此一并阐述。

一、省级司法机关

明代的省是从元代的行省演变而成的。明初设行省统摄郡县，洪武九年（1376）改行省为承宣布政使司。承宣布政使司和提刑按察使司、都指挥使司合称三司，为省级常设机构。省级长官为：布政使，从二品；提刑按察使，正三品；都指挥使，正二品。大致说来，布政司侧重于行政，按察司侧重于司法，指挥司侧重于军事；但在同时，按察司和指挥司都具有一定的司法权。除了特别重大的案件外，省级机构一般不能直接受理各种案件，而只能成为府县诉讼的上诉机构。由于都指挥使属于军事机构，其司法职能将在后面专门阐述。

布政司本为一省的行政机关，但其组织中设有理问所和司狱司，负责部分刑名之事。正德元年（1506）以后，布政司的司法权受到削弱与限制。"凡布政官，不许受词，自问刑名。抚、按官亦不许批行问理；其分守官受理所属所告户婚田土等情许行理问所，及各该府属问报。"[1]因此，布政司对民事纠纷拥有部分司法权，不拥有干预刑事案件的司法权。

提刑按察司是省级的主管司法机构，"掌一省刑名按劾之事"[2]，亦是府县一审案件的上诉机关，因而与职司监察的宋提点刑狱不同。吴元年（1367），在各道设提刑按察司，明朝政府成立后，各道改为布政司，按察司

---

① （明）申时行等修：《明会典》卷一七七《刑部·问拟刑名》，中华书局1989年版，第902页上栏。

② （清）张廷玉等撰：《明史》卷七五《职官志四》，中华书局1974年版，第1840页。

之组织与名称仍依其旧。建文元年（1399），改提刑按察司为肃政按察司，成祖即位，再改回为提刑按察司，遂成定制。提刑按察司隶属于都察院，主要是属于监察机关，但同时又为一省之专门司法机关。按察使有权处决徒以下案件，徒以上重案须报送刑部，无权擅决。

提刑按察司的地位与职权在明初十分显要。"明初置提刑按察司，谓之外台，与都察院并重。故大明按察司、都察院并列，不视为外官也。"①明代中后期，巡按御史的地位日益显赫，削弱并部分取代了按察司的职权，使得按察司的地位与作用有较大下降，"至于审刑议事考覆官吏之际，予夺轻重，皆惟巡按出言"②。

为了加强对府（州）、县各级司法机关的领导，凡有关土地、人口、赋役等事，由省布政使司统管，有关司法事项则专受省按察使司统管。这种基于工作对象而建立的比较专一的领导体制，标志着地方机关组织的严密和工作效能的加强。

二、府（州）、县司法机关

明朝的府为地方中次于省级的国家机关（南京应天府和北京顺天府直属中央），上受布政司监督，下辖州、县。府设知府、同知、通判、推官各一人，均为正官；此外还有经历、知事、司狱各一人。府之职掌为"宣风化，平狱讼，均赋役，以教养百姓"③。知府掌一府之行政，但对重狱大囚，知府随时都可以决定亲自审理。推官负责对案件的审理，司狱负责狱政。州、县为基层国家机关（直隶州直属于布政司，与府之地位相同），其长官为知州、

---

① （清）陈梦雷辑：《古今图书集成·明伦汇编·官常典》卷六百《臬司部艺文二·臬司部杂录》，中华书局、巴蜀书社1987年版，第36424页。

② （明）陈子龙等编：《明经世文编》卷一三六《守令定例疏》中华书局1962年版，第1349页。

③ （清）张廷玉等撰：《明史》卷七五《职官志四》，中华书局1974年版，第1849页。

知县。其他官吏的设置，视州、县的大小而定，无专门司法官的设置，对于民刑案件，均应由知州或知县亲自审理。"凡养老、祀神、贡士、读法、表善良、恤穷乏、稽保甲、严缉捕、听狱讼，皆躬亲厥职而勤慎焉。"① 由此，自县、府、省以至刑部、三法司，形成了一套完整的司法审级系统。

三、都指挥使司、卫、所

由于明朝实行军户与民户严格区分的制度，司法管辖也因此而有不同，军人犯法由军事机关处理。都指挥使司为一省的军事行政机关，"掌一方之军政，各率其卫所以隶于五府，而听于兵部。"② 都指挥使司除设指挥使等官负责军事行政外，另设断事司，内有断事、副断事、吏目、司狱各一人，负责问理一省内各卫、所之军官军人诉讼。卫、所为明代重要的军事组织，平时为训练单位，战时为战斗单位。卫设指挥使一人，为长官，另有同知、佥事、镇抚。镇抚每卫二人，专门负责卫中刑名事宜。所是卫下所辖单位，所内也有镇抚二人，负责所内刑名，不过所之镇抚同时还兼理百户职责。可见，各省都指挥使设置的都卫断事司及卫所之千户、百户负责处理军人案件。军官犯罪从本管衙门开具事由，然后再申呈五军都督府或兵部奏闻皇帝，请旨处理。

四、里甲

里甲（明代中后期改为保甲）是明代乡村的基层行政组织。洪武十四年（1381），明太祖诏令"天下府、州、县编赋役黄册。以一百一十户为一里，推丁多者，十人为长，余百户为十甲"③。里设里长，里长的职责为：管理和

---

① （清）张廷玉等撰：《明史》卷七五《职官志四》，中华书局1974年版，第1850页。
② （清）张廷玉等撰：《明史》卷七六《职官志四》，中华书局1974年版，第1872页。
③ （明）申时行等修：《明会典》卷二〇《黄册》，中华书局1989年版，第132页上栏。

约束里内人户，检查和督促生产，催征田粮，调处本里的纠纷等。作为基层组织的里甲拥有民事与轻微刑事案件的审判权。在明朝中前期，里甲实际上扮演着国家重要的基层司法机关的角色。

里长之外设置"年高为众所服者"的老人为"里老"，用以"导民为善，平乡里争讼"。① 里老的一个重要职责是调处和断理该里的纠纷，凡国家禁止私和的案件，都应经里老调处。洪武二十七年（1394）四月诏："命有司择民间高年老人公正可任事者，理其乡之词讼，若户婚、田宅、斗殴者，则会里胥决之。事涉重者，始白于官。若不由里老处分而径诉县官，此之谓越诉。"② 从而确认了里老对民事诉讼和轻微刑事案件的一审管辖权。洪武三十一年（1398）三月十九日户部《教民榜文》的颁行，巩固和扩大了里老的司法审判权，使之成为兼理民刑事案件的名副其实的一审组织。《教民榜文》规定："民间户婚、田土、斗殴相争、一切小事，不许辄便告官，务要经由本管里甲、老人理断。若不经由者，不问虚实，先将告人杖断六十，仍发回里甲、老人理断。"③ "今后民间除犯十恶、强盗及杀人，老人不理外，其有犯奸、盗、诈伪、人命，非十恶、非强盗杀人者，本乡本里内自能含忍省事，不愿告官系累受苦，被告伏罪，亦免致身遭刑祸，止于老人处决断者，听其所以。老人不许推调不理。"④ "若事干别里，须会该里老人、里甲公同剖决。"⑤ 如遇疑难案件，或事涉里老子弟亲戚，"须会东西南北四邻里分，或三里五里众老人、里甲剖决"。⑥ 对于参加审理词讼的老人的资格

---

① （清）嵇璜、刘墉等奉敕撰，纪昀等校订：《续通典》卷七《食货》，上海商务印书馆 1935年版，第 1152 页下栏。

② （清）顾炎武著，黄汝成集释，栾保群、吕宗力点校：《日知录集释》卷八《乡亭之职》，上海古籍出版社 2006 年版，第 474 页。

③ 户部《教民榜文》第一条，载刘海年、杨一凡主编，杨一凡、曲英杰、宋国范点校：《中国珍稀法律典籍集成》乙编第一册，科学出版社 1994 年版，第 635 页。

④ 户部《教民榜文》第十一条，第 637 页。

⑤ 户部《教民榜文》第三条，第 636 页。

⑥ 户部《教民榜文》第五条，第 636 页。

也作出了明确规定："老人理词讼，不问曾朝觐、未曾朝觐，但年五十之上，平日在乡有德行、有见识、众所敬服者，俱令剖决事务。"①由于里长、甲首是依丁粮多少轮流更换的，所谓年高公正之人和里老之辈，绝大多数是地方上的豪绅或大族的族长，以此作为事实上的第一审，充分显示了政权、绅权和族权的紧密结合，使发生在身边的争讼得以就便解决，确实减少了当事人的讼累。

明朝的里甲制度对于维持封建统治秩序、确保封建政权的稳定具有重要作用，其存在于中国传统社会结构中具有合理的一面。明代的里老具有半官方的性质，在政治上也有一定的权力和地位。朱元璋在《教民榜文》和《大诰》中对里老享有某些特权予以法律保证。例如，里老犯法，官吏不得擅自章问，应由其他众老指陈实迹，绑缚入京审理；里老有事赴京奏告，不须关防文引，所经关隘不得阻拦。与此同时，为了确保审理案件的公正性，《教民榜文》也规定了严格的督课内容，如：

老人、里甲对于民人的陈诉，如不能决断，"致令百姓赴官紊烦者，其里甲、老人亦各杖断六十；年七十以上者不打，依律罚赎，仍着落果断"。如"循情作弊，颠倒是非，依出入人罪论"；②老人行为不轨，倚法为奸，不依众老人公论行事，故意扰乱案件的剖断，"许众老人拿赴京来"；③如老人以剖断民事词讼为由，挟制里长、把持官府，拒不履行差役，"家迁化外"；④老人、里甲剖决民事案件，不得设立牢狱，拘禁当事人，如违，治以重罪；⑤老人、里甲应根据百姓的陈诉剖决案件，对于百姓不愿陈告的案件，"里甲、老人不得风闻寻趁，勾引生事"，否则杖六十；如为此而收受贿赂"以赃论"处；⑥老人、里甲对于本里内的强劫、盗贼、逃军、逃囚及生

① 户部《教民榜文》第四条，第636页。
② 户部《教民榜文》第二条，第635—636页。
③ 户部《教民榜文》第八条，第637页。
④ 户部《教民榜文》第九条，第637页。
⑤ 户部《教民榜文》第十三条，第637页。
⑥ 户部《教民榜文》第十四条，第637页。

事恶人，应将其缉拿归案。否则，"以罪罪之"。①

尽管《教民榜文》对里老作出了如此严苛的督课规定，但里老利用职权勾结官府，横行乡里，鱼肉百姓者不乏其人。在明代洪熙、成化年间，这种状况尤为突出，充分说明了里甲制度所存在的局限性和所起的消极作用。因此，里甲制度在明代后期逐渐瓦解也是不可避免的。

---

① 户部《教民榜文》第十五条，第 638 页。

第二章　刑事案件的诉讼程序

第一节　刑事诉讼的提起方式

对于民事诉讼，官府遵循的原则一般是"不告不理"，也就是说，没有原告的起诉，诉讼程序一般就不会启动，因而官府的司法介入可以说是被动的、消极的。而对于刑事诉讼来说，这一原则并不适用。对于刑事案件，尤其是重案要案，官府的司法介入则是主动的、积极的。因此，刑事诉讼的提起方式也决不仅仅是原告的起诉这一种，甚至可以说原告是否起诉对刑事诉讼程序的启动并不会产生决定性的影响。根据明朝法律的规定，刑事诉讼的提起方式大致有以下几种：

1. 自首

明律规定："凡犯罪未发而自首者，免其罪。"但在同时又规定，自首不尽或不实的，不尽或不实的罪行仍得追究。另外，事涉印信、官文书、应禁兵器及禁书的犯罪行为和私越度关、奸及私习天文的犯罪行为，不在自首免罪之列①。还有，对于危及因家安全的行为及命盗大案仍得依律科罪。因此，犯罪自首而依法不能免除或完全免除罪责的，刑事诉讼程序也就因自首而启动。

---

① 怀效锋点校：《大明律》卷一《名例》"犯罪自首"条，法律出版社 1999 年版，第 13—14 页。

2. 官府纠举

官府的纠举包括官吏内部之间的举劾和官吏对自己发现的民人犯罪的主动追究。明朝建立了纵横交错的监督网和强有力的监督机制，以及对同僚官吏之间的连带责任也有严格的规定，这些都有力地促进了对官吏犯罪的举劾。同时，各级官吏对自己管辖范围内的民人犯罪也负有主动纠察的责任。官吏的纠举是启动刑事诉讼程序的主要方式。

3. 民人告发

对于重大的刑事犯罪，法律规定民人有告发的义务。这主要包含两类犯罪：涉及国家安全的犯罪和命案。对于谋反、谋大逆，"知情故纵、隐藏者，斩"；"知而……不首者，杖一百，流三千里"。对于谋叛，"知情故纵、隐藏者，绞；知而不首者，杖一百，流三千里"。① 对于命案，民人也有告发的义务，当事人及其亲属不得"私和"。"凡祖父母、父母及夫，若家长为人所杀，而子孙、妻妾、奴婢、雇工人私和者，杖一百，徒三年。期亲尊长被杀，而卑幼私和者，杖八十，徒二年。大功以下，各递减一等。其卑幼被杀，而尊长私和者，各减一等。若妻妾、子孙及子孙之妇、奴婢、雇工人被杀，而祖父母、父母、夫、家长私和者，杖八十。受财者，计赃，准窃盗论，从重科断。常人私和人命者，杖六十。""凡知同伴人欲行谋害他人，不即阻挡、救护，及被害之后，不首告者，杖一百。"② 由此可知，对于刑事诉讼，法律并不像民事诉讼那样要求，是"于己事情"；相反，对于事关重狱大囚的案件，知情人或利害关系人向官府告发或径行起诉是其法律义务。

明朝对于起诉的形式有一定的要求，起诉一般要有书面诉状，包括案情发生的时间、事实、告诉人与代写人的姓名、地址、籍贯及画押等内容，并按审级管辖呈递。军户向所、卫、都指挥司逐级呈告，普通民户向所在州、

---

① 怀效锋点校：《大明律》卷一八《刑律一·贼盗》，"谋反大逆"条和"谋叛"条，法律出版社 1999 年版，第 134—135 页。

② 怀效锋点校：《大明律》卷一九《刑律二·人命》"尊长为人杀私和"条和"同行知有谋害"条，法律出版社 1999 年版，第 157 页。

县陈告。此外，沿行直接向皇帝陈告的直诉制度，洪武元年（1368），于午门外设置"登闻鼓"，"俾冤民击之，通达下情。每日科道官各一员、锦衣卫官一员轮司其事。民有冤抑，有司不为申理……列其状以闻"。① 万历时，有大冤方可击鼓。击鼓不实与阻遏击鼓均坐罪。鼓状收进后由皇帝亲拟旨意，送有关法司审理。正统至嘉靖初期，死罪犯执行前，可由家属击鼓伸冤。② 唐宋以来的邀车驾讼，沿行如故。

明律关于"告状不受理""教唆词讼"等条，基本上与唐律相同。需要指出的是从稳定社会秩序出发，严惩诬告。按唐律，诬告者只反坐并不加等，明律则诬告人笞罪者，加所诬罪二等。流徒杖罪者，加所诬罪三等。如因被诬处流刑而典卖田宅者，除追征路费外，尚需备价取赎。诬人死罪已决者，反坐以死刑。"若各衙门官进呈实封诬告人，及风宪官挟私弹事，有不实者，罪亦如之。"③ 永乐元年（1403）二月专定《诬告法》："凡诬告三四人者杖一百、徒三年，五六人者杖一百、流三千里。所诬重者，从重论。诬告十人以上者，凌迟处死，枭首其乡，家属迁化外。"④ 同时，不得受理、投递"匿名文告人罪"，违者，杖一百。

第二节　受理与管辖

刑事诉讼的管辖和受理大致和民事诉讼相同，但同时在某些方面也有重

---

① （清）孙承泽著，孙剑英点校：《春明梦余录》卷六《内官监·登闻鼓院附》，北京古籍出版社 1992 年版，第 101 页。

② 尤韶华：《明代司法初考》，厦门大学出版社 1998 年版，第 79 页。

③ 怀效锋点校：《大明律》卷二二《刑律五·诉讼》，"诬告"条，法律出版社 1999 年版，第 177 页。

④ 沈家本撰，邓经元、骈宇骞点校：《历代刑法考·律令九》，"诬告法"，中华书局 1985 年版，第 1143 页。

要区别。在此应着重说明以下几点：

1.官府对民事诉讼一般采取"不告不理"的原则，即官府一般不得主动启动民事诉讼程序；而对于刑事诉讼，尤其是事关重狱大囚，官府应主动立案或受理，否则，主管官吏则要承担责任。如告状不受理，主管官吏的责任因案件的性质不同而有很大区别。对于刑事案件，"凡告谋反逆叛，官司不即受理掩捕者，杖一百，徒三年；以致聚众作乱，攻陷城池及劫掠人民者，斩。若告恶逆不受理者，杖一百；告杀人及强盗不受理者，杖八十。"而对于民事案件，告状不受理，主管官吏所受的处罚最多是杖八十①。此外，刑事诉讼的司法管辖实行"以轻就重，以少就多，以后就先"的原则。如原告所告案件涉及两处州县，"听原告就被论官司告理归结"。②反映了重视原告选择审判机关的权利，但由此也带来了州、县官之间相互推诿，造成贻误。民事诉讼的司法管辖主要是依被告人的户籍所在地确定。

2.对于越诉的规定和处理也不尽相同。明初，民间饱受官吏欺凌，因此越诉赴京上告者多。由于刑事案件原则上不得私和，所以一般无须也不可以经里老这一级。洪武十五年（1382），便申明越诉之禁："凡军民诉户婚田土、作奸犯科诸事，悉由本属官司自下而上陈告，毋得越诉……违者罪之"。③只有重大而又迫切需要解决的案件，才允许越级申诉。为防止越诉，严格审级管辖。宣德时，越诉得实者免罪，不实者戍边。景泰时，不问虚实，皆发口外充军。在《教民榜文》中也明确规定："民间词讼，已令自下而上陈告，越诉者有罪。……今后敢有仍前不遵者，以违制论的决。"④"顽民不遵榜谕，

---

① 怀效锋点校：《大明律》卷二二《刑律五·诉讼》，"告状不受理"条，法律出版社1999年版，第175页。

② 怀效锋点校：《大明律》卷二二《刑律五·诉讼》，"告状不受理"条，法律出版社1999年版，第175页。

③ 《续文献通考》卷一三六《刑考二·刑制》，上海商务印书馆1935年版，第4014页下栏——第4015页上栏。

④ 户部《教民榜文》第三十八条，第643页。

不听老人告诫，辄赴官府告状，或径赴京越诉，许老人擒拿问罪。"①但若里甲、老人"不能决断，致令百姓赴官紊烦者，其里甲、老人亦各杖断六十；年七十以上者不打，依律罚赎，仍着落果断"。②明律对于刑事诉讼原则上也是禁止越诉的，"其有亲邻全家被残害及无主人命、官吏侵盗系官钱粮，并一应于己事情，俱要自下而上陈告。若有蓦越奏告者，俱问罪"。同时明律又规定："各处军民词讼，除叛、逆、机密等项重事，许其赴京奏告"。也就是说，事关国家安全或机密的，不受有关越诉规定的限制③。明律关于惩罚越诉的规定，主要着眼于稳定司法管辖秩序，发挥地方司法机关的职能，防止所谓刁民缠讼。

3.刑事案件的受理机构和管辖机构往往并不一致。一方面，刑事案件除事关国家安全和机密的，均应自下而上陈告。这就意味着在一般情况下，案件的受理、侦查，逮捕人犯和进行初步审理等前期工作都应由地方司法机构承担。而在另一方面，地方政府对于应判徒流以上的案件无权做最后处断，而只能拟出初步意见，移送中央司法机构进一步审理和作出判决。这也就是说，地方司法机构对于比较重大的刑事案件有受理权，而无完整意义上的管辖权。

4.对于某些具有特殊身份的人犯罪只能实封奏闻，由皇帝决定是否理问，是亲自理问，还是交由指定的司法机构理问。这些人除上已述及的军官以外，主要还有以下几种：

（1）京官、地方五品以上官及府、州、县的长官

大明律规定："凡京官及在外五品以上官有犯，奏闻请旨，不许擅问。……若府州县官犯罪，所辖上司不得擅自勾问，止许开具所犯事由，实封奏闻。"同时又于该条中规定；"其犯应该笞决、罚俸、收赎纪录者，不在

---

① 户部《教民榜文》第二十三条，第 639—640 页。

② 户部《教民榜文》第二条，第 635—636 页。

③ 《万历问刑条例·刑律五·诉讼》"越讼条例"，载怀效锋点校：《大明律》附录，法律出版社 1999 年版，第 424 页。

奏请之限。"①从此规定可以看出，京宫、地方五品以上官或府、州、县之长官犯法，如事涉刑案，那么案件的管辖权只能由皇帝决定，如系一般的行政过错或民事纠纷，则不在奏请之列，而按照法律的有关规定由相应的司法机构管辖。

（2）"八议"者及其近亲属

凡"八议"者（亲、故、功、贤、能、勤、贵、宾）犯罪，除犯"十恶"（谋反、谋大逆、谋叛、恶逆、不道、大不敬、不孝、不睦、不义、内乱）以外，其余都应"实封奏闻取旨，不许擅自勾问。若奉旨推问者，开具所犯及应议之状，先奏请议，议定奏闻，取自上裁"②。不仅如此，连八议者之近亲属犯罪，案件的受理和管辖也应奏闻皇帝决定。"凡应八议者之祖父母、父母、妻及子孙犯罪，实封奏闻取旨，不许擅自勾问。若奉旨推问者，开具所犯及应议之状，先奏请议，议定奏闻，取自上裁。"③但是，如果上述八议者之近亲属犯十恶、奸、盗、杀人、受财枉法的，则不受这一规定的限制。

（3）宦官及宫廷其他侍从人员

《大明律》对该类人犯罪的管辖并没有明确的规定。嘉靖以前，内臣有罪俱下法司，嘉靖时则一般由司礼监管辖；明代中叶以后，《问刑条例》对此有了规定："内官、内使、小火者、阍者等犯罪，请旨提问，与文职运炭、纳米等项一例拟断。受财枉法满贯，不拟充军，俱奏请发落。"④也就是说，这些人犯罪，案件的受理与管辖应由皇帝决定。即使是交三法司审理，其定罪量刑也应由皇帝最后定夺。

凡是有法司奉旨推问的案件，推问的结果必须预先奏清皇帝，经由皇帝或司礼太监以呈帝的名义在题本上批红之后，法司再根据批红作出判决。弘

---

① 怀效锋点校：《大明律》卷一《名例》"职官有犯"条，法律出版社 1999 年版，第 4 页。

② 怀效锋点校：《大明律》卷一《名例》"应议者犯罪"条，法律出版社 1999 年版，第 3—4 页。

③ 怀效锋点校：《大明律》卷一《名例》"应议者之父祖有犯"条，法律出版社 1999 年版，第 6 页。

④ 《万历问刑条例·名例》职官有犯条例，载怀效锋点校《大明律》附录，法律出版社 1999 年版，第 344 页。

治三年（1490）大理寺奏准："两法司（刑部和大理寺）凶犯，有奉旨来说者，问拟明白，仍具本发本寺审录奏请。若系机密重情不可泄漏者，径自开具招由，奏讫，仍发本寺审录。"① 弘治十三年（1500）后遂形成定例："凡奉旨送法司问者，由本寺详审具题，送刑部拟罪者，则该部径题。"②

关于皇帝裁决权行使的一般方式，《明会典》有记载，可供参考。"凡律内该载请旨发落者，本寺具本开写犯由、罪名奏闻，取自上裁。即将奉到旨意，于奏本年月后批写讫，就写某官批，于下押字；其余有奉旨意者，亦同此例。批写讫，回寺立案，备云前项旨意，于平允内开写，回报各衙门施行。"③

第三节　时效与期间

明代对于刑事诉讼的时效并无明文规定，也就是说，任何时候告诉均发生效力。另外，明朝法律仍沿用关于伤人致死的保辜期限的规定。"手足及以他物殴伤人者，限二十日。以刃及汤火伤人者，限三十日。折跌肢体及破骨堕胎者，无问手足他物，皆限五十日。"④ 被害人在上述期限内如果因伤而死亡，将对加害人提起斗殴杀人的刑事诉讼；如在上述期限外死亡或虽在期限内但因别故而死，则只能以斗殴伤人提起诉讼。因此，从提起诉讼的种类来看，保辜期限也带有时效的性质。

---

① （明）申时行等修：《明会典》卷二一四，《大理寺·请旨发落》附《奉旨推问》，中华书局1989年版，第1073页上栏。

② （明）申时行等修：《明会典》卷二一四，《大理寺·请旨发落》附《奉旨推问》，中华书局1989年版，第1073页上栏。

③ （明）申时行等修：《明会典》卷二一四，《大理寺·请旨发落》，中华书局1989年版，第1073页上栏。

④ 怀效锋点校：《大明律》卷二〇《刑律三·斗殴》"保辜限期"条，法律出版社1999年版，第161页。

明朝法律强调了关于人命盗窃等大案的缉捕期间。"凡捕强窃盗贼，以事发日为始，当该应捕弓兵，一月不获强盗者，笞二十；两月，笞三十；三月，笞四十；捕盗官罚俸钱两月。……限内获贼及半者，免罪。若经隔二十日以上告官者，不拘捕限。捕杀人贼，与捕强盗限同。"[1]盗贼行劫，有司军卫役登时具报，以失盗之日为始，过三日不报者，以隐匿论。府、州、县掌印官及抚、按、道、司，以各申文到日为始，每一日一百里为限，计程违三日以上者，以隐匿论[2]。

第四节　强制措施

刑事诉讼中的强制措施是指在刑事诉讼进行的过程中，为保障诉讼的顺利进行而依法对人犯或其他诉讼参与人所采取的暂时限制或剥夺其人身自由的各种方法和手段。明代刑事诉讼中的强制措施大致如下：

1. 拘传

拘传又称勾摄或拘提，是指强制诉讼参与人接受司法机构讯问或审理的一种措施。拘传的对象不仅仅是被告，有时也包括原告和证人，拘传的方式程序因其施行机关不同而不尽一致，大致可分为票拘和钦提两种。

票拘属于一般情形，是司法机构通常所采用的一种强制措施，不仅适用于刑事诉讼，在民事诉讼中也可采用。票拘是由掌印官签发拘票（信牌），交由皂隶作为执行的凭证。"凡府州县置立信牌，量地远近，定立程限，随

---

① 怀效锋点校：《大明律》卷二七《刑律十·捕亡》"盗贼捕限"条，法律出版社 1999 年版，第 210 页。

② （清）陈梦雷辑：《古今图书集成·经济汇编·祥刑典》卷九六《盗贼部汇考二·明》，中华书局、巴蜀书社 1987 年版，第 94335 页中栏。

事销缴。"①

钦提是属于特别情形下所采用的一种强制措施；它是针对政治犯或某些特殊的案犯，经皇帝批准，由刑部签发驾帖，交锦衣卫执行。驾帖是锦衣卫行使钦提时所便用的凭证，依法必须由刑部签发，下达各衙门时还须用司礼监印信，由刑科挂号。但后来随着厂卫权势的大增，钦提时往往只是凭驾帖，而不经刑部签发。

2. 缉捕

缉捕是指在紧急情况下将人犯缉拿归案的一种强制措施，主要用于命盗现行犯、逃犯及通缉犯。对于现行犯和通缉犯任何人均可以捕拿并解送官府，逃犯则一般由官府差遣专门的人捕拿。捕拿人犯时，除了真盗拒捕或曾殴公差，许其打伤人犯外，其余只许绑缚锁铐，不许伤人。"若罪人持杖拒捕，其捕者格杀之，及囚逃走，捕者逐而杀之，若因窘迫而自杀者，皆勿论。"②

3. 羁押

羁押是指为保证诉讼的顺利进行而对已缉捕归案的人犯实行关禁的一种强制措施。"男子犯笞以上，妇人犯奸及死罪，皆应收禁。……官犯私罪杖以下及公罪流以下，与民人犯轻罪者，老、幼、废、疾，皆散收在禁。"③羁押根据案件的大小和复杂程度而有时间限制，一般来说，小事当日断理，大事不过十日。但这在执行中往往被视为具文。羁押时一般都依犯罪情节的轻重而使用相应的械具，"在禁之内，徒以上应杻，充军以上应锁，死罪应枷。凡枷者兼锁、杻，凡锁者兼杻，惟妇人不杻"。④"凡狱

---

① 怀效锋点校：《大明律》卷三《吏律二·公式》"信牌"条，法律出版社1999年版，第44页。

② 怀效锋点校：《大明律》卷二七《刑律十·捕亡》"罪人拒捕"条，法律出版社1999年版，第207页。

③ （明）雷梦麟撰，怀效锋、李俊点校：《读律琐言》卷二八《刑律·断狱》"因应禁而不禁"条，法律出版社2000年版，第476页。

④ （明）雷梦麟撰，怀效锋、李俊点校：《读律琐言》卷二八《刑律·断狱》"因应禁而不禁"条，法律出版社2000年版，第476页。

囚应禁而不禁，应枷、锁、杻而不枷、锁、杻及脱去者，若囚该杖罪，笞三十；徒罪，笞四十；流罪，笞五十；死罪，杖六十。若应枷而锁，应锁而枷者，各减一等。"①

4.取保候审

取保候审是指对不能即时审决，似又不宜长期羁押的人犯，令其出具担保，在保证随传随到的前提下暂时解除羁押的一种强制措施。取保候审的对象一般是那些罪行较轻且解除羁押后现实危害不大的人犯。永乐二年（1404）开始实行的热审比较广泛地实行了取保候审制度。因夏月暑热，对在热审中有未能即时审决的，令出狱候审。四年（1406 年）又令重罪除犯斩、绞罪以外，徒、流以下，均令保外候审。②

第五节　审理

一、概述

明朝的刑事审判充分体现了中央集权和君主专制的原则。中央审判机构为刑部，拥有极为广泛的审判权。"京师自笞以上罪，悉由部议。"③ 也就是说，京师所有案件均由刑部审理。关于地方的审判权问题，洪武元年(1368)颁行的大明令规定：笞五十者县决之，杖八十者州决之，徒以上报送行省。洪武二十六年（1393）又定为："布政司及直隶府州县，笞杖就决；徒流、迁

---

① 怀效锋点校：《大明律》卷二八《刑律十一·断狱》"囚应禁而不禁"条，法律出版社1999 年版，第 211 页。

② （明）申时行等修：《明会典》卷一七七，《刑部十九·热审》，中华书局 1989 年版，第903 页上栏。

③ （清）张廷玉等撰：《明史》卷九四《刑法志二》，中华书局 1974 年版，第 2306 页。

徒、充军、杂犯死罪解部。"①这也就意味着几乎所有的刑事案件都应由中央司法机构最终审决。

对于解送到中央的刑事案犯，也不是由刑部作最终审决，而是通过三法司之间的相互制约、实行特别审理、厂卫干预和操纵等多种途径，以便于皇帝对司法权的控制。尤其是重狱大囚，更是由皇帝牢控司法权。洪武初，朱元璋于"重案多亲鞫，不委法司"②。后虽有所松手，但还是坚持司法权由多机构分受，以便于相互监督与制约，并要求重狱大囚应奏请，死罪应覆奏，由皇帝最终定决。

为了达到明刑弼教的目的，太祖还注意在司法中贯彻法理情三者的统一。这在明文献的案例中可以得到例证。例一，"民父以诬逮，其子诉于刑部，法司坐以越诉。太祖曰：'子诉父枉，出于至情，不可罪'"。例二，"有子犯法，父贿求免之，御史欲并论父。太祖曰：'子论死，父救之，情也，但论其子，赦其父。'"③例三，洪武二十年（1387），"詹徽言：'军人有犯当杖，其人尝两得罪而免，宜并论前罪，诛之。'太祖曰：'前罪既宥，复论之则不信矣。'杖而遣之。"④例四，洪武八年（1375），"山阳民，父得罪当杖，子请代。"上曰：'朕为孝子屈法。'特释之"。⑤显而易见，上述案例对社会和国家的危害性不大，采取原情的宽大措施，既无害于国家的安全，还可借此渲染儒家所推崇的纲常名教，同时还可获得圣君仁惠的客观效果。

明朝刑事审判中的许多规定和民事审判类同。例如，民事审判中关于回避的规定也适用于刑事诉讼，刑事审理的一般程序及判决要求也和民事审判大致相同，对此不再赘述。下面仅就比较重大的不同方面或为刑事审判所特有的方面进行阐述。

---

① （清）张廷玉等撰：《明史》卷九四《刑法志二》，中华书局1974年版，第2306页。
② （清）张廷玉等撰：《明史》卷九四《刑法志二》，中华书局1974年版，第2305页。
③ （清）张廷玉等撰：《明史》卷九三《刑法志一》，中华书局1974年版，第2287—2288页。
④ （清）张廷玉等撰：《明史》卷九三《刑法志一》，中华书局1974年版，第2288页。
⑤ （清）谷应泰撰：《明史纪事本末》卷一四《开国规模》，洪武八年春正月丁亥，中华书局1977年版，第210页。

二、证据

明朝法律关于刑事诉讼的证据有极为具体的规定，这主要体现在命、盗大案上。

对于盗窃罪，须有赃物这一物证方可判定。正统五年（1440）二月，刑部右侍郎何文源奏称，五城兵马司、指挥司所送窃盗，大多是巡捕校尉在街上擒拿，往往并无实据，被屈打成招。英宗于是下令："捕获窃盗，须有失主认赃，当时连赃送问。"① 后来评事马豫也奏请："臣奉敕审刑，窃见各处捉获强盗，多因仇人指攀，拷掠成狱，不待详报，死伤者甚多。今后宜勿听妄指。果有赃证，御史、按察司会审，方许论决。"② 崇祯时也曾强调："各处巡按御史，今后奉单强盗，必须单有赃证明确，及系当时现获者，照例即决。如赃迹未明，招扳续缉，涉及疑似者，不妨再审。"③ 即使是审明罪犯存在盗窃事实，有无赃证也直接关系到判决结果。"其问刑衙门，以后如遇鞫审强盗，务要审有赃证，方拟不时处决。或有被获之时，伙贼共证明白，年久无获，赃亦花费，伙贼已决，无证者，俱行秋后处决。"④ 有赃证可判处决不待时，无赃证充其量也只能判监候。由此可见，物证在对盗窃罪判定中的重要性。

明律关于尸伤的检验也规定得非常具体。法律不仅规定验尸伤应及时、准确、如实，并由主管官吏亲临现场监管。"凡检验尸伤，若牒到托故不即检验，致令尸变，及不亲临监视，转委吏卒，若初复检官吏相见，符同尸状及不为用

---

① 台湾"中央研究院"历史语言研究所校勘：《明实录·英宗实录》卷六五，正统五年三月辛亥，上海书店出版社 1982 年版，第 1243 页。

② （清）张廷玉等撰：《明史》卷九四《刑法志二》，中华书局 1974 年版，第 2310 页。

③ （明）苏茂相辑，（明）郭成春著，孙庆明、关志国整理：《新镌官板律例临民宝镜》卷六《强盗》，载杨一凡主编：《历代珍稀司法文献》第 7 册，社会科学文献出版社 2012 年版，第 580 页。

④ （明）苏茂相辑，（明）郭成春著，孙庆明、关志国整理：《新镌官板律例临民宝镜》卷六《强盗》，载杨一凡主编：《历代珍稀司法文献》第 7 册，社会科学文献出版社 2012 年版，第 580 页。

心检验，移易轻重、增减尸伤不实、定执致死根因不明者，正官杖六十，首领官杖七十，吏典杖八十。"①不仅如此，明律对检验尸伤的图式都有详尽的规定。"凡检尸图式，各府刊印，每副三幅，编立字号，半印勘合，发下州县。"验完尸伤以后，依式标注、画押，一幅付苦主，一幅粘连附卷，一幅缴申上司②。

三、普通刑事审判

地方对稍微重大的刑事案件予以受理，并将案犯缉捕和进行初步审查后，认为应判徒刑以上的，即移中央司法机构审决。中央的常设司法机构为刑部、大理寺和都察院三法司，三法司在通常情况下的分工为"刑部受天下刑名，都察院纠察，大理寺驳正"③。在此，我们将刑部审理、大理寺复核、都察院纠察的审判方式称为普通刑事审判。（这里的普通刑事审判和特别刑事审判没有包含地方刑事审判和军事机构刑事审判的内容。其实，地方的刑事审判和军事司法机构的刑事审判也可以作类似划分。）

移送至中央的案件，对于徒流案犯，经刑部审判、大理寺复核无异后即行决遣。对于应监候的死刑案犯，"其合的决、绞、斩、凌迟处死罪名，各处开坐备细招罪事由，照行事理呈部详议，比律允当者，则开缘由，具本发大理寺覆拟，如覆拟平允，行移各该衙门如法监收听候，依时差官审决"。④"其决不待时重囚，报可，即奏遣官往决之"。⑤决不待时重囚也就是被判处斩立决或绞立决的案犯，其死刑经奏请皇帝核准即予以执行。

---

① 怀效锋点校：《大明律》卷二八《刑律十一·断狱》"检验尸伤不以实"条，法律出版社1999年版，第219页。

② 《大明令·刑令》"检尸告免"条，载刘海年、杨一凡总主编，杨一凡、曲英杰、宋国范点校：《中国珍稀法律典籍集成》乙编第一册《洪武法律典籍》，科学出版社1994年版，第40页。

③ （清）张廷玉等撰：《明史》卷九四《刑法志二》，中华书局1974年版，第2305页。

④ （明）申时行等修：《明会典》卷一七七，《刑部十九·详拟刑名》，中华书局1989年版，第902页下栏。

⑤ （清）张廷玉等撰：《明史》卷九四《刑法志二》，中华书局1974年版，第2306页。

经刑部审判的案件，都应将案卷连罪囚送大理寺复核。"凡狱既具，未经本寺评允，诸司毋得发遣。误则纠之。"① 如果大理寺认为刑部审判的犯罪事实不清或拟罪不当，虽无权直接改判，但可以驳回重审。大理寺对于经刑部审判的案件"驳令改拟，曰照驳；三拟不当，则纠问官，曰参驳"。② 如果罪囚在大理寺复审时翻供，或者大理寺认为刑部的判决违背法律规定，故意出入人罪，则可改令别衙门问拟，甚而至于奏请九卿会审或请旨发。③

明朝法律规定刑事审理中可以使用刑讯，但是在使用刑讯的限度上和大理寺复核时能否用刑颇有争议。成化五年（1469），南京大理寺评事张钰奏言："南京法司（刑部各司）多用严刑，迫囚诬服，其被纠者亦止改正而无罪，甚非律意。"④ 于是下诏申令大理寺对刑部官员利用严刑迫囚诬服的行为可以进行弹劾。弘治十七年（1504），刑部主事朱鎣也针对大理寺的刑讯提出异议："部囚送大理，第当驳正，不当用刑。今左右二寺分外用刑，展转淹滞，乞令毋得擅加拷掠。"而大理寺卿杨守随覆奏："大理寺虽止于参驳，然每有隐匿重情，量加刑罚。况永乐年间，本寺办设刑具，岂为分外？请申禁戒，令法司同寅协恭，毋彼此执拗。"孝宗首肯了杨守随之言⑤。

都察院可以对刑部的审判和大理寺的复核行使监督权，对审判或复核过程中所出现的违法或不当行为进行纠举和奏闻。

---

① （清）张廷玉等撰：《明史》卷七三《职官志二》，中华书局 1974 年版，第 1782 页。

② （清）张廷玉等撰：《明史》卷七三《职官志二》，中华书局 1974 年版，第 1771 页。

③ （清）张廷玉等撰：《明史》卷九四《刑法志二》，中华书局 1974 年版，第 2306 页。

④ （清）张廷玉等撰：《明史》卷九四《刑法志二》，中华书局 1974 年版，第 2306 页。《续通典》有类似记载："（成化）五年，大理寺评事张钰言：'……近见南京法司多用严刑，迫囚诬服，其初纠者亦止改正而无罪，乞自今许本寺参问。'"参见《清》嵇璜、刘墉等奉敕撰，纪昀校订：《续通典》卷一一一《刑五·杂议三》，上海商务印书馆 1935 年版，第 1811 页中栏。

⑤ （清）龙文彬撰：《明会要》卷三五《职官七·大理寺》，中华书局 1956 年版，第 608 页。

四、特别刑事审判

特别刑事审判是相对于普通刑事审判而言的。从广泛的意义上讲，中央所进行的刑事审判凡是不属于普通刑事审判的，都可以归入特别刑事审判中来。在特别刑事审判中，厂卫的司法活动，无疑是明朝刑事审判中尤应值得注意的问题，由于前面已有专门阐述，在此就不赘述。除此之外，遇有重大、疑难案件以及死刑复核案件，明朝实行"会审""朝审""热审""圆审"等特别刑事审判。（详见本章第四节专论）

明代所实行的特别刑事审判，在一定程度上有助于减少冤狱的发生和降低刑罚的滥酷程度。但从总体上看，这并不能改变明朝司法的专制和混乱状况。特别刑事审判的进行都是在皇帝的严格控制下进行的，并且也有利于避免司法官员的擅断和缓和阶级矛盾。同时，我们更应看到，司法权的极端分散，尤其是厂卫对司法活动的广泛干预和操纵，导致了明朝的司法极为混乱，留下的历史教训也是非常深刻的。

五、刑事审判的重要环节

1. 实行"依告状鞫狱""断罪引律令"的规定，但有所补充

《大明律》规定："凡断罪皆须具引律令，违者，笞三十。"[1]可见，断罪皆须详引律令原文，否则当依律论笞。关于法律的溯及力问题，明律采用从新的原则，即以新颁布的律令为准。《大明律》规定："凡律自颁降日为始，若犯在已前者，并依新律拟断。"[2]表明统治者比较注意法律的统一适用，避免由于新旧律的轻重互异，而在适用上造成参差。此外，对于法律没有明确规定但主审官员认为是犯罪的行为的处理，明律采用严格的比附类推方式。

---

[1]　怀效锋点校：《大明律》卷二八《刑律十一·断狱》，"断罪引律令"条，法律出版社1999年版，第221页。

[2]　怀效锋点校：《大明律》卷一《名例律》，"断罪依新颁律"条，法律出版社1999年版，第23页。

但明律关于"凡律令该载不尽事理，若断罪而无正条者，引律比附。应加应减，定拟罪名，转达刑部，议定奏闻。若辄断决，致罪有出入者，以故失论"①的规定，与唐律"举重明轻""举轻明重"的原则不同，表现了立法集中化的倾向。明律规定的比附范围很广，涉及笞、杖、徒、死等罪。例如，扯破宝钞，依弃毁制书律科断；骂詈三品以上官长，依骂詈祖父母律科断；诈称御史驾帖拿人，依诈传诏旨；起灭词讼，比附教唆；陷害良善，诬执平民，比依诬告，等等。在实践中，除死罪比附类皆奏闻以外，流徒以下罪比附者，很少奏闻。至明末，为了限制任意比附，强调罪无正条者，例应奏请，否则以"事应奏不奏"论罪。

嘉靖朝初期，鉴于武宗任用宦官刘瑾滥施刑罚，枉抑累累，为了收拾人心，整顿法制秩序，世宗在《继位诏》中强调以律断狱。"今后问刑，务要法当其情，不许深刻。所问犯人及在外问成解来人犯伸诉冤枉，或别调衙门，或多官会审，务要从公推问实情，果有冤枉，即与辩理。不许拘执成案，逼勒招认，符合前问官吏，致令枉抑无伸。违者，罪之。""凡问因犯，今后一依《大明律》科断，不许深文妄引参语，滥及无辜。其有奉旨推问者，必须经由大理寺审录，毋得径自参奏，致有枉入。"②

2 沿用"听讼回避"制度

《大明律》规定："凡官吏于诉讼人内，关有服亲，及婚姻之家，若受业师，及旧有仇嫌之人，并听移文回避。违者笞四十。若罪有增减者，以故出入人罪论"。③并且解释说："亲主情而师主义，理得相容；仇有隙而嫌有疑，势合回避……所以防奸邪，杜党与也。"④同时也继承了"命夫命妇，不躬坐

---

① 怀效锋点校：《大明律》卷一《名例律》，"断罪无正条"条，法律出版社1999年版，第23页。

② 《皇明诏令》卷一九，《今圣上皇上·即位诏》，载刘海年、杨一凡总主编，杨一凡、田禾点校：《中国珍稀法律典籍集成》乙编第三册，科学出版社1994年版，第613页。

③ （明）张楷：《律条疏义》卷二二，《诉讼·听讼回避》，载杨一凡编：《中国律学文献》第一辑第三册，黑龙江人民出版社2004年版，第439页。

④ 怀效锋点校：《大明律》卷二二《刑律五·诉讼》，"听讼回避"条，法律出版社1999年版，第176页。

狱讼"的传统，"凡官吏，有争论婚姻、钱债、田土等事，听令家人告官理对，不许公文行移，违者笞四十"。① 听家人告理是为了"存其体"也就是维护官吏的法定特权。

3. 拷讯的限制规定

对于拷讯，虽有"老幼不拷讯"，"拷讯不得过三度"，以及"官司决罚不如法"等限制，但由于刑讯是取得口供的重要手段，因而是不可避免的，而且无所谓节制，《明史·刑法志》说："刑法有创之自明不衷古制者：廷杖、东西厂、锦衣卫、镇抚司狱是已。是数者，杀人至惨，而不丽于法，踵而行之，至末造而极。举朝野命，一听之武夫宦竖之手，良可叹也。"弘治六年(1493)，太常寺少卿李东阳奏准："凡考讯轻罪即时致死，累二十或三十人以上，本律外，仍议行降调。"② 从这里可以看出，肆行刑讯逼供是何等残酷。嘉靖六年(1527)，世宗令："中外有用法深刻，致戕民命者，即斥为民，虽才守可观，不得推荐。"③ 内外问刑官，只对死罪及盗窃重犯，"始用拷讯"，其余只用鞭扑等常用刑具。但收效甚微。随着神宗改制的终结，滥刑之弊重新回潮。

至于基层组织的审判，须在申明亭进行。《教民榜文》规定："凡老人、里甲剖决民讼，许于各里申明亭议决。"④ 审判方式采用"会议""议决""公同"等形式。《教民榜文》规定："凡民有陈诉者，即须会议，从公剖断。"⑤ "凡老人、里甲剖决民讼，许于各里申明亭议决。"⑥ "老人有犯罪责，许众老人、里甲公同会议。"⑦ 等等。

---

① 怀效锋点校：《大明律》卷二二《刑律五·诉讼》，"官吏词讼家人诉"条，法律出版社1999 年版，第 180—181 页。

② （清）张廷玉等撰：《明史》卷九三《刑法志一》，中华书局 1974 年版，第 2290 页。

③ （清）张廷玉等撰：《明史》卷九三《刑法志二》，中华书局 1974 年版，第 2315 页。

④ 户部《教民榜文》第三条，第 636 页。

⑤ 户部《教民榜文》第二条，第 635 页。

⑥ 户部《教民榜文》第三条，第 636 页。

⑦ 户部《教民榜文》第七条，第 636 页。

第三章　民事案件的诉讼程序

第一节　民事审判管辖

管辖是确定同级司法机关之间或上下级司法机关之间受理第一审案件的分工和权限，管辖不仅可以判定司法机关对某一案件的受理或不受理是否合法，而且也决定当事人的起诉行为是否属于"越诉"或者是"投别衙门"。

据明律规定，明代的民事审判管辖，大体上分为级别管辖、地域管辖、专属管辖和移送管辖四种。

一、级别管辖

级别管辖一般是根据案件的性质和罪刑的轻重来决定上下级司法机构之间受理第一审案件的分工和权限。洪武元年（1368）颁行的《大明令》规定："凡犯罪，六十以下（即笞），各县断决；八十以下，各州断决；一百以下，各府断决；徒、流以下，申闻区处。"① 至于死罪大狱，则由皇帝面讯，

---

① 《大明令·刑令》"五刑"条，载刘海年、杨一凡总主编，杨一凡、曲英杰、宋国范点校：《中国珍稀法律典籍集成》乙编第一册《洪武法律典籍》，科学出版社1994年版，第38页。

以"防构陷锻铼之弊"①。后来，一般的重狱大囚交给三法司会审，刑部则可以审决流罪以下的罪犯。因此，一般来说，对于民事案件，除两京外，应由各府州县管辖。其中府管辖的是府所在地的民事案件和其所辖州县比较重大的民事案件。巡抚、巡按或三司对民事案件一般没有管辖权。如果是钱债等普通民事纠纷"而越赴巡抚、巡按、按察司官处……俱立案不行"②。

明律对级别管辖有专条规定，如"凡军民词讼，皆须自下而上陈告。若越本管官司，辄赴上司称诉者，笞五十"。③"凡负欠私债，两京不赴法司，而赴别衙门；在外不赴军卫有司，而越赴巡抚巡按三司官处，各告理，及辄具本状奏诉者，俱问罪，立案不行。"④按照这种级别管辖，民事案件的管辖权只能属于府、县和军卫等基层机关，省级三司和中央司法机关只能接受民事上诉。这是一种传统的级别管辖标准，目的是防止越诉；而且一般说来，民事纠纷案，只有基层机关最了解情况，把管辖权限制在基层机关，最有利于案件的正确与及时解决。

至洪武末年，为了更有效地避免百姓越诉，维护级别管辖，还采取了一种类似于现在级别管辖的分工与权限标准，即根据案件的难易程度来划分上下级管辖权限。洪武二十七年（1394）四月壬午，"命有司择民间耆民公正可任事者，理听其乡诉讼。若户婚、田宅、斗殴者，则会里胥决之。事涉重者，始白于官。"⑤即轻微易解的民事纠纷由里老会里胥处理，稍重难的案子则由官府审理。这实际赋予里对于民事案件的管辖权。这一管辖权限的划分终明不变。

①　（清）张廷玉等撰：《明史》卷九四《刑法志二》，中华书局1974年版，第2305页。

②　黄彰健编著：《明代律例汇编》卷二二，《刑律五·诉讼》"越诉"条附"大明律直引所载问刑条例"第二款，台湾"中央研究院"历史语言研究所1979年版，第860页。

③　黄彰健编著：《明代律例汇编》卷二二《刑律五·诉讼》，"越诉"条，台湾"中央研究院"历史语言研究所1979年版，第853页。

④　黄彰健编著：《明代律例汇编》卷二二《刑律五·诉讼》，"越诉"条附"弘治问刑条例（十一款）"第五款，台湾"中央研究院"历史语言研究所1979年版，第854页。

⑤　（明）胡广等奉敕撰，台湾"中央研究院"历史语言研究所校勘：《明实录·太祖实录》卷二三二，洪武二十七年四月壬午，上海书店出版社1982年版，第3396页。

两京的级别管辖有些特殊，明代规定：北京由中央刑部管辖，南京则由南京刑部管辖，而顺天府和应天府似乎被排除在外。嘉靖中，北京曾发生过顺天府与刑部争夺民讼管辖权的事件。当时顺天巡按御史郑存仁认为民间词讼应该按自下而上的原则逐级审理，法司（刑部）不应该直接插手，所以他命令顺天府、县："凡法司有所追取，不得辄发。"刑部尚书郑晓则依据惯例"民间词讼非自通政司转达，不得听。而诸司有应问罪人，必送刑部"为由，上言："刑部追取人，府县不当却。存仁违制，宜罪"。郑存仁则仍"执自下而上之律，论晓欺罔"。结果，还是由嘉靖皇帝最后定论："乃命在外者属有司，在京者属刑部"。即京师管辖权属于刑部。但郑晓去位后，这种管辖权又被破坏，"民间词讼，五城御史辄受之，不复遵祖制矣"。① 在南京，刑部对京城民讼的管辖权也得到法律的一再肯认。宣德二年（1427），"令止理京城军民词讼，在外者不许准理。"弘治元年（1488）奏准，又扩大至附近常熟、镇江等府县和滁州等州卫。②《弘治问刑条例》则专门规定："南京词讼，干系地方者，许内外守备官员受理。其余户婚田土斗殴人命一应词讼，悉遵旧制，赴南京通政使司，告送法司问理。"③明代这种对京师民讼的特别管辖权的规定，是与前代大不相同的。

二、地域管辖

地域管辖是指按地域范围划分同级审判机构之间的管辖权限和分工的制度。明代民事诉讼的地域管辖有以下两条主要原则：

第一，同级审判机构之间，各自只能管辖本疆域以内的民事案件。《大

---

① （清）张廷玉等撰：《明史》卷九四《刑法二》，中华书局 1974 年版，第 2313 页。

② （明）申时行等修：《明会典》卷一八〇《刑部二二·南京刑部》，中华书局 1989 年版，第 916 页上栏。

③ 黄彰健编著：《明代律例汇编》卷二二《刑律五·诉讼》，"告状不受理"条附"弘治问刑条例（一款）"，第 868 页。

明律直引》载有这样一个问刑案例：巡抚江西等处地方右副都御史张本奏称：瑞州、吉安等府词讼，多有牵连隔别府县者，"看得府县官限于疆域，并不得管理隔别府县之事"。刑部见奏后也认为：为了"息健讼以安民生"，"今后法司遇有各处奏诉本状，除叛逆强盗及凡事干仓库等项重情，照例施行外，其余争竞户婚田土钱债，一切私事，有牵连至七八十人以上，及隔别府卫军民、并摭拾旁事者"，不许受理。并得到圣旨，"通行各该巡抚巡按，转行司府等衙门"，照此施行。① 这一立法例说明，以疆域为标准的地域管辖，不适用强盗及钱粮方面的刑事案件，而仅适用于"私事"即民事纠纷。

第二，原告就被告原则。上文所述只管辖本疆域以内的原则，仅限于牵连众多的民事纠纷案件。一般的民事案件，如果被告和原告不在同一府、县者，则以原告就被告为原则．即由被告所在地的审判机关管辖。一般来说，被告所在地便是他的户籍所在地。明律规定："若词讼，元告被论在两处州县者，听元告就被论官司告理归结"。② 又如刑部在接到通政司转送的各地民事上诉案时，也是按照被告的户籍，分送所在省份的刑部清吏司审理："凡通政司等衙门送到词讼，照被告名籍分送该司收问。若被告在逃不获，或病故，公差等项照原告分司收问。"③ 即只有在被告因种种原因无法出庭受审时，才能按原告的户籍来决定其管辖。当被告居住地与其户籍所在地不一致时，则根据被告的现居住地来决定管辖，这一般又是不涉及不动产的钱债方面的案件。《弘治问刑条例》规定："内外放债之家，不分文约久近，系在京住坐军匠人等揭借者，止许于原借之人名下索取，不许赴原籍逼扰"。④ 另有一款更明确规定："江西等处客人，在于各处买卖生理，若有负欠钱债

① 黄彰健编著：《明代律例汇编》卷二二《刑律五·诉讼》，"越诉"条附"大明律直引所载问刑条例（二款）"第二款，第859—861页。

② 黄彰健编著：《明代律例汇编》卷二二《刑律五·诉讼》"告状不受理"条，第867页。

③ （明）申时行等修：《明会典》卷一七七《刑部十九·问拟刑名》，中华书局1989年版，第902页上栏。

④ 黄彰健编著：《明代律例汇编》卷九《户律六·钱债》，"违禁取利"附"弘治问刑条例（五款）"第一款，第571页。

等项事情，止许于所在官司陈告，提问发落。"①明代的这种原告就被告的地域管辖原则，既便于被告出庭应诉，免于官府千里追提费力费时之弊；又可以防止因原告滥诉而导致被告遭受损失，妨废农务之虑；而且还有利于审判机关及时查清案情和对判决的执行。

明代法律关于地域管辖的规定可以分为一般地域管辖和特殊地域管辖。

一般地域管辖是指以被告的户籍或住所地为标准来确定受理案件的司法机构。明代继续实行"人户以籍为定"的法律传统，并且对户籍的管理更加严密。洪武二年（1369），朱元璋就曾下令："凡军民医匠阴阳诸色户，许各以原报抄籍为定，不许妄行变乱。违者治罪，仍从原籍。"②大明律于户律中专设"人户以籍为定"条，其中明确规定："凡军民、驿灶、医卜、工乐诸色人户，并以籍为定。"③户籍是确定民事诉讼地域管辖最重要的凭据。此外，如果同一案件的数个被告分住不同州县，确定地域管辖的方法是："轻囚就重囚，少囚就多囚。若囚数相等者，以后发之囚，送先发官司并问。若两县相去三百里之外者，各从事发处归断。"④

特殊地域管辖是相对于一般地域管辖而言，一般地域管辖和该审判机构的行政区划相一致，而特殊地域管辖则和该审判机构的行政区划不相一致。这种不一致出现在南京和北京两京地区。按明朝官制，"十三司各掌其分省及兼领所分京府、直隶之刑名"。⑤根据这一规定，北京的案件由中央刑部管辖，南京的案件则由南京刑部管辖，这实际上是剥夺了北京顺天府和南京

---

① 黄彰健编著：《明代律例汇编》卷二二，《刑律五·诉讼》，"越诉"条附"弘治问刑条例（十一款）"第六款，第855页。

② （明）申时行等修：《明会典》卷一九，《户部六·户口》，中华书局1989年版，第129页下栏。

③ 怀效锋点校：《大明律》卷四《户律一·户役》，"人户以籍为定"条，法律出版社1999年版，第46页。

④ 怀效锋点校：《大明律》卷二八《刑律十一·断狱》，"鞫狱停囚待对"条，法律出版社1999年版，第216页。

⑤ （清）张廷玉等撰：《明史》卷七二《刑法志一》，中华书局1974年版，第1755页。

应天府的司法管辖权。一般来说，地域管辖同样应该遵循级别管辖的有关规定，因此两京的案件据此就应由两京的府州县管辖。而明朝法律规定两京案件的管辖权属于刑部，这显然有别于一般的地域管辖，在此称之为特殊地域管辖。

当然，这一关于特殊地域管辖的规定在实践上也并不是通行无碍的。嘉靖中，北京顺天府巡按御史郑存仁命令顺天府及所属各县，"凡法司有所追取，不得辄发"。而刑部尚书郑晓根据以往成例，"民间词讼非通政司转达，（刑部）不得听；而诸司有应问罪人，必送刑部，各不相侵"。因此，他认为郑存仁命令府县阻却刑部追取人犯的做法是违制的，应论罪。郑存仁针锋相对，他依照级别管辖中案件应自下而上陈诉的规定，"论（郑）晓欺罔"。最后，皇帝出面定夺："在外者属有司，在京者属刑部。"然而，自郑晓去位后，"五城御史辄受之，不复遵祖制矣"①。

南京也存在刑部与应天府及其属县争管辖权的情况。"宣德元年，令（南京刑部）止理京城军民词讼，在外者不准理。"弘治元年（1488），南京刑部的管辖权又扩大至附近常熟、镇江等府县和滁州等州卫。②《万历问刑条例》则对此有专条规定："南京词讼，干系地方者，许内外守备官员受理。其余户婚、田土、斗殴、人命一应词讼，悉遵旧制，赴南京通政使司，告送法司问理。"③

三、专属管辖

专属管辖是指根据某些案件的特殊性质依法只能由特定的司法机构管

---

① （清）张廷玉等撰：《明史》卷九四《刑法志三》，中华书局 1974 年版，第 2313 页。
② （明）申时行等修：《明会典》卷一八〇，《刑部二十二·南京刑部》，中华书局 1989 年版，第 916 页上栏。
③ 《万历问刑条例·刑律五·诉讼》，"军民约会词讼条例"，载怀效锋点校：《大明律》附录，法律出版社 1999 年版，第 428 页。

辖。明代民事审理中的专属管辖，体现在对军户和民户的不同归属上，这也与明朝特有军事体制及最高统治者对军人的特别重视密切相关。明代百姓分为军户和民户，分别入于各自独立的户籍中。

如果发生民事纠纷，诉讼双方均为军户者，其管辖权只能属于军卫，且所有事涉军官的案件都应奏请皇帝定夺，即使交给指定司法机构（一般是都督府或三法司）审理的案件，"除笞罪收赎，明白回奏，杖罪以上，须要论功定议，请旨区处"。①《大明律》还规定："凡军官犯罪，应请旨而不请旨及应论功上议而不上议，当该官吏处绞。"②这在明代历朝的诏令中也有很好的体现。明太祖朱元璋统治时期曾多次下诏强调对军官犯罪的司法管辖应奏请定夺。洪武三年（1370）六月诏："武官有犯，非奏请不得逮问。"③洪武三年十二月诏："军官有犯必奏请，然后逮问。"④后来对这一规定根据军官的品级而有所放宽，洪武十四年（1381）二月诏刑官："自今武官三品以上有犯者，必奏请得旨，乃鞫之。四品以下有犯，所司就逮问定罪议功，请旨裁决。"⑤但洪武十年（1377）所颁行的《大明律》又取消了关于品级的规定："凡军官犯罪，从本管衙门开具事由，申呈五军都督府，奏闻请旨取问。若六部、察院、按察司并分司及有司，见问公事，但有干连军官及承告军官不公不法等事，须要密切实封奏闻，不许擅自勾问。"⑥以后历朝做法基本一致，并多次重申对军官犯罪案件的专属管辖。

明代对军人案件的专属管辖不仅表现在对于军官犯罪须奏请，而且也表现在事涉普通军人的案件应由军事机关负责处理。明朝的百姓分为军户和民户，分别归入各自独立的户籍中。如果发生纠纷，诉讼双方为民户者，则由

---

① 怀效锋点校：《大明律》卷一《名例律》"军官有犯"条，法律出版社1999年版，第5页。

② 怀效锋点校：《大明律》卷二《吏律二·公式》"事应奏不奏"条，法律出版社1999年版，第38页。

③ 《明实录·太祖实录》卷五三，洪武三年六月戊辰，第1040页。

④ 《明实录·太祖实录》卷五九，洪武三年十二月戊辰，第1156—1157页。

⑤ 《明实录·太祖实录》卷一三五，洪武十四年二月甲申，第2148页。

⑥ 怀效锋点校：《大明律》卷一《名例律》"军官有犯"条，法律出版社1999年版，第4—5页。

府、县根据上述级别管辖和地域管辖的规定受理。"若管军官，越分辄受民讼者"，答五十。① 如果诉讼双方均为军户，其管辖权只能专属于各相应的军卫。

如果是军户和民户之间发生诉讼，即诉讼双方当事人分别为军户和民户，则不适用原告就被告的原则，而只能由军卫和有司（府、县）共同组成法庭来审理，明代称为"约问"或"会同"。如明律规定："凡军官军人，有犯人命……若奸盗诈伪，户婚田土，斗殴，与民相干事务，必须一体约问。与民不相干者，从本管军职衙门，自行追问。其有占吝不发，首领官吏，各答五十；若管军官，越分辄受民讼者，罪亦如之。"②"占吝不发"即指军职衙门将涉及民户的案子独占自理而不约会府县共同审理，对此要追究刑事责任。正统四年（1439）进一步规定："凡有军民相干词讼等事，移文到日，应该会同官员随即前去。若无故不即会问及偏徇占吝者，从监察御史按察司官按问，应请旨者具奏。"③ 也就是说，不但"占吝"的一方要追究责任，而且接到移文却不即时前去会同的一方也要追究其刑事责任，从两个方面同时加以约束和监察。《万历问刑条例》规定：在外军民词讼，如涉及叛逆、机密重事，可由军卫单独问理。其余则由军卫与有司共同问理。④

四、移送管辖

移送管辖指某一审判机构已经受理了某一民事案件后，经过审查，发现自己没有管辖权时，则移送给有管辖权的机关审理，受移送的机关不得拒绝接受。移送管辖实质上是司法机构之间案件的移送，而非管辖权的转移。按照级别管辖，民讼案件只能先由府、县级机关管辖，依次才能由省级三司和

---

① 黄彰健编著：《明代律例汇编》卷二二，《刑律五·诉讼》，"军民约会词讼"条，第887页。

② 黄彰健编著：《明代律例汇编》卷二二，《刑律五·诉讼》，"军民约会词讼"条，第887页。

③ （明）申时行等修：《明会典》卷二一〇，《都察院二·出巡事宜》，中华书局1989年版，第1050页上栏。

④ 《万历问刑条例·刑律六·诉讼》，"军民约会词讼条例"，载怀效锋点校：《大明律》附录，法律出版社1999年版，第428页。

巡抚、巡按官受理。如果巡按官在巡历时接到百姓词讼，必须首先审查该案是否已经过了以上诸官司的审理，如果没有，就必须移送给有权受理的机关。明律专款规定："若都督府，各部监察御史，按察司及分司巡历去处，应有词讼，未经本管官司陈告，及本宗公事未绝者，并听置簿立限，发当该官司追问，取具归结缘由勾销。"① 洪武二十六年（1393）更详细规定：巡按监察御史及按察司分巡官在巡历州县时，"凡受军民词讼，审系户婚、田宅、斗殴等事，必须……立限发与所在有司追问明白，……若告本县官吏，则发该府；若告本府官吏，则发布政司；若告布政司官吏，则发按察司；……"② 分理各道钱谷的分守官，也无管辖权，所以正德元年（1506）规定："分守官受理所属所告户婚、田土等情，许行理问所，及各该府属问报。"③ 即受理后须移送给该案所属府及布政司理问所审理。这种移送管辖，有利于案件的及时审结，免于当事人诸多不应有的诉累。它不同于上级机关把自己管辖的案件移交下级机关审理，或下级机关把自己管辖的案件报请上级机关审理等情况，前者是因管辖权而移送，后者则是审理程序上的问题。

第二节　起诉与受理

一、起诉的形式

民事起诉，是原告向有管辖权的审判机关提起诉讼，请求司法保护其民

---

① 黄彰健编著：《明代律例汇编》卷二二，《刑律五·诉讼》，"告状不受理"条，第867页。
② （明）申时行等修：《明会典》卷二一〇，《都察院二·出巡事宜》，中华书局1989年版，第1049页上栏。
③ （明）申时行等修：《明会典》卷一七七，《刑部十九·问拟刑名》，中华书局1989年版，第902页上栏。

事权利的诉讼行为。为保证这种行为的正常合法进行，明代法律规定了民事起诉的形式——口头和书面两种。

口头形式的起诉明代又称"口告"，这种形式一般是那些没有文化不能书写而又请不起讼师代写的原告起诉时所使用的。由于口头起诉时没有书面依据，所以明代法律规定：原告口诉时，审判机关必须将口诉内容记录清楚，一般的审判机关内都设有专门人吏负责此项工作。"凡诉讼之人，有司置立口告文簿一扇，选设书状人吏一名。"①这种形式的起诉，在当时文化水平普遍低下的情况，是必不可少的。

书面形式的起诉是明代统治者所提倡的，一般要求民事起诉要有起诉书，当时称为"词状"或"本状"，可以自己书写，也可以请人帮助书写。帮助书写词状的人叫"代书人"。明律虽三令五申要严惩那些教唆词讼之徒，但同时也规定：如果是"其见人愚而不能伸冤，教令得实，及为人书写词状，而罪无增减者，勿论"。也就是说，对于那些运用自己的法律知识和能力帮助冤民伸冤、代其书写词状的行为，承认其合法性，不属于"教唆词讼"罪的范围。词状除了要写明诸如诉讼缘由、要求等必要内容外，还"俱要后开代书之人的确姓名、贯址、身役、住处明白"。这一要求的目的，是掌握代书人的基本情况，以便在必要时追究其责任。明律对代书人的责任有严格要求："凡教唆词讼，及为人作词状，增减情罪，诬告人者，与犯人同罪。若受雇诬告人者，与自诬告同。受财者，计赃以枉法从重论。"②"代人捏写本状，……全诬十人以上者，俱问发边卫充军。"③

---

① 《大明令·刑令》"诉讼文簿"条，载刘海年、杨一凡总主编，杨一凡、曲英杰、宋国范点校：《中国珍稀法律典籍集成》乙编第一册《洪武法律典籍》，科学出版社1994年版，第41页。

② 黄彰健编著：《明代律例汇编》卷二二，《刑律五·诉讼》，"教唆词讼"条，第883页。

③ 黄彰健编著：《明代律例汇编》卷二二，《刑律五·诉讼》，"教唆词讼"条附"弘治问刑条例（二款）"第一款，第883页。

二、起诉的条件限制

为了使民事诉讼不至影响封建伦理道德，避免奸民滥诉而造成当事人不必要的诉累，影响生产与社会秩序，明代对民事起诉规定了一系列的条件限制。

1. 原告的条件

（1）原告必须是与本案有直接利害关系的个人，明代称之为"干己事情"。这一条件限制在明律有关民事诉讼的条文中多次严申，这是与刑事诉讼明显不同的一点。比如，通政司在接收词状时，就必须首先开封审查该案是否是"干己事情"，如果"并不干己事，及审出添捏等项虚情"者，则"立案不行"。① 也就是说，所告是否"干己"，与所告是否真实一样重要。弘治时，南京御史王良臣按劾南京指挥周恺，而周恺随即以他事攻讦王良臣。为此，侍郎杨守随奏请孝宗："自今以后，官吏军民奏诉，牵缘别事，撝拾原问官者，立案不行。"② 嘉靖、万历时则进一步规定："曾经考察考核被劾人员，若怀挟私忿，妄捏撝拾经该官员，别项赃私，不干己事，奏告以图报复者，不分现任致仕闲住，文官问发为民，武官问革差操。奏告情词，不问虚实，立案不行。"③"凡无籍棍徒，私自串结，将不干己事情，捏写本词，声言奏告，恐吓得财。计赃满贯者，不分首从，俱发边卫充军。"④

（2）原告必须明确而真实。明朝法律对投匿名状或顶替他人告状或冒他人之名告状的人处刑极重。《大明律》明确规定："凡投隐匿姓名文书，告言人罪者，绞。见者，即便烧毁。若将送入官司者，杖八十。官司受而为理

---

① （明）申时行等修：《明会典》卷二一二，《通政使司·开拆实封》，中华书局 1989 年版，第 1059 页上栏。

② （清）张廷玉等撰：《明史》卷九四，《刑法二》，中华书局 1974 年版，第 2314 页。

③ 黄彰健编著：《明代律例汇编》卷二二，《刑律五·诉讼》，"越讼"条附"万历问刑条例（十六款）"第十三款，第 865—866 页。

④ 黄彰健编著：《明代律例汇编》卷二二，《刑律五·诉讼》，"诬告"条附"嘉靖问刑条例（五款）"第五款，第 879 页。

者，杖一百。"① 另外，《明大诰》里记载了一个代人告状和一个冒名告状的案例：其一，江西省郭和卿告王迪渊等四十五人皆系害民吏、皂隶、豪民，经核查，其中二十名属实，十八名系虚告，而另外七名与原告对质时，原告竟然默然无对。原来郭和卿是根据周继奴给他的姓名数目代周继奴告状。最后，郭和卿因代人告状而被"枭令处决"。② 其二，处州松阳县民杨均育因与叶惟宗有仇，便冒充叶惟宗，"告其兄叶允名系积年老吏，弟叶允槐系逃军"。查清原委后，杨均育因诡名告状而被凌迟处死。③

（3）原告必须是有诉讼权利能力和行为能力之人。卑幼告尊长，奴婢、雇工告家长及家长亲，即为"干犯名义"，原告将根据其和被告的尊卑亲疏关系不同而受相应刑罚。但是"被期亲以下尊长侵夺财产，或殴伤其身，应自理诉者，并听告。不在干名犯义之限"④。另外，被囚禁之人犯不得告诉，"凡被囚禁，不得告举他事。其为狱官、狱卒非理凌虐者，听告。若应囚禁被问，更首别事，有干连之人，亦合准首。依法推问科罪。"⑤ 而八十岁以上的老人、十岁以下的儿童、笃疾者以及妇女等均属于无或者限制权利能力和行为能力之人，只有在确实没有亲人（民事代理人）的情况下，才能充当原告，否则要追究本应充当原告的有行为能力的家人，特别是那些故意指使老幼妇残人代替自己出庭诉告的"本身或壮丁"，犯者必加问罪："军民

---

① 怀效锋点校：《大明律》卷二二，《刑律五·诉讼》"投匿名文书告人罪"条，法律出版社1999年版，第174页。

② （明）朱元璋撰：《御制大诰三编·代人告状》，载刘海年、杨一凡总主编，杨一凡、曲英杰、宋国范点校：《中国珍稀法律典籍集成》乙编第一册《洪武法律典籍》，科学出版社1994年版，第232页。

③ （明）朱元璋撰：《御制大诰三编·诡名告状》，载刘海年、杨一凡总主编，杨一凡、曲英杰、宋国范点校：《中国珍稀法律典籍集成》乙编第一册《洪武法律典籍》，科学出版社1994年版，第233页。

④ 怀效锋点校：《大明律》卷二二《刑律五·诉讼》"干名犯义"条，法律出版社1999年版，第178页。

⑤ 怀效锋点校：《大明律》卷二二，《刑律五·诉讼》"现禁囚不得告举他事"条，法律出版社1999年版，第179页。

人等干己词讼，若无故不行亲赍，并隐下壮丁，故令老幼残疾妇女家人抱赍奏诉者，俱各立案不行，仍提本身或壮丁问罪。"①"官司受而为理者，笞五十。"②但如果是"谋反大逆、子孙不孝，或己身，及同居之内，为人盗诈侵夺财产，及杀伤之类，听告"③。即刑事重案或重大的民事案件（"侵夺财产"）案情比较紧急者，则不受这一条件的限制，允许充当原告。妇人一般要由丈夫充当其民事代理人，其次是儿子，无夫无子者，才能亲自充当原告。《大明令》规定："凡妇人，……一应婚姻、田土、家财等事，不许出官告状，必须代告。若夫亡无子，方许出官告对。或身受损伤，无子代告，许令告诉"。④另外，事关"子孙不孝，或己身及同居之内为人盗诈、侵夺财产及杀伤之类，听告"⑤。此外，对子孙违犯教令⑥或别籍异财⑦，由于法律规定"须祖父母、父母亲告乃坐"，所以也不受上述限制。

（4）官吏充当民事诉讼的原告时，有特殊的限制。明律"官吏词讼家人诉"条规定："凡官吏，有争论婚姻钱债田土等事，听令家人告官理对，不许公文行移。违者，笞四十。"⑧这里一方面保留了官吏在民事诉讼中可以由

---

① 黄彰健编著：《明代律例汇编》卷二二，《刑律五·诉讼》，"见禁囚不得告举他事"条附"弘治问刑条例（一款）"，第 882 页。
② 怀效锋点校：《大明律》卷二二《刑律五·诉讼》"现禁囚不得告举他事"条，法律出版社 1999 年版，第 180 页。
③ 黄彰健编著：《明代律例汇编》卷二二《刑律五·诉讼》，"见禁囚不得告举他事"条，第 882 页。
④ 《大明令·刑令》"妇人不许出官"条，载刘海年、杨一凡总主编，杨一凡、曲英杰、宋国范点校：《中国珍稀法律典籍集成》乙编第一册《洪武法律典籍》，科学出版社 1994 年版，第 44—45 页。亦可参见（明）申时行等修：《明会典》卷一七七《刑部十九·问拟刑名》，中华书局 1989 年版，第 901 页下栏。
⑤ 怀效锋点校：《大明律》卷二二《刑律五·诉讼》，"现禁囚不得告举他事"条，法律出版社 1999 年版，第 180 页。
⑥ 怀效锋点校：《大明律》卷二二《刑律五·诉讼》，"子孙违犯教令"条，法律出版社 1999 年版，第 179 页。
⑦ 怀效锋点校：《大明律》卷四《户律一·户役》，"别籍异财"条，法律出版社 1999 年版，第 51 页。
⑧ 黄彰健编著：《明代律例汇编》卷二二《律五·诉讼》，"官吏词讼家人诉"条，第 890 页。

家人代替出庭告官并受审的特权，另一方面也是为了防止官吏作为原告会导致司法官畏避曲法之弊。特别是禁止官吏利用职权以"公文"形式起诉，如犯更要追究其刑事责任，以保证民事诉讼公平合理解决。

（5）原告不得以伤残自己身体的办法来胁迫官府、图赖财物。明代一方面在受理民诉时严加控制，对自我伤残者首先加以责罚；另一方面从最基层着手，要求原告的亲邻、里老等平时注意防范，并负连带责任。《嘉靖新例》载有嘉靖八年（1529）十二月的刑部题准如下："今后军民或因田土窃盗斗殴等情，许令里老邻族理论剖决，或经官告理。如有服毒自缢身死者，其同居亲属，俱坐以知情唆使重情。若该管里老邻佑，不行禁谕，纵有前项致死，及事发不行举首者，亦连坐罪。"[1] 因此，明代不少乡规民约中都严格约束乡民。《古今图书集成·乡里部汇考》载有明代《圣训释目》，告诫乡民："世之薄俗，有偶因争忿，或负欠钱谷，一家服毒图赖，一家亦服以相抵，两人俱死，及或兄弟夫妇争利亦然，又有或将老幼残疾之人服毒或投水或自缢，……图赖财物，烦扰官司。……今后凡有此者，约正副率同约验实，情轻责令自行埋葬，仍重加责罚"。[2]"约正副"即指乡约的约正和约副。

当然，上述对原告民事诉讼行为能力考核的限制不适用于重大的刑事案件，特别是事关谋反、大逆、窝藏奸细等重大的刑事犯罪。

2. 诉状内容的要件

在民事诉状的内容方面，明代规定了两条比较重要的条件：一是诉状内容必须真实，有事实根据，不能"添捏虚情"或"捏词妄诉"，以诬告陷害。"凡诬告人笞罪者，加所诬罪二等；流徒、杖罪，加所诬罪三等，各罪止杖一百，流三千里。……至死罪，所诬之人已决者，反坐以死。

---

① 黄彰健编著：《明代律例汇编》卷二二《刑律五·诉讼》，"教唆词讼"条附"嘉靖新例（二款）"第二款，第885页。

② （清）陈梦雷编纂：《古今图书集成》第三三三册，《明伦汇编·交谊典》卷二七，《乡里部汇考二·圣训释目·毋作非为》"毋图赖"条，中华书局1985年版，第十四叶下栏。

未决者，杖一百，流三千里，加役三年。"① 并且，如果被诬告之人已被施行了刑罚，或其家人因此而遭受了其他损失，则诬告者还须进行民事赔偿。② 二是诉状内容不能"摭拾旁事"以至事态扩大、牵连人众或隔别府卫军民。

这两方面限制条件的立法，是由江西瑞州、吉安等府词讼牵连众多导致官府处理困难以致当事人"盘费艰难""岁月淹滞"而引起的。皇帝亲自下旨："捏词奏诉、牵连人众的，委的扰害地方"，要求刑部即时立法严加限制。刑部随即议立：凡"争竞户婚田土钱债，一切私事，有牵连至七八十人以上，及隔别府卫军民，并摭拾旁事者，不分虚实，即与立案不行，止将抱本人问罪，递回原籍收管"。并将这一立法推行全国，令地方司府衙门，凡遇此类词讼者，"不许准受，仍将本犯量情责治"，"讼诬及十人以上，悉照前例从重问结"。③

明人所著官箴书《居官必要为政便览·刑类》，记载了诉状内容与形式的要求以及如何有效处理状词："放告任后出告示谕，知照依格式，每状不过三行，每行不过五十字，年月后无写状人姓名住址者不准，一状牵告二事者不准，其户婚田土等事许依告期，若人命强盗斗殴及土豪势要窝访重情，不拘期限。临期将告状尽行收完，省令众人次日听候，将状当晚看完，应准者标判，无理者将状后批写因何不准，次日俱贴于大门外，使各人知之安心休息，不致复行告扰。"④

明人吕坤曾在明神宗万历年间历任山东、山西、陕西各官，鉴于"刁风

---

① 怀效锋点校：《大明律》卷二二《刑律五·诉讼》"诬告"条，法律出版社 1999 年版，第 176 页。

② 怀效锋点校：《大明律》卷二二《刑律五·诉讼》，"诬告"条，法律出版社 1999 年版，第 176 页。

③ 以上引文参见黄彰健编著：《明代律例汇编》卷二二，《刑律五·诉讼》，"越诉"条附"大明律直引所载问刑条例（二款）"第二款，第 861 页。

④ （明）不著撰者：《居官必要为政便览·刑类》第一款，载官箴书集成编纂委员会编：《官箴书集成》第二册，黄山书社 1997 年版，第 65 页下栏。

日甚，状中叙事仅数语，而形容彼罪，张大我冤，常居十六"①的诉状弊情，在出任处提刑按察司时，亲自拟订了各类诉讼状式，收于《实政录》中。现选其中民事诉讼状式列举如下：

告地土状式【田宅同卖过十年者不准】

某府某县人某人为地土事。某年月同中某人某人，买到某人（民、军、匠）地若干，价钱若干，（已、未。）经过割，被某人侵占，自量得几十几亩几分几厘，邻佑某人某人证。上告。

告婚姻状式【割襟换帽原无聘礼者不准】

某府某县人为婚姻事。某年月日，同媒某人，将第几男某人，用财礼或聘礼若干，定某人第几女小名为妻，一向（未曾行礼，行礼几次。）至某月日不行知会，用某人某人为媒，改定与某人为妻，（未曾，已经。）成婚。上告。

告凌夺状式【孤幼被人凌夺同此式】

某府某县某人为凌夺事。氏，某年月丧夫，（有子女，无子女。）遗下（房若干、地若干、头畜若干、粮食若干，衣服若干。）情愿守节，被某（伯叔兄弟。）上门打几次，骂几次，夺卖某物。又将氏暗许某人，强来逼取。某人某人证。上告。

告土豪状式

某府州县某人为土豪事。某年月日，有某缺（用、食。）向某借（银若干两、粟若干石。）羔利过本几倍，伊将某私家拷打，逼将（妻妾子女、房地头畜。）准折，指某人证。上告。

告财产状式

某府州县某人为财产事。某（祖、父。）某故，遗下（房几所，地若干亩，资本银若干两，首饰，衣服若干件。）应该某与某（伯

---

① （明）吕坤撰，王国轩、王秀梅整理：《吕坤全集》上册，《实政录》卷六《风宪约·状式》，中华书局2008年版，第206页。

叔或兄。）照枝派均分。今某某倚恃尊长，尽行霸去不分，指遗约或亲邻某人证。上告。

告钱债状式

某府州县某人为钱债事。某人因缺用，于某年月日向某借去（银若干两，粟若干石。）加三出利，指中人某人并借约证。今某人至今几年，本利分文不还，或止还本利若干，尚欠若干，屡讨延调不与。上告。

告欺害状式

某府州县某人为欺害事。被某与某素有某隙，今某倚恃豪强，于某月日将某无故罗殴，指某人证。又至某月日，暗将某成熟田苗用棍扑倒，约有几亩。上告。①

此外，《徽州千年契约文书》一书收录了成化五年（1469）徽州府祁门县谢玉清"为强砍山木事"的诉状，我们得以更直观地了解明代民事诉状的内容及格式。该状式如下：

告状人谢玉清，年四十五岁，系十西都民。状告：本家有故祖于上年间，买受到本都谢思敬分籍山地价系经理伐字九百九十四号、九百九十五号，坐落本都十保，土名庄背坞、上座坞。其山向与谢思义、谢乞、谢辛善等共业。至今年正月间，有本都程付云等，因买一都汪仕容男上座坞木植，朦胧概将本家邻界庄背坞杉木尽数强砍。是玉清同思义前去理阻，当用谢字斧号印记，状投里老。有程付云等倚恃蛮强，欺罔住远，不与理明，力要趁水撑放前去，不容为禁。今来若不状告乞为椿管前木，实被付云概砍分籍木植，虚负契买，长养难甘。为此，具状来告。

---

① 以上状式参见（明）吕坤撰，王国轩、王秀梅整理：《吕坤全集》上册，《实政录》卷六《风宪约·状式》，中华书局 2008 年版，第 209—213 页。

祁门县大人详状施行。

成化五年三月十四日　谢玉清（画押）告[1]

3.亲属之间相告的条件

"同居相隐"本来是封建法律的一个重要原则。但明代法律针对民事诉讼的不同特点而相对放宽了某些同居相隐的要求，允许有条件地对自己的同居亲属提起诉讼。这些条件大致有以下几种：

（1）子孙违犯教令及奉养有缺者，必须由祖父母、父母亲自出官告论："凡子孙违犯祖父母、父母教令，及奉养有缺者，杖一百（原注：须祖父母、父母亲告，乃坐。）"[2]明代一般禁止老人妇女充当原告，但"子孙不孝"则是一个例外。

（2）子孙擅自别籍异财者，也必须由祖父母、父母或其他尊长亲自赴官陈告，"凡祖父母、父母在，而子孙别立户籍，分异财产者，杖一百。（原注：须祖父母、父母亲告，乃坐）。若居父母丧，而兄弟别立户籍，分异财产者，杖八十。（原注：须期亲以上尊长亲告，乃坐。）"[3]

（3）尊长对其所立继子不满意者，可以向官府提起变更之诉，重新确立继承人，同宗族人不得以次序告争。《嘉靖问刑条例》规定："凡无子立嗣，除依律令外，若继子不得于所后之亲，听其告官别立。其或择立贤能，及所亲爱者，若于昭穆伦序不失，不许宗族指以次序告争，并官司受理。"[4]

（4）卑幼告尊长者，明代以"干名犯义"罪加重处罚。但如果涉及民事权利的侵害问题时，则不受此限制。明律"干名犯义"条明确规定：如卑幼

---

[1] 《成化五年祁门谢玉清控告程付云砍木状纸》，王钰欣、周绍泉主编：《徽州千年契约文书》（宋元明编）卷一，花山文艺出版社1993年版，第186页。

[2] 黄彰健编著：《明代律例汇编》卷二二，《刑律五·诉讼》，"子孙违犯教令"条，第882页。

[3] 黄彰健编著：《明代律例汇编》卷四，《户律一·户役》，"别籍异财"条，第475页。

[4] 黄彰健编著：《明代律例汇编》卷四，《户律一·户役》，"立嫡子违法"条附"嘉靖问刑条例（一款）"，第463—464页。

"被期亲以下尊长侵夺财产，或殴伤其身，应自理诉者，并听告。不在干名犯义之限"①。

4.民事起诉不能违反法定时效

时效是指一定的事实状态经过一定的时间而发生一定法律效果的制度。明代在民事起诉的条件上明确规定：凡已达法定时效的法律事实，当事人一方因此而取得某项权利者，另一方不得再提起变更之诉；当事人一方因此而丧失某项权利，或其权利因此而不再受法律保护者，另一方才具备提起变更之诉的条件。比如，《弘治问刑条例》规定："告争家财田产，但系五年之上，……断令照旧管业，不许重分再赎。告词立案不行。"② 即占有家财产业达五年以上者，便取得了对该项财产的所有权，其他亲族便失去了提起变更之诉的条件。又如《大明令》规定："五年无故不娶及夫逃亡过三年不还者，并听经官告给执照，别行改嫁，亦不追财礼。"③ 即订婚后五年无故不娶及婚后丈夫逃亡达三年之久者，法律均不再保护男方的权利，女方可以向官府提起变更之诉。

与时效相类似的另一种时间因素是赦宥，在刑事诉讼中一般规定犯在赦前者不能告发。但明代针对民事诉讼的特点而相对放宽了这一时间因素的限制，以有效地保护当事人的合法民事权利。如"凡以赦前事，告言人罪者，以其罪罪之。若系干钱粮、婚姻、田土，事须追究，虽已经赦，必合改正征收者，不拘此例"④。赦宥只能赦免刑事犯罪，但不能因此而使当事人的民事权利受到损害，说明明代对保护民事权利的重视。

---

① 黄彰健编著：《明代律例汇编》卷二二《刑律五·诉讼》，"干名犯义"条，第 881 页。
② 黄彰健编著：《明代律例汇编》卷四《户律一·户役》，"典卖田宅"条附"弘治问刑条例（二款）"第二款，第 493 页。
③ 《大明令·户令》"嫁娶主婚"条，载刘海年、杨一凡总主编，杨一凡、曲英杰、宋国范点校：《中国珍稀法律典籍集成》乙编第一册《洪武法律典籍》，科学出版社 1994 年版，第 11 页。
④ （明）申时行等修：《明会典》卷一七七，《刑部十九·问拟刑名》，中华书局 1989 年版，第 901 页下栏。

5.对越级起诉的限制

限制越诉是中国古代的一个传统诉讼原则，也是明代民事起诉的一个重要条件。民事纠纷的当事人应根据有关管辖的规定而向相应的衙门告理，如越诉（越级投诉）或向无管辖权的衙门投诉，则将不被受理，并且要受处罚。《大明律》规定："凡军民词讼，皆须自下而上陈告。若越本管官司，辄赴上司称诉者，笞五十；若迎车驾及击登闻鼓申诉，不实者，杖一百，事重者，从重论；得实者，免罪。"①《弘治问刑条例》规定：各处军民词讼"并一应干己事情，俱要自下而上陈告。若有蓦越奏告者，俱问罪"②。按照这一条件限制，民事起诉只能从里老开始，"若不由里老处分，而径诉县官，此之谓越诉也。"③《万历问刑条例》也规定："擅入午门、长安等门内，叫诉冤枉，奉旨勘门得实者，问罪，枷号一个月。若涉虚者，仍杖一百，发口外卫分充军。"④但终明一代，民事越诉的现象一直屡禁不止，《明史·刑法二》载："洪武年，小民多越诉京师，及按其事，往往不实。乃严越诉之禁。命老人理一乡之词讼，会里胥决之，事重者始白于官。然卒不能止，越诉者日多。乃用重法，戍之边。宣德时，越诉得实者免罪，不实仍戍边。景泰中，不问虚实，皆发口外充军。后不以为例也。"可见，对越诉的禁令时宽时严，终不能止。

三、起诉的受理

受理是指司法机构对原告的起诉予以接受，从而启动诉讼程序的行为。

---

① 怀效锋点校：《大明律》卷二二《刑律五·诉讼》，"越诉"条，法律出版社 1999 年版，第174 页。

② 黄彰健编著：《明代律例汇编》卷二二《刑律五·诉讼》，"越诉"条附"弘治问刑条例（十一款）"第二款，第 853 页。

③ （清）顾炎武著，陈垣校注：《日知录校注》卷八，《民政二·乡亭之职》，安徽大学出版社2007 年版，第 457 页。

④ 《万历问刑条例·刑律五·诉讼》，"越诉条例"，载怀效锋点校：《大明律》附录，法律出版社 1999 年版，第 422 页。

管辖与受理密切相关，但二者之间也有明显的差别。一方面，某一司法机构具有对该案件的管辖权只是其受理行为合法的前提条件之一，同时受理还要求原告的起诉必须合法。另一方面，案件的受理机构并不一定都具有管辖权，例如，对于移送管辖的案件，案件的最初受理机构并不具有管辖权。

1. 民事受理机关及其责任

根据明律规定，各级衙门的官员必须按各自的职责权限接受应受理的民事案件，而当事人也只能向有受理权的衙门投诉，否则投诉将不仅不被受理，而且投诉之人还要被问罪。《弘治问刑条例》明文规定："凡负欠私债，两京不赴法司，而赴别衙门；在外不赴军卫有司，而越赴巡抚巡按三司官处，各告理，及辄具本状奏诉者，俱问罪，立案不行。"① 可见，北京中央刑部、南京刑部、各府州县和军卫等是法定的受诉机关。但两京刑部在受理民事诉讼时必须经过通政司转送或由其他衙门"参送"。

值得注意的是，在明朝，一般的民事纠纷只能先由里老调处，"若不由里老而径诉县官，此之谓'越诉'"。② 州县只受理比较重大的民事纠纷和不服里老调处的民事情纠纷；而府一般只能作为民事诉讼的上诉机构，但对于府所在地的民事案件和其所辖州县重大的民事纠纷也可受理；两京的民事案件虽由刑部管辖，但必须通过通政司转发，所以，通政司是两京民事案件的受理机构。

确定了受理机关后，还要明确其受理的责任，即不应受而受和应受理而不受的责任。不应受理的民事诉讼是指那些不符合起诉条件的诉讼，如年八十以上老人、十岁以下儿童、笃疾者及妇人等除特定条件下，一般不能充当原告人，"官司受而为理者，笞五十。"③ 又如"不干己事"不

① 黄彰健编著：《明代律例汇编》卷二二，《刑律五·诉讼》，"越诉"条附"弘治问刑条例（十一款）"第五款，第854页。

② （清）龙文彬撰：《明会要》卷五一，《民政二·里老》，中华书局1956年版，第951—952页。

③ 黄彰健编著：《明代律例汇编》卷二二《刑律五·诉讼》，"见禁囚不得告举他事"条，第882页。

准受，如果官司"将牵扯该勿论并不干己事，一概滥与准理，妄行勾扰，致有前弊者，事发，参究治罪"①。相反，如果原告起诉的各种条件都符合，应该受理，官司却不为受理者，也要以"告状不受理"论处，追究其刑事责任："斗殴婚姻田宅等事不受理者，各减犯人罪二等。并罪止杖八十。受财者，计赃以枉法从重论。"依照"原告就被告"的原则，被告所在机关应受理却"推故不受理者，罪亦如之"。②这种比较完善的责任制的确立，有利于避免受理机关推避或者舞弊行为的出现。上引《居官必要为政便览·刑类》便载有受理机关的相应责任的告诫，官员需将受理与否以及相应理由加以明示："放告任后出告示谕，知照依格式……临期将告状尽行收完，省令众人次日听候，将状当晚看完，应准者标判，无理者将状后批写因何不准，次日俱贴于大门外，使各人知之安心休息，不致复行告扰。"③明时另一官箴书《居官格言》中有对于民事讼词递状日期及听审日期的告示：

> 示仰一应告状人等，除人命强盗重情不拘日期，其余户婚、田土、斗殴等项俱照后开日期递状，次日听审。敢有不经本县告理趣赴上司越诉者，先将家属收监，以待问完发下之日依律问拟罪名，仍连累两邻并里老一体责罚不恕。

> 一递状日期

> 初三日 初四日听审　初六日 初七日听审

> 初九日 初十日听审　十三日 十四日听审

> 十六日 十七日听审　十九日 二十日听审

> 二十三日 二十四日听审　二十六日 二十七日听审

---

① 黄彰健编著：《明代律例汇编》卷二二《刑律五·诉讼》，"越诉"条附"大明律直引所载问刑条例（二款）"第二款，第860页。

② 以上两处引文参见黄彰健编著：《明代律例汇编》卷二二《刑律五·诉讼》，"告状不受理"条，第867页。

③ （明）不著撰者：《居官必要为政便览·刑类》第一款，载官箴书集成编纂委员会编：《官箴书集成》第二册，黄山书社1997年版，第65页下栏。

二十九日 三十日听审

正德十四年三月　日示①

2.不应受理的机关及违法受理的责任

明代不能受理民诉的机关或官员主要有以下几种：

第一，只能接受上诉的机关，不能受理起诉。正德元年（1506）题准：
"凡布政司官，不许受词自问刑名。抚、按官亦不许批行问理。"②

第二，京城及全国各地的缉事官校、镇守等非行政官司，不能受理词
讼。正德十六年（1521）七月十四日圣旨："今后缉事官校，只著遵照原来
敕书，于京城内外察访不轨奸官、人命强盗重事。其余军民词讼，及在外事
情，俱不干预。"缉事官校即指锦衣卫官员。嘉靖七年（1528）七月刑部题：
"各处镇守、总兵、参将、守备等官，务要干理本等职业，一切钱、粮等项
词讼，不得侵预，以招物议"，否则治以重罪。南京内外守备官员虽可受理
一些军民词讼，但"若系户婚田土斗殴人命一应例不该受"，违者，"听南京
科道官通行究举，一体治罪。"③

第三，受朝廷差遣前往各地办事的使臣人员，不得凭借朝廷威福而滥受
词讼。明律严格规定："凡差使人员，不许接受词状，审理罪囚。违者以不
应论罪。"④

第四，无权直接受理民事纠纷的衙门也不得受理民事词讼。例如，"凡
布政司官不许受词自问刑名；抚、按官亦不许批行问理。"⑤又如，"凡差使人

---

① （明）不著撰者：《居官格言·施行条件·放告》，载官箴书集成编纂委员会编：《官箴书集
成》第二册，黄山书社1997年版，第78页下栏—第79页上栏。

② （明）申时行等修：《明会典》卷一七七《刑部十九·问拟刑名》，中华书局1989年版，第
902页上栏。

③ 黄彰健编著：《明代律例汇编》卷二二，《刑律五·诉讼》，"军民约会词讼"条附"胡琼集
解附例（五款）"第四款，第888页。

④ （明）申时行等修：《明会典》卷一七七，《刑部十九·问拟刑名》，中华书局1989年版，
第901页下栏。

⑤ （明）申时行等修：《明会典》卷一七七《刑部十九·问拟刑名》，中华书局1989年版，第
902页上栏。

员，不许接词状，审理罪囚，违者以不应论罪。"①

第五，乡里民讼只能由里老和里胥剖决，保长、保正则"不许滥受词状，生事害人，违者查究"②。值得注意的是，明代以每税粮万石为一区而设的粮长，本来无受理词讼之权。但由于粮长倍受朝廷重视，有觐见皇帝的殊荣，使粮长得以借势擅作威福，不但倍收粮石、敲诈勒索，而且包揽词讼、把持官府，在民事诉讼中也扮演了很重要的角色，尽管其包揽词讼是违法的。

3.受理的手续

依法可以受理民诉的机关，必须由长官亲自受理。受理时，应首先审查所告内容是否符合要求，是否包含某些不应受理的成分，等等。如有，其处理原则是："若告二事以上，内一事该理者，止理一事。其不该理者，立案不行。"③ 如果是口告（口头形式起诉），则须"置立口告文簿一扇"，由书状人吏替原告书状，"如应受理者，即便附簿发付书状，随即施行。如不应受理者，亦须书写不受理缘由，明白附簿，官吏署押，以凭稽考。"④ 以书面形式起诉者，则先"审其口词与状相同，方与问理。如有增减情节，异于口词，即拿代书之人问罪，原词立案不行"⑤。至此，受理手续结束，接着便是对已经受理的起诉如何进行审理了。

① （明）申时行等修：《明会典》卷一七七《刑部十九·问拟刑名》，中华书局 1989 年版，第 901 页下栏。
② （清）陈梦雷编纂：《古今图书集成》第三三三册，《明伦汇编·交谊典》卷二七《乡里部汇考二·保甲规条》，中华书局 1985 年版，第十三叶中栏。
③ （明）申时行等修：《明会典》卷一八〇，《刑部二二·南京刑部》，中华书局 1989 年版，第 916 页下栏。
④ 《大明令·刑令》"诉讼文簿"条，载刘海年、杨一凡总主编，杨一凡、曲英杰、宋国范点校：《中国珍稀法律典籍集成》乙编第一册《洪武法律典籍》，科学出版社 1994 年版，第 41 页。（明）申时行等修：《明会典》卷一七七，《刑部十九·问拟刑名》，中华书局 1989 年版，第 901 页下栏。
⑤ 《大明律直引》"吏典代书招草"条附问刑条例，嘉靖五年刊本，现存日本尊经阁文库。转引自黄彰健编著：《明代律例汇编》卷二二，《刑律五·诉讼》，"诬告"条附"胡琼集解附例（五款）"第三款按语，第 873 页。

上述"诉状内容的要件"一节中列举了成化五年（1469）徽州府祁门县谢玉清"为强砍山木事"诉状，祁门知县在收到诉状后，当即予以批示立案，文书格式与内容如下：

　　直隶徽州府祁门县为强砍杉木事。云云，据此参照前事，拟合就行。为此

　　一、立案。

　　一、帖下该里老，使县合行文书到日，仰速照帖文内事理，即便拘集砍木地方邻佑火甲人等，即将所砍木植，照数原号椿管施行。

　　成化五年三月

　　强砍杉木事

　　（画押）知县孟（押）县丞冯　主簿

　　典史曹（押）①

按《居官格言》所载，诉状审核后除立案文书外，还有"准行者唱名给予信牌，令其送到被告之家依限一同见官就行问断其事，情重者仍旧差人行拘监，候问施行"②。其信牌式样如下：

　　信牌式

　　某县为受理词状事。仰被告依限前来缴牌，听候问理，免致差人扰害，违限者依律治之。须至牌者

　　计开某里犯人几名

　　赵甲　钱乙　孙丙　李丁

　　右仰差原告　周戊准此

　　正德十四年三月　日　吏典吴己承

---

① 《成化五年祁门谢玉清控告程付云砍木状纸》，王钰欣、周绍泉主编：《徽州千年契约文书》（宋元明编）卷一，花山文艺出版社1993年版，第186页。

② （明）不著撰者：《居官格言·施行条件·信牌》，载官箴书集成编纂委员会编：《官箴书集成》第二册，黄山书社1997年版，第79页上栏。

信牌押

定限　日销缴 ①

吕坤在《实政录》中指出："民间苦事，莫甚于株连。健讼刁民，往往一词牵告三二十人，报雠罔利。中间紧关犯证，十无二三。此等奸顽，岂宜听信？各掌印官凡遇受词日期，俱要当堂审问，无干者即与勾除，毋得一概发房出票，累苦小民。" ②

《居官必要为政便览·刑类》记载了对于传唤所需时日的规定："词状勾摄，切勿差皂快及里老下乡生事，只差原告亲拘，如不服方差皂快勾提，限定日期，如离城三十里，限一日回话；六十里限二日，九十里限三日。用朱笔批注查考。如违，一日责十板，违三日责三十，再违将家属监比。拘人到县即行审问，量情发落，不许羁候，有妨农业。此为听断，不可不知。" ③

第三节　审理与调解

一、法庭的组成

明代的民事审理法庭，沿用了两宋以来的长官躬听狱讼的制度，即法庭的主审官必须是本官司的长官，如县令、知府等。明代还有一种特殊的民事审判庭，即由地方行政机关与军事机关共同组成的法庭，称"会同"。这种法庭是

---

① （明）不著撰者：《居官格言·施行条件·信牌》，载官箴书集成编纂委员会编：《官箴书集成》第二册，黄山书社 1997 年版，第 79 页上栏。

② （明）吕坤撰，王国轩、王秀梅整理：《吕坤全集》上册，《实政录》卷六《风宪约·提刑事宜》"听讼"第一款，中华书局 2008 年版，第 1102 页。

③ （明）不著撰者：《居官必要为政便览·刑类》第二款，载官箴书集成编纂委员会编：《官箴书集成》第二册，黄山书社 1997 年版，第 65 页下栏。

在诉讼双方当事人分别属于两种机关所辖，即分别为民户和军户时使用的。

在组成民事审判庭时，明代同样也适用回避制度。回避是指司法官吏因与案件或案件的当事人具有某种利害关系或其他特殊关系，可能影响案件公正处理的，而不得参加对该案的诉讼活动的一种制度。据明朝法律规定，回避包括司法官吏的回避和案件的回避两种。

司法官吏的回避是针对与案件当事人之间存在某种利害关系或其他特殊关系的司法官吏而言的。《大明律》规定："凡官吏于诉讼人内，关有服亲，及婚姻之家，若受业师，及旧有仇嫌之人，并听移文回避。违者笞四十。若罪有增减者，以故出入人罪论。"从而"防奸邪，杜党与也"①。司法官吏的回避一般不涉及案件管辖权的转移，而仅仅是应当回避的司法官吏将其所承担的诉讼职责移交由其他司法官吏替代。

案件的回避是针对司法官吏本身就是案件的当事人这一情况而言的。"若告本县官吏，则发该府；若告本府官吏，则发布政司；若告布政司官吏，则发按察司"。② 案件的回避涉及管辖权的转移，并且官吏如果犯罪应该停职候命。隆庆四年（1570）八月曾规定："抚按纠劾官员，具本之日即革任，听处候命下题覆。其所去者，照依考察事例不得复用；其所留者，待文书到日管事。"③

由于法庭组成的以上特点，使得地方长官在民事审理中起着决定性的作用。如万历中，嘉定、青浦间发生一起民事纠纷：一寡妇薄有赀产，儿子年幼，其侄暗中将其资产献给一豪势家。当势家来验收庄产时，被打抱不平的当地豪侠周星卿赶走。势家即起诉于官府。当时恰巧新任县令韩某"颇以

---

① （明）张楷撰：《律条疏义》卷二二，《诉讼·听讼回避》，载杨一凡编：《中国律学文献》第一辑第三册，黑龙江人民出版社2004年版，第438—439页。

② （明）申时行等修：《明会典》卷二一〇，《都察院二·出巡事宜》，中华书局1989年版，第1049页上栏。

③ （明）张卤辑：《嘉隆新例附万历》卷一《吏例》，隆庆四年八月吏部题，载《续修四库全书》编纂委员会编：《续修四库全书·史部·诏令奏议类》第四六七册，上海古籍出版社2002年版，第205页下栏。

扶抑为己任，遂直其事"。清人赵翼深有感触地说："此一家因周星卿及韩令得直，其他小民被豪占而不得直者，正不知凡几矣。"① 可见，地方长官之贤否，直接影响到民事诉讼的正确处理。

二、民事审理中的强制措施

明代在民事审理中有时也对当事人采取强制措施。但明代统治者也注意到民事审理与刑事审判的不同，因而对民事审理中的强制措施严加限制，使其不至超过轻微刑事案件的程度，以免骚扰地方，负累小民。

一般来说，明代在传唤被告时不使用"逮捕""羁押"等刑事强制手段，而由被告所属地方官司"拘集里邻，从公查勘"，只有那些"年久不能结绝"的疑难民事大案，才奏明朝廷，但也只能"差官前去会勘"，而不能随便派官校前去逮捕。② 当然，民事诉讼活动不可能摆脱封建专制统治的影响，避开那些非法的人身迫害，即使是在封建法律中，对民事纠纷当事人的粗暴方式也是合法存在的，尽管其程度有限制。《嘉靖问刑条例》规定："凡枷号人犯，除例有正条，及催征税粮用小枷枷号，朝枷夜放外，敢有将罪轻人犯，用大枷枷号伤人者，俱照酷刑事例，奏请降级调用。"③ 也就是说，催征税粮之类的强制给付行为，或用小枷枷号，或朝枷夜放。

需要注意的是，明代非常注重用法律手段打击地方豪强的不法行为，有时不惜使用更强硬的强制措施。在民事法律关系中，豪强肆意破坏违反法律规范、侵犯小民的民事权利等，是影响社会安定的重要因素，正像《大明律直引》所载问刑条例中列举的那样："照得近年军民人等，或挟势豪用

---

① （清）赵翼著，王树民校证：《廿二史札记校证（订补本）》卷三四《明乡官虐民之害》，中华书局 1984 年版，第 786 页。

② 黄彰健编著：《明代律例汇编》卷二二，《刑律五·诉讼》，"越诉"条附"大明律直引所载问刑条例（二款）"第一款，第 859 页。

③ 黄彰健编著：《明代律例汇编》卷二八，《刑律一一·断狱》，"因应禁而不禁"条附"嘉靖问刑条例（一款）"，第 976 页。

强邀夺而包揽钱粮；或彼威力拿人私家而威逼钱债；或因地土相连而奸顽改名投甸；或固风水有利而强行平挖坟座；或乘势侵夺田园，或低贯强买物货，……及至事发，法司追勘，则凭文成，而官司不敢挨拿。虽文穗往复，又占吝不发，以致被害之人冤苦莫申，而历年受禁，官士稽迟，而案责不绝。虽累有通行禁约事例，视之蔑如。"可见，对于这种豪强势力及刁徒顽民肆意侵害平民的民事权利的行为，仅仅依靠"通行禁约"是很难起作用的，使用一般的民事强制措施也难以制服，反而会拖延审理、淹滞不决，小民的民事权利无法保障。有鉴于此，臣僚们请求立法："合无今后军民有被势家侵害，及势要衙门人役有札委，经行文，占吝，不服拘审者，所承行衙门，具实参奏。乞敕锦衣卫将犯人擒拿进宫，从重罪治，庶几法令平而军民无冤滞之苦，事易结而官府免案牍之顺（烦？）矣。"① 这一请求得到皇帝认可，凡地方势豪侵害小民民事权利而又与地方官府勾结，不服拘审者，则可派遣锦衣卫官校前去擒拿归案。这就是明代对地方豪强的特别民事强制措施。

三、审讯原被告

官府接受原告状纸后，将原告召保看管候对；然后按原告状纸所涉及的对象派人提取被告和一干证人；交司狱司看管。开庭后，先传唤原告审问明白，然后拘唤被告审问。被告不服，则带证人出庭作证。如仍不服，则传唤原告、被告和证人同时到庭对质。司法官运用传统的"以五声听狱讼"的纠问方式，进行察言观色，判断曲直。如需刑讯，按《大明律》，民事案件只能采取笞杖或鞭扑，不得滥刑。成化十一年（1475），国子祭酒周洪谟言："天下有司听讼，辄用夹棍等刑具。百姓不胜苦楚。请敕法司禁约，除人命、

---

① 以上引文均参见黄彰健编著：《明代律例汇编》卷二六，《刑律九·杂犯》，"不应为"条附"大明律直引所载问刑条例（一款）"，第957—958页。

强盗、窃盗、奸犯死罪，须用严刑。其余止用鞭扑。"宪宗遂"诏可"。①

　　法庭审理的过程，就是对证人证言、书证物证以及原、被告陈述进行审查判断的过程。对质完毕，即应尽早释放原、被告，不得稽滞："凡告词讼，对问得实，被告已招服罪，原告人别无待对事理，随即放回。若无故稽留三日不放者，笞二十。每三日加一等，罪止笞四十。"②

四、事实审理与证据判断

1. 查勘事实

　　事实与证据是明代民事审理的依据，因此统治者相当重视，三令五申要求地方官吏在审理词讼时必须注意查勘事实，根据事实公平处断。《嘉靖新例》载："嘉靖五年八月奉圣旨：问理词讼，系是重事。必须分辨曲直，从公处断，使人无冤。为官的，亦都要遵守国法，保惜名节。近年在京在外问理衙门官员，往往任意偏断，不肯审察事情。或循情受贿，不畏法度，以曲作直，以是为非，致令衔冤负屈之人怀揣词状，擅入禁中，伸诉苦情。"所以严格规定：今后如再有类似情况，一旦冤民上诉得实，原审官吏便要被"从重究治"。③ 足见明代对审查事实根据的重视。

　　为调查事实，明代采取了一项非常有效的措施：由受理机关差员到案件发生的乡里，组织里邻集体审查有关事实或向里邻调查核实，尤其是争论田土等民事纠纷"盖以情出于乡，必需府州县行间里老邻佑审酌，方可断结"。所以，

---

① （明）薛应旗撰：《宪章录》卷三四，成化十一年二月，载《续修四库全书》编纂委员会编：《续修四库全书·史部·编年类》第三五二册，上海古籍出版社 2002 年版，第 358 页上栏。亦可参见（清）龙文彬：《明会要》卷六十四《刑一·刑制》，中华书局 1956 年版，第 1240 页。

② 黄彰健编著：《明代律例汇编》卷二八，《明律一一·断狱》，"原告人事毕不放回"条，第 989 页。

③ 黄彰健编著：《明代律例汇编》卷二八，《刑律一一·断狱》，"断罪不当"条附"嘉靖新例（一款）"，第 1009—1010 页。

即便是一直上诉到中央的重要民事案件，也必须按照条例："事干田土事情，照例行移各该巡抚、巡按，督同所在官司，拘集里邻，从公查勘，问拟断结。"如果是年久不能结绝的疑难案件，则由中央差派官员前去"会勘"。① 这种要求深入基层，从公查勘，事实为据的制度，非常有利于及时、准确地审结民事案件。如以下案例：永乐年间，福建漳州百姓周允文无子，即把侄儿过继为养子。后来其妾生子，周允文只好分给侄儿一部分家产，剩下的则全留给妾子。周允文死后，侄儿扬言妾子并非叔父的亲生儿子，因此将其逐出家门，尽夺其赀产，妾便起诉到官府。当时鲁穆为福建省按察司佥事，受理此案后，"召县父老及周宗族，密置妾子群儿中。咸指儿类允文。遂归其产"。② 在这一案例中，鲁穆如果不与本县父老及当事人宗族共同审查，恐怕很难迅速结案。

2. 收集判断证据

除深入基层外，明代还注意在审理民事案件过程中对证据的收集与判断。民事诉讼的证据除当事人陈告外，还有人证、书证和物证。

当事人的陈告包括：原告起诉时口告或书状所陈述的内容和审判时所陈述的内容，以及被告的供述和辩解。原告的陈述应当真实，否则即为诬告。审判时可以采取拷讯来逼取被告的口供。但是"凡应八议之人，及年七十以上、十五以下，若废疾者，并不合拷讯，皆据众证定罪。违者，以故失入人罪论"③。

在人证方面，明代专有相应的条例规范，如在人证的范围上规定："凡告事者，告人祖父，不得指其子孙为证；告人兄，不得指其弟为证；告人夫，不得指妻为证；告人本使，不得指其驱奴婢为证，违者治罪。"④ 另据《大明

---

① 以上引文参见黄彰健编著：《明代律例汇编》卷二二，《刑律五·诉讼》，"越诉"条附"大明律直引所载问刑条例（二款）"第一款，第858—859页。

② （清）张廷玉等撰：《明史》卷一五八，《鲁穆传》，中华书局1974年版，第4321页。

③ 怀效锋点校：《大明律》卷二八，《刑律十一·断狱》"老幼不拷讯"条，法律出版社1999年版，第215页。

④ （明）申时行等修：《明会典》卷一七七，《刑部十九·问拟刑名》，中华书局1989年版，第901页下栏。

律》，"于律得相容隐之人及年八十以上、十岁以下，若笃疾，皆不得令其为证。违者，笞五十。"① 相容隐是指："凡同居，若大功以上亲，及外祖父母、外孙、妻之父母、女婿，若孙之妇、夫之兄弟及兄弟妻，有罪相为容隐；奴婢、雇工人为家长隐者，皆勿论。"② 这些限制性规定都是为了维护封建伦理纲常的需要而制定的，不许出庭作证的都是应相容隐的人，除此之外其他人都可作证。证人必须如实作证，否则将被追究责任。"若鞫囚而证佐之人不言实情，故行诬证，及化外人有罪，通事传译番语不以实对，致罪有出入者，证佐人减罪人罪二等。通事与同罪。"③ 也即，一般人作伪证，减罪人罪二等论处；通事即翻译利用职务之便作伪证，则与犯人同罪。应该说明的是，这里的减二等和同罪是指，因伪证所将导致的判决结果和犯人实际应受的判决结果之间的刑罚差额，以此为基准而决定伪证者所应受的刑罚。

在物证方面，明代重视其在民事法律活动中的运用。所谓物证，是指能够证明案件事实的物品及其痕迹，它是以自己的物理性质来证明某种法律事实存在或不存在。如斗殴所用的械具，田地界标移动的痕迹等均属物证。物证在案件的实际审理中具有极其重要的作用。如对婚姻的认定一般以婚书为准，如果没有婚书，"但曾受聘财者，亦是。"④ 这里的聘财便是物证。但明朝和以前各朝一样，对于民事诉讼，法律更注重于对书证的规定和运用。这主要是因为在司法行政合一的体制下，对于作为民事诉讼的主要受理和审判机构的州县来说，过于强调物证的取得和鉴定，无论从司法人力上还是从鉴定技术上都是不切实际的。

在书证方面，明代规定民间的民事法律活动都须要保留凭证，尤其是书

---

① 怀效锋点校：《大明律》卷二八《刑律十一·断狱》"老幼不拷讯"条，法律出版社 1999 年版，第 215—216 页。

② 怀效锋点校：《大明律》卷一《名例》，"亲属相为容隐"，法律出版社 1999 年版，第 18 页。

③ 怀效锋点校：《大明律》卷二八，《刑律十一·断狱》"狱囚诬指平人"条，法律出版社 1999 年版，第 217 页。

④ 怀效锋点校：《大明律》卷六《户律三·婚姻》，"男女婚姻"条，法律出版社 1999 年版，第 59 页。

证。凡是以书面文字、符号、图案等内容和含义来证明案件事实的，都称之为书证。如田宅买卖要税契，既增加了国库的税收，又为交易双方出具了契证："买卖田宅头匹必投税，契本别纳纸价。"① 契本是官府印制好的，双方当事人须交纳成本费。如果双方不到官府纳税契，则要追究责任："凡典卖田宅不税契者，笞五十，仍追田宅价钱一半入官。"② 又如男女之间订立婚约，也要有婚书："凡男女定婚之初，若有疾残、老幼、庶出、过房、乞养者，务要两家明白通知，各从所愿，写立婚书，依礼聘嫁。……虽无婚书，但曾受聘财者，亦是。"③ 即在婚姻法律关系中，婚书和聘财都是解决日后发生纠纷的证据，前者为书证，后者为物证。婚书必须要写明各种可能发生纠纷的因素，双方在充分考虑的基础之上自愿订立，还要有"媒妁"作为中介证人："凡招婿，须凭媒妁，明立婚书，开写养老或出舍年限"，④ 以便有据可查。这些形式和内容完备的各种契约文书，便是明代民事审理的重要依据。在民事诉讼中，书证往往起着决定性的作用。明律明文规定："告争家财田产，……验有亲族写立分书已定，出卖文契是实者，断令照旧管业。不许重分再赎。告词立案不行。"⑤ 即只要有证据，并且验明真实，便可据之断结。

明代的民事诉讼，以地讼最多，而又最难审决。丘濬曾经谈到当时的情况："民间起争兴讼，非止一端，而惟地讼为多。盖有一讼累数十年，历十数世，而不能决绝者。……推原其故，皆由疆界不明，质约不真之故。"因此，他建议由户部拟定版籍式样，县、府、布政司、户部分别建立详略不等的田

① （清）张廷玉等撰：《明史》卷八一，《食货五·商税》，中华书局 1974 年版，第 1974 页。
② （明）申时行等修：《明会典》卷一六三，《刑部五·律例四·田宅·典买田宅》，中华书局 1989 年版，第 839 页上栏。
③ 黄彰健编著：《明代律例汇编》卷六，《户律三·婚姻》，"男女婚姻"条，第 499 页。
④ 《大明令·户令》"招婿"条，载刘海年、杨一凡总主编，杨一凡、曲英杰、宋国范点校：《中国珍稀法律典籍集成》乙编第一册《洪武法律典籍》，科学出版社 1994 年版，第 11 页。
⑤ 黄彰健编著：《明代律例汇编》卷五，《户律二·田宅》，"典买田宅"条附"弘治问刑条例（二款）"第二款，第 493 页。

地文册。而尤其是县册，"必须明白开具地名、亩段、四界、价值、租税，画于图本，备细填注，不许疏略"。同时，"每户给户由一纸……将户口、人丁、田产，一一备细开具无遗。"这样一来，"官府稽其图册，民庶执其凭由，地讼庶其息乎。"① 丘浚在这里充分表述了书证对息争止讼的重要意义。

五、审理期限

明代强调民事纠纷的审理速度，《弘治问刑条例》规定："在京在外问刑，例应委官勘问，及行军卫有司会勘者，如财产等项，限一个月；勘检人命，限两个月，驳勘者，亦限一个月。"② 也就是说民事审理期限要比刑事审判减少一半。这种委官勘问或与地方官"会勘"的财产民事案件一般都是比较复杂的，日常比较简单的民事纠纷则随时结绝。另外，巡按、巡抚等监察官，在巡历府县时，还可对尚未结绝的民事案件进行督催，并根据不同进展情况而订立不同的期限，如《明会典》规定：巡察官所到之处，遇有"告争户婚、田土、钱粮、斗讼等事"而原问官司尚未结绝者，则"须要即时附簿，发下原问官司立限归结。如断理不当，及应合归结而不归结者，即便究问"③。这种登记入簿、立限督催的办法，对那些拖延民事审理时间的官吏来说起到很大的制约作用。至明末万历十五年（1587）十二月还重申："以后各有受理词讼，务要及时勘结，遵依前限，断决起发。"④ 足见明代统治者对民事审理期限的重视，尤其是对既定期限的贯彻实施。

---

① （明）丘濬撰，金良年整理，朱维铮审阅：《大学衍义补（下册）》卷一百六《慎刑宪·详听断之法》，上海书店出版社 2012 年版，第 183 页。

② 黄彰健编著：《明代律例汇编》卷二八，《刑律一一·断狱》，"鞫狱停囚待对"条附"弘治问刑条例（二款）"第二款，第 988 页。

③ （明）申时行等修：《明会典》卷二一一，《都察院三·追问公事》，中华书局 1989 年版，第 1055 页下栏。

④ （明）姚思仁：《大明律附例注解》例一款，转引自黄彰健编著：《明代律例汇编》卷二八，《刑律一一·断狱》，"淹禁"条附"嘉靖新例（四款）"第四款按语，第 983 页。

六、审理程序

下面先以刑部的审理为例来说明民事诉讼庭审的一般程序与方法。

审理之前，"先于原告簿内，附写原告人姓名、乡贯、住址，并将告词于词状簿内全文抄毕"，并差人将原、被告以及证人召到。审理开始时，"其引问一干人证，先审原告词因明白，然后放起原告，拘唤被告审问。如被告不服，则审干证人，如干证人供与原告同词，却问被告。如各执一词，则唤原、被告、干证人一同对问，观看颜色，察听情词。其词语抗厉、颜色不动者，事理必真；若转换支吾，则必理亏。略见真伪，然后用笞决勘；如又不服，则用杖决勘。"①

由此可知，民事审理的一般程序是：先根据原告的诉状填写有关司法文书，并提取原、被告双方和有关证人到堂。审理时，听取和核实各方的供词；如供词不一致，则叫各方当庭对质，法官通过察言观色以初辨真伪，再对伪的一方进行拷讯。民事诉讼的拷讯依法只能采用笞、杖，而在实际操作中，"奸吏舞法，任意轻重"的现象比比皆是②。成化年间，国子监祭酒周洪谟奏："天下有司听讼，辄用夹棍等刑具。百姓不胜苦楚。请敕法司禁约，除人命、强盗、窃盗、奸犯死罪，须用严刑。其余止用鞭扑。"③另外，明律明确规定："凡应八议之人，及年七十以上、十五以下，若废疾者，并不合拷讯，皆据众证定罪。违者，以故失入人罪论。"④

审判官员应当独立办案，而不得听从上司的主使。明朝对于官吏的勾结打击极严，并专门增设"奸党"一条，犯者皆斩。"若刑部及大小各衙门官

---

① （明）申时行等修：《明会典》卷一七七，《刑部十九·问拟刑名》，中华书局1989年版，第901页下栏—902页上栏。
② （清）张廷玉等撰：《明史》卷九三《刑法志一》，中华书局1974年版，第2280页。
③ （清）龙文彬撰：《明会要》卷六四，《刑一·刑制》，中华书局1956年版，第1240页。
④ 怀效锋点校：《大明律》卷二八《刑律十一·断狱》，"老幼不拷讯"条，法律出版社1999年版，第215页。

吏，不执法律，听从上司主使出入人罪者"，以"奸党"论处①。同时，审理案件应当根据诉状的内容进行推问，"若于状外别求他事，摭拾人罪者，以故入人罪论"。但是，"若因其告状，或应掩捕搜检因而捡得别罪，事合推理者，不在此限"。②

七、调解

调解是明代民事诉讼程序中的一个必经阶段，也就是说，民事纠纷一般都先经过调解，调解不成，才能由官府受理审断。关于明代民事调解的方式，大体上有以下几种。

1. 里老调解。这是明代最重要的一种调解方式。里老调解被法定为民事起诉的一个必经阶段，即所有的民事纠纷都必须先经里老会里胥于"申明亭"剖决，也就是调解；里老不能解决的，才能上告至官府。"洪武中，天下邑里皆置申明、旌善二亭，民有善恶，则书于此，以示劝惩。凡户婚、田土、斗殴常事，里老于此剖决。彰善库恶，最是良法。"③《教民榜文》规定："民间户婚、田土、斗殴相争、一切小事，不得辄便告官，务要经由本管里甲、老人理断。若不经由者，不问虚实，先将告人杖断六十，仍发回里甲、老人理断。"④《教民榜文》同时还规定："老人须要将本里人民恳切告诫。凡有户婚、田土、斗殴相争等项细微事务，互相含忍。设若被人凌辱太甚，情理难容，亦须赴老人处告诉，量事轻重，剖断责罚。"⑤当然，里老的调解议决并没有强制效力，愿和者，听；不愿和者，准予告官。为了保证里老调解

---

① 怀效锋点校：《大明律》卷二《吏律一·职制》，"奸党"条，法律出版社1999年版，第34页。
② 怀效锋点校：《大明律》卷二八《刑律十一·断狱》，"依告状鞠狱"条，法律出版社1999年版，第216页。
③ 《明实录·宣宗实录》卷八六，宣德七年正月乙酉，第1990页。
④ 《教民榜文》第一条，载刘海年、杨一凡总主编，杨一凡、曲英杰、宋国范点校：《中国珍稀法律典籍集成》乙编第一册《洪武法律典籍》，科学出版社1994年版，第635页。
⑤ 户部《教民榜文》第二三条，第639页。

议决的执行，《教民榜文》特别规定："民间词讼，已经老人、里甲处置停当，其顽民不服，辗转告官，捏词诬陷者，正身处以极刑，家迁化外。"① 此外，《大明律》还对拆毁申明亭的行为规定了严厉的处罚措施："凡拆毁申明亭房屋，及毁板榜者，杖一百，流三千里。"②

里老调解在中国传统社会中有其存在的合理性，在实践中对于民事纠纷的化解也确实起过重要作用。但另一方面，其所存在的局限性和消极作用也是显而易见的。例如，洪熙时，州县官"不究年、德如何，辄令充应，使得凭藉官司肆虐乡间"。皇帝因此下令："申明洪武旧制，选年高有德者充，违者并有司皆寘诸法。"③ 成化十一年（1475），因江西一带富豪欺压百姓，里老为势所逼而偏袒富豪，百姓不能申冤，因此更定条例："今后小民词讼，难凭里老地邻着落，该管知县务要拘问审实，方才问结。"④

2. 乡约调解。乡约是明代乡村百姓成立的一种民间社团组织，也是一个重要的民事调解组织。每约设有约正和约副二人，负责维持本约内成员之间的权利义务关系和本约的各种共同利益，及时调解纠纷。明《圣训释目》载有这方面条约，如"毋霸占水利"条："往往有恃强霸占者，以致柔善之田荒旱无收。自今务在均平，凡陂塘之当疏浚者、当筑堤者，约正、副率众及时为之，遇耕耘之日，挨次车放灌救，毋得阻占及挖坏陂圳，利己损人。"这是约正、副对公众利益的保护与调整。又如"毋违例取债"条："凡借搜钱债，贫富均为有益。富无贫者所干利息，何由而生；贫无富者相周患难，何从而给。若富而取盈，谓之不仁；贫而负骗，谓之不义，各宜省改。今后放债利息不得过二分三分，如有年月过期，累至数倍；或故令残疾老幼填门逼取；或捉锁私家，准折家产；与恃顽欺赖不偿，反为刁告者，是皆自速其祸，约正、副告官，从重治之。"即债负纠纷先由约正、副调解，讲明利

① 户部《教民榜文》，第十二条，第637页。
② 黄彰健编著：《明代律例汇编》卷二六，《刑律九·杂犯》，"拆毁申明亭"条，第949页。
③ 《明实录·宣宗实录》卷四，洪熙元年七月丙申，第122—123页。
④ 《皇明成化条例》，台湾"中央研究院"历史语言研究所图书馆藏手抄本。

害，调解不成，则告官惩治。再比如"毋侵占产业"条："凡乡里争竞，多起于田业。买者或揹留价值不付；或套典不与杜绝；或利其成片，不与赎回；或恃强侵占，那（挪）移年月，假立契券。卖者或盗卖、重卖与强卖，多勒价钱。又有强梁之徒，卖田与人，不由田主换佃者；有耕人田土不肯依时输租者；有遇天年荒旱仍要佃户纳租者；有豪强欺凌贫弱占人田产者。皆为可恶，各宜省改。"① 此条列举的诸多田产纠纷，都是约正、副调解的范围。

吕坤根据长期的司法经验，在《实政录·乡甲约》中论证了调解息讼的便民之处，同时还扼要地阐述了民事诉讼审理的原则，具体如下：

> 为和处事情以息争讼事。人生天地间，谁没个良心，各人拿出良心来，少人的就还人，恼著人就陪话，自家得罪于人，自家就认不是，这等有甚么争竞？只为那奸狡的利己损人，强梁的欺大压小，昧心的枉口刁舌，或自知理亏，先递拦头假状，或买求硬证，专告无影虚词。到那衙门时，吏书皂隶使了多少钱，捞板锁枷受了多少气，有年没月误了多少营生，往来酒饭使了多少盘缠，父母妻子耽了多少忧愁。一入衙门，身体不属自家，田宅不能自保，俗语云："原告被告，四六使钞。"又云："官府不明，没理的也赢。"你自寻思，告状那有一件好处？且如乡邻有事，你知我见，哄瞒过了谁？如有不平，到那乡约中口禀一番，约正副差本甲人唤来一问，如系两约，请两处约正在一处同问，谁是谁非，眼同证见，一一问明，差那证见押著那理屈的，替那理直的些些礼物上门陪话，约史仍将所问事情来历始末一一记于"和簿"。如事情稍重，及不服处断者，不问告何衙门，约正副分别是非，补呈子一张，递于问官，以凭从公究处。仍将理屈者纪恶。如本约处分不公，约正副坐罪。

---

① （清）陈梦雷编纂：《古今图书集成》第三三三册，《明伦汇编·交谊典》卷二七，《乡里部汇考二·圣训释目·毋作非为》，"毋霸占水利"条、"毋违例取债"条、"毋侵占产业"条，中华书局 1987 年版，第 40011 页。

如处分极公而诬枉约正副者，分外加责。这等和处，既不失乡亲体面，又省了多少钱财，免了多少凌辱，何等便宜。各约百姓切记吾言。须至和簿者，计开应和条件：

一、婚姻不明，审问原媒，某女定与某男，受何定礼，量其贫富，除富贵人家外，其余下三则人家，多不过十两，少不过三两，主令成婚。若嫌贫弃婿，将女别嫁者，本约审明，待告状之日，一同呈报。

一、地土不明，查审文契中人，应退回者退回，应找子粒者找子粒，应补差粮者补差粮，算明主令改正。若系欺隐诡寄不肯首正者，待告状之日，本约一同呈报。

一、骂詈斗殴，主令理屈之人置办礼物，与理直者陪话。若有伤者，审明记日，待告状之日，一同呈报。

一、牲畜食践田禾，照亩赔偿。如打死人牲畜者，照价赔偿。

一、放债三年以上，本利交还，不与者处追。借人财不还及毁坏者，主令赔补。

一、钱到取赎房地，力不能回者，果系日久利多，酌量情法两便，委曲处分，无令贫人失业。

一、买卖货物不公，亏损人者，主令改正，不改者纪恶呈报。

一、地界房界不明者，查明改正。

一、走失收留人口牲畜，主令各还本主，中间事情，应处分者处分，应呈报者呈报。

一、约中处和事情，不系徇私受财，诬直作曲，冤枉良善者，有司不许将约正、约副擅加凌辱。

一、除徒流以上罪名，本约不得专断外，其笞杖事情，掌印官将词批与原告，执付本约问明，开具手本，以凭处断。愿息者听登"和簿"，径缴原词，有司不许加罪。若将轻小事情不批本约，而径批佐贰首领阴阳义民等官差皂快勾拘者，掌印官另议。

一、本约之人在别州县生事者，听各处官司断理。若在本县别约生事者，听别约断理。事完之日，仍付本约纪恶。若本约偏听与别州县别约为雠者，掌印官问明，将为雠之人尽法重处。

一、大小过失，不分新旧，但能自首改正者，俱免究罪。

一、国初老人里长，俱许笞杖断决。今恐是非连累，只用口说和处，倘有因成人命，并不许干连本约，违者有司另议。[①]

3. 官府调解。经过里老、乡约相继调解仍不能解决者，则交给官府。官府调解并不是法定的必经程序，但在处理民事纠纷的实际运作中却具有十分重要的意义。由于中国传统社会所具有的特殊的社会结构，在绝大多数情况下，民事纠纷从当事人双方来看，可以说是非邻则族，非亲即故；从案由来看，系户婚、田宅、斗殴等"细故"，并且提起诉讼往往因意气而致。因此，官府在处理这些纠纷时首先采取调解即是可能的，也是儒家所追求的听讼目标，而对于达到"无讼"这一理想境界来说，调解显然比强行判决的效果要好得多。

官府调解的方式一般是由受理该案的长官对当事人进行情理的说服，有时也令亲族邻里参与调解，征求他们的意见。对于那些因不服里老调解而向官府起诉的案件，里老的调解决议往往具有重要的参考价值。如，英宗正统年间，松江知府赵豫"和易近民，凡百词讼，属老人之公正者剖断。有忿争不已者，则己为之和解"，[②] 便是一个真实的写照。

《徽州千年契约文书》中载有一份明弘治九年（1496）诉讼当事人的息讼状及官府的息讼合同，从该文书可以了然官府调解的过程与结果。其内容与形式如下：

供息状人李齐，年六十一岁，系休宁县三十三都六图民。状息

①　(明) 吕坤撰，王国轩、王秀梅整理：《吕坤全集》上册，《实政录》卷五，《乡甲约·和处事情以息争讼》，第 1076—1078 页。

②　《明实录·英宗实录》卷九九，正统七年十二月丙辰，第 2007 页。

为与祁门县十一都侄李溥互争山界，因李溥将浮土放在本家坟上，不合添捏平没情由。蒙批各县，俱仰公正老人踏勘，连人送审。复蒙发与值亭老人复审，二家凭亲朋劝谕，遵奉本府晓谕。及奉《教民榜文》内一款，思系农忙时月，自愿含忍，不愿终讼，其山二家照依画图定界东西管业，归一无争，供息是实。

弘治九年七月　日　供状息人李齐（押）状

……

供息状人李溥，年三十岁，系祁门县十一都匠籍。状息为与休宁县三十三都李齐互争坟山界，不合添捏，希抬板棺葬害父坟，讦告到府。蒙批各县公正老人踏勘，连人送审间。复蒙发与值亭老人复审送官。有本家原买李美、李黑承祖李廷秀、李俊椿金业山文契贰道，蒙令本身赎还。李美、李黑所有契内价银贰两，本身领讫。今二家凭亲朋劝谕，遵奉本府晓谕。及奉《教民榜文》内一款，思系农忙时月，自能含忍，不愿终讼。其山照依画图定界东西管业，归一无争。供息是实。

弘治九年七月 日 供息状　李溥（押）状

直隶徽州府为霸占风水等事。据值亭老人方义等呈，奉本府批词，据祁门县拾壹都一图匠籍李溥等状告前事，取具原、被告归一供词，连人呈送到府。复审相同，问拟发落。今给与印信合同，付各执照，不许告争。如有先告者，许不告之人执此合同，赴府陈告，重究不恕。须至出给者。

右付李溥收执。准此。

弘治玖年柒月廿二日

合同 ①

另有《弘治九年徽州府因李溥霸占风水帖文》，详细记录了徽州府衙调

---

① 《弘治九年徽州府因李溥霸占风水帖文》，载王钰欣、周绍泉主编：《徽州千年契约文书》（宋元明编）卷一，花山文艺出版社 1993 年版，第 274 页。

解民事诉讼的状况。① 该纸帖文共由原、被告双方和证人所立的4份《供息状》、2份《供状》及徽州府准息状《帖文》等7份文书组成。这是一起由祁门县民李溥和休宁县民李齐"互争山界"而引起的民事诉讼，因诉讼当事人和诉讼标的地跨祁门、休宁二县，故直接由徽州府受理。案件的剖决过程与结果，此处略而不述。

当然，官府调解也存在一定的弊端。总的来看，官府调解无悖于儒家礼教和息事宁人。但相较于保护当事人的合法权益而言，官府调解对官府具有更重要的意义，这就无法保证官府调解的公正性。并且，官府调解一般都蕴含很大的强制性，这使得当事人对官府调解的接受带有被迫的味道。

调解是解决民事纠纷的重要手段，调解的目的是使双方当事人达成和解。但是，当事人不是在任何情况下都可以对民事纠纷自我达成和解的。对于那些官府已经受理的民事纠纷，当事人不得私自和解，否则即为"私和公事"。《大明律》对此专门规定了相应的处罚："凡私和公事者，减犯人罪二等，罪止笞五十。"②

以上各种形式不同的民事调解互相配合，对于减轻民事诉讼对官府的压力，起着重要作用。

第四节　上诉制度

明代法律规定，民事诉讼当事人如果对基层审理机关的判决不服，可以

---

① 详见《弘治九年徽州府因李溥霸占风水帖文》，载王钰欣、周绍泉主编：《徽州千年契约文书》（宋元明编）卷一，花山文艺出版社1993年版，第274页。

② 怀效锋点校：《大明律》卷二六，《刑律九·杂犯》"私和公事"条，法律出版社1999年版，第202页。

上诉。但必须按照级别逐级上诉，不得越诉。"凡有告争户婚、田土、钱粮、斗讼等事，须于本管衙门，自下而上，陈告归理。"①

明朝对民事案件初审的管辖规定比较严格，地方民事案件的受理和初审只能由府州县和军队系统的卫所承行，省级三司和监察系统的官员都不能直接受理民事诉讼，他们对于未经初审的案件只能移送给有管辖权的机构先行审理。"凡布政司官，不许受词自问刑名；抚、按官亦不许批行问理。"②大明律更是明确规定："若都督府、各部监察御史、按察司及分司巡历去处，应有词讼，未经本管官司陈告，及本宗公事未绝者，并听置簿立限，发当该官司追问，取具归结缘由勾销。"③但是，没有初审权的机构并不等于其没有复审权。对于上诉案件的复审，从纵向来看，存在由地方而至中央的各级复审机构；从横向来看，则并行着监察系统、行政系统和军队系统三大复审系统。

一、监察系统对上诉的受理与审理

监察系统的民事上诉机关包括省级按察司、巡按、巡抚和都察院等。明代规定：户婚、田土等民事案件，地方府县"理断不公，或冤抑不理者，直隶赴巡按监察御史，各省赴按察司、或分巡及巡按监察御史处陈告，即与受理推问。如果得实，将原问官吏依律究治，其应请旨者，具实奏闻"④。这里，按察司属于常设的固定受诉机关，而巡按监察御史和分巡机构则属于都察院和按察司临时派遣的流动机构。由于流动机构能够深入基层，更接近民

---

① （明）申时行等修：《明会典》卷二一一《都察院三·追问公事》，中华书局1989年版，第1055页下栏。
② （明）申时行等修：《明会典》卷一七七，《刑部十九·问拟刑名》，中华书局1989年版，第902页上栏。
③ 怀效锋点校：《大明律》卷二二，《刑律五·诉讼》"告状不受理"条，法律出版社1999年版，第175页。
④ （明）申时行等修：《明会典》卷二一一《都察院三·追问公事》，中华书局1989年版，第1055页下栏。

众，所以在受理民诉中起着更大的作用。明代统治者感到有必要通过监察机构受理民事上诉来监督基层机构的活动，因此赋予监察机构以广泛的受讼权限，即使没有经过府县审理过的"越诉"案件，也可受理，然后移交给应该审理的基层机关，并置簿立限进行督催。《大明律》"告状不受理"条规定："若都督府，各部监察御史，按察司，及分司巡历去处，应有词讼，未经奉管官司陈告，及本宗公事未绝者，并听置簿立限，发当该官司追问，取具归结缘由勾销。……其已经本管官司陈告，不为受理，及本宗公事已绝，理断不当，称诉冤枉者，各衙门即便勾问。若推故不受理，及转委有司，或仍发元问官司收问者，依状告不受理律论罪。"①

鉴于流动的监察机构更便于体察民情，洪武二十六年（1393）特别强调巡按监察御史在巡察时可以受理所有的民事诉讼，包括民事起诉和民事上诉。前者需移交给应受理的机关，后者则视是否已经逐级上诉而决定是移送还是亲自审理。"凡受军民词讼，审系户婚、田宅、斗殴等事，必须置立文簿，抄写告词，编成字号，用印关防，立限发与所在有司追问明白，就便发落，具由回报。若告本县官吏，则发该府；若告本府官吏，则发布政司；若告布政司官吏，则发按察司；若告按察司官吏，及伸诉各司官吏枉问刑名等项，不许转委，必须亲问。干碍军职官员，随即奏闻请旨，亦不得擅自提取。"② 即使"不系分巡时月，及巡历已过，所按地面却有陈告官吏不公不法者"，也可以"随即受理追问"。③

如果经按察司或分巡及巡按监察御史审理后，仍然不服者，则可上诉到中央都察院。都察院是终审机关。

总之，明代对监察系统受理民事上诉的有关制度，规定得相当完备，自

---

① 黄彰健编著：《明代律例汇编》卷二二，《刑律五·诉讼》，"告状不受理"条，第 867 页。
② （明）申时行等修：《明会典》卷二一〇《都察院二·出巡事宜》，中华书局 1989 年版，第 1049 页上栏。
③ （明）申时行等修：《明会典》卷二一一《都察院三·追问公事》，中华书局 1989 年版，第 1055 页下栏。

成体系。民事上诉实际上就是当事人控告原审机关审理不公或舞弊违法，而这正是监察机关监察地方官治民能力、纠察其贤否廉污的一条重要途径。这便是为什么明代统治者三令五申强调监察机构要随时随地受理民事上诉，并无限扩大监察机构受理范围的重要原因。

二、行政、司法系统对上诉的受理与审理

中央设有两个接收上诉的机构——登闻鼓院和通政司，但民事上诉必须由通政司接收才为合法："其户婚、田土、斗殴、相争、军役等项，其状赴通政司，并当该衙门告理。不许径自击鼓，守鼓官不许受状。"①但通政司对民事案件只有受理和分转的权力，其所受理案件的审判权则归属于刑部。洪武二十六年（1393）具体规定了通政司受理上诉的过程："凡有四方陈情建言、伸诉冤枉、民间疾苦、善恶等事，知必随即奏闻。及告不公不法等事，事重者，于底簿内誊写所告缘由，赍状奏闻，仍将所奉旨意，于上批写，送该科给事中，转令该衙门抄行；常事者，另置底簿，将文状编号，用使关防，明立前件，连人状送当该衙门整理，月终奏缴底簿送该科，督并承行该衙门回销。"②可见，通政司接收的民事上诉（告不公不法事）分两种情况：一是比较重大的讼案，在登记所告缘由后，上奏皇帝批旨，然后经刑科给事中送交刑部审理；二是比较轻的讼案（常事）则另外登记备案，将诉状编号用印后，直接将当事人连同状纸送交刑部审理，只是在月终将本月登记的上诉案送刑科给事中，督催刑部回销。其区别在于：前者经皇帝批旨，后者不需经皇帝批旨；前者由给事中及时专案督催刑部审理，后者则只在月终作一总的清理督催。

---

① （明）申时行等修：《明会典》卷一七八，《刑部二十·伸冤》，中华书局 1989 年版，第 905 页上栏。

② （明）申时行等修：《明会典》卷二一二，《通政使司·通达下情》，中华书局 1989 年版，第 1058 页下栏。

刑部既是京师地区民事起诉的受理机关，又是全国各地民事上诉的终审机关。刑部接到通政司转交的民事上诉后，一般是采用分送所属清吏司收问的办法。即按照被告的名籍，送交管理该辖区的清吏司问理，这样便于调查案情，及时处理。有些比较复杂的"事干田土事情"，则"照例行移各该巡抚巡按，督同所在官司，拘集里邻，从公查勘，问拟断结。"如年久不能结绝者，则"奏差官前去会勘"①。

如果经过审查发现上诉不合法，比如没有经过地方机关逐级复审，或审断不明者，一般还要发回原籍机关复审："军役户婚田土等项干己事情，曾经上司断结不明，或亲身及令家人老幼妇女抱赍奏告者，各问罪，给引照回，奏词转行原籍官司，候人到提问。"②但如果"案候三个月之上不到"，或有其他不法行为者，则"各查提问罪，原词不分虚实，俱立案不行。其被奏告之人，用财买求原奏告人脱逃者，仍照词通提，究问归结。"③即诉状发回原籍机关后，如果原上诉人没有在法定的三个月内回到原籍出庭，就被视为撤诉，并且要追究其刑事责任。如果被告以钱财买通原告私和，而使原告脱逃不出庭者，则不能撤诉，必须纠问到底。如果经过审查发现上诉合法，则按照被告户籍，交管理该辖区的清吏司问理。

三、军事系统对上诉的受理与审理

地方军卫对军户之间的民事纠纷审理不公或当事人不服者，可上诉到省级三司之一的都指挥司，又不服，则上诉到中央军事机关都督府。如明律在严禁民事越诉时规定：民事起诉只能从"军卫有司"开始，不得越赴"三司

---

① 黄彰健编著：《明代律例汇编》卷二二，《刑律五·诉讼》，"越诉"条附"大明律直引所载问刑条例（二款）"第一款，第859页。
② 黄彰健编著：《明代律例汇编》卷二二，《刑律五·诉讼》，"越讼"条附"弘治问刑条例（十一款）"第三款，第853页。
③ 黄彰健编著：《明代律例汇编》卷二二，《刑律五·诉讼》，"越讼"条附"弘治问刑条例（十一款）"第四款，第854页。

官处"。① 说明三司之一的都指挥司是军卫的上一级民事审理机关，只能受理军户的民事上诉，而不能受理起诉。至于中央都督府，只能受理和审判军户的民事上诉案件，并往往与受理民事上诉的监察机构并提，在受理民事上诉时都要置簿登记，立限督催。不得转委或发回原问官司，否则将以告状不受理律论罪。②

以上三个系统的机构对民事上诉案件的受理与审理活动，构成了明代规制详备的民事上诉制度。它们的受理范围各不相同：军事系统主要受理军户上诉；司法、行政系统则受理民户上诉（"民间词讼"）；而监察系统则可随时随地受理所有军户和民户上诉（"凡受军民词讼"等）。明代统治者利用民事上诉来监察地方官贤否廉浊，使监察系统对民事上诉的受理趋于重要，并使当事人获得了广泛的上诉机会。

第五节　判决与执行

案件一旦审理清楚，应尽快判决。被告如无罪，即时释放；如有罪，应在三日内断决。如拖延时日，"淹禁"罪囚者，主审官员要受处罚。原告在审理完毕后即应放回。以下介绍民事诉讼相关的法律文书。

一、民事裁定、判决和命令

1.民事裁定

民事裁定是在民事诉讼过程中，民事受理或审理机关对所发生的有关诉

---

① 黄彰健编著：《明代律例汇编》卷二二，《刑律五·诉讼》，"越诉"条附"弘治问刑条例（十一款）"第五款，第854页。
② 黄彰健编著：《明代律例汇编》卷二二，《刑律五·诉讼》，"告状不受理"条，第867页。

讼程序上的问题所作的决断，是解决相关程序性问题的。明代最常见的民事裁定，便是驳回起诉或上诉，当时称为"立案不行"。

明代法律规定，各级民事审理机关在接到民事起诉或上诉时，都要首先审查是否符合受理条件，不符合者，用裁定形式驳回。如"负欠私债"纠纷，原告不按审判管辖的规定到应受理的机关起诉，却到别的机关起诉或越级起诉者，"俱问罪，立案不行"。① 告争家财田产者，如果时效已过，或被告有确凿证据，则"告词立案不行"，② 等等。负责接收京师地区民事起诉和全国各地民事上诉的中央通政使司，便是一个有权作出民事裁定的机构，其职责之一，就是对所收词状进行审查，发现不能受理者，即可作出初步裁定意见："凡军民人等奏告词讼，本司参详。……中间看系革前，并不干己事，及审出添捏等项虚情，例不该奏告，就于本（状）后明白参出，抄送法司，该道再加详审，立案不行。"这是对那些问题比较复杂的词讼作出裁定的程序。而对一些问题比较明显的词状，通政司则可直接作出裁定，如嘉靖八年（1529）题准："有朱语太长，浮词太多，及一应违错不敬者，本司参驳治罪。"③

2. 民事判决

民事判决与裁定不同，是审理机关通过对案件进行实体审理以后，根据已查明的事实和证据，依据有关法律，对当事人之间的有关民事争执所作出的决断。判决书应由主审司法官负责拟定，而不得由同僚代作。"凡应行官文书，而同僚代判署者，杖八十。若因遗失文案而代者，加一等。若有增减出入，罪重者，从重论。"④ 明代有关民事判决的法律规定主要有以下几点：

---

① 黄彰健编著：《明代律例汇编》卷二二，《刑律五·诉讼》，"越诉"条附"弘治问刑条例（十一款）"第五款，第854页。

② 黄彰健编著：《明代律例汇编》卷四，《户律一·户役》，"典卖田宅"条附"弘治问刑条例（二款）"第二款，第493页。

③ 以上引文参见（明）申时行等修：《明会典》卷二一二，《通政使司·开拆实封》，中华书局1989年版，第1059页上栏。

④ 怀效锋点校：《大明律》卷三，《吏律二·公式》"同僚代判署文案"条，法律出版社1999年版，第41页。

（1）判决的原则

判决是民事诉讼的最后关键性阶段，明代统治者也十分重视，为此强调指出判决应依据的基本原则，即：根据事实和证据，按照通行的法律和条例判决。《弘治问刑条例》有一条文规定："典当田地器物等项，不许违律起利。若限满备价赎取，或计所收花利，已勾一本一利者，交还原主。损坏者赔还。其田地无力赎取，听便再种二年交还。"①这是一条有关典卖法律关系的条文，如果双方当事人因此发生了纠纷，那么审理机关就必须严格按照这一法律条文处理。为此，弘治十六年（1503）十月刑部等衙门专门议奏：今后如果是"军民告争典当田地，务照所约年限，听其业主备价取赎。其无力取赎者，算其花利，果足一本一利，此外听其再种二年，官府不许一概朦胧归断"。圣旨批曰："是，照律例行，钦此"。②刑部等衙门还针对有些审理机关不理解条例本意而导致不能依法判决的情况时说："近年以来，各处问刑衙门不察条例本意，但因告争典当田地，不问原纳（约）限期，不计利息多寡"，一概归断，与条例相悖甚远。因此，朝廷再次"申明前例，通行内外衙门"。③这一立法例，一方面说明明代依法审理判决的原则，另一方面也恰恰说明刑部既是明代的民事终审机关，又是重要的民事立法机关。

（2）判决的种类

明代的民事判决种类基本上包括三种：给付之判、确认之判和变更之判，一般都附带有刑事处罚。

给付判决是指令败诉的当事人履行某项义务的判决，包括返还原物、赔偿损失、修复原物等。明律"弃毁器物稼穑等"条规定："弃毁人器物，及毁伐树木稼穑者，计赃，准盗论，免刺。官物加二等。若遗失及误毁官物

---

① 黄彰健编著：《明代律例汇编》卷五，《户律二·田宅》，"典买田宅"条附"弘治问刑条例（二款）"第一款，第493页。

② 黄彰健编著：《明代律例汇编》卷五，《户律二·田宅》，"典买田宅"条附"续例附考（一款，大明律疏附例）"，第493—494页。

③ 以上引文参见黄彰健编著：《明代律例汇编》卷五，《户律二·田宅》，"典买田宅"条附"大明律直引所载问刑条例（一款）"，第494—495页。

者，各减三等，并验数追偿。私物者，偿而不坐罪。"如果是毁坏坟地内碑碣、石兽、神主，或毁损房屋垣墙等不动产者，则"计合用修造雇工钱，坐赃论，各令修立。官屋加二等。误毁者，但令修立，不坐罪"①。可见，在作出返还、赔偿和修复等给付判决时，是否要附加刑事处罚，动产和不动产，官物和私物均有区别，故意和过失也有区别，而并非一体对待。其他田产等方面的纠纷也与此类同。确认判决是确认当事人之间所争议的某种民事法律关系是否真实存在或是否合法的判决。如果真实、合法，那么审理机关就作出确认判决，不允许当事人再有任何改变的请求。例如，家财田产纠纷中，如果占有者是通过遗产分割、买卖等合法手段取得，有遗嘱、书契在手，或占有使用达五年以上者，便不许其他人员起诉告争，有告者，则"断令照旧管业，不许重分再赎"。②又如，已经典卖过的田产，其法律关系业已确定，不能再重复典卖，"若将已典卖与人田宅，朦胧重复典卖者，以所得价钱计赃，准盗窃论，免刺，追价还主，田宅从元典买主为业"。③即当发生重复典卖这样的民事纠纷时，审理机关在追究典卖人刑事责任的同时，作出确认判决，即确认第一次发生的典买卖法律关系有效，田宅判归原典买主；同时确认第二次典买卖无效，并作出给付判决，判令典卖人返还典买人田价。在婚姻法律关系方面，"凡逐婿嫁女，或再招婿者，杖一百。……其女断付前夫，出居完聚。"④"凡妻无应出，及义绝之状，而出之者，杖八十。……追还完娶。"⑤ 这些均属于确认原来的合法婚姻关系的确认判决。

变更判决是审理机关通过审理发现当事人之间原有的民事法律关系因某些条件的变化（如原法律关系不合法、时效已满或契约期限已过等），应

---

① 以上引文参见黄彰健编著：《明代律例汇编》卷五，《户律二·田宅》，"弃毁器物稼穑等"条，第497页。

② 黄彰健编著：《明代律例汇编》卷五，《户律二·田宅》，"典买田宅"条附"弘治问刑条例（二款）"第二款，第493页。

③ 黄彰健编著：《明代律例汇编》卷五，《户律二·田宅》，"典买田宅"条，第493页。

④ 黄彰健编著：《明代律例汇编》卷六，《户律三·婚姻》，"逐婿嫁女"条，第502页。

⑤ 黄彰健编著：《明代律例汇编》卷六，《户律三·婚姻》，"出妻"条，第510页。

该变更或消灭而作出的民事法律决断。明律"典买田宅"条规定："所典田宅园林碾磨等物，年限已满，业主备价取赎，若典主托故不肯放赎者，笞四十。限外递年所得花利，追征还主，依价取赎。"①即当典主在典限已满而仍不肯认业主取赎，发生争执者，审理机关应依法作出变更判决，消灭原来的典买卖法律关系。拖延时间长的，还要同时作出给付判决，判令典主返还限外非法所得给业主。婚姻关系中，凡以妻为妾或以妾为妻者，判令必须"改正"；有妻更取妻、同姓为婚等必须"离异"；订婚以后，"五年无过不娶，及夫逃亡三年不还者，并听经官，告给执照，别行改嫁，亦不追财礼。"②这种"执照"便是审理机关变更原有的订婚法律关系、允许原告改嫁的判决书。

3. 皇帝的命令

有些民事案件的原告或被告为王公、外戚以及重要官僚贵族，或者是他们的亲属甚至奴仆时，司法机关就不敢擅自作出判决，一般都要上奏皇帝作出裁决。如明英宗时，"诸王、外戚、中官所在占官私田，或反诬民占，请案治。比案问得实，帝命还之民者非一。"即由审理机关审理调查案情（案问），最后由皇帝作出给付判决。明孝宗时，广建皇庄，管庄庄头、伴当等人依仗皇帝胡作非为，"占地土，敛财物。"后经大臣及御史上言，皇帝下旨"还之草场，且命凡侵牧地者，悉还其旧"③。比较重要的民事案件，一般也要上奏皇帝裁决。如前文监察机构在受理告争户婚、田土等民事上诉时，规定"其应请旨者，具实奏闻"。特别是越级上诉到京师的民事诉讼案件，通政使司要根据情况分清"事重"和"常事"两种，前者必须先"赍状奏闻"④，后者可以直接连人状送刑部审理。所有这些，都表明了皇帝不仅紧紧地控制着刑事大案、要案的审判，而且也注意对民事重案的控制。

---

① 黄彰健编著：《明代律例汇编》卷五，《户律二·田宅》，"典买田宅"条，第493页。

② 黄彰健编著：《明代律例汇编》卷六，《户律三·婚姻》，"出妻"条附顺治例一款，第511页。

③ 以上引文参见（清）张廷玉等撰：《明史》卷七七，《食货一·田制》，中华书局1974年版，第1887页。

④ （清）张廷玉等撰：《明史》卷七三，《职官二·通政司》，中华书局1974年版，第1780页。

二、执行

明律规定，司法机关的判决生效后，败诉一方如不自动履行义务，官府有权强制其履行。执行的原则是从速执行、不得执行人身、只能请求官府执行、不适用减免律。

1. 从速执行

判决生效后，必须尽快执行，不得淹滞。万历十五年（1587）十二月二十日题奉钦依："以后各有司受理词讼，务要及时勘结，……应问解者，即与问解；应摘放者即与摘放；应追纸赎者，赎两月，纸三月。审果贫难不完者，照例改拟，配决放免。"①这里既有民事执行，又有附带的刑事处罚的执行。如果当事人财力有限而实在无法履行民事给付者，一律改判为刑事处罚或加重原判的刑事处罚。

2. 不得执行人身

明律规定："其负欠私债，……若准拆人妻妾子女者，杖一百。强夺者，加二等。因而奸占妇女者，绞。人口给亲。私债免追。"②可见，在当时执行人身者已经是触犯刑律的犯罪行为。

3. 只能请求官府执行，个人不得私自强夺

《大明律》规定，"其负欠私债，……若豪势之人，不告官司，以私债强夺去人孳畜产业者，杖八十。若估价过本利者，计多余之物，坐赃论，依数追还。"③即对其私自强制行为要追究相应的刑事责任，而且对其趁机多抢走的部分财物则采取类似于"执行回转"的措施，追还被侵害人。如果是擅自将官物或债务人的生活费领去抵债者，更要处以重罪："凡势豪举放私债，交通运粮官，挟势擅拿官军，绑打凌辱，强将官粮准还私债者，问罪。属军

---

① （明）姚思仁：《大明律附例注解》例一款，转引自黄彰健编著：《明代律例汇编》卷二八，《刑律一一·断狱》，"淹禁"条附"嘉靖新例（四款）"第四款按语，第983页。

② 黄彰健编著：《明代律例汇编》卷九，《户律六·钱债》，"违禁取利"条，第571页。

③ 黄彰健编著：《明代律例汇编》卷九，《户律六·钱债》，"违禁取利"条，第571页。

卫者，发边卫充军。属有司者，发口外为民。运粮官，参究治罪。"①"擅将欠债军职折俸银物领去者，问以诓诈。"② 等等。

4. 不适用减免律

在刑事执行中，如果双方是有服亲，则适用减免刑罚的原则。而民事判决的执行则不然。嘉靖七年（1528）九月刑部奏准："今后有犯该费用受寄财物者，虽系亲属，与凡人一体坐赃论，减等科罪，追物还主。不须以服递减。"③另外，刑事执行中如遇有赦宥，则可免刑。而民事判决的执行则不受此影响，"其违律为婚，各条称离异改正者，虽会赦，犹离异改正。"④"凡以赦前事，告言人罪者，以其罪罪之。若系干钱粮、婚姻、田土，事须追究，虽已经赦，必合改正征收者，不拘此例。"⑤这是明代民诉区别于刑诉的重要标志之一。

5. 刑事附带民事诉讼的执行

按明律，刑事附带民事诉讼的被执行人只能是正犯及其同居家属，不能牵连无辜。万历十五年（1587）十二月二十日题奉钦依："以后遇有追赃人犯，正犯逃故者，止许于同爨家属名下追并。……其无干里邻平民及各房亲属，毋得仍前一概监禁，致使变产包赔，及庾死囹圄。"⑥可见在此之前，左右邻居都要受到无辜牵连。如果正犯及其家属财产确实不足时，才能执行依

---

① 黄彰健编著：《明代律例汇编》卷九，《户律六·钱债》，"违禁取利"条附"弘治问刑条例（五款）"第二款，第572页。

② 黄彰健编著：《明代律例汇编》卷九，《户律六·钱债》，"违禁取利"条附"弘治问刑条例（五款）"第三款，第572页。

③ 黄彰健编著：《明代律例汇编》卷九，《户律六·钱债》，"费用受寄财产"条附"新例（一款，大明律疏附例）"，第575—576页。

④ 黄彰健编著：《明代律例汇编》卷六，《户律三·婚姻》，"嫁娶违律主婚媒人罪"条，第511页。

⑤ （明）申时行等修：《明会典》卷一七七，《刑部十九·问拟刑名》，中华书局1989年版，第901页下栏。

⑥ 黄彰健编著：《明代律例汇编》卷一八，《刑律一·贼盗》，"监守自盗仓库钱粮"条附"例（四款，姚思仁大明律附例注解）"第三款，第748页。

法负有连带责任的人员的财产。如《弘治问刑条例》载成化八年（1472）六月十六日圣旨："各边仓场，若有故烧系官钱粮草束者拿问明白。将正犯枭首示众。烧毁之物，先尽犯人财产，折剉赔偿。不敷之数，著落经收看守之人，照数均赔。钦此。"①

如败诉方不履行，可由官府实行"监追"。《大明律例附解》载有这样一个案例：山东东昌府犯人姜友胜在充任县兵房典史期间，侵欺盗用官钱银三百二十八两八钱四分一厘，因犯在弘治五年（1492）三月八日赦宥之前，所以刑事责任得以减等执行，只处杖罪。但民事赔偿责任丝毫不减，继续执行，"递发本府监追，将地土产业尽行变卖银一十九两一钱交纳在官，金银监追未完"，但犯人产业已尽，"委的无从追纳"，于是只好按惯例："既年久家产尽绝，免监追，照例连当房家小，押发陕西固原卫永远充军。"②

第六节　明朝民事诉讼的基本特点

一、民事诉讼权利主体相对扩大

除自耕农外，洪武五年（1372），太祖曾下令改变田主与佃农之间的主仆关系为"长幼"关系，因此佃客在身份上具有独立性，是民事主体。

商人不仅是商品流通领域内的民事主体，而且还参与土地买卖、租佃、借贷等民事活动。

手工业工人虽为民事权利主体，但由于明朝实行"匠籍"制度，凡从事

---

① 黄彰健编著：《明代律例汇编》卷二六，《刑律九·杂犯》，"放火故烧人房屋"条附"弘治问刑条例（二款）"第一款，第955页。
② 黄彰健编著：《明代律例汇编》卷七，《户部四·仓库》，"隐匿费用税粮课物"条附"附录旧例（一款，嘉靖池阳刊本大明律例附解）"，第526页。

手工业生产的工匠列入匠籍，世代为官府服役，不许脱籍，脱籍者按逃匠严惩。这多少妨碍了他们从事民事活动的自由。

只有奴婢与贱民是民事权利的客体，所以总的趋势是民事权利主体的范围相对扩大。

二、适用于民事诉讼的法律有所增多

以典权为例，《大明律》对典权的设立，典主、业主的权利义务，典权的消灭等，作出详明的规定："凡典买田宅不税契者，笞五十，仍追田宅价钱一半入官。不过割者，一亩至五亩，笞四十，每五亩加一等，罪止杖一百。其田入官。若将已典卖与人田宅，朦胧重复典卖者，以所得价钱计赃，准窃盗论，免刺，追价还主。田宅从原典卖主为业。若重复典买之人，及牙保知情者，与犯人同罪。追价入官。不知者，不坐。其所典田宅、园林、碾磨等物，年限已满，业主备价取赎，若典主托故不肯放赎者，笞四十，限外递年所得花利追征给主，依价取赎。其年限虽满，业主无力取赎者，不拘此律。"[1] 可见，典卖田宅以税契为重要条件，税契之外，"过割"也是法定手续，经过过割改换户名，明确纳粮当差的责任。为了保护典权人的利益，一物不得两典，违者处刑。

除《大明律》外，弘治、嘉靖二朝还作出补充规定。以《弘治问刑条例》为例："典当田地器物等项，不许违律起利。若限满备价赎取，或价所收花利，已勾一本一利者，交还原主。损坏者陪还。其田地无力赎取，听便再种二年交还。"[2]

在债方面，债务人无力偿还可以"以工折酬"，债权人也可以牵制债务

---

[1] 怀效锋点校：《大明律》卷五，《户律二·田宅》，"典买田宅"条，法律出版社1999年版，第55—56页。

[2] 黄彰健编著：《明代律例汇编》卷五，《户律二·田宅》，"典买田宅"条附"弘治问刑条例（二款）"第一款，第493页。

人的财物，但以"必告官司"为前提，否则处以杖八十。"若估价过本利者，计多余之物，坐赃论，依数追还。"①

在继承方面，嫡长子继承制被视为国家的定法。无论是官员袭荫袭爵，还是平民承祀宗祧，都以嫡长子承继，"立嫡子违法者，杖八十"；如无嫡子可立嫡长孙，或庶长子，但不得立异姓义子，否则以乱宗族论，杖六十。②《大明令》对唐宋律中"户绝"，"听养同宗于昭穆相当者"一款，补充如下："凡无子者，许令同宗昭穆相当之侄承继。先尽同父周亲，次及大功、小功、缌麻。如俱无，方许择立远房及同姓为嗣。"③ 如所立继子不孝，可以告官别立。

对于财产的继承，"不问妻、妾、婢生，止依子数均分。奸生之子，依子数量与半分。如别无子，立应继之人为嗣，与奸生子均分。无应继之人，方许承绍全分。"④

上述民事立法反映了社会的发展，其核心是维护私权益，这是法制文明进步的体现。

三、以《教民榜文》的形式规范基层民事诉讼

凡属民事纠纷与轻微刑事案件，均以调解和息为原则。《教民榜文》规定："老人须要将本里人民恳切告诫。凡有户婚、田土、斗殴相争等项细微事务，

---

① 怀效锋点校：《大明律》卷九，《户律六·钱债》，"违禁取利"条，法律出版社 1999 年版，第 83 页。

② 怀效锋点校.《大明律》卷四，《户律一·户役》，"立嫡子违法"条，法律出版社 1999 年版，第 47 页。

③ 《大明令·户令》"无子立嗣"条，载刘海年、杨一凡总主编，杨一凡、曲英杰、宋国范点校：《中国珍稀法律典籍集成》乙编第一册《洪武法律典籍》，科学出版社 1994 年版，第 11 页。

④ 《大明令·户令》"子孙承继"条，载刘海年、杨一凡总主编，杨一凡、曲英杰、宋国范点校：《中国珍稀法律典籍集成》乙编第一册《洪武法律典籍》，科学出版社 1994 年版，第 10 页。

互相含忍。"① 如不能和息或无法和息时，则应作出判决，"设若被人凌辱太甚，情理难容，亦须赴老人处告诉，量事轻重，剖断责罚"②。为了保证里老剖断的执行，特别规定："民间词讼，已经老人、里甲处置停当，其顽民不服，辗转告官，捏词诬陷者，正身处以极刑，家迁化外。"③

为了确保老人、里甲审理案件的公正性，《教民榜文》还规定了严格的督课条款，例如：老人、里甲对于民人的陈诉，"如不能决断，致令百姓赴官紊烦者，其里甲、老人亦各杖断六十；年七十以上者不打，依律罚赎，仍着落果断。若里甲、老人循情作弊，颠倒是非者，依出入人罪论。"④老人行为不轨，倚法为奸，不依众老人公论行事，故意扰乱案件的剖断，"许众老人拿赴京来"。⑤ 如老人以剖断民事词讼为由，挟制里长，把持官府，拒不履行差役，"家迁化外"。⑥ 老人、里甲剖决民事案件，不得设立牢狱，拘禁当事人，如违，"治以重罪"。⑦ 老人、里甲应根据百姓的陈诉剖决案件，对于百姓不愿陈告的案件，不得"风闻寻趁，勾引生事"，否则杖六十；如为此而收受贿赂，"以赃论"。⑧ 从对里老的督课条款中，可以推断明朝对司法官吏渎职行为处罚的严格。

① 《教民榜文》第二十三条，载刘海年、杨一凡总主编，杨一凡、曲英杰、宋国范点校：《中国珍稀法律典籍集成》乙编第一册《洪武法律典籍》，科学出版社1994年版，第639页。
② 《教民榜文》第二十三条，载刘海年、杨一凡总主编，杨一凡、曲英杰、宋国范点校：《中国珍稀法律典籍集成》乙编第一册《洪武法律典籍》，科学出版社1994年版，第639页。
③ 《教民榜文》第十二条，载刘海年、杨一凡总主编，杨一凡、曲英杰、宋国范点校：《中国珍稀法律典籍集成》乙编第一册《洪武法律典籍》，科学出版社1994年版，第637页。
④ 《教民榜文》第二条，载刘海年、杨一凡总主编，杨一凡、曲英杰、宋国范点校：《中国珍稀法律典籍集成》乙编第一册《洪武法律典籍》，科学出版社1994年版，第635—636页。
⑤ 《教民榜文》第八条，载刘海年、杨一凡总主编，杨一凡、曲英杰、宋国范点校：《中国珍稀法律典籍集成》乙编第一册《洪武法律典籍》，科学出版社1994年版，第637页。
⑥ 《教民榜文》第九条，载刘海年、杨一凡总主编，杨一凡、曲英杰、宋国范点校：《中国珍稀法律典籍集成》乙编第一册《洪武法律典籍》，科学出版社1994年版，第637页。
⑦ 《教民榜文》第十三条，载刘海年、杨一凡总主编，杨一凡、曲英杰、宋国范点校：《中国珍稀法律典籍集成》乙编第一册《洪武法律典籍》，科学出版社1994年版，第637页。
⑧ 《教民榜文》第十四条，载刘海年、杨一凡总主编，杨一凡、曲英杰、宋国范点校：《中国珍稀法律典籍集成》乙编第一册《洪武法律典籍》，科学出版社1994年版，第637页。

　　总括上述，明朝作为中国古代后起的一个朝代，无论立法、司法的原则与制度建构都已达到相当完备的程度，不仅传承了唐宋以来的民事司法传统，而且为清朝的民事司法制度提供了继续发展的基础。但是，明朝作为专制主义高度发展的王朝，它所带来的宦官专政，不仅败坏了法制秩序，反而滥刑无辜，使得非法变成合法，成为明朝覆没的重要原因之一。

第四章　会审制度的初创

　　明朝的审判制度，充分体现了加强专制主义的精神，无论是朝廷对司法审判权的控制，还是皇帝对大狱与死刑的决定权，都有所强化。另一方面，明朝初创的会审制度也推动了司法文明的进步，体现了慎刑、恤刑的思想。明朝的会审制度包括会审、朝审、热审、春审、圆审、大审。无论采用哪种会审方式，最后都要报请皇帝裁决，或处决，或缓决，或减刑。因此会审制度，与皇帝独揽司法大权并不矛盾。

第一节　会审

　　会审始于洪武十五年（1382），主要是由刑部、都察院和大理寺三法司会审较为重大的案件。在会审中，都察院和大理寺也拥有与刑部相同的审判权。在唐朝就存在由大理寺卿会同刑部尚书、御史中承共同审理的"三司推事"制度，但仅仅是针对特别重大的案件而临时采用的。到明朝，三法司会审已成为一种常制，并且，会审案件的范围也大大扩充。实行三法司的会审旨在防止刑部独揽审判大权，而三法司之间的相互制约有利于皇帝从中控制司法权。

　　在明朝，刑事案件除由三法司会审外，皇帝往往还命府部等其他机构与三法司一起进行会审，而这种会审到后来便演变成朝审。

第二节　朝审

朝审发端于洪武三十年（1397），朱元璋决定除武臣大狱外，不再面讯亲审，而由三法司会多官于承天门外审录，令行人官传旨。"继令五军都督府、六部、都察院、六科、通政司、詹事府，间及驸马杂听之，录冤者以状闻，无冤者实犯死罪以下悉论如律，诸杂犯准赎。"成祖于永乐七年（1409）复行洪武旧制，永乐十七年（1419），"令在外死罪重囚，悉赴京师审录"。仁宗时特命内阁学士也参与审录重囚，对于可疑者可以再问①。

英宗鉴于"人命至重，死者不可复生"，因此下令："自天顺三年为始，每至霜降后，但有该决重囚，著三法司奏请会多官人等从实审录，庶不冤枉，永为定例。"②《明史·刑法志》也有以下记载："天顺三年，令每岁霜降后，三法司同公、侯、伯会审重囚，谓之朝审。"③因此，至英宗天顺三年（1459），正式形成朝审制度。每年霜降后，由皇帝择定日期，将在京现监重囚带往承天门外，由三法司会同五府、九卿各官署和锦衣卫堂上官以及御史、给事中等逐一复审，由吏部尚书秉笔。朝审之名亦于此时沿用。朝审在以后"历朝遂遵行之"。④由于朝审在秋季进行，成为清朝秋审制度的发端。

---

① 以上均引自（清）张廷玉等撰：《明史》卷九四《刑法志二》，中华书局1974年版，第2307页。

② （清）薛允升撰，怀效锋、李鸣点校：《唐明律合编》卷三〇，《明律·刑律十一》"有司决囚等第"条按语，法律出版社1999年版，第804页。

③ （清）张廷玉等撰：《明史》卷九四《刑法志二》，中华书局1974年版，第2307页。

④ （清）张廷玉等撰：《明史》卷九四《刑法志二》，中华书局1974年版，第2307页。《明会典》对"朝审"有专门的记载。参见（明）申时行等修《明会典》卷一七七《刑部十九·朝审》，中华书局1989年版，第903页上栏。

朝审的对象是在京死刑监候案件，《明会典》中修入的成化十四年（1478）关于朝审的规定较为具体。"原问衙门监候，照例具奏，将犯人引赴承天门外，会同多官审录。其审录之时，原问、原审并接管官员，仍带原卷听审。情真无词者，覆奏处决；如遇囚翻异称冤有词，各官仍亲一一照卷陈其始末来历，并原先审过缘由，听从多官从公参详；果有可矜、可疑或应合再与勘问，通行备由，奏请定夺。"①

对朝审犯人的处理分为情真、缓决、可矜、可疑四种类型。从明代中后期朝审的实际来看，朝审中的死囚大多可缓死或减刑。嘉靖七年（1528）十月，"审录重囚应决者一百三十九人，奉旨免死充军者三十四人，有词再问者二十七人，仍令系狱者二十九人，其当刑者四十九人得缓死。"②朝审的结果都必须报皇帝批准，由皇帝用诏旨予以宣告，其中情真应即决的罪囚，由刑科给事中三覆奏，候旨下方可执行。

第三节　热审

成祖永乐二年（1404）始实行热审，即在小满后十余日，由太监和两京法司组织热审庭，审理囚犯。一般笞罪无干证者，即行释放。徒、流以下减等发落。重囚可矜疑及枷号者，具奏请旨定夺。热审审决的对象主要为轻囚。

热审在明朝的审判制度中不占重要地位，但从司法文明的角度来看，热审是明统治者重视民命的"仁慈"之举。明成祖因夏月暑热，狱囚淹久，由司礼监传旨刑部，由刑部会同都察院、锦衣卫题请，并组织五府、六部、六科协同

---

① （明）申时行等修：《明会典》卷一七七《刑部十九·朝审》，中华书局1989年版，第903页上栏。
② （明）胡广等奉敕撰，台湾"中央研究院"历史语言研究所校勘：《明实录·世宗实录》卷九三，嘉靖七年十月辛酉条，上海书店出版社1982年版，第2158页。

清疏刑狱，轻罪即予判决执行，有未能审决的，令出狱候审。但此时尚未形成制度。永乐四年（1406），令重罪除犯斩、绞罪外，徒、流以下，都令保外听候发落。宣宗时，夏月亲决囚犯，每隔一年举行一次。孝宗时，令夏月遇有监犯可矜疑者，均须奏闻，予以减刑或释放，每年举行，热审从此成为定制①。

热审的日期，京师自小满后十日左右开始，至六月下旬结束；南京"自部移至日为始，亦满两月而止"②。热审逐渐形成了许多定例。"成化时，热审始有重罪矜疑、轻罪减等、枷号疏防诸例。"③

热审的结果也须报皇帝批准，罪囚许多都可获得减免刑罚的机会。例如，嘉靖十年（1531）五月，世宗"以天暑敕司礼监太监张佐会法司审释系囚。免枷号者十九人，徒、杖以下减等者七百二十三人，减死谪戍边者四人，有词发勘者七人。内赵廉、杨时、张缙皆边将论死，至是得释"④。

第四节　春审和圆审

春审形成于宣宗时期。"（宣德）七年二月亲阅法司所进系囚罪状，决遣千余人，减等输纳。春审自此始。"⑤圆审形成于洪武年间，由吏部尚书、大理寺卿、左都御史、通政使等九卿联合审判死刑翻异案。"若亭疑谳决，而

① （明）申时行等修：《明会典》卷一七七《刑部十九·热审》，中华书局1989年版，第903页下栏。有学者指出：热审在永乐、宣德时期，偶而举行，正统以后记载颇多，正德时遂成为定制。参见尤韶华：《明代司法初考》，厦门大学出版社1998年版，第139页。
② （清）张廷玉等撰：《明史》卷九四《刑法志二》，中华书局1974年版，第2309页。
③ （清）张廷玉等撰：《明史》卷九四《刑法志二》，中华书局1974年版，第2308页。
④ （明）胡广等奉敕撰，台湾"中央研究院"历史语言研究所校勘：《明实录·世宗实录》卷一二五，嘉靖十五年五月癸巳条，上海书店出版社1982年版，第2995页。
⑤ （清）张廷玉等撰：《明史》卷九四《刑法志二》，中华书局1974年版，第2308页。

囚有番异，则改调隔别衙门问拟。二次番异不服，则具奏，会九卿鞫之，谓之圆审。"①

第五节　录囚与大审

明代继续沿用汉唐以来的录囚做法，并在制度上有所创新。明初，太祖便亲自"录囚"，"有大狱必面讯"，"多亲鞫，不委法司"②。永乐元年（1403），成祖"命法司五日一引奏罪囚"。③永乐十三年（1415），下令："自今死罪者，皆五复奏，著为令。"④永乐十七年（1419），又下令："自今，在外诸司死罪，咸送京师审录，三复奏然后行刑。"⑤洪熙元年（1425），仁宗令："法司执奏，五奏不允，同三公、大臣执奏，必允乃已。"⑥并"特命内阁学士会审重囚，可疑者再问"。⑦正统时，英宗"谕三法司，死罪临决，三覆奏然后行刑"。⑧

明代的录囚主要体现在每五年举行一次的大审。宪宗"成化十七年，命司礼太监一员会同三法司堂上官，于大理寺审录，谓之大审。南京则命内守备行之。自此定例，每五年辄大审"⑨。大审的对象主要是累诉冤枉的囚犯，大审的审判原则与方式同热审相似，因此，《明会典》又称之为"五年热审"。

热审是一种由皇帝派员复审录囚的恤刑的刑事审判制度，罪囚往往能够

---

①　（清）张廷玉等撰：《明史》卷九四《刑法志二》，中华书局 1974 年版，第 2306 页。

②　（清）张廷玉等撰：《明史》卷九四《刑法志二》，中华书局 1974 年版，第 2305 页。

③　（清）张廷玉等撰：《明史》卷六《成祖二》，中华书局 1974 年版，第 78 页。

④　（清）张廷玉等撰：《明史》卷七《成祖三》，中华书局 1974 年版，第 94 页。

⑤　（清）张廷玉等撰：《明史》卷七《成祖三》，中华书局 1974 年版，第 97 页。

⑥　（清）张廷玉等撰：《明史》卷八《仁宗纪》，中华书局 1974 年版，第 110 页。

⑦　（清）张廷玉等撰：《明史》卷九四《刑法志二》，中华书局 1974 年版，第 2307 页。

⑧　（清）张廷玉等撰：《明史》卷一〇《英宗前纪》，中华书局 1974 年版，第 126 页。

⑨　（清）张廷玉等撰：《明史》卷九四《刑法志二》，中华书局 1974 年版，第 2307 页。

有机会辩明冤枉或获得减免刑罚。"嘉靖十年八月奏准：两京法司，凡遇每年热审并五年审录之明，一应杂犯死罪准徒五年者，一体减去一年。"① 作为"清天下狱讼"的监察御史，也是由皇帝派往各地审录囚犯的专使。他们代表皇帝行使对重案大案的复审权，凡是地方各省府审录罪囚，都由皇帝下诏指定御史负责主持会审。会审之后，再由御史领衔奏报皇帝。

五年一次的录囚同样也适用于地方，成化八年（1472）就已开始定期派官前往各地方审录罪囚。② 地方的录囚一般由布政司与巡按御史主持，并将录囚的结果奏报皇帝。当然，如果遇有特殊情形，也可临时由皇帝下令录囚。正统六年（1441）四月，因频频出现灾异，英宗因此下令录囚。"于是御史张骥、刑部郎林厚、大理寺正李从智等十三人同奉敕往（地方录囚），而复以刑部侍郎何文渊、大理卿王文、巡抚侍郎周忱、刑科给事中郭瑾审两京刑狱，亦赐之敕。"③

录囚时一般应遵循以下五个步骤：一是阅文卷，以察始末之详；二是询宁印官，以察拟罪之意；三是询原问官，以察取招之由；四是询检尸、捕盗及佐证之人，以察起狱之故；五是审正犯之言、貌、视、听、气，以察所犯之实。审录之后，不得径行处置，而应将审录结果奏报。

由于会审制度的推行有助于法律的统一适用，同时也对司法机关的审判活动起着某种监督作用，因此清袭明制继续沿行，并发展成为比较定型的秋审制度。尽管如此，由于明朝的会审制度是建立在高度集权的君主专制制度之上的，因此存在破坏法律秩序的消极面。比如，唐宋以来对"八议"者的司法特权规定，《大明律》一一照录，无论"八议"者本人或其亲属，只能奉旨推问，不能擅自勾问。审判的结果也必须议拟奏闻，取自卜裁。京官及

① （明）申时行等修：《明会典》卷一七七，《刑部十九·热审》，中华书局1989年版，第903页下栏。

② （明）申时行等修：《明会典》卷一七七，《刑部十九·恤刑》，中华书局1989年版，第904页上栏。

③ （清）张廷玉等撰：《明史》卷九四《刑法志二》，中华书局1974年版，第2310页。

在外五品以上官有犯，也须奏闻取旨，不许擅问。明朝皇帝对司法权的控制超过历代，或以意为法，或法外用刑，生杀予夺，不受法律约束。《寄园寄所寄》记载：明初御史范文从因上书不当，"下狱论死"，不久，太祖又御笔批示"免汝五次死"。① 员外郎张来硕仅因上书劝谏不要把已许配的少女选作宫人而触怒太祖，竟下令将张来硕碎尸万段。

又如，厂、卫组织所以直接参加审判，并享有"听记""坐记"的权力，正是体现了他们代表皇帝行使和监督司法权。宦官参与司法，迫使执法的清官洁身引退，而多数官吏唯恐被坐陷失出之罪，宁可深文罗织滥害百姓。这不仅破坏了既定的法律秩序，也危害到封建法制本身，加剧了统治阶级内部的利益冲突和国家的危机。

---

① （清）赵吉士：《寄园寄所寄》卷上，《镜中寄·忠》，大达图书供应社1935年版，第34页。

第五章 狱政管理制度

与司法制度的其他环节一样，明代狱政管理制度也受到明代高度中央集权政治的制约。历朝皇帝始终支持并加强的厂卫狱就是一个典型例子。锦衣卫狱世称诏狱，后与东、西厂狱相连，合称厂卫狱，在明代虽非正狱，但受皇帝控制，由军人与宦官掌握，掌刺访谋逆、妖言等事，专理诏狱，权力极大，其余司法机关无权过问。厂卫狱不仅有审讯之权，而且有行刑权，所用刑罚极端残酷，其冤惨之状，为历代封建制监狱所不及。厂卫狱的设置，是明代皇权空前强化所带来的严重后果。另外，为防止皇权旁落和统治力量分散，明代实行重典治吏的方针，严禁臣下结党与内外官吏交结，对监狱官员也加以严格控制。借以维护其极端专制的君主集权统治。在加强君主集权、严密狱政管理的同时，明代统治者为缓和国内矛盾，也曾制定了一些悯囚恤刑的规定和制度。这些措施取得了某些成功。但由于厂卫狱的长期存在，这些措施缺乏广度与深度，其积极作用受到严重限制。综上，明代狱政制度在继承前代成果的基础上有较大程度的发展，但由于受到皇权专制政治的限制，明代狱政制度在中国古代狱政制度史上仍然是最为黑暗、最为残酷的典型代表。

第一节　监狱设置与狱官制度

一、监狱设置

　　狱称监始于明代。自汉以来，京师及地方所设之狱，一直称为狱，无监之名称。自明代起，法律文献中正式称狱为监，《大明律·捕亡门》："凡犯罪被囚禁而脱监及解脱自带枷锁越狱在逃者，各于本罪上加二等。"①"狱囚脱监及反狱在逃"，《纂注》曰："由门而逃曰'脱监'，逾墙而逃曰'反狱'。"②《明会典》载，洪武年制定的收押、提讯囚犯的例规中，也是多称狱为监，如"将监门牢固封锁"，"各该狱卒管押赴部，问毕，随即押回收监"等等。③称狱为监，原于监训监察之义，《汉书·王尊传》："署守属监狱。"师古曰："署为守属，令监狱主囚也。"④是监为监察之义。《明律》称狱为监，后加以沿用，遂成定例。

　　明代中央司法机关为刑部、大理寺与都察院，而中央监狱则仅设于刑部与都察院，大理寺则不设监狱。《狱官》："明刑部、都察院并有狱。"⑤至于大理寺，明初时曾设狱，弘治以后改变。《明史》："大理寺……明初，尤置刑具、牢狱。弘治以后，止阅案卷，囚徒俱不到寺。""（大理寺）卿掌审谳平反刑狱之政令。……凡刑部、都察院、五军断事官所推问狱讼，皆移案牍，

---

① 怀效锋点校：《大明律》卷二七《刑律十·捕亡》"狱囚脱监及反狱在逃"条，法律出版社1999年版，第207页。
② 《大明律集解附例》卷二七《捕亡》"狱囚脱监及反狱在逃"条附《纂注》，光绪三十四年（1908）修订法律馆重刊本，第十册。
③ （明）申时行等修：《明会典》卷一七八，《刑部二十·提牢》，中华书局1989年版，第906页上栏。
④ （汉）班固撰：《汉书》卷七六《王尊传》，中华书局1962年版，第3226—3227页。
⑤ （清）沈家本撰、邓经元、骈宇骞点校：《历代刑法考·狱考》，中华书局1985年版，第1186页。

引囚徒诣寺详谳。"① 但其职主覆审，故无狱。由此可见，大理寺不设监狱，是因三法司分工越来越明晰，各有所专掌所致。

地方监狱则普遍置于各府、州、县。《狱官》载："顺大府、应天府，各府州县并有狱。"② 地方监狱设于地方司法机关。

除上述普通监狱称为正狱外，明代还设置了特务监狱称为非正狱，即臭名昭著的厂卫狱，厂卫狱设于特务机关东厂、西厂与锦衣卫，下文将专论厂卫狱，于此从略。

二、狱官组织

上文已述，明代各级监狱设于司法机关内，与此相对应，狱官也直接设置于各级司法机关内。在中央则于刑部与按察院内设置司狱司，刑部还设有提牢厅。在地方则设典史掌管监狱。另各省设有提刑按察司司狱，各县亦设有司狱司专办监狱事务。为督促各级狱官按照法律规定管理好监狱，《明律》还规定了相应的狱官管理制度，违反者将受到相应处罚。

《明史·职官志一》载："刑部。尚书一人，正二品，左右侍郎各一人正三品，……司狱司，司狱六人，从九品。尚书掌天下刑名及徒隶、勾覆、关禁之政令。侍郎佐之。……司狱，率狱吏，典囚徒。"③ 又"都察院……司狱司，司狱，从九品，各一人。"④ 另《明会典》载："凡各府司狱，专管囚禁。""洪武二十六年定，凡刑部见问囚人，设置司狱司监禁。"⑤ 从上述史料可以

① （清）张廷玉等撰：《明史》卷七三《职官志二·大理寺》，中华书局1974年版，第1783页。
② （清）沈家本撰，邓经元、骈宇骞点校：《历代刑法考·狱考》，中华书局1985年版，第1187页。
③ （清）张廷玉等撰：《明史》卷七二《职官志一》，中华书局1974年版，第1755—1758页。
④ （清）张廷玉等撰：《明史》卷七三《职官志二》，中华书局1974年版，第1767页。
⑤ （明）申时行等修：《明会典》卷一七八，《刑部二十·提牢》，中华书局1989年版，第906页上栏。

看出，明代从中央到地方各级监狱都设有狱官组织，刑部的司狱司规模较大。而地方各府、州、县亦设有狱官，有的州县虽无司狱，但也由提牢官兼差，明代的狱官组织之齐备于此可见一斑。

三、提牢制度

为更好管理监狱，明代还设置了提牢官，建立了提牢制度。明朝京城的监狱，归刑部直接主管，设有一所提审厅，由刑部主事担任提点，称提牢主事。每月更动一员。《明会典》："凡提牢，刑部每月扎委主事一员接管。先五日，旧提牢官将提牢须知封送接管官看阅。至日，将囚数并一应煤米等项文簿呈堂查验，批发新提牢官管理。除朔望日升堂及有事禀堂外，余日不得擅出，专一点视狱囚，关防出入，提督司狱司官史铃辖狱卒，昼夜巡逻，稽查收支月粮煤油，修理狱具什物，查理病囚医药，禁革狱中一应弊端，每日仍会同巡风官点视封监。"①

提审制始于洪武年间，永乐年间再次重申提牢主事的责任。从有关史料来看，提牢主事的职责极为广泛，凡有关牢狱安全、囚犯的起居生活管理及提审出入监、狱官履行职责等等都是提牢主事的提调事项，另外各府州县也由佐贰官提调牢狱。

《明会典》："洪武二十六年……（刑部）每月山东司案呈，差委主事一员躬亲提调一应牢狱。各部每夜又各委官点本部囚数，应押而押，应枷杻而枷杻，应锁镣而锁镣，将监门牢固封锁。其总提牢官将锁匙拘收，督令司狱轮拨狱卒，直更提铃。至天明，各提牢官将监门锁封看讫，令司狱于总提牢官处关领锁匙，眼同开锁，照依各部取囚勘合内名数，点放出监，各该狱卒管押赴部，问毕随即押回收监，顷刻不得擅离左右。务要内情不得外出，外

---

① （明）申时行等修：《明会典》卷一七八，《刑部二十·提牢》，中华书局 1989 年版，第906 页上栏。

情不得内入，使人知幽囚困苦之状，以顿挫其顽心。又行提督司狱人等，常加洁净，不致刑具颠倒。狱囚饭食，以时接递，毋得作弊刁蹬。其有冤抑不伸及淹禁日久不与决者，提牢官审察明白，呈堂整治。"①

"成祖永乐元年，按月扎委主事一员提调牢狱。每日公同本部巡风官，点视封监。督令司狱人等，严谨巡守。至明，查照各司取囚票帖，判送司狱司，点付皂隶押至该司，问毕送监。"② 至于地方各府州县监狱："府州县牢狱，仍委佐贰官一员提调。其男女罪囚，须要各另监禁，司狱官常切点视，州县无司狱去处，提牢官点视，若狱囚患病，即申提牢官验实，给药治疗。"③

明代监狱管理还建立了监簿制度，《王仪部先生笺释》载："监仓二簿只宜掌印官一本。其佐贰首领官应送监仓犯人，俱要禀白堂上。同簿附名，掌印官每遇票日，便将二薄查阅一遍。某人某日监仓有无得所，应否释放，何以处分。"④ 监狱管理中清点登记囚犯人数是一项至关重要的工作。明代关于掌印官专职掌管监簿的制度有利于集中监狱信息，为其他各项管理环节提供基本信息，提高监狱管理效益。

综括上述，明代通过建立比较完备的提牢制度与监簿制度，来督促各级狱官认真履行职责，及时清点登记囚犯人数，按时锁闭、巡查囚牢，适时清洁狱具，并随时查理囚犯冤滥之情，发放狱衣、狱粮及医药等。这些措施与《明律》中规定的狱官制度相比，可以说是一项积极性的措施，它所要求的是狱官的应为之义务。若狱官违反了其应为之义务，则按照明律例中设置的一系列的禁止性规范来对其加以惩罚。这两方面的规定结合起来便是明代狱

---

① （明）申时行等修：《明会典》卷一七八，《刑部二十·提牢》，中华书局1989年版，第906页上栏。

② （明）申时行等修：《明会典》卷一七八，《刑部二十·提牢》，中华书局1989年版，第906页上栏。

③ （明）申时行等修：《明会典》卷一七八，《刑部二十·提牢》，中华书局1989年版，第906页上栏。

④ （明）王肯堂原释，（清）顾鼎重编：《王仪部先生笺释》附《慎刑说·监禁》，载杨一凡编：《中国律学文献》第二辑第五册，黑龙江人民出版社2005年版，第470—471页。

官制度的基本内容。

四、《大明律》中有关狱官之禁止性义务规定

查《大明律》"断狱门"及《问刑条例》中有关条文可知，明代法律规定狱官不得私放罪囚、不准擅自滞留应释狱囚、不准擅决死囚，违者要受到刑事处罚。具体而言，有如下一些律文：

1.囚应禁时禁、官应禁而不禁，应枷杻而不枷杻及脱去者，若囚应处杖罪，处笞三十，囚应处徒罪，处笞四十，囚应处流，处笞五十，囚应处死，处杖者六十。应枷应锁颠倒减一等处罚。狱囚自行脱去枷锁杻，以及司狱官典狱卒私与狱囚脱去者，罪亦如之。提举官知而不举，与之同罪，不知者不坐罪。对于不应禁之狱囚而禁，对于不应对狱囚枷锁而枷锁杻，各处杖六十，如受财，并计赃，以枉法从重论。

该条律文的立法目的在于强化监狱刑具管理。狱官如严格遵守刑具管理制度，既可以防止罪囚逃亡，以利于国家依法打击犯罪，又可以防止冤枉守法公民与轻罪囚徒，体现刑法的公正原则，因而立法者特意设立这一律文，以正狱官工作作风。属于此类立法的还有以下几条律文。

2.凌虐罪囚。明律对于凌虐罪囚有更加严厉的特别规定。举凡狱卒非理在禁、凌虐殴伤罪囚者，依凡斗伤论。克减衣粮者，计赃以监守自盗论，因而致死者绞。司狱官典及提牢官知而不举者，与之同罪。致死者减一等处罚。

3.与囚金刃解脱。狱卒以金刃及他物可以使人自杀及解脱枷锁之具而与狱囚，处杖一百。因而致狱囚在逃及自伤或伤人者，处杖六十、徒一年。若狱囚因此自杀，处杖八十、徒二年。狱囚赖此物件反狱及杀人，狱卒则处绞刑。狱囚逃出后，在逃未断之间，狱卒能自捕其时囚已死及囚已自首，各减一等处罚。司狱官典及提牢官得知上情而不举发，与狱卒同罪，至死者，减一等处刑，如受财者，计赃以枉法从重论。狱卒对狱囚失于点验，以致狱囚自尽，狱卒处杖六十，司狱官典各处笞五十，提牢官处笞四十。

4. 主守教囚反异，司狱官典狱卒教令罪囚反异，变乱事情，及与通传言语，有所增减其罪，以故出入人罪论，外人犯之者，减一等处刑。司狱官典狱卒如纵容外人入狱，以及走泄事情，于囚罪无增减者，处笞五十。受财者，并计赃，以枉法从重论处。

本条律文是为防止狱官利用其职权串通罪囚作弊翻供而设立的。狱官的职责为管理罪囚。若串通罪囚或外人作弊，必将严重干扰国家的正常司法秩序，故明律予以严惩。

5. 克扣狱囚衣粮。狱囚应请给衣粮民药而不请给，狱囚患病，应脱去枷锁杻而不脱去，狱囚应保管出外而不保管，狱囚应听家人入视而不听其入视，司狱官典狱卒处笞五十。因而致死者，如死囚应处死罪，处杖六十；死囚应处流罪，处杖八十；死囚应处徒罪，处杖一百；死囚应处杖罪以处杖六十并徒一年；提牢官知而不举者与之同罪。已申禀上司不即施行者，一日处笞一十，每一日加一等，其罪止笞四十。因而致死者，如囚应处死罪，处杖六十；囚应处流罪，处杖八十；囚应处徒罪，处杖一百；囚应处杖罪以下，处杖六十并徒一年。

明初统治力量方面强调重典治乱世，定罪量刑重其所重，且于律外定《大诰》，加强刑事镇压，另一方面又宣扬恤刑悯囚，尤其体现在狱政管理方面，建立悯囚制度以保障罪囚的基本生活水平与人身安全。如对贫困狱囚给予免费衣粮。向病囚发放医药，允许亲友适时探监等。为保证这些制度得以贯彻，明律规定了对违法之狱官狱卒的处罚措施，本条律文即属此类，类似的还有以下律文。

6. 功臣应禁者允许亲人入视。明代朝廷之功臣及五品以上文武官员，犯罪应禁者，许令亲人入视。徒流者并听亲人随行。若在狱监禁及至配所或中途病死者，在京问原官，在外随处官司开具致死原因，差人引领死囚之亲人，诣阙面奏发放，违者处杖六十。

7. 原告事毕仍留狱。告词讼，对问已经得实，被告已招服罪，原告人等别无对待事理，随即放回，若无故稽留狱中三日不放者，处笞二十，每三日加一等，其罪止笞四十。

中国封建社会时期发生告讼时，官府可将原被告及一干证人先行全部拘押，至被告招供服罪时始将原告与证人放还。在实践中，狱官狱卒往往滞留原告证人以勒索财物。这实在是古代诉论制度中一大顽症。明律针对这种现实，制定条文决心洗革弊端，实是良举。但由于得不到有力贯彻，收效不佳。属于此类立法的还有以下律文。

8. 擅决死囚。死罪囚不待复奏报下而决者，处流二千里，即奏报应决者，听三日乃行刑。如期限不满而行刑者，处徒一年。如过限，违一日处杖一百，二日加生量等。

9. 徒囚不应役。凡盐场铁冶拘役徒囚，应入役而不入役，及徒囚因病给假，病已痊可不令计日贴役者，过三日笞二十，每三日加一等，罪止杖一百。若徒囚年限未满，监守之人故纵逃回及容令雇人代替者，照依囚人应役日月抵数徒役，并罪坐所由。受财者计赃以枉法从重论。仍拘徒囚依律论罪贴役。

明代律例上述条文虽不系统，但对狱官的禁止性义务却规定得较为全面。不仅继承了前代律例的相关规定，还根据明代监狱管理中出现的一些现实问题作了相应调整。为规范明代狱官在工作作风、工作秩序方面都有其积极的意义。

第二节　监狱管理制度

"刑狱者，生死所系，实维重事。"[①] 中国历代王朝都把监狱看成是封建国家机器的重要组成部分，看成是镇压被压迫阶级的反抗、维护社会秩序的

---

① （明）申时行等修：《明会典》卷九，《吏部八·关给须知·到任须知一》"见在狱囚若干"条，中华书局 1989 年版，第 53 页下栏。

有力工具，因而制定了严密的监狱管理制度。明代在总结前代监狱管理经验的基础上，结合自身的特点，制定出了更为严密的监狱管理制度。其中既充实了对监狱秩序加以维护的系囚制度，又包含优待老幼妇残病囚、照顾缺衣少粮的贫囚等悯囚措施，还包含审察狱情、理雪冤抑的录囚制度等等方面。

一、系囚制度

系囚制度是为保证对罪囚实行安全有效的拘押役用而制定的制度，它包括提牢点视、安全保卫、桎梏制度、劳役制度等制度，这是中国古代监狱发挥其镇压职能作用的前提，因而在监狱管理制度中居于首要地位。明代系囚以"内情不得外出，外情不得内入，使人知幽囚困苦之状，以顿挫其顽心"①为目的。故其系囚制度规定得尤为严格、细致与完善。

1.为保证安全，明代实施严密的保卫与点视措施

上文已经述及，明代设置提牢官对监狱的安全保卫工作负总责，"专一点视狱囚关防止出入"。"其总提牢官将（监房）锁匙拘收，督令司狱轮拨狱卒，直更提铃。至天明，各提牢官将监门锁封看讫，令司狱于总提牢官处关领琐匙，眼同开锁。"由总提牢官统一掌握钥匙。狱卒轮值提铃巡夜，且提牢官每月一换以防舞弊。这么严密的制度是保证监狱安全的有力措施。不仅如此，明代还规定了严密的点视制度。据《明会典》记载，明代上报罪囚有年报、月报、日报与不定期报等制："刑部问发罪囚各照司分，通将所问囚数不分死罪、军、徒、笞、杖及供明随审其若干名口，内分北人若干，南人若干，通付送山东司呈堂奏闻，谓之岁报。若见监罪囚每月将见在开除病故数目，呈堂奏闻，谓之月报。其做工运炭等项，则止

---

① （明）申时行等修：《明会典》卷一七八，《刑部二十·提牢》中华书局 1989 年版，第 906 页上栏。

开送工科。凡例部遇有病故囚犯旧例逐日相视，后定以三、六、九日。若奏旨相视者，则不拘日期。"另外，明代还设置了专门的监簿，以详细记载罪囚的出入资料。

2. 为防止罪囚逃亡以及惩罚罪囚，明代建立了详密的桎梏制度

明代的狱具可分为法定狱具与非法定狱具两类。非法狱具主要为厂卫狱所创，法定狱具为枷、锁、杻等。邱濬曰："《大明律》卷首作为横图，以纪狱具笞杖大小厚薄，视唐略等。"①《大明律》狱具图："枷长五尺五寸，头阔一尺五寸，以干木为之。死罪重二十五斤，徒、流重二十斤，杖罪重一十五斤，长短轻重，刻志其上。""杻长一尺八寸，厚一寸，以干木为之。男子犯死罪者用杻，犯流罪以下及妇人犯死罪者不用。""铁索，长一丈，以铁为之，犯轻罪者用。""镣，链环，共重三斤，以铁为之，犯徒罪带镣工作。"②又《明史·刑法志》载："次图七，曰笞、曰杖、曰讯杖、曰枷、曰杻、曰索、曰镣。……枷自十五斤至二十五斤止，刻其上为长短轻重之数。长五尺五寸，头广尺五寸，杻长尺六寸，厚一寸。男子死罪者用之。索，铁为之，以系轻罪者，其长一丈。镣，铁连环之，以絷足，徒者带以输作，重三斤。"③

上述三件史料相互印证，虽《大明律》与《明史·刑法志》对于杻的长度记载略有出入，但总体上是一致的。都真实地记载了明代狱具的种类、名称、大小长短轻重及质地与用途。根据这些史料可知，明代的狱具为枷、杻、锁三种，其中锁可分为系轻罪囚的索与系重罪囚的镣两种。沈家本《历代刑法考·刑具考》载："按：铁索，锁之小者，今谓之铼。镣，锁之大者。……明代承之（指元代始用镣为狱具，锁监徒盗贼），又曰'镣铐'、亦曰'锁铐'，字书无'铐'字。"④明代的枷、杻、锁都按法定尺寸重量与材

---

① 沈家本撰，邓经元、骈宇骞点校：《历代刑法考·刑具考·笞杖》，中华书局1985年版，第1217页。

② 怀效锋点校：《大明律》附《狱具之图》，法律出版社1999年版，第446页。

③ （清）张廷玉等撰：《明史》卷九三《刑法志一》，中华书局1974年版，第2282—2283页。

④ 沈家本撰，邓经元、骈宇骞点校：《历代刑法考·刑具考·锁》，中华书局1985年版，第1212页。

料制成，分别适用于各种轻重罪囚，杖罪轻囚带枷、索，徒流罪囚则带枷、镣，而死罪重囚则要带重枷、杻（妇人犯死罪者不带杻），枷有轻重几等，并在枷上有标志以利分辨。

为保证明代狱具的合法使用，明代还规定了对破坏桎梏制度的行为要加以严厉处罚。《明律》规定，罪囚私自解脱刑具及监狱官吏给罪囚解脱者，都要受到严厉处罚："凡狱囚应禁而不禁，应枷、锁、杻而不枷、锁、杻及脱去者，若囚该杖罪，笞三十；徒罪，笞四十；流罪，笞五十；死罪，杖六十。若应枷而锁，应锁而枷者，各减一等。若囚自脱去及司狱官、典狱卒私与囚脱去枷、锁、杻者，罪亦如之。"[1]"凡狱卒，以金刃及他物可以自杀及解脱枷锁之具而与囚者，杖一百。"[2]"凡犯罪被囚禁而脱监及解脱自带枷锁越狱在逃者，各于本罪上加二等。"[3]上述条文都是针对罪囚狱官破坏桎梏而制定的，其处罚幅度大大高于往代。

3.制定了详密的力役制度

为充分利用罪囚的劳力资源，明代承袭往代的居役制度，制定详密的力役制度，明代力役制度始创于洪武之初，其后各朝都有所更改，或改役种，或更赎例，繁复芜杂。

据《明会典·拘役囚人》载："国初，令罪人得以力役赎罪。死罪拘役终身，徒、流照年限，笞杖计月日，满日疏放。或修造，或屯种，或煎盐炒铁，事例不一。"[4]

大致说来，洪武年间罪囚以屯种与充国子监膳夫为主要役种。如洪武八

---

①　怀效锋点校：《大明律》卷二八《刑律十一·断狱》，"囚应禁而不禁"条，法律出版社1999年版，第211页。

②　怀效锋点校：《大明律》卷二八《刑律十一·断狱》，"与囚金刃解脱"条，法律出版社1999年版，第213页。

③　怀效锋点校：《大明律》卷二七《刑律十·捕亡》，"狱囚脱监及反狱在逃"条，法律出版社1999年版，第207页。

④　（明）申时行等修：《明会典》卷一七六，《刑部十八·拘役囚人》，中华书局1989年版，第900页下栏。

年（1375），令杂犯死罪者免死，工役终身。徒流照年限工役，官吏受赃及杂犯死罪当罢职役者发凤阳屯种。民犯流罪者凤阳工役一年，然后屯种。洪武十五年（1382），令笞杖罪囚悉送滁州种苜蓿，每一十，十日。十六年，又令徒、流、笞、杖罪囚代农民力役赎罪，役十日，准笞二十、杖一十。徒流各计年准之。三十五年（1402），令拨徒罪囚人充国子监膳夫，照年限居役。又令罪囚工役，笞罪每等五日，杖罪每等十日，徒罪准所徒年月，加以应杖之数。流罪三等，俱四年一百日，杂犯死罪，工役终身①。

为规范罪囚力役，洪武二十六年（1393）令刑部置簿籍，定凡刑部问拟罪名，除真犯死罪的决外，其余笞、杖、徒、流，杂犯死罪应合准工者，议拟明白，审录允当，开送河南部、本部置立文簿，编成字号，注写各囚姓名、年籍、乡贯、住址，并为事缘由、工役年限日期、分豁满日，充军疏放，终身工役。凡遇修砌城垣、街道、修盖官员房屋及起筑功臣坟茔等项，其该衙门移交到部，照依工作处所合用，笞杖军囚，拨付监工人员收领，前去工役。取旋领状在卷，本司一样造册二本，编写字号并领去囚人姓名、年籍、乡贯、住址及为某事工役、几年几日。分豁满日，充军疏放，终身工役。监工某人，领去某处工作，一本进赴内府，一本咨发工部收照，候各囚工满，监工人员查理役过工程，具呈工部，计算无见。合准工满，比查原册相同，连人咨发本部，又于原卷簿内查理相同。然后具手本，差官赍赴内府底册前件项下注销明白②。

永乐年间，罪囚役种主要有牧马，充国子监膳夫，北京种田、遵化炒铁、摆站运盐、天寿山种树等。其中种树力役为杖罪每等五百株。笞罪每等一百株。③

---

① （明）申时行等修：《明会典》卷一七六，《刑部十八·拘役囚人》，中华书局1989年版，第900页下栏—第901页上栏。

② （明）申时行等修：《明会典》卷一七六，《刑部十八·拘役囚人》，中华书局1989年版，第900页下栏。

③ （明）申时行等修：《明会典》卷一七六，《刑部十八·拘役囚人》，中华书局1989年版，第901页上栏。

宣德年间，罪囚役种主要有运砖和杂工等，其中杂工为杖罪准工十个月，笞罪准工五个月。

正统年间，罪囚役种主要有充军摆站、煎盐等，其中煎盐为壮丁犯罪加役。

大顺年间主云南罪囚煎银，杂犯死罪五年，流罪四年，徒罪各照年限。

成化年间令罪囚运灰、运炭及做工摆站。

弘治年间令罪囚炒铁，对于乐户等罪囚无力做工者则免力役。

嘉靖时起题准罪囚与本具驿递或发本府、本州冲要驿道摆站。

万历时制《准工则例》，定力役额制："每徒一年，盖房一间，余罪三百六十日，准徒一年，共盖房一间。杖罪不拘杖数，每三名共盖房一间。每正工一日，钞买物料等项八百文为准，杂工三日为准。挑土并砖瓦，附近三百担，每担重六十斤为准。半里二百担，一里一百担，二里五十担，三里三十五担，四里二十五担，五里二十担，六里一十七担，七里一十五担，八里一十三担，九里一十一担，十里一十担。打墙，每墙高一丈，厚三尺，阔一尺，就本处取土为准。"

永乐年间主要役种为为民种田、运砖等。

正德年间题准赎役："囚犯该运炭者，止令赴部秤收，每灰炭一百斤各加耗五斤，付各该衙门催事人役领回应用。如愿收价，照原定数目，每灰一百斤折与银一钱二分，炭一百斤与银一钱五分。"

嘉靖年间再申赎役之制："其囚犯不愿做工运灰炭者，折纳工价。"

隆庆时继续执行赎役之制："近年运炭多系折色，送屯田司帖节慎库。"①

罪囚居作力役之制由来已久，并非明代始创，但明代力役之制屡变，且后又出来以钱钞代役的，这就使得本已芜乱的力役之制更是弊端丛生，明代狱政黑暗由此可见一斑。

---

① 以上均引文均参见沈家本撰，邓经元、骈宇骞点校：《历代刑法考·刑法分考十二·工役》，中华书局1985年版，第314—315页。

二、悯囚

自汉代以来，历朝封建统治者在总结前朝的统治经验的基础上，已逐渐认识到要使天下太平仅靠镇压是不够的，还要辅以宽恕之政，在狱政方面则表现为除强化系囚措施外，还须辅以悯囚措施，对罪囚实行宽宥，防止凌虐，并保障罪囚的基本生活水平。明代的监狱是历史上极其黑暗的，但不可否认的是明代的悯囚制度还是比较完善的，诸如给病囚发放医药，给贫囚提供免费衣粮，宽待老幼妇女罪囚，优待犯罪官僚、禁止淹禁罪囚、经常清洗狱具等制度在明代还是得到了不同程度的贯彻实施。

1. 保障罪囚的基本生活水平

明嘉靖时给事中周琅言："臣观律令所载，凡违系囚犯，老疾必散收，轻重以类分，枷杻荐席必以时饬，凉浆暖匣必以时备，无家者给之衣服，有疾者予之医药，淹禁有科，疏决有诏。"①诚如其所言，明代确曾有明文规定并多次重申保障罪囚的基本生活之制度。

洪武十年(1377) 十月已未，敕三法司出系囚之轻者，输作赎罪。有病，令顺天府遣医疗之。

洪武十五年 (1382) 定狱囚者日给米一升。按《明会典》洪武十五年令，狱囚不能自给者，人给米日一升。二十四年革去②。

正统二年(1437) 令：囚徒仍日给米一升。且令："有赃罚敝衣得分给"③。正统十四年 (1449)"奏准每囚仍日给米一升，及有赃罚破碎衣服'应该变卖者'分给穿用"④。成化十二年(1476)，"令有司买药饵送部，又广设惠民药局，疗治囚人"⑤。

---

① （清）龙文彬撰：《明会要》卷六六《刑三·囚系》，中华书局 1956 年版，第 1281 页。

② （明）申时行等修：《明会典》卷一七八，《刑部二十·提牢》，中华书局 1989 年版，第 906 页上栏。

③ （清）张廷玉等撰：《明史》卷九四《刑法志二》，中华书局 1974 年版，第 2316 页。

④ （明）申时行等修：《明会典》卷一七八，《刑部二十·提牢》，中华书局 1989 年版，第 906 页上栏。

⑤ （清）张廷玉等撰：《明史》卷九四《刑法志二》，中华书局 1974 年版，第 2316 页。

正德十四年（1519），"囚犯煤、油、药料皆设额银定数"①：每月囚饭煤价银四两，狱中灯油银三两，疗病药材银二两五钱，司狱司修理刑具工食银二两，官仓关支囚粮脚银一两二钱，俱于入官赃物银两支送，山东清吏司收给买办②。

嘉靖年题准囚衣囚粮条例：凡囚衣于入官赃内每年冬令铺家办结绵衣绵裤各一件，凡囚粮重囚每日七合，强盗三合，狱卒二次造饭给散③。

衣粮煤油药料，这是罪囚维持基本生活所必需的物资，明代罪囚有贫困不支者，明政府为保障所有罪囚都享有起码的基本生活物资，而规定免费供给制，其中尤其是衣粮医药，明代多次重申，规定了其经费来源、发放标准、管理机构等。此外，为维持监狱的起码卫生条件，明代还要求狱卒经常洗涤狱具，冬设暖匣，夏设凉药，洪武元年（1368）令："枷杻常须洗涤，席荐常须铺置，冬设暖匣，夏备凉浆。"④这些制度是明代悯囚制度的一项主要内容，较好地体现了明代统治者的宽政思想。

2. 禁止淹禁罪囚

所谓"淹禁"，即指"狱囚情犯已完，监察御史提刑按察司审录无冤，别无追勘"，理应断决、起发而不与断决、起发，以致淹滞留禁的行为。"淹禁"罪囚在中国古代是最为常见的，其原因多为狱卒怠忽公务，当然其根本原因是落后的社会制度所带来的弊端。"淹禁"的结果必然是损害了罪囚的合法权益，严重者则被无辜剥夺生命，造成瘐死狱中的冤情。严重的淹禁罪囚现象必然有损政权形象，尤其是中国古代统治者经常自我标榜仁慈宽恕，从而导致民心背离，社会矛盾激化，因此历代统治者都企图解决淹禁问题。

---

① （清）张廷玉等撰：《明史》卷九四《刑法志二》，中华书局 1974 年版，第 2316 页。

② （明）申时行等修：《明会典》卷一七八，《刑部二十·提牢》，中华书局 1989 年版，第 906 页上栏。

③ （明）申时行等修：《明会典》卷一七八，《刑部二十·提牢》，中华书局 1989 年版，第 906 页下栏。

④ （明）申时行等修：《明会典》卷一七八，《刑部二十·提牢》，中华书局 1989 年版，第 906 页上栏。

明代统治者自太祖始就立法严禁淹禁罪囚。

　　明代开国之君明太祖对淹禁罪囚之严重后果有很深刻的认识，早在吴元年（1367）十一月刚建政权之时，就已留心监狱淹滞问题了。史载："吴元年十一月，中书参政傅瓛言：应天府有滞狱当断决者。上曰：'淹滞几时矣？'曰：'逾半岁'。上惕然曰：'京师而有滞狱，郡系受枉者多矣。有司得人，以时决遣，安有此弊？自今狱囚审鞫明白，须依时决遣，毋使淹滞'。"① 除此外，明太祖还在《大明律》中规定，对淹禁罪囚的官吏处笞杖刑，对淹禁致死者可处徒一年的最高刑②。明成祖时曾多次下令疏决淹禁罪囚。史载："永乐二年四月谕三法司官天气向热，狱囚淹久，令五府六部六科给事中协同疏决死罪狱成，秋后处决，轻罪随即决遣有未成决者，令出狱听候。"③（永乐）六年九月已，给事中张信劾奏刑部都察院淹禁罪囚，致有瘐死者。上召吕震等切责之。期三日，除大辟罪，余杂犯死罪以下疏决，违者不宥。"（永乐）九年十一月丙子，刑科曹润等言：'昔以天寒审释轻囚。今囚或淹一年已上，且一月间瘐死者九百三十余人。狱吏之毒，所不忍言。'帝召法司切责。遂诏：'徒流以下，三日内决放。重罪当系者恤之，无令死于饥寒。'"④

　　继太祖、成祖后，明代各朝皇帝都非常关注淹禁问题，史载："宣宗宣德三年谕法司，今天气暄热，狱中一应罪囚禁锢日久，即将轻重罪犯具奏发落，不许时刻迟滞。""嘉靖元年谕两法司并锦衣卫，见今天气向热，见监罪囚、笞罪无干证者即行释放。徒流以下便减等发落，重囚情可矜疑并枷号者，俱开写来看。（自后岁以为常。）"⑤ 为保证对狱囚情况有较深入的了解，

---

① （清）龙文彬撰：《明会要》卷六六《刑三·囚系》，中华书局1956年版，第1278页。

② 怀效锋点校：《大明律》卷二八《刑律十一·断狱》，"淹禁"条，法律出版社1999年版，第212页。

③ （明）申时行等修：《明会典》卷一七七，《刑部十九·热审》，中华书局1989年版，第903页上栏。

④ （清）龙文彬撰：《明会要》卷六六《刑三·囚系》，中华书局1956年版，第1279页。

⑤ （明）申时行等修：《明会典》卷一七七，《刑部十九·热审》，中华书局1989年版，第903页下栏。

以防止淹禁罪囚情况严重化，嘉靖七年（1528）定例：病故囚名数，"每月终输报一科"；"做工罪囚，每五日一次开报。"① 皇帝经常性地亲自查问狱囚人数，无疑对管理监狱的官吏产生压力，有利于防止淹滞。这项措施能够形成制度，可说是明代统治者留心狱禁、总结经验的结果。

3. 宽待妇幼老弱囚犯与犯罪官吏

明代对妇幼老弱囚犯与犯罪官吏在囚禁制度上采取宽容态度。明律规定："凡妇人犯罪，除犯奸及死罪收禁外，其余杂犯，责付本夫收管。如无夫者，责付有服亲属、邻里保管，随衙听候，不许一概尽禁。"② 对妇女罪犯采用限制收禁的政策，这是考虑到妇女本身的特殊情况。明律规定女犯除凶奸及死罪外，一律不予囚禁而是交其夫或亲属邻里收管；须要囚禁的，男女要分开监禁："其男女罪囚，须要各别监禁"③；同时还规定对怀孕妇女即使是死罪被囚禁，也听令稳婆入禁看视。并须等到产后百日才行刑，违者处以杖八十的刑罚。

对老幼废疾囚犯，明代同样给予优待。《明史·刑法志》载：凡逮系囚犯"老病必散收，轻重以类分"。《明会典》载洪武元年令："禁系囚徒，年七十以上、十五以下，废疾散收，轻重不许混杂。"④ 此外，对有官者犯罪，在监禁期间也有特别优待；有官者犯私罪除死罪外，徒流锁收，杖以下散禁；公罪流以下皆散收；"凡功臣及五品兼文武官以上官犯，罪应禁者，许令亲人入视，徒流者，并听亲人随行。"⑤

对病囚则要给予医药，允许亲人入视，《明会典》载："若狱囚患病，即申

① （明）申时行等修：《明会典》卷一七九，《刑部二十一·岁报罪囚》，中华书局 1989 年版，第 907 页下栏。
② 怀效锋点校：《大明律》卷二八《刑律十一·断狱》，"妇人犯罪"条，法律出版社 1999 年版，第 222 页。
③ （明）申时行等修：《明会典》卷一七八，《刑部二十·提牢》，中华书局 1989 年版，第 906 页上栏。
④ （明）申时行等修：《明会典》卷一七八，《刑部二十·提牢》，中华书局 1989 年版，第 906 页上栏。
⑤ 怀效锋点校：《大明律》卷二八《刑律十一·断狱》，"功臣禁亲人入视"条，法律出版社 1999 年版，第 215 页。

提牢官验实，给药治疗。除死罪枷杻外，其余徒、流、杖罪囚病重者，开疏枷杻，令亲人入视；笞罪以下，保管在外医治，病痊依律断决，如事未完者，复收入禁，即与归结。"① 至于医药则由官府免费发放，因上文已详述，此处从略。

三、录囚制度

自西汉以来，我国古代各王朝在儒家的"明德慎罚"的思想支配下，都把"录囚"作为司法和狱政制度的一项重要制度规定下来。"录囚"也称"虑囚"即省察记录囚徒的罪状。《汉书·隽不疑传》颜师古注：录囚谓"省录之，知其情状有冤滞与否也"。② 也就是由封建帝王或地方官吏定期或不定期巡视监狱，并向狱囚讯察决狱情况，实行对狱情的审查监督，借以宣扬"仁政"，以达到维护统治阶级法律秩序的目的。

录囚制度发展到明代，逐渐形成了会官审录之制，皇帝一般不再亲录囚徒③。而是由三法司、司礼太监等主持圆审、热审、大审、朝审等会审、复审轻重罪囚。

明朝热审、寒审之制始于成祖永乐年间。永乐二年（1404），明成祖始定热审，以"决遣轻罪"，不久后又发展到"宽及徒流以下"。凡死罪已决等待秋后处决，"其轻罪即决遣，有未能决者，令出狱听候"。④ 明宪宗成化年间，热审之制进一步完整，形成"重罪矜疑、轻罪减等、枷号疏放"⑤ 等具

---

① （明）申时行等修：《明会典》卷一七八，《刑部二十·提牢》，中华书局1989年版，第906页上栏。

② （汉）班固撰：《汉书》卷七一《隽不疑传》，中华书局1962年版，第3037页。

③ 明代皇帝一般不亲自录囚，但也有例外。《明会要》载："宣德二年五月丙午，上亲录囚。杂犯死罪皆就徒、流，徒、流、笞、杖论轻重罪罚工。"即为一例。参见（清）龙文彬撰：《明会要》卷六六《刑三·宽恕》，中华书局1956年版，第1276页。

④ （明）申时行等修：《明会典》卷一七七，《刑部十九·热审》，中华书局1989年版，第903页上栏。

⑤ （清）张廷玉等撰：《明史》卷九四《刑法志二》，中华书局1974年版，第2308页。

体制度。寒审之制始于明成祖永乐四年（1406），当时考虑到天气寒冷，大多数非死罪囚犯会冻死狱中的情况，成祖下谕，对"杂犯死罪下约二百，悉准赎发遣"①。从此始有寒审之制。此外，明朝还规定每五年命司礼太监一员会同三法司堂上官在大理寺审录罪囚，称大审。另外明还有圆审、朝审等会审形式。这些会审制度是古代录囚制度的发展演变形式，无论从其目的，还是从任务来看，都是古代录囚制度的高级形态，故笔者将其列目为录囚，因前文有专章论述会审制度，故不再赘述。明代虽有寒审、热审、大审等会审录囚制度，但随着明朝政治制度与司法制度的日益没落，这些制度徒有空名，已犹虚设，明人刑科曹润等言可为明证："昔以天寒，审释轻囚。今囚或淹一年以上，且一月间瘐死者九百三十余人，狱吏之毒所不忍言。"②明朝狱政管理制度虽全面而细致，但由于政治腐败，狱吏残暴，使得明朝的狱政成为历史最黑暗、最残酷的典型，再加上宦官与军人掌管厂卫狱，明代监狱可以说是中国法制史上空前绝后的黑暗监狱了。

第三节　厂卫狱

厂卫狱，顾名思义，就是指附设于厂卫，由厂卫组织掌管的特务机关监狱。厂卫狱是明代为加强专制皇权、依靠宦官与军人特务势力建立的一种极其残酷、野蛮的特务机关监狱。《明史·刑法志》载："创之自明，不衷古制者：廷杖、东西厂、锦衣卫、镇抚司狱是已。是数者，杀人至惨，而不丽于法……一听之武夫、宦竖之手。"③相对于附设于司法机关的"正狱"来说，它是一种非正狱：它独立于普通司法机关之外、由皇帝直接控制；其监狱管理也不遵循狱政管理制

---

① （清）张廷玉等撰：《明史》卷九四《刑法志二》，中华书局1974年版，第2308页。
② （清）张廷玉等撰：《明史》卷九四《刑法志二》，中华书局1974年版，第2309页。
③ （清）张廷玉等撰：《明史》卷九五《刑法志三》，中华书局1974年版，第2329页。

度，大量使用酷刑，致罪囚多瘐死狱中，冤、滥之情深重。明代厂卫狱因其能满足皇帝的阴暗猜忌心理而受皇帝大力支持，故虽几经打击而不被裁撤，从明太祖始建卫狱至明末思宗仍倚靠厂卫狱以重法绳臣民导致明朝灭亡，近300年间始终存在，并不断发展，成为明代腐败政治法律制度中的一个典型代表。

一、沿革与发展

锦衣卫狱始创于明太祖洪武十五年（1382）。明太祖即位之初，在朝廷设仪銮司，负责侍卫等职掌。为控制司法，明太祖于洪武十五年下令成立锦衣卫，将原设仪銮司裁并，锦衣卫除掌理侍卫等职外，兼掌缉捕、刑狱等，当时明太祖方用重刑，凡因案下狱之人，太祖皆指定下锦衣卫狱，锦衣卫狱下遂增设镇抚司，专门办理锦衣卫狱之刑名案件。《明史·兵志》载："是时，方用重刑，有罪者往往下锦衣卫鞫实，本卫参刑狱自此始。"[①]由于锦衣卫常有非法凌虐罪囚之事发现，明太祖知悉后甚为震怒，于洪武二十年下令裁撤锦衣卫，将卫狱系囚一并拨归刑部审录，烧毁卫狱中所有刑具，规定内外之狱仍归三法司掌握，这是锦衣卫狱第一次受到打击。

成祖即位后，因其时内外情势不稳定，为伺察内外情势，下令恢复锦衣卫特务组织，任命亲信纪纲为都指挥佥事统领锦衣卫，并于锦衣卫设南北二镇抚司，其中北司专理诏狱，锦衣卫由此复活。[②]成祖恢复卫狱后，仍然感到特务力量不足应付当时形势，于迁都北京后，在东安门之北设立东厂，派亲信太监主持，"成祖起北平，刺探宫中事"，多以建文帝之左右为耳目。故即位后专倚宦官，"立东厂于东安门北……缉访谋逆、妖言、大奸恶等，与锦衣卫均权势。"[③]自此厂卫联称，明代厂卫狱正式形成。成祖时锦衣卫头目纪纲专权肆虐，事发被斩，其他头目如庄敬、庞瑛等也均就戮，锦衣卫气焰

① （清）张廷玉等撰：《明史》卷八九《兵志一》，中华书局1974年版，第2186页。

② （清）张廷玉等撰：《明史》卷八九《兵志一》，中华书局1974年版，第2186页。

③ （清）张廷玉等撰：《明史》卷九五《刑法志三》，中华书局1974年版，第2331页。

再遭打压，但未被裁撤，典诏狱如故。

宪宗成化十三年（1477），由于锦衣卫与东厂之间相互嫉妒，故另设西厂，派亲信太监汪直主持。西厂规模更大，其侦狱人员比东厂多一倍，其职掌为纠察文武大小阳事，悉在厂狱刑讯。西厂的设立，进一步强化了明代厂卫狱的势力。后因汪直事发，宪宗曾根据言官的建议于成化十八年下诏撤销西厂①，但很快即被恢复。

武宗时，太监刘瑾专权，厂卫狱进一步加强。正德元年（1506）八月，武宗听信刘瑾谗言，加强西厂。正德三年（1508），又由刘瑾奏准另建内厂狱，内厂狱权力极大，侦伺面极广，冤滥用刑更为深重。除针对文武百官与人民实行侦缉外，还侦伺东、西厂的特务人员。有人犯罪，不分轻重，一律先予决杖，然后发配边疆地带，永远戍边。发配时所戴之枷，重达一百五十斤。配犯行至中途未有不死者，据统计，刘瑾专权期间非法死于内厂之人数达数千人。刘瑾事发伏诛后，西厂、内厂两狱曾被废没，东厂狱依然如故典理诏狱②。同时，锦衣卫狱也因其头目朱宁事发伏诛而被大量裁汰人员。其后世宗朝时司法案件悉归法司审判，厂卫不复越权处理。但明代中后期各朝皇帝始终离不开厂卫狱，穆宗之后，厂卫势力进一步加强，大狱屡兴，冤滥之情更重。其间虽几经有见地的臣僚建议整顿，但各代皇帝都因各种原因而沿袭如故，直到明朝覆亡，厂卫狱才在历史上彻底消失。

二、厂卫狱之特别管理方式

厂卫狱是明代特别创设的特务组织监狱，其管理方式也迥然有别于正狱的管理制度。首先，厂卫狱之兴起，是由皇帝对臣民的猜嫌而引起的，发展到成熟时期，厂卫特务机关采用各种刺探术侦缉臣民的阴私以兴狱。据历史

---

① 《历代通缉览》卷一〇七。

② 《历代通缉览》卷一〇七。

记载，明代厂卫狱之刺探术有这样几种：听记、坐记、打事件、买起数、乾醢酒等。所谓"听记"，到每月月初，东西厂狱派厂役百人，由竹片制成各种名签，分伺官府动态。派人到中府各处会审大狱，至北镇抚司拷讯重犯，此谓"听记"。① 所谓"坐记"，是指东西厂狱派人分赴各地官府及各城门，访察每日发生大小事件，对犯罪违法者加以缉拿。② 所谓"打事件"，即东西厂狱将在各地听记、坐记刺察所得之阴事，上报于东西厂之主事官，胥吏将此项阴事笔之于纸而疏白的做法。③ 所谓"买起数"，东厂狱为伺察阴事而外派之"档头"（或称"役长"）与"干事"，用金钱收买各地到京师的亡命之徒的告密材料，其金钱酬劳称为"买起事"④。所谓"乾醢酒"，"档头"在收到情报后即率衙役至被告之家先摸底（称"打桩"），如收到主家贿赂即行离去，如所贿不如意，立加榜治以兴狱，这是"乾醢酒"。

厂卫狱利用上述特务手段以刺探阴事，锻炼成狱。囚犯被关进厂卫监狱里后，他们受到的对待与法司提掌的囚犯大不一样，其中最主要的差别体现在厂卫狱的残酷刑具制度上。明代法定狱具有三种，即枷、杻、锁，不同程度的囚犯依法适用不同的狱具。而在厂卫狱中，则完全不按照这种制度办，据史料记载，明代厂卫狱中有所谓"全刑""重枷""立枷"之制。所谓"全刑"据《明史·刑法志三》记载："田尔耕、许显纯在熹宗时……输金不中程者，受全刑。全刑者曰械、曰镣、曰棍、曰拶、曰夹棍。五毒俱备。……至忠贤益为大枷，又设断脊、堕指、刺心之刑"。⑤ 行刑时呼声沸然，血肉溃烂，宛转求死不得。

所谓"重枷"，《明史·刑法志三》载："（刘）瑾又改惜薪司外薪厂为办事厂……且创例，罪无轻重皆决杖，永远戍边，或枷项发遣，枷重至百五十

---

① （清）张廷玉等撰：《明史》卷九五《刑法志三》，中华书局 1974 年版，第 2333 页。
② （清）张廷玉等撰：《明史》卷九五《刑法志三》，中华书局 1974 年版，第 2333 页。
③ （清）张廷玉等撰：《明史》卷九五《刑法志三》，中华书局 1974 年版，第 2333 页。
④ （清）张廷玉等撰：《明史》卷九五《刑法志三》，中华书局 1974 年版，第 2333 页。
⑤ （清）张廷玉等撰：《明史》卷九五《刑法志三》，中华书局 1974 年版，第 2338—2339 页。

斤，不数日辄死。"① 所谓"立枷"，俗称"站笼"，即令犯人套重枷昼夜直立，其枷重一百五十斤，更有重者至三百斤者，一经施用此刑，犯人无不死亡。

明代厂卫狱除用上述三种配刑虐待罪囚外，还曾使用过多种非法刑具，如：挺棍、脑箍、竹签、嘴掌、掌花、烙铁、灌鼻、钉指、一封书、鼠弹筝、拦马棍、燕儿飞、带根板、水硼杖、生树根、磨骨钉、寸寸紧等。

按照明代制度，厂卫狱的任务是侦缉奸盗，拟罪定刑则是法司之职，嘉靖三年（1524）刑部尚书林俊奏言："祖宗以刑狱付法司，以缉获奸盗付镇抚。讯鞫即得，犹必付法司拟罪。……"② 从现代刑法学理论上来说，厂卫狱中关押的其实都是嫌疑犯。厂卫狱的性质也只相当现代意义上的看守所，而只有待法司定罪量刑后的囚犯才是真正意义的罪犯。因此厂卫狱不具有执行刑罚尤其是死刑的职权，然而明代厂卫狱毕竟是由皇帝直接控制、由权监执掌的特务组织监狱，囚犯一入厂卫狱，基本上已无生还之理。厂卫狱卒往往根据皇帝或权监的指示或因其他原因而采用各种极端残酷的手段杀害囚犯。明代厂卫狱卒残害囚犯的方式主要有这样两种：酷刑致死，狱卒潜杀。所谓酷刑致死，就是指厂卫特务对待凶犯使用酷刑，如五毒全刑等致囚犯不堪而死。厂卫狱中，关押之囚犯，在当时皆视为钦犯。既为钦犯，必受酷刑。任何人经酷刑未有不诬服者，厂卫特务为取得口供或榨取贿赂而不惜滥施各种酷刑，酷刑之下死亡者极多。

所谓狱卒潜杀，是指在皇帝旨意或权监授意下，由厂卫狱头目指挥狱卒潜杀囚犯，潜杀前或将要杀之人先予隔离单独关押，然后或醉之以酒，或待其入睡后潜杀。如明代宰相解缙就是醉酒后被潜杀的，"锦衣卫帅纪纲，上囚籍。……纲遂醉缙酒，埋积雪中，立死。"③ 刘球则是入睡后被潜杀的，"[马] 顺（王振之属吏）深夜携一小校持刀至球所。球方卧，起立，大呼

---

① （清）张廷玉等撰：《明史》卷九五《刑法志三》，中华书局 1974 年版，第 2332 页。
② （清）张廷玉等撰：《明史》卷一九四《林俊传》，中华书局 1974 年版，第 5139 页。
③ （清）张廷玉等撰：《明史》卷一四七《解缙传》，中华书局 1974 年版，第 4122 页。

太祖、太宗。颈断，体犹植。遂支解之，瘗狱户下。"①至于潜杀的手段则极多，诸如沙囊压身法，铁钉贯耳法、锁头拉死法、十指堕落法等。

厂卫狱中杀人后，先在狱中停尸几天，然后才以苇席包裹尸体抬出厂狱，此时之尸体，无不虫蛆腐体，死者家属见之，未有不伤心欲绝的。厂狱为保守秘密，还往往不告知受害人家属死者死期。自成祖以来，厂卫恃务在厂卫狱中杀死之人，不计其数。其彰明较著之杀人案件，初为皇帝授意厂卫役办理，厂卫官役之威权日益膨胀，以致顺者生逆者死。以后竟发展到厂卫特务矫诏办理，皇帝本人都不知情的地步，权监挟仇私极、滥刑杀人之现象日益普遍，据史载：英宗正统十三年（1448），东厂官校发云南百户左升私事，连及通政工部尚书张文质，锦衣卫将其下狱，英宗竟不知情。后经左通政何综等奏闻，英宗始知其事，令即释放。孝宗时徐炎也说："臣在刑部三年，每见鞫问盗贼，多东厂镇抚司缉获，或校尉挟私诬陷，或为人报仇，或受首恶赃，令旁人抵罪。刑官司洞见其情，莫能改正，以致多枉杀人。"②

明朝各代皇帝为加强专制君权，不惜授权武夫奸宦建立特务组织监狱，企图稳固其政权。然而事与愿违，随着宦官势力的发展，到后来连皇帝都无法控制厂卫狱了，如宪宗、孝宗、神宗、思宗等皇帝都曾想整顿厂卫狱，但均不见成效，明中后期的厂卫狱已是积重难返。厂卫狱以极其恐怖、极其残忍的手段来虐待囚犯，深刻地暴露了封建监狱的腐败与黑暗本质，也加速了明代政权的覆亡。

---

① （清）张廷玉等撰：《明史》卷一六二《刘球传》，中华书局 1974 年版，第 4406 页。
② 《御批历代通鉴辑览》卷一〇七。

第六章　律学的成就及其对司法的影响

第一节　律学的成就

《大明律》制定以后，朱元璋所提倡的法律解释，为律学的进一步发展提供了强大的动力。据《明史·刑法志》记载，朱元璋"恐小民不能周知〔大明律〕，命大理卿周桢等取所定之律令，自礼乐、制度、钱粮、选法之外，凡民间所行之事宜，类聚成编，训释其义"[①]，是为《律令直解》。《律令直解》是钦命完成的具有很高权威性的官方释律之作，对于司法实践中准确地了解律意，适用法律，起着重要的指导作用，并且开了明代注释律学风气之先。

明代的立法解释与《唐律疏议》的疏解有所不同，它更紧扣适用中的具体问题，既不作历史沿革的陈述，也不作理论上的评说。例如，对《大明律》中列于律首的"六赃图""纳赎例图""收赎钞图""五刑图""狱具图""丧服图"等，都作出了必要的简明的解释，以便于理解和适用。其次，对于律文中常用的八个字——以、准、皆、各、其、及、即、若进行了字义解释，名为"例分八字之义"，具体如下：

[①]　（清）张廷玉等撰：《明史》卷九三《刑法志一》，中华书局 1974 年版，第 2280 页。

以者，与真犯同。谓如监守贸易官物，无异真盗，故以枉法论，以盗论……

准者，与真犯有间矣。谓如准枉法、准盗论，但准其罪，不在除名刺字之例……

皆者，不分首从，一等科罪。谓如监临主守，职役同情，盗所监守官物，并赃满贯，皆斩之类。

各者，彼此同科此罪。……各杖一百之类。

其者，变于先意。谓如论八议罪犯，先奏请议，其犯十恶不用此律之类。

及者，事情连后。谓如彼此俱罪之赃，及应禁之物，则没官之类。

即者，意尽而复明。谓如犯罪事发在逃者，众证明白，即同狱成之类。

若者，文虽殊而会上意。谓如犯罪未老疾，事发时老疾，以老疾论。若在徒年限内老疾者，亦如之之类。①

明代中叶以后，专制主义制度越发展越要求法律的统一适用。随着条例的不断增多，"一事三四例者有之，随事更张每年或再变其例者有之"。② 律例之间的矛盾日益突出，解释法律的工作已经远远落后于法律应用的实际需要，以至奸吏因缘为奸，任情用法，严重破坏了统一的法制秩序。这时的明朝政府由于皇帝昏庸、宦官擅权，政治极端腐败，无暇和无力组织官方注律，只能认可和鼓励私家注律，以满足统一用法的紧迫需要。在这样的背景下，私家注律蓬勃兴起，其成果受到重视，有的还具备了官方注律的权威性。

私家注律以体现国家的立法意图与利益需要为前提，以维护现行法律的

---

① 怀效锋点校：《大明律》附图《例分八字议》，法律出版社 1999 年版，第 466 页。
② 《皇明条法事类纂》（四），第 372 页。

正确贯彻实施为宗旨，这是私家注律被认可的前提条件，否则不仅没有发展前途，反而要受到刑法制裁。因此，私家注律是在专制政府监控下进行的。

明代主要的释律著作，除舒化奉旨纂修的《大明律附例》《明律纂注》外，私家释著有彭应弼《刑书据会》、唐枢《法缀》、雷梦麟《读律琐言》、姚思仁《大明律附例注解》、贡举《大明龙头便读傍训律法全书》、明允《大明律例注释详刑冰鉴》、苏茂相《大明律例临民宝镜》、徐昌祚《大明律例添释旁注》、陆束之《读律管见》、王樵《读律私笺》、王肯堂《律例笺释》（别本称《明律笺释》）、张楷《大明律释义》《大明律解》、何广《律解辩疑》、萧近高《刑台法律》、王楠《大明律集解》、朱敬循《大明律例致君奇术》、高举《大明律集解附例》、应廷育《读律管窥》、孙存《大明律读法书》、林兆珂《明律例注》、王之垣《律解附例》等。其中以王肯堂《律例笺释》，三十卷二十册，最具权威性，被明人奉为解律圭臬。

第二节 律学对司法的影响

明朝专制主义高度发展，中后期已经无力组织进行官方的律文注解，而提倡私家注律。官吏在司法实践中注意统一适用法律，也重视私家注律的成果在司法实践中的应用。这不仅有助于官吏司法，而且对清朝律学有直接影响。

王肯堂是万历十七年（1589）进士，曾任南京行人司副、福建参政等职。他通晓经学、律学，尤其是继承了律学的家学渊源。其父王樵曾撰写《读律私笺》，二十四卷，对于王肯堂撰写《律例笺释》有着重要影响。他在自序中说："刑期无刑，用主不用"，即通过宣讲法律，预防犯罪，这是他释律的主要意图。《律例笺释》综合了时人释律的精华，并运用司法判例来阐释立法宗旨和法律原则。例如，《大明律》"盐法"律文后附万历条例："凡豪强盐徒聚众至十人以上……拒敌官兵，若杀人及伤三人以上者，比照强盗已行得财律，皆斩，为首者，仍枭首示众。"王肯堂解释说："旧例云三命、二命，故议者泥于命字，遂谓伤而未死者，不得引用此例，不知私盐拒捕，律自应斩，况加之伤人乎？堤防奸徒，不嫌过重，今改三人二人者为当。"一字之改体现了对强行贩卖私盐行为的加重镇压。

王肯堂撰著的《律例笺释》，不仅指导了明中叶以后的立法与司法，也影响了清前期的法律建设。顺治三年律不仅律中小注引自王肯堂注释，许多条例也是准依笺释纂修而成。康熙中期，顾鼎重辑《律例笺释》，成为清代律学家注释清律的重要参考，直到沈之奇《大清律辑注》问世以后，因其现实针对性更强，才逐渐取代了《律例笺释》的地位。

除王肯堂《律例笺释》外，彭应弼所撰《刑书据会》，以参用司法实例和司法用语注释律文为特点，其体例为清代律学家所借鉴。唐枢所撰《法缀》，按时间顺序分别排列官方律学文献和私家注律文本，不仅记述了明前期法制的概貌，而且还可以从中比较不同时期法律的变革。

明代律学的兴起，除封建社会后期特定的历史环境所决定外，也还"具有由它的先驱者传给它，而它便由此出发的特定思想资料作为前提"。[①]南宋时期功利学派对旧律中有关婚姻、财产、继承观念的抨击也有着一定的影响。由此不难理解明初刘基对传统法律中的"七出"之条提出的批评："或问于郁离子曰：'在律，妇有七出，圣人之言欤？'曰：'是后世薄夫之所云，非圣人意也。夫妇人从夫者也，淫也、妒也、不孝也、多言也、盗也，五者天下之恶德也。妇而有焉，出之宜也。恶疾之与无子，岂人之所欲哉？非所欲而得之，其不幸也大矣，而出之，忍矣哉！夫妇人伦之一也。妇以夫为天，不矜其不幸而遂弃之，岂天理哉？而以是为典训，是教不仁以贼人道也。仲尼没而邪辞作，惧人之不信，而驾圣人以逞其说。呜呼，圣人之不幸而受诬也久矣哉！'"[②]

---

① 中共中央马克思、恩格斯、列宁、斯大林著作编译局编：《马克思恩格斯选集》第四卷《恩格斯致康·施米特》，人民出版社1972年版，第703页。

② （明）刘基撰，魏建猷、萧善芗点校：《郁离子》卷下《七出》，上海古籍出版社1981年版，第100—101页。

第七章　严格司法官的法律责任

为了提高司法的质量，《大明律》严格规定了司法官的责任，对司法渎职者严厉制裁。

第一节　"断罪不如法"的法律责任

按《大明律》："不如法，谓应用笞而用杖，应用杖而用讯，应决臀而决腰，应决腿而鞭背。其行杖之人，若决不及肤者，依验所决之数抵罪，并罪坐所由。若受财者，计赃，以枉法从重论。"[①]可见，不如法并非无法，或不执法，而是有意枉法。如系受财故不如法，按律治罪。

《大明律》对不如法者的处罚，重于唐宋律，规定"不如法者，笞四十"，按唐宋律是笞三十。为强调所引须正文，《大清律例》特作补充规定："其特旨断罪，临时处治不为定律者，不得引比为律。若辄引比致断罪有出入者，以故失论。"[②]

---

① 怀效锋点校：《大明律》卷二八《刑律十一·断狱》，"决罚不如法"条，法律出版社1999年版，第220页。

② 田涛、郑秦点校：《大清律例·刑律》，法律出版社1999年版，第595页。

由于明清两朝科举中不设明法科、刑法科，而以八股取士，为弥补以制艺入仕之官不明了法律，难于依法审断，《大明律》"吏律·公式"中首列"讲读律令"："凡国家律令，参酌事情轻重，定立罪名，颁行天下，永为遵守。百司官吏务要熟读，讲明律意，剖决事务。每遇年终，在内从察院，在外从分巡御史、提刑按察司官，按治去处考校。若有不能讲解，不晓律意者，初犯罚俸钱一月，再犯笞四十附过，三犯于本衙门递降叙用。其百工技艺，诸色人等，有能熟读讲解，通晓律意者，若犯过失及因人连累致罪，不问轻重，并免一次。其事干谋反、谋逆者，不用此律。若官吏人等，挟诈欺公、妄生异议，擅为更改，变乱成法者，斩。"① 据沈家本考证："此条唐律无文，盖自元废律博士之官，而讲读律令者，世遂无其人，明虽设有此律，亦具文耳。"② 但清人吴坛在《大清律例通考》中对此律条有如下考证：前明成化四年旧例内开，"各处有司，每遇朔望诣学行香之时，令师生讲说律例及御制书籍，俾官吏及合属人等通晓法律伦理，违者治罪。"③ 说明讲读律令条在现实中仍有一定的影响，并非完全具文。

第二节 "出入人罪"的法律责任

官司出入人罪是司法渎职的重要表现之一。正因为如此，由唐迄清法律的规定不断细化，并针对司法实践中出现的问题不断增加条例。《大明律》

---

① 怀效锋点校：《大明律》卷三《吏律二·公式》，"讲读律令"条，法律出版社1999年版，第36页。

② 沈家本撰，邓经元、骈宇骞点校：《历代刑法考·明律目笺二》，中华书局1985年版，第1829页。

③ （清）吴坛著，马建石、杨育棠等校注：《大清律例通考校注》卷七《吏律·公式》"讲读律令"条，中国政法大学出版社1992年版，第374页。

在出入人罪的法律规定中，既简要剖析了犯罪的原因，又分清了官与吏各应负的刑责："凡官司故出入人罪，全出全入者，以全罪论。谓官吏因受人财及法外用刑，将本应无罪之人而故加以罪，及应有罪之人而故出脱之者，并坐官吏以全罪。""若增轻作重，减重作轻，以所增减论，至死者，坐以死罪。若断罪失于入者，各减三等，失于出者，各减五等。谓鞫问狱囚，或证佐诬指，或依法拷讯。以致招承，及议刑之际，所见错误别无受赃情弊，及法外用刑致罪有轻重者，若从轻失入重，从重失出轻者，亦以所剩罪论。并以吏典为首，首领官减吏典一等，佐贰官减首领官一等，长官减佐贰官一等，科罪。"①

第三节 "受赇枉法"的法律责任

《大明律》沿袭唐律"监主受财枉法"条规定，受绢一尺杖一百，每一匹加一等，十五匹处绞刑。即使"诸有事先不许财，事过之后而受财者，事若枉，准枉法论；事不枉者，以受所监临财物论"。② 如果"诸主守受囚财物，导令翻异，及与通传言语，有所增减者，以枉法论，十五匹加役流，三十匹绞。"③ 至于"监主受财不枉法"，赃一尺杖九十，每二匹加一等，三十匹加役流。无禄人受财不枉法减一等处刑，四十匹加役流。④ 除

---

① 怀效锋点校：《大明律》卷二八《刑律十一·断狱》，"官司出入人罪"条，法律出版社1999年版，第218页。

② （唐）长孙无忌等撰，刘俊文点校：《唐律疏议》卷一一《职制律》"事后受财"条，中华书局1983年版，第221页。

③ （唐）长孙无忌等撰，刘俊文点校：《唐律疏议》卷二九《断狱律》"主守导令囚翻异"条，中华书局1983年版，第548页。

④ （唐）长孙无忌等撰，刘俊文点校：《唐律疏议》卷一一《职制律》"监主受财枉法"条，中华书局1983年版，第220—221页。

此之外，增加计赃办法。"官吏受财"条规定："凡官吏受财者，计赃科断。无禄人，各减一等。官追夺除名，吏罢役，俱不叙。说事过钱者，有禄人，减受钱一等；无禄人，减二等；罪止杖一百，各迁徙。有赃者，计赃从重论。"①

有禄人"枉法，赃各主者，通算全科。（谓受有事人财而曲法科断者，如受十人财，一时事发，通算作一处，全科其罪。）一贯以下，杖七十"。"一贯之上至五贯，杖八十。……八十贯，绞。不枉法，赃各主者，通算折半科罪。（谓虽受有事人财，判断不为曲法者，如受十人财，一时事发，通算作一处，折半科罪。）一贯以下，杖六十。……一百二十贯，罪止杖一百，流三千里。"无禄人"枉法，一百二十贯，绞。不枉法，一百二十贯之上，罪止杖一百，流三千里。"②

"事后受财"条规定："凡有事，先不许财，事过之后而受财，事若枉断者，准枉法论；事不枉断，准不枉法论。"③

另据"有事以财请求"条规定："凡诸人有事，以财行求得枉法者，计所与财，坐赃论。若有避难就易，所枉重者，从重论。其官吏刁蹬，用强生事，逼抑取受者，出钱人不坐。"④

综上可见，历代对于受赇枉法的规定不断细化，如汉朝便区分枉法与不枉法、受赇与行赇；唐以后更区分有禄人与无禄人、长官与书吏，并计赃办法。从中反映了受财枉法的司法渎职行为不仅层出迭见，而且花样不断翻新，正所谓道高一尺魔高一丈。

---

① 怀效锋点校：《大明律》卷二三《吏律六·受赃》，"官吏受财"条，法律出版社1999年版，第183页。
② 怀效锋点校：《大明律》卷二三《吏律六·受赃》，"官吏受财"条，法律出版社1999年版，第183—185页。
③ 怀效锋点校：《大明律》卷二三《吏律六·受赃》，"事后受财"条，法律出版社1999年版，第187页。
④ 怀效锋点校：《大明律》卷二三《吏律六·受赃》，"有事以财请求"条，法律出版社1999年版，第187页。

第四节　"请托枉法"的法律责任

所谓请托枉法，系指以私事相托，走门路，通关节，以求曲法减免罪犯的处刑。为杜绝此种司法渎职现象，《大明律》"嘱托公事"条规定："凡官吏诸色人等，曲法嘱托公事者，笞五十。但嘱即坐。（谓所嘱曲法之事，不问从与不从、行与不行，但嘱即得此罪。）当该官吏听从者，与同罪；不从者，不坐。若事已施行者，杖一百。所枉罪重者，官吏以故出入人罪论。若为他人及亲属嘱托者，减官吏罪三等。自嘱托已事者，加本罪一等。若监临势要为人嘱托者，杖一百；所枉重者，与官吏同罪。至死者，减一等。（谓监临势要之人，但嘱托者，杖一百。官吏听从者，仍笞五十，已施行者，亦杖一百。所枉之罪重于一百者，官吏与监临势要之人，皆得故出入人之罪。官吏依律合死者，监临势要之人，合减死一等。）若受赃者，并计赃以枉法论。若官吏不避监临势要，将嘱托公事实迹赴上司首告者，升一等。"①《大明律》"嘱托公事"条还规定下级首告上司嘱托公事者，升一等。

第五节　"淹禁稽迟"的法律责任

在司法审判中承审官出于主观上的各种原因，出现应审不审，应释不释，应结不结等淹禁稽迟现象，亦属司法渎职行为。为克服此种现象，唐律以来的法典中规定了相应的惩治条款。

---

① 怀效锋点校：《大明律》卷二六《刑律九·杂犯》，"嘱托公事"条，法律出版社1999年版，第202—203页。

明朝建立以后鉴于非法淹禁所造成的后果，严格规定："凡狱囚情犯已完，监察御史、提刑按察司审录无冤，别无追勘事理，应断决者，限三日内断决。应起发者，限一十日内起发。若限外不断决、不起发者，当该官吏，三日，笞二十；每三日加一等，罪止杖六十。"①因而淹禁致死者，若囚该死罪，杖不知法、故不如法；或有意故出入人罪、或受贿枉法、或请托枉法、或挟仇枉法等等。除此之外，有些官吏疲软不作为，遇有案件委诸幕吏或下属代审，由此弊端丛生。元人张养浩说："近年司宪受词讼，往往檄州郡官代听之，代听者不可承望风旨，邀宠一时，使人茹枉受刑，而靡恤阴理。"②

---

① 怀效锋点校：《大明律》卷二八《刑律十一·断狱》，"淹禁"条，法律出版社 1999 年版，第 212 页。

② （元）张养浩：《牧民忠告》卷上《听讼第三·移听》，四部丛刊景元刊本。

第八章　司法监察

众所周知，明代为加强君主专制而建立了庞大的监察机构。而作为监察机构的一项职权——监督司法也随之得到了强化。从现存史料来看，明代司法监察的根本目的在于加强皇帝对司法的控制，而并非保障实体法与程序法的正确实施。有这层认识，我们才能理解明代司法监察的主体主要是监察机关，司法监察的客体主要是实施不法行为的司法官吏，司法监察制度只是监察制度中的部分。这种现象不独是明代的特例，而是中国封建社会的通例。

吏治的好坏往往关系到封建王朝的命运，整顿吏治是历代皇帝登基后煞费苦心考虑的一项课题，因此监察制度作为一项较好的解决方案在中国封建社会里得到长足的发展。与此相反，法制制度中的程序法则发展得极为缓慢，以保证实体法与程序法的正确适用为终极目的的现代司法监察制度是不可能出现在中国封建社会时期的。

尽管如此，我们仍不能否定明代隶属于监察制度的司法监察制度对刑事实体法与刑事程序法某些环节的积极作用，正是这种着眼于监察司法官吏的司法监察制度的存在，保障了明代庞大的司法体系能基本正常运转。当然更为显著的效果是加强了皇帝对司法权的垄断性控制。

明代司法监察机关主要包括中央与地方监察机关，中央以都察院与六科给事中为主，地方则是按察司；另外，上级审判机关通过复审或复核进行司法监察；监督依据监察法规及刑法进行；监督方式主要有轮值登闻鼓、照制文卷、录囚、会审等；监督的范围以审判为主，兼及拘捕执行等刑事诉讼程序中各个环节，民事诉讼则基本不包括；监督主要针对司法结果，而兼及司法程序；监督权以皇权为依托，尤其是监察部门的御史在执行监督权时，位卑权重，其实际权限甚至远远高出其法定职权。

第一节　司法监察的主要形式

上文已经述及，明代司法监察基本可以划分为两种类型：一是上级审判机关通过复审或复核程序对下级审判机关进行监督；二是以监察部门对各级司法机关的司法活动及司法结果进行监督。因此，明代司法监察机关主要包括两大类：审判机构及监察机关。因审判活动及审判机关已在上文论述，故本节不再赘述。

一、中央司法监察机关

1. 都察院

明初循元制设御史台，洪武十三年（1380）五月，因胡惟庸之案而罢御史台，十四格改设都察院，下设十二道；宣德十年（1435）定为十三道监察御史。都察院最初为正七品衙门，洪武十六年（1383）升为正三品，十七年（1384）始定为正二品衙门。都察院设左、右都御史，正二品；左、右副都御史，正三品；左、右佥都御史，正四品。另设十三道监察御史，正七品。

都察院职掌主要为行政监察，司法监察也是其重要职责之一。其中"都御史职专纠劾百司，辩明冤枉，提督各道，为天子耳目风纪之司。……大狱重囚会鞫于外朝，偕刑部、大理谳平之"。"十三道察御史，主察纠内外百司之官邪，或露章面劾，或封章奏劾。……而巡按则代天子巡狩，所按藩服大臣、府州县官诸考察，举劾尤专，大事奏裁，小事立决。按临所至，必先审录罪囚，吊刷案卷，有故出入者理辩之。"①

2. 六科给事中

据《明史·职官志三》，明初统设给事中之职，正五品，洪武元年（1368）设给事中十二人，品秩为正七品，分吏、户、礼、兵、刑、工六科。每科二人，以年长者掌握该科给事中之印。洪武十年（1377）将给事中划归承敕监，十二年（1379）改隶通政使司，十三年（1380）置谏院，统管给事中，二十二年（1389）改给事中为"源士"，增至八十一人，不久又复为给事中。洪武二十四年（1391），朱元璋改定六科给事中员额，每科设都给事中一人，正八品，左、右给事中二人，从八品，给事中刑科八人，正九品。建文年间，又改都给事中为正七品，给事中从七品，不设左、右给事中，成祖继位后，恢复左、右给事中设置。六科给事中于宣德八年（1433）定制后为独立机构，直属皇帝。②

六科给事中的职掌主要有言谏、封驳、弹劾、监督狱讼、廷推等项，司法监察是其职掌中一项重要内容，主要由刑科给事中来行使。

明代以前，言官与监察官截然分为两个系统。纠举官邪、肃清吏治，为监察御史的主要职掌；谏诤规诲、封驳补遗为给事中的主要职掌。至明代，随着专制制度的强化，以及废宰相之后，六部权力地位的提高，为了对六部的活动进行必要的监督，明太祖朱元璋将六科给事中的职掌由谏诤改为主要执掌监察，使科道合一。六科给事中除具有历朝言官的职掌外，还"稽查六部百司之事"，纠举官吏的违法失职，因而与御史并无实质上的区别。其职权之广，权威之重，委寄之深，组织之庞大，历代均不能望其项背。而且自成衙门，无所统属，直通天子，凸显了专制主义高度发展加给它的时代烙印。

科道之间权力既交叉，又互相纠劾，使得二者保持相对的平衡。有明一代，给事中在专制政治体制内部所起到的调节功能，以及保证庞大的官僚机

---

① （清）张廷玉等撰：《明史》卷七三《职官志二·都察院》，中华书局 1974 年版，第 1768 页。

② （清）张廷玉等撰：《明史》卷七四《职官志三·六科》，中华书局 1974 年版，第 1806—1807 页。

构正常运转的积极作用，应该给予充分的评价。顾炎武对六科给事中封驳权的行使给予肯定的评论。他说："明代虽罢门下省长官，而独有六科给事中，以掌封驳之任。旨必下科，其有不便，给事中驳正到部，谓之科参。六部之官，无敢抗科参而自行者，故给事中之品卑而权特重。"①

二、省级专掌司法监察机构——按察司

据《明史·职官志四》，明初，置各道按察司，设按察使，秩正三品；副使，正四品；佥事，正五品。洪武九年（1376）官制改革，撤销地方行中书省，按察司与布政司、都指挥使司成为并列的省级三司之一，按察司成为地方固定的司法监察机关。洪武十四年（1381），并置各道按察分司。翌年，又在府县置按察分司，设试佥事531人，每人按察两县。十六年（1383），尽罢试佥事，改按察使为从三品；副使二人，从四品，佥事从五品，多寡按其分道之数。洪武二十二年（1387）复定按察使为正三品。洪武二十九年（1396）改置按察分司为四十一道，建文时，将提刑按察司改为十二道肃政按察司。成祖初，复旧，至宣宗宣德五年（1430），除两京不设按察司外，全国共固定为十三道按察司。成为定制后的按察司组织机构及职官设置是：按察使一人正三品，副使正四品，佥事无定员。其属：经历司，经历一人正七品，知事一人正八品；照磨所，照磨一人正九品，检校一人从九品；司狱司，司狱一人从九品。②

按察司为明代省级司法监察机关，主要职掌为司法监察。《明史·职官志四》载：按察司"掌一省刑名按劾之事。纠官邪、戢奸暴，平狱讼，雪冤抑，以振扬风纪，而澄清其吏治"③。

---

① （清）顾炎武著，黄汝成集释，栾保群、吕宗力点校：《日知录集释》卷九，《封驳》，上海古籍出版社2006年版，第526—527页。

② （清）张廷玉等撰：《明史》卷七五《职官志四·按察司》，中华书局1974年版，第1840—1842页。

③ （清）张廷玉等撰：《明史》卷七五《职官志四·按察司》，中华书局1974年版，第1840页。

第二节　司法监察法规

明代司法监察隶属于行政监察，因此司法监察职能的行使也只能依据监察法规。另外，司法监察的对象是司法官吏及其司法活动，因此《大明律例》中针对司法官吏违法办案的规定以及办案程序方面的规定也是司法监察机关据以行使其职能的规范。

明代监察立法早在洪武年间即已开始。洪武年间，朱元璋即以敕令的形式陆续颁布了对监察机关的职权范围、施行细则等各项法律规定，如《宪纲》《出退相见礼仪》《奏请点差》与《巡历事例》等条例。此后经惠文帝、成祖、仁宗、宣宗历朝增补，至英宗时已颇具规模。孝宗弘治年间编纂成《大明会典》，有关监察机关的法规条例被汇总编入其中。《大明会典》后历经武宗正德的校修，世宗嘉靖时重修，神宗万历时再修，于万历十五年（1587）正式成书，共 228 卷，体例以六部九衙署为纲，监察法规被列入其中第 209 卷至 213 卷。《大明会典》中所载都察院的法规，体例庞大，内容复杂，其中与司法监察有关的有：宪纲总例凡 10 条；出巡事宜凡 27 条；照刷文卷凡 6 条；问拟刑名；追问公事，附申冤；审录罪囚，附审决；巡按七察；监官遵守条例凡 20 条；监纪九款等。

一、《宪纲条例》

洪武四年（1371）正月，"御史台草拟《宪纲》四十条，上览之亲加删定，诏刊行颁给"，① 是为有明一代最早的监察立法。洪武二十六年（1393），在推

---

① （明）胡广等奉敕撰，台湾"中央研究院"历史语言研究所校勘：《明实录·太祖实录》卷六〇，洪武四年正月己亥条，上海书店出版社 1982 年版，第 1176 页。

行重典治吏政策的基础上，制定了以《宪纲总例》为代表的监察法。正统四年（1439）正式制定颁布颇具规模的监察法规《宪纲条例》。史载："及正统中所定《宪纲条例》甚备，各以类分。"《宪纲条例》原文已失传，但从《大明会典》中仍可窥见有关内容。该条例对监察官的地位、职权、选用、监察对象以及行使权力的方式和监察纪律等作了详细的规定，其中不乏与司法监察相关的规定，如：

> 凡监察御史行过文卷，从都察院磨勘。按察分司行过文卷，听总司磨勘。如有迟错，即便举正。中间果有枉问事理，应请旨者，具实奏闻。

> 凡监察御史、按察司官巡历去处，所问公事有拟断不当者，都察院按察总司随即改正。当该吏典罪之如律，仍将原问御史，及分司官拟断不当事理，具奏得旨方许取问。

> 凡告有司官吏人等取受或出首赃私等事，直隶赴巡按监察御史，在外赴按察司，并分司及巡按监察御史处，陈告追问明白，依律施行，其应请旨者奏闻拿问。若军官有犯，在京从都察院，在外从巡按监察御史、按察司并分司，密切奏请施行。其各都司及卫所首领官有犯，即便拿问。

> 凡监察御史、按察司官巡历去处，所闻有司等官守法奉公，廉能昭著，随即举闻。若奸贪废事，蠹政害民者，即便拿问，其应请旨者，具实奏闻。若知善不举、见恶不拿杖一百，发烟瘴地面安置。有赃从重论。

> 凡按察司官，断理不公不法等事果有冤枉者，许赴巡按监察御史处声冤。监察御史枉问，许赴通政司递状，送都察院伸理。都察院不予理断，或枉问者，许击登闻鼓陈诉。[1]

---

[1] （明）申时行等修：《明会典》卷二〇九，《都察院·风宪总例》，中华书局1989年版，第1039页下栏—1040页上栏。

以上可见，《宪纲条例》赋予监察御史、按察司官广泛的职权，对政令得失、不公不法等事，各陈所见，直言无隐，以通上下之情。

二、六科监察法规

明朝六科给事中自科道合一之后，主要执掌监察。为规范其职权与监察活动，详订专门的监察法规。从立法体系来看，六科监察法规分为总例和各科事例两大部分，共计一百余条。总例部分为"六科通掌"，规定给事中的权限范围；分科事例刑科共 13 条，规定了其权限及工作细则等内容。

"六科通掌"规定了六科共同的权责以及各科相互协同的职司。其司法监察权表现为参与受理百姓京控案件和三法司奉旨审理的重大案件。《明会典》记载了相关的内容，如"凡登闻鼓楼，每日各科轮官一员。如有申诉冤枉，并陈告机密重情者，受状具题本封进。其诉状人先自残伤者，参奏。如决因之日，有诉冤者，受状后，批校尉手，传令停决候旨。嘉靖七年议准：重因家属，于临决前一日，即诉鼓状，薄暮封进"。"凡三法司奉旨于武门前鞫问罪因，掌科官亦预。"①

《明会典》中同样记载了有关刑科监察法规的内容，主要如下：

> 凡法司送到原报，并续收实在囚人数目揭帖，每月三次，本科早朝奏进。

> 凡法司具奏斩绞罪因决不待时，并秋后处决者，本科仍三覆奏，得旨然后行刑。其枭首重犯在狱病故，刑部奏请押赴市曹处决者，本科亦三覆奏请旨。

> 凡击登闻鼓诉冤，并锦衣卫等衙门捉获人犯，三法司处决罪因奉钦依者，俱该锦衣卫值日官，将原给驾帖，填写缘由，并人犯

---

① （明）申时行等修：《明会典》卷二一三，《六科·六科》，中华书局 1989 年版，第 1061 页下栏。

姓名，除鼓下词状，从各科直鼓官批送外，其余俱送本科，列名批钤，以凭送问处决。

凡法司见监斩绞罪囚在狱病故者，具题后，用手本送本科类注，以备覆奏。

凡法司问过罪囚，各用揭帖，每月初一日，轮报各科，查对相同，领精微文簿填写毕，仍类送本科收贮。

凡每年正月初，刑部、都察院开具上年南北囚数揭帖送科，于二月二十一日，转送兵科，次早面进。

凡每月五城兵马司捉获囚数，具奏本，送本科备照。西北二城兵马司，具有无掘挖禁山等项结状，送本科查考。

凡每月初，法司问过军职住俸京军犯罪，各具报本科附簿，以凭查考。

凡奉旨差官勘问在外事情，本科与各科论差。

凡锦衣卫奉旨提取罪犯，从本科批驾帖。

凡岁终，法司问拟过轻重罪囚，开数送本科类奏。

凡法司奏差勘事审录决囚等项官员，都察院奏差御史巡按及监生书吏人等，赴各该清军、刷卷、提学、巡盐、巡茶、巡关等项御史处书办，各该请给内府精微批文，各具手本，赴本科，照各批文定限，转发各衙门给付。事完；各赍原批赴本科，转送内府销缴。①

另据南京刑科监察法规："凡每岁秋后审录重囚，本科与各科官皆预。凡南京五城兵马司，每月捕获过盗数，及奉过各衙门发问犯人，参送南京刑部缘由，赴科注销。"②

刑科监察法规主要包含以下内容：年初上报前一年斩绞等各种罪囚人数，

---

① （明）申时行等修：《明会典》卷二一三，《六科·刑科》，中华书局 1989 年版，第 1064 页下栏—1065 页上栏。

② （明）申时行等修：《明会典》卷二一三，《六科·南京六科·南京刑科》，中华书局 1989 年版，第 1067 页。

年终呈报狱弊人数及实在在押人数；监察重大案件的勘问及罪犯的提取；对刑部官员及负担司法事务的御史巡按、监生、书吏等人员工作的协调管理。刑科的司法监督，对保证法司依法问刑，辨明冤枉上起到了积极的作用。

此外，南京都察院事例中也规定了司法监察的内容，如"凡本院问拟刑名，审录取决重囚，及提问职官等项，俱与南京刑部同。""凡巡视屯田，差御史一员。成化四年奏准：专理江北四十二卫屯田，遇有词讼应参奏者，备呈总督粮储都御史，具奏处分。正德二年奏准：兼捕盗贼。""凡巡江、巡仓等御史，嘉靖二十七年题准：受理词讼，查盘仓库，审问囚犯，禁革奸弊等项，于本差事有干涉者，悉遵照敕谕内事例施行。如不系本差事务，悉听巡按御史，遵照宪纲处分，不得干预。其遇有地方重大事情，巡按御史与各专差御史，俱有干涉者，仍要协和行事，不许自分彼此，致误事机，仍行所属，如事应会处者，通行申呈。其各有专差者，不必概行呈请。"① 由此可见，南京都察院事例中规定了司法治安监察权的内容：承担同南京刑部相同的问拟、审录和提问职官的权力；巡江、巡仓等御史可以受理地方词讼，审问囚犯，缉拿贼盗，维护地方治安。

三、出巡监察法规

御史巡按地方即为代天子巡狩，因此上自藩服大臣，下至府州县官，均在纠察之列。为了防止巡按御史滥用"大事奏裁，小事立断"之权而作威作福，洪武二十六年（1393）制定了监察御史《出巡事宜》，对巡按御史的职掌以及应负的法律责任进行了明确规定。在《出巡事宜》中，司法监察为重点之一，条款较多，例如："凡受军民词讼，审系户婚田宅斗殴等事，必须置立文簿，抄写告词，编成字号，角印关防，立限发与所在有司，追问明

---

① （明）申时行等修：《明会典》卷二一一，《都察院三·南京都察院》，中华书局1989年版，第1057页上栏—1058页上栏。

白，就便发落，具由回报。若告本县官吏，则发该府。若告本府官吏，则发布政司。若告布政司官吏，则发按察司。若告按察司官吏，及伸诉各司官吏枉问刑名等项，不许转委，必须亲问。干碍军职官员，随即奏闻请旨。亦不得擅自提取。""词讼。仰本府应有词讼，疾早从公，依律归结，毋得淹延妨废民生，及听吏胥增减情词出入人罪。仍将见问应有囚数，分豁已未完结，尽实开报。毋得隐漏，自取罪愆。……""讲读律令。仰本府并合属官吏，须要熟读详玩，讲明律意，取依准回报。"① 以上内容与司法监察密切相关。

至正统四年（1439），又将监察御史《分巡地方事宜》分为宪纲与宪体两个部分：宪纲部分与司法监察有关的规定包括："凡监察御史，各道按察司官，每出巡审囚刷卷，必须遍历，不拘限期。""凡国家律令并续降条例事理，有司官吏须要熟读详玩，明晓其义。监察御史、按察司官所至之处，令其讲读。或有不能通晓者，依律究治。"② 以讲读律令作为出巡御史司法监察的要点，这是明以前各朝监察法制所未有的，说明明朝统治者对官吏明法、依法断案的重视。

四、司法监察法规的特点

综括明代监察法规中适用司法监察的内容，有以下几个方面特点：

（一）明确了各类司法监察机关的司法监察职权及其行使方式

如《纠劾官邪规定》规定都御史有权纠劾"凡百官有司，猥琐茸、善政无闻，肆贪坏法者"。《巡案六察》规定凡为出使巡抚，必须遵循六条，其中就有清吏治、惩盗贼、肃边政等条。《巡案七察》规定巡按御史职权范围有七，

---

① （明）申时行等修：《明会典》卷二一〇，《都察院二·出巡事宜》，中华书局1989年版，第1049页。

② （明）申时行等修：《明会典》卷二一〇，《都察院二·出巡事宜》，中华书局1989年版，第1049页下栏—1050页上栏。

其中多为司法监察内容，如雪冤狱、正官风、劾官奸、清属吏、正法纪、肃盗匪等。再如《大明会典》卷二一〇《照刷文卷》即详细规定了御史通过照刷刑房文卷的方式来检查司法审判是否合乎法律的规定等。关于明代司法监察机关依照监察法规的规定行使其司法监察的职权及行使方式，将于下一节中专门论述，于此从略。

（二）明确规定了御史出巡细则

御史作为明代主要负责司法监察职能的官员，其出巡的每一环节都必须遵循严格的法定程序。御史出巡过程一般可分为三个环节，即点差、巡按、回道考察。

1. 点差环节

皇帝委派监察御史赴地方巡按，称点差。明朝为规范点差特意制定了详明的细则，如对点差权限的规定：凡差派御史分巡等事，由"都察院具事目，请旨点差"[①]，其方式是由都御史引御史两员，让皇帝点差其中一员。点差差级划分：御史出差根据道里远近、事务繁简分为大、中、小三等，小差由初任试职的御史担任，试职期满，经考核合格实授后，必须先任中差，然后才能请点大差。出差期限：按出巡地区路途的远近，规定出差期限，如贵州每期往返一百三十五天，山东、山西每期为五十三天，"如违限十日以上，量行参罚，一月以上，重加参罚，两月以上，参调别用"。[②]

2. 巡按环节

明代监察法规规定巡按御史衔命出巡州县，其性质是代天子巡察，任务举凡吏政、刑务、治要、档案、学校、农桑水利、风俗民隐等等无所不察。还规定了其随员、治所财务以及司府州县相见礼仪等。为保证出巡御史的性

---

① （明）申时行等修：《明会典》卷二一〇，《都察院二·奏请点差》，中华书局1989年版，第1046上栏。
② （明）申时行等修：《明会典》卷二一〇，《都察院二·奏请点差》，中华书局1989年版，第1046上栏。

命安全及权威，《出巡事宜》规定："凡分巡按治州郡……其经过去处，差拨弓兵防护。"① 为确保御史充分行使职权，《宪纲》规定，御史所巡之处，在职权范围内，如需查阅案卷，传问官吏，所在州县官吏不得推拖。

3. 回道考察环节

御史巡历期满，不许枉道回家，必须回京依期交差。由都察院堂上官对其任期内的成绩进行考核，称职者方准许回道管事，不称职者则要酌情予以处罚。这被称为四道考察。正统十四年（1449）规定："令御史差回，都察院堂上官考其称否具奏"②。回道考察以《宪纲》为依据，嘉靖十三年（1534）专门制定了御史回道考核《造报册式》四十条，作为考察标准，内容十分详备，几乎涉及御史出巡该做或应掌握的所有事宜，如举荐过的文武职官员额，礼待过多少文武职官，纠劾、戒饬过文武职官若干员，表彰过孝义节妇若干，问讯过文武职官若干员，查理过仓库钱粮若干数，提督过学校生员若干人，并作重点培养对象者人数，兴革过军民利病若干事，存恤过孤老若干名，审过罪囚若干起，会审过轻重罪犯若干起，追过赃罚若干数……③ 凡此种种，回道御史必须一一如实开报。

（三）明确规定了监督纪律

"风宪之任至重，行止语默，须循理守法，若纤毫有违，则人人得而非议之。……在我无瑕，方可律人。"④ 明代特别注重监察官的素质，为此制定了要求御史严格遵守的纪律，如《监官遵守条款》《监纪九款》等。这些规

---

① （明）申时行等修：《明会典》卷二一〇，《都察院二·出巡事宜》，中华书局1989年版，第1048下栏—1049页上栏。

② （明）申时行等修：《明会典》卷二一一，《都察院三·回道考察》，中华书局1989年版，第1054页上栏。

③ （明）申时行等修：《明会典》卷二一一，《都察院三·回道考察》，中华书局1989年版，第1054页上栏—1055页上栏。

④ （明）申时行等修：《明会典》卷二一〇，《都察院二·出巡事宜》，中华书局1989年版，第1050页上栏。

定中大部分条文要求御史保持廉洁奉公，如：

1.巡按不许擅令官府和买货物，私役夫匠，多用导从，多用铺陈，以张声势，违者治罪。

2.风宪凡饮食供帐，只宜从俭，不得逾分。御史出巡地方，不得纵容官吏出城迎送，亦不得盛张筵宴，邀请亲朋。

3.巡按所到地方，凡官吏禀事，除公务外，不得问此地出产何物，以防下人窥伺作弊。

4.都察院官员及监察御史，按察司官吏人等，不许于衙门嘱托公事。违者比常人加三等，有赃者，从重论。

5.禁携家眷。巡按御史不得带一家眷，即音信也要断绝不通，以示杜绝私念，一心为公。

6.监察御史、按察御史，巡历去处，合用纸笔、朱墨、灯油、柴炭，行移所在有司，并支给官钞，收买应用，具实核算。此外，还要求御史按法办事，同事之间相互协作等。①

第三节　司法监察职权的行使

一、审判机关通过复审、复核程序进行司法监察

前文已详细论述了各级审判机关对下级审判机关的审判结果通过复审、复核程序进行司法监察。如大理寺对刑部呈报的各类刑案进行复审，对情允罪服者，始得呈堂，准拟具奏，否则驳令改拟，称为照驳；二拟不当，则纠

---

① 以上六条均参考（明）申时行等修：《明会典》卷二一〇，《都察院二·出巡事宜》，中华书局1989年版，第1050页。

问，称参允有牾；律失人者他司再讯，称追驳；不合则请旨发落，称制决。刑狱既具，未经大理寺评允，各司不得发遣，误则纠之。除大理寺专掌复审外，各级审判机关对下级审判机关审判的案件按《宪纲》规定须进行严格复审：“凡在外问之徒、流、死罪，申上司详审。”① 具体而言，复审以五刑轻重而定。笞刑，州县一审终审，不复审；杖刑，八十以上，由州管辖者，不复审，由县管辖者，六十以上申府复审；一百以下，初审后应申府复审，并转呈按察司决定；死刑，州县申府详，府转按察司，按察司于会审后转呈刑部或按察院，再转大理寺详议，最后由皇帝钦定。

二、六科给事中的司法监察职权之行使

六科给事中履行司法监察职权的方式主要是通过科参、稽查案卷、值守登闻鼓、死刑复奏及上报罪囚等。

1. 科参

《大明会典》卷二一三《六科》规定：“章奏既下，又经六科，六科可封驳，纠正违失。”明代封驳基本上只是驳正臣僚上奏，而封还诏书之制已不复存在了。但应该看到，明代给事中的驳正之制还是很有成效的。顾炎武《日知录·封驳》说：“明代虽罢门下省长官，而独存六科给事中，以掌封驳之任，旨必下科，其有不便，给事中驳正到部，谓之科参，六部之官无敢抗科参而自行者。故给事中之品卑而权特重。”落实到刑部，刑科给事中有权对刑部的上奏行使驳正之权。给事中之驳正极有权威，也就表示六科给事中的司法监察权能得到有力保障。明人李清的《三垣笔记》卷上《崇祯》中一段记载也说明了这一问题：“予人刑垣，见一切廷杖拿送并处决，必锦衣卫驾帐到科，俟签押持去。予初谓故套，及署印，以赴廷推归，见校尉森列，持杖不

---

① （明）申时行等修：《明会典》卷一七七，《刑部十九·详拟罪名》，中华书局1989年版，第902页下栏。

下，一应杖官解衣置地。予问何待？答曰：非科签驾帖则不得杖耳，然后知此为封驳也"。由此可见刑科给事中的科参不仅权威性高，而且范围极广，刑部的审判、执行等一应文书，必须经给事中驳正后才能生效。科参是给事中行使司法监察权的一项主要方式。

2. 稽查案卷

刑科给事中除行使封驳权以驳正刑部奏章违误外，还行使对刑部案卷所有案卷的登记、注销等项职权。以此来加强对刑部司法行为的日常监督，《明会典》规定：六科每日收到各衙门题奏本章，有御批的，要具奏目、置文簿陆续编号，开具本状送司礼监；其余的逐一抄写书册，五日一送内阁以备编纂。"各衙门题奏过本状，俱附写文簿，后五日，各衙门具发落日期，赴科注销，过期延缓者参奏。"① 即六科与六部对口登记、稽查有关案卷文书，以监督考查各衙门奉行的任务及完成情况。崇祯时以行政"废弛成风"，一再加以申饬。崇祯二年（1629），"再行申饬各掌印官选委给事中一员，查理六曹奉旨应行事务，某项某日做起，某日完结，次第情节，勒限奏报。"② 在地方的各部门，"每年将完销过两京六部行移勘合填写底簿，送各科收贮，以备查考"并"具考成本二扇，每月赴科倒换。"③ 六科通过对案卷的登记、注销，监督六部工作的全过程。

3. 值守登闻鼓

明制由给事中与锦衣卫轮流值守登闻鼓。《明会典》卷二一三《六科》载："凡登闻鼓楼，每日各科轮官一员，如有申诉冤枉，并陈告机密重情者，受状具题本封进。其诉状人先自残伤者，参奏。如决囚之日，有诉冤者，受状后，批校尉手，传令停决候旨。"④ 古代老百姓沉冤难伸时，往往赴京击登闻鼓或拦车驾喊冤，因而置登闻鼓是一项重要的发现冤假错案线索的措施。明代六科给事中值守登闻鼓，是明代六科行使司法监察职权的一种重要方式。

---

① （明）申时行等修：《明会典》卷二一三，《六科》，中华书局1989年版，第1061页下栏。
② （清）孙承泽：《烈皇勤政记》，大东书局1935年影印本，第14页。
③ （明）申时行等修：《明会典》卷二一三，《六科》，中华书局1989年版，第1061页下栏。
④ （明）申时行等修：《明会典》卷二一三，《六科》，中华书局1989年版，第1061页下栏。

4. 死刑复奏

"凡法司具奏斩、绞罪囚决不待时并秋后处决者，本科（指刑科）仍三复奏，得旨然后施行。其枭首重犯在狱病故，刑部奏请押赴市曹处决者，本科并三重奏请旨。"①"遇决囚，有投牒讼冤者，则判停刑请旨。"②

5. 上报罪囚

"凡法司送到原报并续收实在囚人数目揭帖，每月三次，本科早朝奏进。""凡每年正月初，刑部、都察院开具上年南北囚数揭帖送科，于二月二十一日转送兵科，次早面进。""凡岁终，法司问拟过轻重罪囚，开数送本科类奏。"③

除上述方式外，六科执行司法监察权还表现在参与会审等方面，如《大明会典》载："凡三法司奉旨于午门前鞫问罪囚，掌科官亦预。"另外六科还通过掌钦提挂号与勘合来监督拘提囚犯的程序。明代钦提票据有三，其一为驾帖，即厂卫拘提人犯时，应取原奉情事送刑部签发驾帖，驾帖签发批定时，应开写原奏情事，各经手单位会同署名于上，下各衙门时则用司礼监印信，刑科挂号；④ 其二为勘合，洪武二十六年（1393）规定，凡刑部追赃、提人，或下各布政司或直隶府州县追问刑名并取招断决等事，须向刑科填领勘合⑤。

三、御史的司法监察权之行使

明代御史行使司法监察权的方式主要有两种：审录罪囚与照刷刑房文

---

① （明）申时行等修：《明会典》卷二一三，《六科·刑科》，中华书局 1989 年版，第 1064 页下栏。

② （清）张廷玉等撰：《明史》卷七四《职官志三·六科》，中华书局 1974 年版，第 1806 页。

③ （明）申时行等修：《明会典》卷二一三，《六科·刑科》，中华书局 1989 年版，第 1064 页下栏—1065 页上栏。

④ （清）龙文彬撰：《明会要》卷六七，《刑四·驾帖》，中华书局 1956 年版，第 1306 页。

⑤ （明）申时行等修：《明会典》卷一七九，《刑部二十一·类填勘合》，中华书局 1989 年版，第 912 页下栏。

卷。另外，御史还通过处理越诉案件和参与会审行使复审权。

1. 审录罪囚

御史负责"清审天下狱讼"①，其行使司法监察权的重要形式，是由皇帝派往各地审录重囚。如洪武十年（1377）遣监察御史巡按州县，"按临所至，必先审录重囚，吊刷卷案，有故出入者理辨之。"② 嘉靖二十七年（1548）题准："巡按御史遇有囚犯应辩正者，务要虚心审处，勿以审录官有行自分彼此。干碍原问官员，一体举究，仍将辩正过人犯起数，奏行本院查考。"③ 根据本条规定，御史在检查司法情况时，既可以纠正错案，也可以对执法偏枉进行弹劾。巡按御史对地方司法官员是否不折不扣地执行皇帝关于重大案件的旨意进行监督。嘉靖二十六年（1547），世宗命令："凡经审录官奏审过重囚，奉有钦依饶死者，抚按官即遵照发遣，不许仍执决单，故行奏扰。二司官如有故违钦恤，敢为翻异，竟致人于死者，巡按御史指实具劾。"④

对京内在押罪囚的审录，洪武二十六年定："凡刑部十二部、都察院十二道、五军都督府断事官五司门，拟一应囚人犯该死徒流者，具写奏本发审；笞杖罪名者，行移公文发审，俱由通政司挂号，另行入递，预先差人连案同囚，送发到寺，照依该管地方，先从左右寺审录。若审得囚无冤枉者，取讫各囚服辩在官，案呈本寺，连囚引领赴堂圆审无异，取据原问衙门司狱司印信收管入卷，将囚连案责付原押人收领回监，听候发落，候递到各项奏本公文到寺，将奏本抄白立案。务要仔细参详情犯罪名，比照律条，如罪名合律者准拟本寺依式具本，同将原来奏本，缴送该科给事中，编号收掌，然后印押平允，仍由通政司回报原衙门，如拟施行。如罪名不合律者，依律

---

① （明）申时行等修：《明会典》卷二一一《都察院三·审录罪囚》，中华书局 1989 年版，第 1055 页下栏。

② （清）龙文彬撰：《明会要》卷三四《职官六·巡按》，中华书局 1956 年版，第 582 页。

③ （明）申时行等修：《明会典》卷二一一，《都察院三·审录罪囚》，中华书局 1989 年版，第 1056 页上栏。

④ （明）申时行等修：《明会典》卷一七七，《刑部十九·恤刑》，中华书局 1989 年版，第 904 页。

照驳。"① 京内在押罪囚的审录一般在夏天，弘治九年令："每年天气炎热时，本院与刑部大理寺，奉敕审录见监罪囚。"② 为便于各道监察御史审录罪囚，洪武二十六年定：大理寺"日报囚数，奏本送科。近例于每月十三、二十六日，御前面奏，遇免朝则候下月"。③

对京外在押罪囚的审录，则规定罪重者或送京师或差御史前往审决：洪武十四年（1381）始"差监察御史分按各道罪囚，凡罪重者，悉送京师"。二十四年（1391），差刑部官及监察御史清审天下狱讼。二十六年定："凡在外布政司、按察司、都司并直隶府州刑名，有犯死罪囚人收监在彼，止开招罪，申达合干上司，详议允当，移文本院，通类具奏。点差监察御史会同刑部委官按临审决。"

永乐元年（1403）令："各布政司死罪重囚，至百人以上者，差御史审决。"④ 巡按御史出巡会审罪囚，"如审允转详、处决及辩理过原拟罪名，俱将各犯略节招由开报。"御史出巡还要问理罪犯，将其所问理的"凌迟、斩、绞、徒、流、杖、笞等罪，各计若干名口，具实开报"⑤。

宣德八年（1433）谕法司："天下重囚，遣的当官，分临各处，公同巡按御史，详审处决。"

正统四年（1439）令："凡各都司、布政司所属并直隶府州县军民诸衙门，应有罪囚追问完备，杖罪以下，依律决断；徒流死罪议拟，备申上司详审。直隶听刑部巡按监察御史，在外听按察司并分司，审录无异，徒流罪

---

① （明）申时行等修：《明会典》卷二一四，《大理寺·审录参详》，中华书局 1989 年版，第 1072 页上栏。
② （明）申时行等修：《明会典》卷二一一，《都察院三·审录罪囚》，中华书局 1989 年版，第 1055 页下栏。
③ （明）申时行等修：《明会典》卷二一四，《大理寺·月报囚数》，中华书局 1989 年版，第 1073 页下栏。
④ （明）申时行等修：《明会典》卷二一一，《都察院三·审录罪囚》，中华书局 1989 年版，第 1055 页下栏。
⑤ （明）申时行等修：《明会典》卷二一一，《都察院三·回道考察》，中华书局 1989 年版，第 1054 页上栏。

名，就便断遣；至死罪者，议拟奏闻。事内干连人数，先行摘断不须对问者，发落宁家。必合存留待对者知在听候。直隶去处，从刑部委官与巡按御史；在外从都司、布政司、按察司及巡按御史，公同审录处决。如番异原招，事有冤抑者，即与从公辩理。若果冤抑，并将原问审官吏按问。其应请旨者，奏闻区处。若审录无异，故延不决，及明称冤枉不与申理者，并依律罪之。"①

"正统六年令：本寺选差属官，与刑部、都察院官请敕，于南北直隶各布政司，会同审录罪囚。成化四年奏准：差本寺寺正，及刑部郎中等官，往南北直隶，会同巡按御史审录。八年奏定，每五年一次，法司请敕差官，往两直隶各布政司，审录见监一应罪囚。真犯死罪，情真无词者，仍令原问衙门监候呈详，待报取决。果有冤枉，即与辩理；情可矜疑者，陆续奏请定夺。杂犯死罪以下，审无冤枉，即便发落。万历三年议准：差去审录官各量地方远近，立为程限，或四个月、或五个月、或六个月不等。"②

在审录过程中，若罪名不当，驳回再问。仍将所驳招罪，察详明白，再拟改正。如，"律无正条，情犯深重者，引律比附，奏请定夺，不得一概俱拟不应。"③"遇有囚犯应辩正者，务要虚心审处，勿以审录官有行，自分彼此，干碍原问官员，一体举究。"如发现有疑，"责令所在官司类报，矜疑发遣者，于何日起解；释放宁家者，于何日发落；驳回再问者，于何日结勘，备达刑部查考。如有偏执阻挠，擅为更改，又因审录官驳回，凌虐致死者，刑部指实参奏治罪。"④

---

① （明）申时行等修：《明会典》卷二一一，《都察院三·审录罪囚》，中华书局 1989 年版，第 1055 页下栏—1056 页上栏。

② （明）申时行等修：《明会典》卷二一四，《大理寺·审录在外罪囚》，中华书局 1989 年版，第 1073 页下栏。

③ （明）申时行等修：《明会典》卷二一四，《大理寺三·详拟罪名》，中华书局 1989 年版，第 1073 页上栏。

④ （明）申时行等修：《明会典》卷二一一，《都察院三·审录罪囚》，中华书局 1989 年版，第 1056 页上栏。

为了加强对于京控案件的察实，洪武二十六年，规定由钦差监察御史出巡追问。据《明会典》卷二一一："凡在外军民人等赴京，或击登闻鼓，或通政司投状，陈告一应不公冤枉等事，钦差监察御史出巡追问，照出合问流品官员，就便请旨拿问。带同原告，一到追问处所，著令原告供报被告干连人姓名、住址，立案，令所在官司抄案提人。案验后，仍要抄行该吏书名画字，如后呈解原提被告人到，不许停滞，即于来解内立案。将原被告当官引问，取讫招供服辩，判押入卷，明立文案，开具原发事由，问拟招罪，照行事理。除无招答杖轻罪，就彼摘断，徒流死罪，连人卷带回审拟，奏闻发落。"①

对于"告争户婚田土、钱粮斗讼等事，须于本管衙门，自下而上陈告归问。如理断不公或冤抑不理者，直隶赴巡按监察御史，各省赴按察司或分巡及巡按监察御史处陈告，即与受理推问。如果得实，将原问官吏依律究治，其应请旨者，具实奏闻。若见问未经结绝，又赴本管上司告理，不许辄便受状追卷，变易是非。须要即时附簿，发下原问官司立限归结。如断理不当及应合归结而不归结者，即便究问。违者，监察御史、按察司体察究治。如不系分巡时月，及巡历已过，所按地面却有陈告官吏不公不法者，随即受理追问。凡风宪官问定官员赃罪，如有冤屈，许本犯从实声诉，若果真犯实迹，不肯伏罪，或捏造挟仇等项为词，撼人原问者，于本犯上加二等科罪。仍押至午门前，听候再审"②。

以上可见通过审录罪囚加强司法监察的规定是何等细密和具体。

2. 照刷文卷

御史通过照刷刑房文卷，对府、州、县刑房案卷进行审查，检查司法审判是否合乎法律的规定③。检查的内容包括立案的程序、证据、犯罪事

---

① （明）申时行等修：《明会典》卷二一一，《都察院三·追问公事》，中华书局 1989 年版，第 1055 页。

② （明）申时行等修：《明会典》卷二一一，《都察院三·追问公事》，中华书局 1989 年版，第 1055 页下栏。

③ （明）申时行等修：《明会典》卷二一〇，《都察院二·照刷文卷》，中华书局 1989 年版，第 1051 页下栏。

实、供词、量刑的准确性与合法性等审判的各个环节。"如刷出卷内事无违枉，俱已完结，则批以照过；若事已施行，别无违枉，未可完结，则批以通照；若事已行，可完而不完，则批以稽迟；若事已行未完，虽有违枉，而无规避，则批以失错；若事当行不行，当举不举，有所规避，如钱粮不追，人赃不照之类，则批以埋没。各卷内有文案不立，月日颠倒，在乎推究得实，随其情而拟其罪。"① 御史照刷文卷遇"有刑讼淹滞、刑名违错、钱粮埋没、赋役不均等项，依律究问。迟者举行，错者改正，合追理者即与追理，务要明白立案，催督结绝。不能尽职者，监察御史从都察院、按察分司从总司体查，奏闻究治"②。

嘉靖十三年（1534）制定的《巡按御史满日造册式》中，关于御史监督、检查地方司法的职责有：禁约非法用刑官员，"凡所属军民职官，有用非法刑具残害人命者，除参问外，仍须指实造报。"禁约淹禁囚犯，"凡司、府、州、县、卫所，如有不才，官吏受贿、听嘱及庸暗不能讯决，将轻重囚犯淹禁日久不理者，除参问外，仍指实开报。"③

3. 处理越诉案件

凡是各地方来京越诉的案件，由御史出面处理，"凡在外军民人等赴京，或击登闻鼓，或通政司投状，陈告一应不公、冤枉等事，钦差监察御史出巡追问。"④ 洪武二十六年（1393）定制，凡通过击登闻鼓或投状通政司而发下之原告人，连同告状到院，责令供状明白，保管听候，然后提取被告。经审讯应答杖以下者，只须具备牒文，签押完毕以后连囚带文同入公堂，备说纠

---

① （明）申时行等修：《明会典》卷二一〇，《都察院二·照刷文卷》，中华书局1989年版，第1051页下栏。

② （明）申时行等修：《明会典》卷二一〇，《都察院二·照刷文卷》，中华书局1989年版，第1053页上栏。

③ （明）申时行等修：《明会典》卷二一一，《都察院三·回道考察》，中华书局1989年版，第1054页下栏。

④ （明）申时行等修：《明会典》卷二一一，《都察院三·追问公事》，中华书局1989年版，第1055页上栏。

犯情节、罪名。审无异词，然后入递，将囚犯押送大理寺审录，候评允回报。若罪名不当，驳回再问。仍将所驳招罪名参详明白，再拟改正；或有翻异，则监收听候，调其他衙门再行审问。其应处绞、斩死罪者，仍令司狱司转送重囚监牢固枷收，听候大理寺依时复奏回报，具手本会同刑部等官公同取决；待一切处理完毕，仍须通具结绝缘由，呈堂照验①。

对断案不公导致军民人等越讼的司法官吏，监察御史也有权处罚。成化十七年（1481）规定："自成化十七年始，于年终通查类奏，但系户役、田宅、婚姻、钱粮等项，曾经司、府、州、县具告不与从公理断，致令小民赴京越诉者，每州县十起以上，每府十五起以上，每布政、按察司三十起以上，连该吏各罚俸三个月，行移巡按监察御史处取招住俸。若有受财枉法者，从重归结。"②

4.会审复核

都察院与刑部、大理寺等合称三法司，凡是三司会审重大案件，都察院是当然成员之一。在朝审、热审、大审、圆审等复审程序中，都察院官员必须参加审判活动。监察御史还可以代表都察院与刑部主事、大理寺正等属官会审案件，这种会审称"小三司会审"。正统四年（1439）于宪纲中申明："凡在外问完徒、流、死罪，备申上司详审，直隶听刑部巡按御史，各布政司听按察司并分司。审录无异，徒流就便断遣；死罪，拟议奏闻。"③御史参与会审复核而进行司法监察活动，上文已详述，此处从略。

另根据刑科监察法规，刑科给事中对于司法监察也起着重要的作用。如，每年三次奏报法司在囚人数、履行死刑处决犯的三覆奏程序、奉旨差官勘问在外事情，本科与各科轮差、锦衣卫奉旨提取罪犯，从本科批驾帖，岁

---

① （明）申时行等修：《明会典》卷二一一，《都察院三·问拟刑名》，中华书局1989年版，第1055页上栏。
② 《皇明成化条例》，台湾"中央研究院"历史语言研究所图书馆藏手抄本。
③ （明）申时行等修：《明会典》卷一七七，《刑部十九·详拟罪名》，中华书局1989年版，第902页下栏。

终，法司问拟过轻重罪囚，开数送本科类奏。

由于御史、给事中都直接参加诏狱审鞫、重案或疑案的审核，以及受理申诉和控告等，因此司法监察涉及问拟罪名刑名、审录内外罪囚、核准死刑等诸多方面。尤其是作为三法司之一的都察院是监督法律执行的最高监察机关，无论是刑部的审判或大理寺的复核，都须接受都察院的监督。

监察官的司法监察，不仅督励了法司依法问刑，而且在辨明冤枉方面，也确实起到了一定的作用。宣德五年（1430），御史李骥"巡视仓场，军高祥盗仓粟，骥执而鞫之。祥父妄言：'祥与张贵等同盗。骥受贵等贿，故独罪祥。'刑部侍郎施礼遂论骥死。骥上章自辩。帝曰：'御史既擒盗，安肯纳贿？'命偕都察院再讯，骥果枉。帝乃切责礼，而复骥官。"[1] 陈选巡按四川时，"黜贪奖廉，雪死囚四十余人。"[2] 并对地方申诉或控告案件，"其所受理，必亲决，不令批发"。[3]

四、按察司司法监察职权的行使

《明史·职官志四》载，按察使"掌一省刑名按劾之事。纠官邪，戢奸暴，平狱讼，雪冤抑，以振扬风纪，而澄清吏治"。洪武十年（1377）十二月，朱元璋对回朝的各道按察司说："朕以天下之大，民之奸宄者多。牧民官不能悉知其贤否，故设风宪官为朕耳目。激浊扬清，绳愆纠缪，此其职也。"[4] 因此其时地方上一应纠举官邪、刑名诉讼皆为按察司掌理。按察司有权复审府县一级初审案件，有权处决徒以下案件，徒以上重案须报送中央刑部，无权擅决。按察司行使司法监察的主要方式是复审下级司法机关处理的案件。

---

① （清）张廷玉等撰：《明史》卷二八一《循吏列传·李骥传》，中华书局 1974 年版，第 7202 页。
② （清）张廷玉等撰：《明史》卷一六一，《陈选传》，中华书局 1974 年版，第 4388 页。
③ （清）孙承泽：《春明梦余录》卷四八，《都察院》，北京古籍出版社 1992 年版，第 1043 页。
④ （清）龙文彬撰：《明会要》卷四〇，《职官十二·按察司》，中华书局 1956 年版，第 711 页。

因在上文已详述，此处从略。

在专制主义不断强化的明朝，皇帝控制着最高的司法权，因此"凡律内该载请旨发落者"，大理寺须要"具本开写犯由罪名奏闻，取自上裁"。"凡奉旨送法司问者，由本寺详审具题，送刑部拟罪者，则该部径题。"① 监察御史、按察司官所纠察的取受不公等事的官员，如系军官、京官并勋旧之臣及在外文职五品以上官，例应具奏请旨，方许取问。即使是六品以下官在取问明白，从公决断之后，仍须具奏。"若奉特旨委问者，须将始终缘由，议罪回奏，取自上裁。"② 如应请旨而未请旨，即为都察院奏劾的对象，该官自应负一定的罪责。

随着宦官势盛特务擅权，特别是司礼监参与三法司会审，并且控制了审判权，司法监察难以发挥应有的作用。成化十七年（1481），"命司礼监太监一员，会同三法司堂上官，于本寺审录罪囚，以后每五年一次，著为令。"弘治十三年，主持大审、秋审的最高司法机关三法司，竟然完全听命于宦官。"凡大审录，赍敕张黄盖于大理寺，为三尺坛，中坐，三法司左右坐，御史、郎中以下捧牍立，唯诺趋走惟谨。三法司视成案，有所出入轻重，俱视中官意，不敢忤也。"③ 弘治十五年（1502），御史车梁曾痛切陈词："东厂锦衣卫所获盗，先严刑具成案，然后送法司，法司不敢平反。请自今径送法司，毋先刑讯。"④ 结果车梁反被下诏狱。宦官特务造成的冤案监察官只能听之任之，"刑官洞见其情，无敢擅更一字。"⑤

嘉靖二年（1523）刑科都给事中刘济上言："国家置三法司，专理刑狱，或主质成，或主平反……自锦衣镇抚之官专理诏狱，而法司几成虚设……罗

---

① （明）申时行等修：《会明典》卷二一四，《大理寺·请旨发落》，中华书局 1989 年版，第 1073 页上栏。

② （明）申时行等修：《会明典》卷二一一《都察院三·追问公事》，中华书局 1989 年版，第 1055 页下栏。

③ （清）张廷玉等撰：《明史》卷九五，《刑法志三》，中华书局 1974 年版，第 2341 页。

④ （清）张廷玉等撰：《明史》卷一八〇，《胡献传附车梁传》，中华书局 1974 年版，第 4798 页。

⑤ （清）张廷玉等撰：《明史》卷一八九，《孙盘传附徐珪传》，中华书局 1974 年版，第 5010 页。

织于告密之门，锻炼于诏狱之手，旨从内降，大臣初不与知，为圣政累非浅。"[1] 给事中蔡经也在上皇帝疏中指出："国家内设法司，外设抚按、按察等官，皆为陛下奉三尺法者。故内外有犯，责之推鞫，在诸臣亦足办之矣。今陛下时差官校逮系，此属假势作威，淫刑黩货。譬则虎狼蛇虺，咸被毒噬。愿自今罢勿遣。"[2] 但是宦官专政是专制政治极端发展的结果，不是监察官的几篇谏诤所能克服的。

第四节　明代司法监察制度的特点

前文已述及，明代司法监察制度的最终目的在于加强皇帝对司法权的控制。这是明代司法监察制度的根本特点所在，只有从这一根本点出发，才能理解与把握明代在司法监察制度方面对前代的发展与完善，诸如：会审制度的发展，御史司法职权的扩大，巡按御史复审权的强化等等。另外，正是由于明代加强司法监察的目的在于强化皇权而非完善司法制度建设，从而使得明代的司法监察制度没有也不可能充分发挥其积极作用。相反，由于科道官吏在皇权的支持下独揽司法大权，操纵刑狱，尤其是明中叶以后贪贿与党争之风日炽，让他们得以在监督司法的招牌下为非作歹，干扰正常的司法活动，其弊端不一而足，这是明代司法监察制度本身弊端所导致的不可克服的必然后果。

一、通过会审制度行使大案要案的监察权

前文已详述了明代的各种会审制度，诸如朝审、热审、大审、圆审等，

---

[1] （清）张廷玉等撰：《明史》卷一九二，《刘济传》，中华书局 1974 年版，第 5090 页。
[2] （明）万圻撰：《续文献通考》卷一三六《刑考二·刑制》，上海商务印书馆 1935 年版，第 4023 页上栏。

会审作为一种由官府主动提起的审判监督程序，在明代得到了长足发展，明代会审已形成专门审判机关（主要是三司），根据案情轻重（主要针对死刑监候案件），按法定程序进行复审、复核的制度，这是前所未有的。明代会审制度后未被清代继承发展，从而形成了中国法制历史独特的审判监督制度。明代会审的发展，有利发现冤、假、错案，体现了明代统治者的恤狱意图，并从制度上完善了明代司法制度，这是不容抹杀的。但明代会审制度的根本目的仍然是加强皇帝对死刑案件等的控制权，会审结果作为对案件的最终裁决，必须取自上裁，由皇帝决定，会审机关只能执行皇帝的判决，这必然使明代的会审制度的效用大打折扣。更为恶劣的是，明代中后期宦官利用皇权控制会审，三法司拱手听命阉宦，这种严重损害会审权威性的情况的出现，是明代不断强化皇权所带来的不可避免的结果。关于明代会审制度的发展与完善，因前文已详述，于此从略。

此外，明朝对判决的执行也实施司法监察。"……其充军因人，具手本送编军御史处，照地方编发，取收管附卷。绞斩死罪，仍令司狱司转送重囚监牢，固枷收听候。大理寺依时覆奏回报。具手本会请刑部等官，公同处决。……原收赃杖，候季终通类具呈本院，出给长单，差委御史解赴内府该库交纳足备，取获库收附卷。如有追无见赃因人，责供明白，类行原籍追征。"①

二、御史监察的司法职权不断扩大

随着皇权的日益加强，皇帝对司法权的控制越来越紧，为适应这种需要，位卑权重的明代御史的司法职权比前代有明显程度的扩大。明代御史官阶不过六七品，但因其为天子耳目，在朝内"纠劾官司"，出京则代天子出巡，其权威远远超过朝廷的五品翰林、给事中和各省的三品都、布、按三

---

① （明）申时行等修：《明会典》卷二一一《都察院三·问拟刑名》，中华书局1989年版，第1055页上栏。

司长官与四品知府。嘉靖时，"两司见御史，屏息屈躬，御史出入，守令门跪"。①"相见之际，知府以下长跪不起，布政以下列队随行。甚者答应之际，皆俯首至膝，名曰拱手，而实屈伏如拜跪矣。至于审刑议事，考核官吏之际，予夺轻重，皆惟巡按出言，而藩臬唯唯承命。不得稍致商確矣。"②海瑞不无感慨地说："古昔圣王谓天子君临天下，一己闻见，不能及远，以其责寄之台谏之臣，故台谏之臣为天子耳目。夫人一身必目而后能视，必耳而后能听。官名耳目，重任也，切任也。"③史实表明，明代御史的司法职权在司法实践活动中不仅得到充分的行使，而且往往通过不成文的惯例和皇帝的特别支持，超出了法定的范围。

御史对各级问刑衙门的审判活动具有很大的监督权，尽管法律没有明文规定监察御史个人可以监督刑部审判的案件，并且明代的惯例是"御史有所执讯，不具狱以移刑部。刑部狱具，不复牒报"④。但是据史载，明代御史冯恩要求刑部尚书将审判的结果仍然报知初审的御史。当时引起刑部官员的不满，认为这是御史想要凌驾于刑部之上，冯恩坚持说："欲知事本末，得相检核耳。"尚书只得照冯恩的意见办⑤。御史作为"天子耳目"，代表皇帝对问刑衙门进行审判监督，连刑部尚书也只能屈从御史的要求。

另据《明史·刑法志》记载："嘉靖中，顺天巡按御史郑存仁檄府县，凡法司有所追取，不得辄发。尚书郑晓考故事，民间词讼非自通政司转达，不得听。而诸司有应问罪人，必送刑部，各不相侵。"御史与尚书相互弹劾，后由明世宗出面调和，"乃命在外者属有司，在京者属刑部。"⑥但郑晓去位

---

① （明）霍韬：《嘉靖改元建言第三札》，载（明）陈子龙等编：《明经世文编》卷一八五《霍文敏公文集》，中华书局 1962 年版，第 1894 页下栏。

② （明）胡世宁：《守令定例疏》，载（明）陈子龙等编：《明经世文编》卷一三六《胡端敏公奏疏四》，中华书局 1962 年版，第 1349 页下栏。

③ 陈义忠编校：《海瑞集》上编《京官时期·乞治党邪言官疏》，中华书局 1962 年版，第 225 页。

④ （清）张廷玉等撰：《明史》卷二〇九《冯恩传》，中华书局 1974 年版，第 5518 页。

⑤ （清）张廷玉等撰：《明史》卷二〇九《冯恩传》，中华书局 1974 年版，第 5518 页。

⑥ （清）张廷玉等撰：《明史》卷九四《刑法志二》，中华书局 1974 年版，第 2313 页。

以后，京城的民间词讼也由五城御史随便受理，不再遵循祖制。再次出现了御史司法权凌驾于刑部之上的例子。御史作为皇帝的代表，履行监督司法的职权，其权威受到充分尊重，职权得到充分发挥，这在司法专横的封建社会里无疑是有着重要的意义的。御史品秩低微，在执法行事时退无高官厚禄可守，进有超擢升迁可望，相对而言就少一些顾虑与羁绊，多一些胆魄与豪气，敢做敢言且不易形成独立的政治势力便于皇帝控制。以这样的身份执行司法监察权，势必能有效地防范司法腐败，减少冤假错案的发生。然而御史秉权太重，行事太过，紧紧依附皇权，尤其是在明代中后期贪贿与党争之风日炽的时期，其消极面也不容忽视。封建法制的本质决定了人治重于法治，御史凭借其司法权，弹劾"多任己意"，或"追求细故"，甚至根据"传闻飞误，遂相附和，假托民谣，以为佐证"①，巡按御史按治地方，"但坐公馆，召诸生及庶人之役于官者询之，辄以为信。"②连世宗在《申严宪纲敕》中都承认御人"责人不究虚实，望风捕影，往往失真。……鞫问刑狱，则任己情以为出入，民冤载路，不能申理。吏弊满前，不能纠正"③。有些御史办案时主观武断，偏听偏信，根据个人喜怒弹劾官员，罗织成狱。

在明中后期的党争政治中，有些御史为自身利益，往往依附某一阁臣，沦为党争的得力打手。如嘉靖三十六年（1557），御史路楷秉承首辅严嵩的批令，乘照刷刑房文卷之机，在送呈世宗的死囚狱牍内添上沈炼的名字，致使沈炼被处死。④类似的事件不一而足，事实证明御史在整个明代中后期都是党争的骨干，既然已变化为党争的工具，再谈依法行使司法监察权就无异

---

① （明）胡广等奉敕撰，台湾"中央研究院"历史语言研究所校勘：《明实录·世宗实录》卷三三，嘉靖二年十一月壬申，上海书店出版社1982年版，第848页。

② （明）张孚敬：《重守令疏》，载陈子龙等编：《明经世文编》卷一七八《张文忠公文集三》，中华书局1962年版，第1818页下栏。

③ 《皇明诏令》卷二〇，《今圣上皇帝上·申严宪纲敕》，载刘海年、杨一凡总主编，杨一凡、田禾点校：《中国珍稀法律典籍集成》乙编第三册，科学出版社1994年版，第659页。

④ （明）张萱撰：《西园闻见录》卷八四《刑部一·执法》，台湾文海出版社1985年版，第6127页。

于缘木求鱼了。至于凭借手中权威贪污纳贿，枉法裁判之事，则是封建社会一大顽症，明代御史不可能浊中自清。明中叶以后，科道官中贪污纳贿之风不断滋长。这一切都严重影响了明代御史正确行使司法监察权，成为明代司法监察制度中一道抹不去的阴影。

三、巡按御史对地方重案的复审权加强

明代巡按御史是皇帝派往地方进行监督的御史。巡按御史参与派往地方的司法活动，实质上是代表中央对地方司法的控制，地方官吏有罪，由巡按御史按问，除此之外，地方其他问刑衙门无权管辖的案件，也由巡按御史审理，诸如涉及王府内的犯罪，普通衙门不能受理，而只能由御史参与的专案法庭审理。巡按御史除上述职权外，更重要的职权是代表皇帝行使对地方重案的复审权。

明制：凡是各省、府审录罪囚都由皇帝下诏指定御史负责进行会审，会审之后再由御史领衔奏报皇帝。嘉靖十一年（1532），都察院题请世宗定为条例："旧规，各府、州、县等衙门有死罪招由，如系自问及奉抚、按批行者，俱申呈抚、按照详，仍监候会审。如奉巡抚及中差御史并布、按二司，及守、巡等道批行者，止申原奉衙门照详，俱候巡按会审。近年但系死刑，无分两司、各道，并府、州、县等衙门，通行中呈巡抚、巡按定夺。夫巡按御史，系提纲挈领、申冤理枉之官，一应在监囚犯俱听审录施行。今既欲照详于先，又复会审于后，不惟重为烦复，抑亦多劳自弊。及至会审，未免涉于有我拘泥前案，重于改从。以后死刑凡两司、各道自行批行者，不必呈详抚、按，止候会审。其奉抚、按批者，照旧呈详都、司、卫、所与府、州、县事体同。"① 由此可见，明代巡按御史不仅对地方

---

① （明）张卤辑：《嘉隆新例附万历·吏例》，载刘海年、杨一凡总主编，杨一凡、曲英杰主
编：《中国珍稀法律典籍集成》乙编第二册，科学出版社 1994 年版，第 618 页。

重案具有会审权，还有初审批行权。巡按在实际司法活动中已超出其法定职权，以至都察院都要求予以约束：嘉靖四十五年（1566）十一月，都御史王廷鉴于巡按等中差御史也参与审录，要求申明宪纲，悉如旧例："审录之典乃巡按专行者，其巡盐等差御史各有所司，毋得参听庶狱。"① 有力地维护了巡按御史的复审权。

明代巡按御史代表中央加强对地方司法的控制，强化巡按御史的复审权，利弊兼而有之。首先，由于巡按御史"一年一更，与地方久任之官自是不同"②。御史与地方官相比，受关系网的束缚要少得多。因此，御史参与司法有利于法律在全国的统一遵行，在一定程度上防止和减少广地方官员舞文弄法和徇私枉法的现象，强化了中央集权。这是利的一面。其次，由于巡按御史"秉权太重，行事太过"，省、府地方"乃惟巡按批问词状"，致使藩臬守令皆不得专行其职，而事皆禀命于巡按矣，其而巡抚固位者亦不敢专行一事，而承望风旨于巡按矣。③ 巡按御史复审地方重案，本意在于通过审判监督加强中央对地方的控制，而不是取代地方问刑衙门的职权。然而在实际活动中，由于巡按御史握有弹劾官员的大权，而地方官员或多或少都有短处，怕巡按弹劾，因此不敢各司其职，宁可听命巡按以保其乌纱帽，结果造成了巡按代替按察司和地方官员审理刑名的状况。由司法监察变为包揽司法，反而加重了封建司法的专横与混乱的程度，与制度设计的初衷相违背。

终明之世，派遣巡按御史巡按地方司法，成为常态，起到了振肃的作用。

---

① （明）胡广等奉敕撰，台湾"中央研究院"历史语言研究所校勘：《明实录·世宗实录》卷五六五，嘉靖四十五年十一月丙子条，上海书店出版社1982年版，第9054—9055页。

② （明）张卤辑：《嘉隆新例附万历·吏例》，载刘海年、杨一凡总主编，杨一凡、曲英杰主编：《中国珍稀法律典籍集成》乙编第二册，科学出版社1994年版，第617页。

③ （明）胡世宁：《守令定例疏》，载（明）陈子龙等编：《明经世文编》卷一三六《胡端敏公奏疏四》，中华书局1962年版，第1349页下栏。

四、严格监察官选任并严惩司法监察中的违法行为

由于监察官所系甚重，所以历代均重视监察官的铨选。至明朝，监察官地位显赫，权重察广，因而选拔尤严。洪武四年（1371），太祖谕曰："朕之用人，惟才是使，风宪作朕耳目，任得其人，自无壅蔽之患。"永乐七年（1409），成祖谕臣下："御史为朝廷耳目之寄，宜用有学识通达治体者。"①洪熙元年（1425），仁宗谕曰："御史耳目之官，惟老成识治体者可任。"正统六年（1441），英宗下诏："中外风宪系纲领之司。须慎选识量端宏、才行老成任之。"②明朝选任御史的条件主要有三：

一为德行显著。具体表现为忠君爱国，清正无私。太祖时对监察官提出的要求是，"忠臣爱君，谠言为国，盖爱君者，有过必谏。谏而不切者非忠也；为国者，言而不直者非忠也。比来，朕每发言，百官但惟诺而已，其间岂无是非得失？而无有直言者，虽有不善，无由以闻。自今，其尽忠谠以匡朕不逮，若但惟惟，非人臣事君之义也"。③至成祖，更明确提出："御史当用清谨介直之士，清则无私，谨则无忽，介直则敢言。"④

二为学识优长。早在洪武十五年（1382），便"以通经儒士举为御史"。永乐七年（1409），成祖召见张循理等给事中、御史二十八人，其中二十四人由进士、监生出身，"惟洪秉等四人由吏"。成祖当即指出："用人虽不专一途，然御史为朝廷耳目之寄，宜用有学识通达治体者。"于是黜洪秉四人为序班。次年冬，再谕吏部"着为令"。⑤此后，监察官选自"正途"，成为定制。科

---

① （清）龙文彬撰：《明会要》卷三三，《职官五·都察院》，中华书局1956年版，第559页。
② （清）龙文彬撰：《明会要》卷三三，《职官五·都察院》，中华书局1956年版，第559、561页。
③ （明）朱国祯：《皇明大训记》卷四《洪武元年正月甲戌至十二年辛卯》，明崇祯五年浔溪朱氏刻本。
④ （明）陈仁锡：《皇明世法录》卷九《文皇帝宝训》，（台湾）商务印书馆1965年版。
⑤ （清）龙文彬撰：《明会要》卷三三，《职官五·都察院》，中华书局1956年版，第558—559页。

举制度恢复后，授御史衔者，多为进士出身，而且要求明习法律、刑名。史载："（左鼎）正统七年进士。明年，都御史王文以御史多阙，请会吏部于进士选补。帝从之。尚书王直考鼎及白圭等十余人，晓谙刑名，皆授御史。"①

三为老成练达。洪武二十一年（1388），"遣进士分巡郡邑，行监察御史事。廷议以新进士未经事，宜令久任御史一人与俱，从之。"②弘治十五年（1502），帝谕曰："给事中照监察御史例，选历练老成者除补。"③"其后监生及新科进士皆不得与，或庶吉士改授，或取内外科目出身三年考满者考选。"④凡年轻资浅者，"必先试以小差，果能称职，历事经年，方准实授"。⑤监察官的选任虽重老成练达，但并不以年深而循资选任。"正统中，给事中张固言，六科都左右给事中员缺，乞选各科年深者，以次递补。英宗曰：'给事中乃近侍之官，凡政令得失，军民休戚，百官邪慝，举得言之。况都左右给事中，为之领袖，非识达大体者，不可畀也。'顾乃欲循资而用之，不亦舛乎？"⑥

根据明制，铨选监察官的年龄一般不超过五十岁。弘治二年（1489），议定升用科道事例规定：御史缺，"选年三十以上，五十以下"。⑦嘉靖十八年（1539），知县何瑚年过六十而选御史，以"非制"受到弹劾，斥为民。

唐时，身、言、书、判的选官标准，也适用于明朝选任监察官。万历时，吏部尚书张瀚强调指出："余选数次，必身、言、书、判皆善，始授台谏。"⑧除此之外"不许用曾犯奸贪罪名之人"为监察官。⑨

---

① （清）张廷玉等撰：《明史》卷一六四，《左鼎传》，中华书局1974年版，第4450页。
② 孙正容：《朱元璋系年要录》，浙江人民出版社1983年版，第340页。
③ （明）申时行等修：《明会典》卷五《吏部四·选官》，中华书局1989年版，第24页下栏。
④ （清）张廷玉等撰：《明史》卷七一，《选举志三》，中华书局1974年版，第1717页。
⑤ （清）龙文彬撰：《明会要》卷三四，《职官六·巡按》，中华书局1956年版，第587页。
⑥ （明）王圻：《续文献通考》卷五二，《职官二·给事中》，上海商务印书馆1935年版，第3263页上栏。
⑦ （明）李栻：《历代小史》卷八四，《震泽纪闻》，江苏广陵古籍刻印社，1989影印本。
⑧ （明）张瀚：《松窗梦语》卷八，《铨纪纪》，中华书局1985年版，第147页。
⑨ （明）申时行等修：《明会典》卷二〇九，《都察院一·风宪总例》，中华书局1989年版，第1040页上栏。

监察官的选任方式，明初由于人才缺乏，考选的条件尚不具备，因此御史多由吏部、都察院堂上官、十三道监察御史及三品以上京官荐举。被荐举者须经吏部勘核，合格后方能授职，而荐举者也须负保举连带之责任。宣德十年（1435），上谕都察院：“凡监察御史有缺，令都察院堂上官及各道官保举，务要开具实行闻奏，吏部审察不谬，然后奏除。其后有犯赃滥及不称职，举者同罪。”①

除荐举外，也采取初授的方式选补监察官。据《明史·选举三》记载：“太祖尝御奉天门选官，且谕毋拘资格……给事、御史，亦初授升迁各半。”②永（乐）宣（德）以后，渐循资格，加之初授者缺乏经验，一时难以承担察吏谏言的职责，逐渐为考选的方式所取代。

考选分为定期考选与临时考选。定期考选，万历以后规定每三年一选，考选后由吏部、都察院协同注拟授职，优者授给事中，次者授御史，又次者以部曹用。临时考选，多为给事中、御史出缺，不得不随时考选补充。考选由吏部会同都察院负责，或策以时务，或试以章疏，经过从公校阅，由吏部和都察院共拟名单，呈皇帝钦批。对于都御史及副都御史的选任，主要采取“廷推”的方式。“凡尚书、侍郎、都御史、通政使、大理卿缺，皆令六部、都察院、通政司、大理寺三品以上官廷推”。③廷推的对象多为地方按察使。

御史如在司法监察中徇私舞弊或过误杀囚，要受到严刑处置。洪武三十年（1397），“有乡人系狱，家人击登闻鼓状诉”，左都御史杨靖为之改状，被御史奏劾，被赐死。④成祖时，御史王愈等“会决重囚，误杀无罪四人，坐弃市”。⑤正统四年（1439）定：“凡监察御史、按察司官追问公事，中间如有仇嫌之人，并听移文陈说回避。若怀私按问，敢有违枉

---

① （清）孙承泽著，王剑英点校：《春明梦余录》卷四八，《都察院·都御史》，中华书局1974年版，第1019页。
② （清）张廷玉等撰：《明史》卷七一，《选举志三》，中华书局1974年版，第1717页。
③ （明）申时行等修：《明会典》卷五，《吏部四·推升》，中华书局1989年版，第27页上栏。
④ 孙正容：《朱元璋系年要录》，浙江人民出版社1983年版，第507页。
⑤ （清）张廷玉等撰：《明史》卷七，《成祖三》，中华书局1974年版，第102—103页。

者，于反坐上加二等科罪。所问虽实，亦以不应科断。"①

明朝选任监察官的制度化与法律化，对于保证监察官队伍的整体素质起了重要的作用，以致在专制主义和宦官政治的双重高压下，涌现了一大批历代少有的刚正不阿的科道官，对于推动官僚机构的正常运转起了一定的作用。

综上所述，明初鉴于元末法纪败坏、制度废弛的历史教训，在立国之前，便令李善长草拟法律，表示用法制来控制社会的决心。明朝建立之后，不仅重视立法，而且重视司法制度的建构。有明一代的司法制度有力地推动了遭到严重破坏的社会秩序的恢复，重建了封建国家所需要的纲纪，打击了败坏吏治的各种贪蠹行为，使广大民众在一定的法制秩序中生产和生活。由此带来了社会经济的迅速发展和国家的稳定富强，同时也推动了文化与科技的高度发展。所有这一切构成了明朝司法文明的新的图景。明朝司法文明的主要表现在以下几个方面：

首先，变动司法体制，完善司法程序，从而明确司法机关的职责权限，保障司法审判的程序正当性。明朝统治者通过变动中央司法机构的权力配置，扩大地方司法机构的管辖范围，并调动里甲作为基层司法机关的积极性，实现了司法体制的重大改革，为明朝司法制度的运行提供了制度保障。同时，通过确定司法机关之间的司法管辖权，明确起诉的形式和条件限制，规范案件审理、判决和执行等相关程序，强调"断罪引律令"和发挥证据的作用，保障了司法审判的程序正当性。这些都是明朝司法文明的具体表现。

其次，初创会审制度，注意死刑复核，使大案要案获得正确的处理。相较于唐朝针对特别重大案件而临时采用的"三司推事"，明朝建立的由会审、朝审、热审、春审、圆审、大审等构成的会审制度是一种常制，基本实现了三司会审的制度化，而且会审案件的范围也大大扩

---

① （明）申时行等修：《明会典》卷二一一，《都察院三·追问公事》，中华书局1989年版，第1055页下栏。

充。这有助于法律的统一适用，也有助于三司之间的相互监督，一定程度上起到了防止冤枉的作用。例如，始于洪武十五年（1382）的会审，使都察院和大理寺拥有了与刑部相同的审判权，三法司之间相互制约、相互监督，起到了防止刑部独揽审判大权的作用。又如，英宗鉴于"人命至重，死者不可复生"，于天顺三年（1459）正式将朝审作为"永为定例"的一项制度，有利于在京死刑监候案件的审慎处理，成为清朝秋审制度的发端。再如，热审在明朝的审判制度中虽不占重要地位，但从司法文明的角度来看，热审是明统治者重视民命的"仁慈"之举，体现了刑法的人道主义。

复次，广泛推行巡按御史制度，使国家政令得以推行，司法冤案得以纠正。通过巡按御史，沟通了中央与地方的政策，有助于国家政令的施行。在明朝极端专制制度之下，国家机器还能保证正常运转，这和监察机关所起的作用是分不开的。同时，巡按御史享有对地方重案的复审权，通过依法行使司法监察权，不仅督励了法司依法问刑，而且在辨明冤枉、整肃官吏方面，也确实起到了一定的作用。御史出巡，威风凛凛的生动画面，是明朝司法文明的一个真实写照。例如，嘉靖时期海瑞巡按应天府时，力摧豪强奸顽，赈抚穷弱黎民，"豪有力者，至窜他郡以避"①。

再次，严格司法官责任，加强司法监察，一定程度上预防和减少了司法渎职、司法腐败现象的发生。为了提高司法质量，《大明律》对"断罪不如法""出入人罪""受赇枉法""请托枉法""淹禁稽迟"等司法渎职和贪腐行为规定了严厉的处罚措施。在明初"重典治吏"的背景下，朱元璋更是以"剥皮实草"的极端方式警示官员切勿贪赃枉法。与此同时，在上述司法渎职和贪腐行为也是明朝司法监察的重点内容。为加强皇帝对司法权的控制，也为了预防和减少司法渎职、司法腐败现象的发生，明代统治者设置了多层级的司法监察制度，制定了专项监察法规，以位卑权重的科道官员领衔专职行使司法监察权，从而加强司法监察的力度，这不仅有利于明代司法制度的完

---

① （清）张廷玉等撰：《明史》卷二二六《海瑞传》，中华书局 1974 年版，第 5931 页。

善，而且也为后代司法制度的建设提供了有益的历史经验。

此外，明代律学的兴起，狱政管理中的系囚、悯囚制度的建立，官吏讲读律令之法的制定，基层法治宣传教化功能的发挥，官民习法奉法观念的养成，都集中体现了明朝司法文明进步的一面。

然而，专制主义的极端发展所造成的宦官专政，是明朝政治的一大特点。一个国家将非法都合法化了，必然出现权力滥用、是非颠倒和法纪败坏，最终国将不国。明中叶以后，宦官专政之弊尤为突出，贪贿与党争之风日炽，御史秉权太重而胡作非为，给明代司法制度乃至政治制度都带来了严重的损害。韩非子说："奉法者强则国强，奉法者弱则国弱。"① 继之而起的清朝，虽然个别帝王时期的个别宦官也很有权势，但未出现明朝那样的弊政。明末黄宗羲在《明夷待访录》一书中，深刻地揭露说："奄宦之祸，历汉、唐、宋而相寻无已，然未有若有明之为烈也。汉、唐、宋有干与朝政之奄宦，无奉行奄宦之朝政。今夫宰相六部，朝政所自出也。而本章之批答，先有口传，后有票拟。天下之财赋，先内库而后太仓。天下之刑狱，先东厂而后法司。其他无不皆然。则是宰相六部，为奄宦奉行之员而已。""汉、唐、宋之奄宦，乘人主之昏，而后可以得志。有明则格局已定，牵挽相维……其祸未有若是之烈也！"②

---

① （清）王先慎撰，钟哲点校：《韩非子集解》卷二《有度》，中华书局 1998 年版，第 31 页。

② （明）黄宗羲：《明夷待访录·奄宦》，载《黄宗羲全集》第一册，浙江古籍出版社 1985 年版，第 44 页。